Die Krokodile

Die Krokodile

Ein Münchner Dichterkreis

TEXTE UND DOKUMENTE
MIT 29 ABBILDUNGEN

HERAUSGEGEBEN VON
JOHANNES MAHR

PHILIPP RECLAM JUN. STUTTGART

Universal-Bibliothek Nr. 8378 [6]

Gesamtherstellung: Reclam, Ditzingen. Printed in Germany 1987
ISBN 3-15-008378-8 (kart.) ISBN 3-15-028378-7 (geb.)

Inhaltsübersicht

Einleitung

Der Dichterkreis der Krokodile im München des 19. Jahrhunderts

Die Behauptung, München habe im frühen 19. Jahrhundert ein allenfalls regional bedeutsames Geistesleben besessen, stammt nicht nur von unfreundlichen Norddeutschen. Adolph von Schaden zählt 1825 in der Stadt 19 Branntweinbrenner und 62 Bierbrauer, 173 Bierwirte und 26 Weinwirte, dagegen 9 Druckereien und 5 Buchhandlungen, von denen er überdies feststellt, sie seien »beinahe mehr als erklecklich, dem literarischen Bedürfnisse unserer Haupt- und Residenzstadt abzuhelfen«.[1] Noch 1840 klagte Sebastian Daxenberger, daß die Töne der Münchner Poeten »nicht bis über Deutschland hin« rauschten.[2] Max Haushofer stellt im Rückblick fest, München sei in der ersten Hälfte des 19. Jahrhunderts ein »ziemlich rauher« Kulturboden gewesen, »rauh wie die ganze Hochebene, über welche die Frauenthürme hinschauen [...]. Den vormärzlichen Dichtern Münchens gebrach es nicht am Talent; aber an der Energie des Strebens. Süddeutsche Gemüthlichkeit ging ihnen über jeden Erfolg. Vormittags beim Bockfrühschoppen im Achazgarten zu sitzen; den Nachmittag in einem der Kaffeehäuser des Hofgartens zu verplaudern und den Abend, wenn er schön war, auf einem der damals noch so prächtigen aussichtreichen Keller zuzubringen: das war in jener Zeit ein viel schöneres und poetischeres Thun, als das Sitzen am Schreibtisch.«[3]

1 Adolph von Schaden, *Topographisch-statistisches Taschenbuch oder Beschreibung der Haupt- und Residenzstadt München*, München 1825, S. 262.

2 Vgl. S. 38.

3 Max Haushofer, »Die literarische Blüthe Münchens unter König Max II.«, in: *Allgemeine Zeitung*, Beilage, 15. 2. 1898, S. 1.

Natürlich läßt sich eine Vielzahl von Argumenten gegen solche seit dem 18. Jahrhundert gängigen Urteile anführen, die den Bayern ein eigentliches Geistesleben schlicht absprechen. Manche der alten Klöster etwa brauchen sich, wie ein Blick auf die in Karl Bosls *Bayerischer Biographie* (1983) zahlreich aufgeführten Benediktiner oder Augustiner zeigt, durchaus nicht zu verstecken, und das gilt noch viel mehr für so markante Figuren wie Lorenz Westenrieder (1748–1829), Johann Michael Sailer (1751–1832) oder Franz Graf von Pocci (1807–76). Der vergnügliche Streit über den Beitrag Bayerns zur geistigen Entwicklung in Deutschland wird möglich, weil es auch heute noch manchem verwirrend erscheint, daß nicht alle Traditionslinien der deutschen Geistesgeschichte direkt zur Weimarer Klassik und zur Jenaer Romantik führen.

Zwei Argumente kehren seit dem 19. Jahrhundert beharrlich wieder: ein – an Topoi der Italienliteratur erinnernder – Preis des fast südländischen Lebensgenusses, der in München vorherrscht, sowie die Behauptung, dieser Lebensgenuß basiere auf der Verweigerung geistiger Arbeit. Für viele deutsche Autoren wirkte die Begegnung mit dem ›unliterarischen‹ München befreiend. »München ist die Stadt des Lebens«, fand Friedrich Hebbel, der hier entscheidende Jahre verbrachte; er rühmte die »heitere Verschlingung aller Stände zu einem Ganzen« und empfand nicht nur an den Mädchen »jene Sinnlichkeit besserer Art«, die für den Poeten belebend wirke.[4] Ganz ähnlich ist dies auch in den *Jugenderinnerungen* des geborenen Berliners Paul Heyse nachzulesen.

Wenn München im Verlauf des 19. Jahrhunderts zur kulturell interessantesten Stadt Deutschlands wurde, so ist dies die Leistung der Könige, oft genug mißtrauisch kommentiert

4 Hebbel an Schacht, 19. 10. 1836, in: F. H.: *Sämtliche Werke*, hist.-krit. Ausg., hrsg. von Richard Maria Werner, Abt. 3: *Briefe*, Bd. 1, Berlin 1904, S. 112. – Friedrich Hebbel, »Gemälde von München, IV«, in: F. H., *Werke*, hrsg. von Gerhard Fricke, Werner Keller und Karl Pörnbacher, Bd. 3, München 1965, S. 787.

von der Bevölkerung. Am Beginn des Jahrhunderts war das von seinen Wällen, Mauern und Gräben befreite München eine sehr eng bebaute Stadt, geprägt durch eine Vielzahl von Kirchtürmen. Friedrich Pecht kam erstmals 1833 nach München und erzählt: »Überhaupt hatte die damals kaum ein Viertel ihrer heutigen Einwohnerzahl besitzende, ziemlich ärmlich aussehende Stadt selbst für solchen Provinzialen wie ich recht wenig Imponierendes, als das furchtbare Pflaster und den ungeheuren Koth.«[5] Es war ein Ort, den man in einer knappen Stunde zu Fuß umrunden konnte und der sich plötzlich als Hauptstadt eines großen Königreichs vorfand, der aber in nichts ausgezeichnet war vor den neu gewonnenen Städten Nürnberg, Augsburg, Regensburg, Würzburg. Schon in seiner Zeit als Kronprinz begann deshalb Ludwig I. eine energische Bautätigkeit. Sein Satz »Ich will aus München eine Stadt machen, daß niemand Deutschland kennen soll, der München nicht kennt« wurde trotz seiner königlich-souveränen Grammatik oft zitiert. Die neuen Bauten hatten nicht nur seltsame Namen: Odeon, Glyptothek, Pinakothek, Propyläen, Basilika – sie sahen von Altmünchen her auch seltsam genug aus. Der gotisch geprägten Bürgerstadt stand unvermittelt, zum Teil einfach auf die Wiesen vor der Stadt gesetzt, die neue Kunststadt des Königs gegenüber. Bis zum Ende von Ludwigs Regierungszeit und darüber hinaus (Ludwig starb erst nach seinem Sohn Maximilian 1868) blieb das Verhältnis zwischen dem König und den Bürgern gespannt. 1847 klagte Ludwig, der Magistrat von München zeige sich »undankbar gegen den Wohltäter der Stadt, ihren zweiten Gründer, der sie zu einer großen, zu einer weltberühmten gemacht«. Für den König war das um so schmerzlicher, als seine Absicht nicht nur war, mit seinen Bauten ein neues bayerisches Staatsbewußtsein darzustellen; er war beherrscht von dem Gedanken einer »ästhetischen Erziehung« seiner Untertanen; auf dem berühmten Goethe-Por-

5 Friedrich Pecht, *Aus meiner Zeit. Lebenserinnerungen*, Bd. 1, München 1894, S. 99 f.

trät von Joseph Karl Stieler in der Neuen Pinakothek hält Goethe ein Blatt in der Hand, auf dem, in der Handschrift des bayerischen Königs, einige Verse aus Ludwigs Gedicht »An die Künstler« zu lesen sind:

Ja! Wie sich der Blume Flor erneuet,
Durch den Saamen den sie aus gestreuet,
Zieht ein Kunstwerk auch das andre nach,
Aus dem Leben keimet frisches Leben.

Auch auf wissenschaftlichem Gebiet mußte man neu beginnen. Nach dem Kahlschlag der Säkularisation riß in Bayern zunächst die katholische Tradition ab, die bisher jeder geistigen Arbeit einen festen Rahmen geboten hatte. So gab es schon in der Frühzeit des am 1. Januar 1806 von Napoleons Gnaden gegründeten Königreichs eine erste Welle von Berufungen fremder Gelehrter nach München. Am 1. Mai 1807 wurde »in dem ehemaligen Jesuiten-Collegium in der Neuhauser Gasse« die Akademie der Wissenschaften neu eingerichtet[6] (die Universität entstand erst 1826). Friedrich Heinrich Jacobi, Franz von Baader, Friedrich Wilhelm Schelling, Friedrich Niethammer, Anselm von Feuerbach, Joseph Fraunhofer, Friedrich Wilhelm von Thiersch, um nur einige zu nennen, kamen nach München. Den Neuberufenen schlug energischer Widerstand entgegen, zumal die Fremden den angeblich rohen und zurückgebliebenen Bayern mit »Impertinenz« begegneten (so die kluge Therese Huber in einem Brief aus München von 1810). Die in den fünfziger Jahren ausbrechende Kontroverse um die ›Nordlichter‹ Maximilians II. war in ihrer Konstellation längst vorbereitet.

Maximilian II. (1811–64), zur Regierung gekommen durch die erzwungene Abdankung seines Vaters im März 1848, hatte den gleichen pädagogischen Eifer wie sein Vater, führte aber die Kunstpolitik den eigenen Interessen entsprechend weiter. Ludwig fühlte sich am wohlsten im Kreis seiner Künstler, ging gelegentlich auch mit einem von ihnen einge-

6 Schaden (Anm. 1) S. 41.

hakt durch die Stadt. Maximilian dagegen erklärte dem Juristen Bluntschli zu dessen Verblüffung, hätte er nicht König werden müssen, wäre er am liebsten Professor geworden.[7] Er hatte 1829–30 in Göttingen bei Heeren und Dahlmann, 1830–31 in Berlin bei Raumer und Ranke studiert. Während des Romaufenthalts in der Villa Malta hielt er sich – anders als sein Vater – von dem lockeren Leben der deutschen Künstler fern; er studierte, meditierte, dichtete. Nach seiner Rückkehr erweckte Schelling in ihm den Gedanken, »die Pflege der Wissenschaft nicht blos für Bayern, sondern für ganz Deutschland in die Hand zu nehmen«.[8] Maximilian war, wie schon die Zeitgenossen feststellten, kein genialer Mann, aber er war ein gewissenhafter, von der Bedeutung seines Amtes überzeugter Arbeiter, dessen Devise es war, immer wieder Neues dazuzulernen. Wilhelm Heinrich Riehl, der den König aus langen Jahren enger Zusammenarbeit kannte, hält fest: »Er lernte aber auch keineswegs blos um seiner selbst willen, sondern viel mehr noch, weil er sein Volk zum Lernen drängen wollte. Denn sein großer Lebensplan stand dahin: das bairische Volk durch freie Bildung höher zu heben und in jenes Gemeinbewußtsein der deutschen wissenschaftlichen Cultur zurückzuführen, welches ihm seit der Reformationszeit theilweise abhanden gekommen war. In diesem praktischen Sinne lernte er mit den Gelehrten [...].«[9] Die Bilanz des Königs war, was die Hebung des kulturellen Niveaus seines Landes betrifft, eindrucksvoll. Universitäten und Museen wurden ausgebaut, ihre Etats erheblich vergrößert; das Bayerische Nationalmuseum entstand neu; Stipendien boten erweiterte Möglichkeit zum Studium, darunter das Hochbegabtenstipendium des Maximilianeums; der Maximiliansorden sollte hervorragende deutsche Gelehrte und

7 Vgl. S. 49.
8 Ignaz von Döllinger, *König Maximilian II. und die Wissenschaft*, München 1864, S. 6.
9 Wilhelm Heinrich Riehl, »König Maximilian II. von Baiern«, in: *Historisches Taschenbuch*, F. 5, Jg. 2, Leipzig 1872, S. 6.

Künstler auszeichnen; große wissenschaftliche Projekte wurden begonnen, so das einer Geschichte der deutschen Wissenschaften, einer bayerischen Landesgeschichte, einer bayerischen Kriegsgeschichte; der Akademie der Wissenschaften wurde die Naturwissenschaftlich-technische und die Historische Kommission angegliedert – die Liste wäre zu verlängern.

Wenn Maximilian seit 1852 neben den Wissenschaftlern für die Universität auch Poeten nach München berief, so war dies Teil eines umfassenden kulturpolitischen Programms. Während der König die politischen Geschäfte gemäß der Verfassung weitgehend seinem leitenden Minister Ludwig von der Pfordten überließ, beanspruchte er im kulturellen Bereich die volle Souveränität. Seit dem Wiener Kongreß gab es in Deutschland nur noch einen lockeren Bund von Einzelstaaten. Daß sich Deutschland nur durch eine Stärkung der Zentralgewalt England und Frankreich gegenüber behaupten konnte, war unbestritten. Doch niemand wußte, auf welchem Weg das geschehen sollte. In Bayern fürchtete man ein preußisches Kaisertum ebenso wie ein österreichisches und favorisierte statt dessen die »Triasidee«. Deutschland sollte unter einem Dreierdirektorium vereinigt werden, dem Preußen, Österreich und Bayern angehörten, letzteres als führende Macht eines Bundes der deutschen Mittel- und Kleinstaaten. Basis dieses bayerischen Anspruchs war der Ausbau Münchens zum Zentrum der deutschen Kunst und Wissenschaft. Vor allem Wilhelm Dönniges, als Schüler Rankes 1841 außerordentlicher Professor in Berlin, 1842 von Ranke empfohlen, als Maximilian einen persönlichen Mentor suchte, seit 1847 einer der wichtigsten Berater des Königs, verfocht dieses Konzept. Er beriet den König bei der Auswahl derer, die nach München berufen wurden, und übernahm die Verhandlungen. Sein Haus in der »Neuen Amalienstraße sechsundsechzig« war, wie Otto Freiherr von Völderndorff erzählt,[10]

10 Vgl. S. 56–59.

das gesellschaftliche Zentrum der Neuberufenen. Gerade dadurch aber galt Dönniges den Münchnern als eine Art böser Genius des Königs, der diesen seinen Untertanen entfremde. 1855 erzwang von der Pfordten seine Entfernung aus München. Dönniges wich auf diplomatische Posten in Italien und der Schweiz aus.

Schon in seiner Kronprinzenzeit lud Maximilian kluge Leute ein, um ihnen zuzuhören und sich von ihnen belehren zu lassen. Diese Übung setzte er als König in größerem Rahmen fort, und er war unglücklich, daß seine Frau sich bei ähnlichen Gesprächen demonstrativ langweilte. Einmal in der Woche wurde eine kleine Runde von 10 bis 12 Männern in die Residenz eingeladen (auf keinen Fall durften es 13 sein!). In seltenen Fällen ehrte man auch durchreisende Fremde mit einer Einladung, zum Beispiel Theodor Fontane, den Reiseschriftsteller Fürst Pückler-Muskau, den Märchendichter Andersen. Beim König trafen sich die Wissenschaftler einerseits, also etwa Liebig, Sybel, Riehl, Thiersch, Bluntschli, Siebold, Jolly, und die Poeten andererseits, Geibel also, Heyse, Bodenstedt, Schack, aber auch Kobell und Pocci, zum gemeinsamen Gespräch. »Durch seit Jahren unbenutzte Prunkzimmer eines Seitenflügels [der Residenz] gelangte man in ein schönes, reiches Rococogemach aus der kurfürstlichen Zeit, dessen Wände mit alten Historienbildern, Porträts und Landschaften, gleich einer Gemäldegalerie, bedeckt waren; ein völlig einsamer, stiller Winkel, der, wie der Überrest eines längstverlassenen Schlosses mitten in dem belebten, modernen Residenzschlosse geborgen lag. Hier stand der einfache Tisch mit der grünen Lampe, um welchen wir so manchen Abend saßen, in ernste Gespräche vertieft, oft auch erregt in stürmischer Debatte.«[11]

Eine Art überständischer Geselligkeit entstand, denn der König und seine Adjutanten wollten einbezogen sein in einen freimütigen Austausch; kein Thema sollte ausgelassen wer-

11 Riehl (Anm. 9) S. 9.

den; jede Form des wissenschaftlichen Streits war nicht nur erlaubt, sondern erwünscht. Der König verlangte von jeder Sitzung ein genaues Protokoll, das die Ergebnisse festhielt. (Paul Heyse empfand das Amt des Protokollanten, das ihm lange Zeit übertragen war, als drückende Last.) Doch Maximilian suchte nicht nur eigene Belehrung. Die Berufenen sollten auch in das »Gelehrte München« hinein wirken, und trotz alter Ressentiments gegen Berufungen von außen war man den Anregungen, die die neuen Leute brachten, nicht abgeneigt. Für den 5. Dezember 1852 »Nachmittags 3 Uhr im Gasthof zum bayrischen Hofe« lud die Gesellschaft »Die Zwanglosen« – daß diese kurz vorher neu gegründet wurde, ist vielleicht schon eine Wirkung der königlichen Kulturpolitik – ein, »die Übersiedlung des Dichters Emanuel Geibel in unsere Stadt durch ein ihm zu veranstaltendes (Männer) Fest Diner zu feiern«.[12] Auch viele von denen, die später nicht sehr freundlich gegen die ›Nordlichter‹ auftraten, nahmen die Einladung an. Geibel wurde feierlich begrüßt, z. B. in einem Gedicht von Georg Beilhack:

> Festlich biet' ich Dir den Handschlag,
> Hoher Skalde aus dem Norden!
> Sei willkommen uns im Süden,
> Der zur Heimat Dir geworden!

Ein Gedicht des Journalisten August Joseph Altenhöfer, des Redakteurs der *Allgemeinen Zeitung*, zeigt aber auch das gesunde Selbstbewußtsein der Herren. Alle Anwesenden werden mit ein paar deftigen Bemerkungen vorgestellt. Die Anrede an Geibel klingt so:

> Geibel! kein Poet im schnöden Sinn der Heiden, kein Gestalter,
> Nur die zartesten, modernsten Fühlsamkeiten tönt dein Psalter,

12 Das Wort »Männer« ist nachträglich in die Einladung eingefügt. – Archiv der »Zwanglosen«, Bd. 3, Bl. 33.

Patriotisch, doch vernünftig, allzeit fromm und tugendhaft,
Ohne unanständ'ge Wallung, ohne blinde Leidenschaft.

Deine Minne, keusch, geschlechtslos fast, wie ein Mosa'scher Engel,
Statt der glühend roten Rosen trägt sie Josephs Lilienstengel;
Ach! das duftet! Ach, das säuselt, und kein Weiblein geht dir fehl,
Tugendsamer Rattenfänger, Gott mit uns – Emanuel!

Es machte große Mühe, Geibel zu erklären, daß das nicht unfreundlich gemeint sei – er reagierte verstört, bayerische Formen von Humor waren ihm nicht vertraut. Die vom König gewünschte Verbindung kam auf der Basis solcher Geselligkeit nicht zustande. Im Mitgliederverzeichnis von 1858 steht im Archiv der Zwanglosen (Band 4, Blatt 45) lapidar: »Geibel erklärt seinen Austritt.« Besser glückte die Verbindung in einem anderen Bereich. Justus von Liebig organisierte in seinem Hörsaal seit Frühjahr 1853 öffentliche Vorträge über naturwissenschaftliche und literarische Themen,[13] die einem breiten Publikum, auch den Damen, offenstanden; die satirische Zeitschrift *Punsch* brachte eine Zeichnung, auf der einem zusehenden Herrn der Zylinder hochfliegt, weil Bavaria »bei Herrn von Liebig anfragt, ob sie nicht an den Vorlesungen für Damen teilnehmen könne«. Liebig fand hier eine Möglichkeit, dem interessierten Bürgertum mitzuteilen, wer die neuen Männer waren und woran sie arbeiteten.
Ansonsten blieben die Literaten lieber unter sich. Im privaten Kreis fanden sie bei der alten Staatsrätin Ledebour eine Runde, in der man sich wohlfühlen konnte. Geibel, Heyse, Riehl, Schack verkehrten hier, musizierten, lasen sich gegenseitig vor. Riehl hat später in seiner Novellensammlung *Die Ecke* (1874) die freundliche Atmosphäre geschildert. In

13 Vgl. S. 66 f.

einem solchen Kreis konnte man auf die offene Feindseligkeit mancher Münchner Kollegen gelassen reagieren.
Dennoch blieb es das Anliegen Paul Heyses, den königlichen Auftrag zu erfüllen. Er wollte alles tun, um eine Verständigung zu erreichen, und so geschah es vor allem auf sein Drängen, wenn im April 1855 der Versuch eines Verbrüderungsfestes gemacht wurde. Der »Poetenverein an der Isar« lud zu einem Bankett ein, zu dem auch viele offene Gegner der ›Nordlichter‹ erschienen. Eine Verständigung schien möglich, bis plötzlich August Becker ein angeblich anonym eingegangenes Gedicht vorlas, das die Berufenen in grober Form beleidigte.[14] Es kam zum Eklat, als Becker sich selbst als Verfasser des Gedichts bekannte. Die Verständigung war damit gescheitert. »Altmünchen« und »Neumünchen« kamen nicht zusammen, und man hat später selbstkritisch die Schuld auf beiden Seiten gesehen, so Dingelstedt in einem Rückblick auf seine Münchner Jahre;[15] Felix Dahn schrieb: »Einerseits wurden die Neuberufenen von den Münchnern mit Mißtrauen und Ungastlichkeit, zum Teil sogar mit Neid empfangen, andererseits fehlten jene doch in noch größerem Maßstabe darin, daß sie den vorgefundenen Kräften mit kühler Geringschätzung, ja zum Teil mit herausfordernder Anmaßung entgegentraten.«[16]
Später hat mancher, der sich zunächst zurückgesetzt sah, bemerkt, daß die fremden Poeten auch den Einheimischen ein »fühlbares« neues Leben brachten. Ludwig Steub beschrieb 1880 den Vorgang: »Man begann sich auch der einheimischen Scribenten zu erinnern und ihre Bücher stellenweise sogar in den Salon zu lassen [. . .]. Im Grunde genommen verdanken sie auch die mäßige Achtung, deren sie sich jetzt erfreuen, nur

14 Julius Grosse, *Ursachen und Wirkungen. Lebenserinnerungen*, Braunschweig 1896, S. 192 f.

15 Vgl. S. 67–69.

16 Zit. nach: Michael Dirrigl, *Maximilian II. König von Bayern 1848–1864*, München 1984, S. 1398. (Die dort angegebene Quelle ist falsch.) Ähnliche Urteile finden sich auch in Dahns *Erinnerungen*, 3. Buch, Leipzig 1892, S. 271–279.

den protestantischen Elementen, die eigentlich den Geschmack ›für solche Sachen‹ ins Land gebracht.«[17]
Nach dem Scheitern der Verständigung blieb es Heyses Anliegen, eine neue Dichtergruppe zusammenzubringen, in der zwar die Berufenen den Ton angaben, in die aber auch, sofern diese wollten, Münchner Autoren kommen konnten. Vorbild war die Vereinigung »Tunnel über der Spree«, ein lockerer Kreis von Künstlern, Literaten, aber auch von interessierten Laien, der Heyse während seiner Berliner Schulzeit den Weg in die Öffentlichkeit gebahnt hatte. Geibel war heftig gegen diese Idee. Es gab – so der Bericht Heyses – manchen Auftritt zwischen den Freunden. Letztlich setzte Heyse sich durch. Er hatte in Julius Grosse einen loyalen Partner gefunden, mit dem zusammen er am 5. November 1856 im Kaffeehaus »Zur Stadt München« eine erste Versammlung einberief.[18] Mitglieder waren in der Frühzeit unter anderen Friedrich von Bodenstedt, Franz Bonn, Felix Dahn, Max Haushofer, Karl Heigel, Wilhelm Hertz, Hans Hopfen, Oskar Horn, Heinrich Leuthold, Hermann Lingg, Heinrich Reder, Hermann Schmid, Franz Trautmann. In den folgenden Jahren hatte die Gruppe jeweils zwischen 15 und 30 Mitglieder. Die Angaben der überlieferten Namenslisten schwanken; die einzelnen Literaten kamen, wie sie wollten.
Absicht der Zusammenkünfte war nicht private Geselligkeit, obwohl solche nicht zu kurz kam, sondern literarische Anregung und genaue, aber freundschaftliche Kritik. Abwechselnd las man sich vor, was eben von den Schreibtischen kam, dann begann die Diskussion, bei der vor allem Geibel und Heyse das Wort führten. Nach Gedichten von Lingg und Geibel nannte man sich »Das Krokodil«[19] und trat unter diesem Namen auch nach außen auf. Ein wunderliches Vereins-

17 Ludwig Steub, *Aus Tirol*, Stuttgart 1880, S. 233.
18 Paul Heyse, *Jugenderinnerungen und Bekenntnisse*, 4. Aufl., Berlin 1901, S. 214.
19 Vgl. S. 80.

leben entstand. Man gab sich, dem Vorbild des »Tunnels« folgend, eigene Namen wie »Urkrokodil«, »Teichkrokodil«, »Eidechs« usw., doch die Bezeichnungen blieben spielerisch ungenau und sind heute nicht alle zu rekonstruieren. Man wählte einen Vorsitzenden, ein Amt, das meist dem ausgleichenden Heyse zufiel, sowie einen Protokoll- und einen Rechnungsführer; nach der Gründung einer eigenen Bibliothek auch einen Bibliothekar. Von allen Sitzungen sollten Berichte angefertigt werden; einige von ihnen sind in der Handschriftenabteilung der Bayerischen Staatsbibliothek erhalten.

Knapp und gerade in seiner Vagheit genau hat Felix Dahn, der in den ersten Jahren im »Teich« verkehrte, ehe er 1861 nach Würzburg ging, das ästhetische Programm dargestellt: »Das Gemeinsame war ein gewisser ›Idealismus‹, sofern man hierunter die sorgfältigste Pflege der Form-Reinheit, die Vorliebe für den hohen Stil, die Schulung durch die Antike und die übrigen Classiker der Weltliteratur versteht und eine Neigung zu dem Vornehmen, sowohl in der Wahl als in der Behandlung der Stoffe.«[20] Daß man den Namen von Linggs Gedicht »Das Krokodil zu Singapur« nahm, war willkürlich, aber nicht so »gezwungen«, wie manche Beobachter, auch Dahn selbst, meinten. Grosse erzählt, man habe intern sogar einmal einen Preis auf die beste Erklärung des Gedichts ausgesetzt – da keine von ihnen erhalten ist, müssen wir es selbst versuchen: Das Gedicht betont die Weigerung, auf außerkünstlerische Tendenzen in irgendeiner Weise zu reagieren; man wollte »gegen die schnöde prosaische Welt gepanzert« sein, sagt Heyse. Statt dessen weiß man sich im »heiligen Teich« der Tradition. Nachdem sich jahrelang die deutschen Literaten dem Kampf um eine Neugestaltung der politischen Verhältnisse verbunden gewußt hatten, sollten sie nun wieder als »Priester der Dichtkunst« (Wilbrandt) verpflichtet werden. Das ist freilich nicht naiv hingesagt, selbstironisch weiß

20 Dahn (Anm. 16) Bd. 3, S. 305.

man sehr wohl um den »grämlichen« Charakter einer solchen Haltung.

Es entsteht eine Literatur, die an metaphysischen Spekulationen ebensowenig interessiert ist wie an heftigen Emotionen. Das Streben nach sprachlicher und thematischer Originalität liegt ihr fern. Sie lehnt die Tendenzliteratur der vierziger Jahre ab, aber noch heftiger die gängige Unterhaltungsliteratur der fünfziger Jahre. Statt dessen möchte sie das menschlich Naheliegende in eine schöne Form bringen und sieht es durchaus nicht als Nachteil an, wenn sie dabei »edlen Vorbildern« folgt. Wichtiger als die originelle Fügung sind Wohllaut und rhythmische Klarheit. Eine genaue Planung hat den Stoff zu ordnen und den poetischen Gedanken überschaubar zu machen. Nur so ist es möglich, daß »ein neuer eigentümlicher Inhalt, in eigentümliche, meist scharf ausgeprägte Formen geschlossen«, erscheinen kann, wie Geibel dies an Linggs erstem Gedichtband rühmte.[21] Es entspricht durchaus nicht nur dem späteren Rechtfertigungsdrang gegenüber dem Naturalismus, wenn Heyse behauptet, man habe von Beginn an einen Mittelweg zwischen Realismus und Idealismus gesucht. Zu beobachten ist, daß die Krokodile Themen der Zeit zwar nicht suchen, aber auch nicht ausklammern. Ihr Anspruch bleibt, daß »auch das Zeitliche im Lichte des Ewigen vom Künstler zu gestalten« sei.[22] Moritz Carrière hat es so formuliert: »Das Schöne entsteht in der Idealisierung des Individuellen, in der Individualisierung des Idealen; es ist das sinnlich Vollkommene.«[23]

Ein bemerkenswerter Widerspruch zeichnet sich ab. Einerseits gibt es einen sich fast religiös gebärdenden Geniekult. Um noch einmal Carrière zu zitieren: »Die Kunst bedarf der

21 Emanuel Geibel, »Vorwort«, in: Hermann Lingg, *Gedichte*, Stuttgart 1854, S. IV.

22 Zit. nach: Emanuel Geibel, *Werke*, hrsg. von Wolfgang Stammler, Leipzig/ Wien 1918, Bd. 1, S. 55*.

23 Moritz Carrière, *Das Wesen und die Formen der Poesie. Ein Beitrag zur Philosophie des Schönen und der Kunst*, Leipzig 1854, S. 8.

göttlichen Begeisterung, weil sie nicht Nachahmung der Natur, sondern Neuschöpfung, Ideengestaltung ist und den Erscheinungen der Welt weniger ihr Nachbild als ihr Urbild zur Seite stellt [. . .]. Der Genius steht im Centrum des Lebens, er schafft im Lichte einer göttlichen Offenbarung, er sieht die Dinge wie sie vor Gott stehn, er gestaltet sie organisch aus dem inneren Grunde des Seins.«[24] Andererseits bemühen sich diese Poeten um eine fast hausbackene Handwerklichkeit, von der man glaubt, daß sie allein ein gelungenes Kunstwerk ermögliche. Die Metapher von der »Feile«, mit der man immer wieder an eigene aber auch an fremde Werke geht, macht das überdeutlich. Heyse schickt Gedichte von Julius Grosse an Geibel mit dem Hinweis, es gebe darunter »ein sehr schönes, an dem ich aber gern noch Deine letzte Hand tätig sähe, nachdem meine vorletzte erlahmt ist«.[25] Geibel rügt zunächst bei der Vorbereitung einer ersten gemeinsamen Anthologie »wunderliche Gedankensprünge oder ungeschickte Wendungen, Dunkelheit, Härte, Willkürlichkeit, Geschraubtheit, Inkorrektheit des Ausdrucks usw.« in den eingereichten Manuskripten und sieht sich genötigt, »auf meine eigne Faust, so gut es eben gehen wollte, zu ändern und nachzuhelfen«.[26] Entscheidend für das Selbstverständnis der Autoren sind also Vorstellungen, die vom Geniekult des 18. Jahrhunderts stammen, Erhebung zum Ewigen, Fähigkeit zur Neuschaffung der Welt. Entscheidend für ihre öffentliche Darstellung sind Kriterien wie Klarheit, Verständlichkeit, sorgsames Handwerk. Die bürgerliche Kunst der Krokodile bemüht sich aus der Verpflichtung auf die großen, aber weitgehend elitär gebliebenen Positionen der deutschen Klassik energisch um die Gestaltung der eigenen Verhältnisse. Selbst große Stoffe der Weltliteratur werden so aufbereitet, daß sie von eben diesen Verhältnissen handeln.

24 Ebd., S. 41 und 54.
25 Geibel an Heyse, 18. 6. 1861 (*Der Briefwechsel von Emanuel Geibel und Paul Heyse*, hrsg. von Erich Petzet, München 1922, S. 131).
26 Geibel an Heyse, 5. 6. 1861 (ebd., S. 144).

Es dauerte bis 1862, ehe es gelang, nach dem Vorbild der auch in München längst üblichen Jahrbücher eine gemeinsame Anthologie vorzulegen. Das von Geibel herausgegebene *Münchner Dichterbuch* enthielt Texte von insgesamt sechzehn Autoren und machte damit auch für den außenstehenden Kritiker deutlich, daß man die »eingeborenen münchner oder doch wenigstens bairischen Dichter« keineswegs aussparen wollte.[27] Mit dem Buch waren die Ansprüche der »Münchener Dichterschule«, wie sie schon 1856 im *Weimarer Sonntagsblatt* genannt wird, in der Öffentlichkeit präsent. Abbildungen in den populären Blättern *Daheim* (1865) und *Die Gartenlaube* (1866) machten die Krokodile als literarische Gruppe beim bürgerlichen Lesepublikum bekannt.

Bezeichnend ist allerdings, daß Geibel sich am 31. März 1866 weigerte, als Herausgeber eines zweiten Bandes des *Dichterbuches* aufzutreten. »Bei gewissenhafter Prüfung stellt sich nämlich heraus, daß es uns an einem Material von der nötigen Gediegenheit und Mannigfaltigkeit gebricht, um abermals mit Ehren und mit Erfolg hervortreten zu können.«[28] Es hat den Anschein, als sei der Wille zum gemeinsamen Wirken um diese Zeit bereits erlahmt. Julius Grosse hebt denn auch vor allem die ersten Jahre der Zusammenarbeit als die eigentlich entscheidenden hervor und erinnert, daß »der neue Bund damals im Princip kaum weniger oppositionell gegen die nächsten Vorgänger auftrat, wie die heutigen Jüngstdeutschen. Sicher ist, daß jedem Mitglied des Bundes namentlich die erste Periode jener Zeit als eine bedeutungsvolle unvergeßlich geblieben ist, ästhetisch als eine bildende, erhebende, vollendende, social als eine hochbeglückende im unvergleichlichen Freundesbunde.«[29]

27 Robert Prutz, »Ein Münchner Dichterbuch«, in *Deutsches Museum* 12 (1862) S. 292.

28 Geibel an Heyse, 31. 3. 1866 (*Der Briefwechsel von Emanuel Geibel und Paul Heyse* – Anm. 25 – S. 191).

29 Grosse (Anm. 14) S. 264.

Dabei war der »Freundesbund« keineswegs in sich geschlossen. Der Ton, in dem man in Tagebüchern, Briefen und in den später geschriebenen Memoiren über einander urteilt, berührt ausgesprochen unangenehm. Etwa wenn Bodenstedt sich die Wut über den »Hanswurst« Geibel von der Seele schreibt, der demnächst unweigerlich verrückt würde;[30] wenn Heyse Gedichte Schacks »abgestandene Herzensergießungen unseres guten Freundes ›von der traurigen Gestalt‹« nennt;[31] wenn Heyse Leuthold bestätigt, daß dieser »für seine Poesie keinen tieferen seelischen Gehalt in sich hatte«[32] und ähnliches mehr. Bodenstedt notiert in seinem Tagebuch nach einem Festdiner im Bayerischen Hof im Februar 1857: »Durch die Munterkeit der Gesellschaft ging von Anfang bis Ende ein Mißklang, wie das von jeher in unserem Kreise so zu sein pflegte«.[33] Auch hier werden innere Widersprüche deutlich. Die mit so viel idealer Gesinnung geschmückte Kunst ist gleichzeitig Broterwerb. Die Künstler bleiben in einer Konkurrenzsituation, müssen durch täglichen Fleiß ihre soziale Position sichern und achten sorgfältig darauf, daß ihnen niemand etwas wegnimmt. Die Kehrseite der kritischen Haltung gegen die anderen ist ein enormer häuslicher Fleiß. In fast jedem Einzelfall entstehen riesige, heute von keinem Leser mehr beherrschbare literarische Werke. Die schiere Endlosigkeit der Werklisten ist ein wichtiges Charakteristikum dieser Künstler, die sich nur mit Hilfe ihres Handwerks den großbürgerlichen Lebensstil ermöglichen.
Über die verschiedenen Phasen des Vereinslebens der Krokodile haben Grosse, Hornstein, Haushofer und Heyse ausführlich berichtet.[34] Als König Maximilian 1864 starb, war es

30 Vgl. S. 101 und 95.
31 Heyse an Geibel, 28. 6. 1861 (*Der Briefwechsel von Emanuel Geibel und Paul Heyse* – Anm. 25 – S. 137).
32 Heyse (Anm. 18) S. 221.
33 Zit. nach: Kurt Sundermeyer, *Friedrich Bodenstedt und die »Lieder des Mirza-Schaffy«*, Diss. Kiel 1930, S. 116.
34 Vgl. S. 75–92 und 115–119.

mit der Bedeutung der Fremdenkolonie vorbei.[35] Manche integrierten sich in der Münchner Gesellschaft (wie Heyse, Lingg, Hertz), manche zogen weg (wie Geibel, Bodenstedt, Grosse). Ludwig II. ging als Mäzen andere Wege als sein Vater und sein Großvater. Er ergänzte durch die Förderung Richard Wagners das bisher Geleistete im Bereich der Musik und machte, paradox genug, trotz seiner misanthropischen Einsamkeit durch seine grandiosen Schlösser das Wittelsbachische Mäzenatentum in den folgenden Generationen bei einer breiten Masse populär. Richard Wagner polemisierte in seiner Denkschrift *Deutsche Kunst und deutsche Politik* (1867) offen gegen eine ihm abgeschlossen erscheinende Epoche. Die Zeit der »hochbegabten Epigonen« sei mit dem Grafen Platen bereits abgeschlossen (auf ihn beriefen sich ja ausdrücklich die Krokodile); was danach käme, sei reine Nachahmung, von schlauen Buchhändlern »geschickt zu dem Anscheine von einem Dutzend Auflagen« gebracht.[36]

Nur Heyses Bemühen war es zu verdanken, daß das Krokodil auch in den siebziger Jahren noch am Leben blieb,[37] doch überwog jetzt die Geselligkeit bei den gemeinsamen Treffen, die Kritik trat in den Hintergrund. Zum zwanzigsten Jahrestag des ersten Dichterbuches brachte Heyse endlich wieder eine Anthologie heraus, das *Neue Münchner Dichterbuch*. Hier ging es nicht mehr darum, eigenmächtig fremde Texte nach den eigenen Vorstellungen zu modeln, im Gegenteil: Zu den alten Freunden kamen eine Vielzahl neuer, und jetzt überwog gerade die Buntheit der Stimmen. Auch Dialektgedichte waren jetzt erlaubt, so gibt es oberbayerische, pfälzische und Straßburger Töne. Der buchhändlerische Erfolg war gering. Adolf Kröner schrieb am 21. 10. 1882 an Heyse,

35 Vgl. S. 108 ff.

36 Richard Wagner, »Deutsche Kunst und deutsche Politik«, in: R. W., *Gesammelte Schriften und Dichtungen*, Bd. 8, hrsg. von Wolfgang Golther, Berlin [o. J.], S. 59.

37 Vgl. S. 115–119.

der Absatz des zweiten *Dichterbuches* habe ihm »die größte Enttäuschung seines Verlegerlebens« bereitet.[38] Aber das Buch zeigt, was in den letzten Jahrzehnten in der literarischen Szene in München erreicht worden war. Eine Öffnung von bisher gegeneinander abgeschlossenen literarischen Welten setzte ein. Süddeutsche Bodenständigkeit und norddeutsche Formtradition näherten sich einander an.

Wir können uns zum Versuch einer Gesamtwürdigung auf eine Bemerkung von Robert Prutz beziehen. In seiner ausführlichen Besprechung des *Münchner Dichterbuches* von 1862 schreibt er, er könne sich auch »noch eine andere Poesie denken als die Geibel'sche, vielleicht minder maßvoll, minder harmonisch, minder keusch und bescheiden, aber von kühnerem Schwung der Einbildungskraft, von tieferer Glut der Empfindung und größerer Energie des Ausdrucks«; aber in einer »mit sich selbst entzweiten, ja nicht selten an sich selbst verzweifelnden Zeit« ist es nicht möglich, »das Höchste und Größte in der Kunst zu leisten«. Was bleibt, ist der Versuch, »jene mittlere Sphäre« anzubauen, in der das *Münchner Dichterbuch* sich unter der Leitung Geibels bewegt.[39] »Mittlere Sphäre« meint dabei jenen kulturellen Raum, den ein früher von der Religion geprägtes Bürgertum, das im Verlauf des 19. Jahrhunderts zu Wohlstand kommt und sich nach neuen Gesichtspunkten einrichten muß, auszufüllen hat. In seinen besten Momenten, also dort, wo es nicht in trivialer Familienunterhaltung verharrt, orientiert es sich an den großen europäischen Traditionen. Allzu einseitig wird dieser Vorgang immer nur als Verflachung der Inhalte dieser Traditionen beschrieben. Der Erfolg von Autoren wie Geibel, Heyse, Bodenstedt wird in jenem Augenblick möglich, in dem ein breites Publikum erstmals bereit ist, sich um diese Traditionen zu bemühen.

38 Zit. nach: Sigrid von Moisy (Hrsg.), *Paul Heyse, Münchner Dichterfürst im bürgerlichen Zeitalter*, München 1981 (Ausstellungskatalog der Bayerischen Staatsbibliothek), S. 86.

39 Prutz (Anm. 27) S. 291 f.

Norddeutsche Dichter in München – das ist in den fünfziger Jahren zunächst das Werk und der Wille von König Maximilian II. Die Fremden werden in München begrüßt, weil man von ihnen »lernen« will, und sie werden abgelehnt, weil sie sich anmerken lassen, daß die Münchner bei ihnen lernen müssen. In den zwanzig Jahren zwischen dem ersten und dem zweiten Dichterbuch schließt sich zwar nicht die Kluft, was auch nicht wünschenswert wäre, wenn die regionalen Dialekte fortbestehen sollen. Aber die Möglichkeit des Zusammenlebens und der wechselseitigen Beeinflussung wird nicht nur denkbar, sondern sie wird praktiziert, weil jenes Bildungsbürgertum, das gleichzeitig die staatstragende Schicht des neuen Königreichs ist, eben dies zu seiner Selbstverständigung benötigt.

Dokumente

HERMANN VON SCHMID

Krokodile in München

Die große Zahl von Wandergästen, die sich in friedlichen Sommern der bairischen Hauptstadt zuwenden, wird nicht bloß von den landschaftlichen Reizen der nahen Alpen und des Oberlandes angezogen, auch die Stadt selbst lockt gar viele Besucher herbei, denn durch König Ludwig den Ersten ist dort bekanntlich eine Menge merkwürdiger Bauten und Kunstschätze aller Art geschaffen und angesammelt worden, welche gesehen zu haben zu den Kardinalpflichten jedes Touristen gehört. Dieser Fürst hatte seine Neigung mit großem Übergewichte den bildenden Künsten zugewendet, wie er denn durch die Berufung von Architekten, Malern und Bildhauern recht eigentlich der Gründer einer neuen Kunstschule geworden ist. Die Wissenschaften hatten sich einer solchen Begünstigung nicht zu erfreuen; mindestens weiß man nicht viel mehr von solcher Förderung zu erzählen, als daß er in jüngern Jahren einem deutschen Dichter einen Jahrgehalt zu verleihen beschloß, lange Zeit zwischen Heine und Platen schwankend und endlich für letzteren sich entscheidend.
Es ist eine nicht seltene Erscheinung in der Geschichte der Fürsten, daß der Nachfolger, in der Absicht, seiner Tätigkeit ein neues Feld zu schaffen, gerade das Gebiet bebaut, das der Vorgänger brach gelassen; so war es auch, als König Maximilian 1848 auf den sturmumbrandeten Thron stieg und, von dem Drange seiner persönlichen Neigungen und Studien geleitet, sich bald als Schirmherrn der Gelehrten und Dichter ankündigte, als den er sein ganzes schönes, nur zu kurzes Leben hindurch sich bewährte. Für alle Fächer wurden die ausgezeichnetsten Männer der Wissenschaft berufen und bald hatte sein königliches Wort auch die meisten der gefeiertesten Dichternamen der Gegenwart um sich versammelt, sicher in der Hauptabsicht, die Dichtkunst selber zu fördern,

eine eigene neue Dichterschule entstehen zu lassen, wie sein Vater eine Malerschule sich hatte bilden sehen und wie er selbst im Gebiete der Architektur sich mit der Lieblingsidee trug, einen neuen selbstständigen Baustil hervorrufen zu können.

Es war keine sehr ebene Bahn, welche die Dichter in München zu wandeln hatten; wenn aber auf ihr mehr der Dornen lagen, als eben notwendig gewesen wären, so mag die Schuld sich wohl auf beide Seiten verteilen: auf die eine, weil sie den Wildgarten, der zu einem Park umgeschaffen werden sollte, etwas sehr geringschätzig betrachten mochte, auf die andere, weil durch den Charakter des bairischen Volksstammes – sei es zu Lob oder Vorwurf – unleugbar ein starker nativistischer Zug geht, der ihn zurückhaltend und abwehrend gegen alles Fremde macht.

In wie fern der Gedanke des Königs, der mit seinem Volke Frieden haben wollte und hatte, verwirklicht ward und eine Dichterschule entstand, läßt das Bild von *Th. Pixis*, das die Gartenlaube diesmal bringt, erkennen, das Bild der in München von den »Berufenen« (so heißen sie in der Volkssprache noch immer) gegründeten Dichtergesellschaft der *»Krokodile«* oder *»vom Krokodil«*. Was dieser Name eigentlich zu bedeuten hat, ist wohl schwer zu ermitteln; die scherzhafte Veranlassung dazu soll ein kleines Gedicht von *Hermann Lingg* gegeben haben, also lautend:

Im heil'gen Teich zu Singapur,
Da liegt ein altes Krokodil
Von äußerst grämlicher Natur
Und kaut an einem Lotusstiel.

Es ist ganz alt und völlig blind,
Und wenn es einmal friert des Nachts,
So weint es wie ein kleines Kind,
Doch wenn ein schöner Tag ist, lacht's!

Braun. Mai. Heigel. Scheffel. Hopfen. Wilhelm Hertz. Im Krokodil. Originalzeichnung von Th. Pixis. Leuthold. Dahn. Carrière. Bodenstedt.
Köppel. Lingg. Melchior Meyr. H. Schmid. Reber. P. Heyse. Geibel. Zeising. Große.

Gruppenbild der Krokodile. 1866

Wahrscheinlicher liegt eine geheime Hindeutung auf Ägypten als die Urstätte aller menschlichen Kultur zu Grunde, denn besser Eingeweihte behaupten, die Gesellschaft heiße eigentlich *»der heilige Teich«* und die Mitglieder sollen allerlei befremdliche Namen von mythischer Bedeutung führen, wie Ibis, Ichneumon oder Skarabäus; *Emanuel Geibel* selbst heißt das Ur-Krokodil. Bei den Versammlungen der Freunde steht eine Pyramide auf dem Tisch, welche zur Aufbewahrung von Schriften dient; nicht minder das kleine Steinbild eines Krokodils auf einem mit Bilderschrift-Zeichen bedeckten niedrigen Sockel. Die Gesellschaft besitzt aber auch ein wirkliches ausgestopftes Krokodil, das Geibel einmal als Weihgeschenk von größerer Reise mitgebracht haben soll, welches indes seines Umfangs wegen unhandlich zu haben ist und daher nur bei ganz feierlichen Anlässen zum Vorschein kommt.

Unser Maler stellt den Augenblick dar, wie dies Krokodil zum ersten Male in die Gesellschaft gebracht und feierlich von ihr empfangen wird. Seitdem ist es noch bei mancher festlichen Gelegenheit erschienen, wir versetzen uns in Gedanken aber in eine der gewöhnlichen Versammlungen, die früher nur ein paar Abendstunden währten und erst in neuerer Zeit zu längerer Dauer erstreckt worden sind. In einer schmalen Stube an einem noch schmäleren, langen Tische sitzt eine Reihe verschiedener Gestalten, schwach beleuchtet, denn das Gas brennt schlecht und läßt die Züge aller der braungelockten, silberhaarigen und kahlen Häupter nicht recht erkennen. Der vermischte Duft verschiedener Glimmstengel wölkt sich empor und durch den Rauch tönt die Stimme des Vorlesenden, welchen eben die Reihe traf, ein dichterisches Erzeugnis zur Besprechung vorzutragen; wie eine magische Begleitung klappern aus dem anstoßenden Zimmer die Billardbälle darein. Eben hat er geendet und neigt sich auf seine Handschrift herab, als ob er darin blätterte, und einen Augenblick waltet tiefes Schweigen, wie wenn die Geschworenen in den Saal treten, einen wichtigen Wahrspruch zu verkünden. Jetzt erhebt *Geibel* die sonore Stimme und macht eine Einwendung gegen den Grundgedanken des Gedichts, welcher ihm nicht besonders neu und innerlich wahr erscheint. Das spinnt sich in das Gebiet der Psychologie hinüber, und weder der dichterische Philosoph *Carrière*, noch der philosophische Dichter *Melchior Meyr* lassen sich die Gelegenheit entgehen, die Berechtigung des zum Liede gewordenen Gefühls zu untersuchen; das Gespräch will sich ins Breite verlieren und zu rechter Zeit wendet *Paul Heyse* den jugendlichen Apollokopf nach dem geängstigten Poeten. Er fragt nicht nach dem Beweise der Berechtigung, er sucht diese nur im Gedichte selbst, in der Art, wie der Gedanke zur Form geworden, und findet hierin den Fehler des Gedichts. »Es ist nicht herausgekommen, wie es empfangen und empfunden ward,« sagt er mit feinem Lächeln; der witzige *Hans Hopfen* fällt ihm ins Wort und meint, es sei eben gar nichts herausgekommen, das sei lediglich gereimte Prosa. Mit noch gröberem Geschütze rückt der Schweizer *Leuthold* ins Gefecht; er untersucht die Echtheit der Reime, die grammatische Richtigkeit der Wendungen mit unerbittlicher Sonde und bedauert, daß der »wackere Freund« diesmal mit einem so gänzlich verfehlten Produkte sich blamiert. *Hermann Lingg* neigt das sinnende Haupt in nachdenklichem Schweigen vorwärts, und sein Nachbar und Landsmann *Hermann Schmid*, in allem dem richtigen Maße nachstrebend, flüstert ihm ein Wort zu, wie allzu scharf schartig mache und man das Kind nicht mit dem Bade ausschütten solle. Der Vorleser wählt den einzig möglichen Weg: Er retiriert; er will das Gesagte auf sich wirken lassen und das darnach umgearbeitete Unglücksgedicht später wiederbringen.

Ein anderer harrt schon auf das Zeichen zu lesen; ein Gast, ein junger Mann, den ein zu wohlwollender Gönner eingeführt, damit er seine Sporen verdiene. Er liest; Schweigen ist die Antwort auf das kurze Liebesgedicht von der Art, wie sie nach dem Dutzend gemacht werden. Der Leser stutzt, es überläuft ihn kalt, aber er nimmt sich zusammen und liest noch eins, und siehe da, wie bei Klopstock, »die Stille ward stiller«. Jetzt wird dem Unglücklichen siedend heiß, das dritte Liebesgedicht geht vom Stapel, aber nicht mit besserem Erfolg. Dem Vorleser bricht der Angstschweiß aus, er liest noch einmal und siehe da, ein erträgliches Bild nimmt den Alp von allen Gemütern, denn es macht doch möglich, ohne ästhetische Felonie ein »Recht hübsch« oder »Erinnert an Heine« hinzuwerfen. Der Vorleser, der das für Lob nimmt, ist überglücklich, und im entscheidenden Augenblick dröhnt der Glockenschlag der achten Stunde vom Turme Sankt Peters; die Krokodile müssen fort, denn das Lokal gehört von dieser Stunde an einer Gesellschaft friedlicher Bürgerschützen, deren bunte Scheiben an der Wand hängen und deren ungeduldige Stimmen schon im Hausgange laut werden. Die Sitzung ist für diesmal zu Ende; man scheidet mit freundlichem Gruß und freut sich des Wiedersehens am nächsten Donnerstag, an welchem auch *Bodenstedt* zu erscheinen versprochen habe und *Wilhelm Hertz* eines der altfranzösischen Lais von Marie de France vortragen werde, die er so meisterlich zu übertragen versteht.

Doch es ist wohl an der Zeit, zu Pixis und seinem Bilde zurückzukehren und die Gruppen und Köpfe desselben zu deuten.

Die Hauptfigur des Ganzen mit der hohen Stirn ist *Emanuel Geibel*, ein Lieblingssänger deutscher Nation, dessen Lieder von den ersten süßduftenden Jugendblüten an bis zu den reifen Früchten der Mannstage in aller Hand und in aller Mund sind und dessen Tragödie »Brunhild« ihn den ersten Dramatikern beigesellt. Er nimmt mit Recht die Mitte ein, denn er ist der Gründer und Träger des Ganzen, er und sein neben ihm stehender Freund *Paul Heyse*, dessen Novellen mit ihren prickelnden Konflikten in ihrer reizenden Ausführung kleinen Alabaster-Bildwerken gleichen und der mit seinen ebenso dichterischen wie formschönen »Hermen« und den andern versifizierten Erzählungen, wie »Die Braut von Zypern«, »Raphael« etc., in jedem gebildeten Hause einen

Ehrenplatz besitzt, gleichzeitig aber mit seinen Dramen, wie »Hans Lange«, »Elisabeth Charlotte« u. a., auf der deutschen Bühne sich eingebürgert hat. Der Mann seitwärts im Vorgrunde, der behaglich in den Fauteuil gelehnt seine Pfeife schmaucht, ist *Friedrich Bodenstedt*, der Schöpfer des unsterblichen Mirza Schaffy, und der zweite neben ihm, eine feine, geschmeidige Gestalt, ist *Moritz Carrière*, der berühmte Ästhetiker und Religionsphilosoph, der als Kritiker und Lehrer eingreifende Wirksamkeit ausübt. Das sind sie, welche den Kern bilden, um den die Kristalle anschießen, die wir weiter mustern wollen.

Da ist vor allen *Hermann Lingg*, den Geibel einst in die Literatur eingeführt und der seither sich neben seinem Meister ebenbürtig niedergelassen und sich durch seine wahrhaft eigentümlichen Dichtungen voll tiefer Gedanken, glühender Farbenpracht und ergreifender Plastizität der Bilder in die ersten Reihen gestellt hat. Gelänge es ihm, das große Gedicht, die »Völkerwanderung«, so zu beenden, wie sie als Torso jetzt vorliegt, so könnte sie mit den größten Epopöen aller Zeiten wetteifern. Neben ihm (unter dem Krokodile) sitzt *Melchior Meyr*, der Verfasser der berühmten Dorfgeschichten aus dem Ries, mehrerer achtungswerten Dramen und einiger philosophischer Werke wie »Gott und sein Reich«, worin er den alten metaphysischen Zwiespalt der Welt in geistvoller Weise zu lösen bestrebt ist. Auch seine Romane (»Vier Deutsche«, »Ewige Liebe«) gehören dieser philosophierenden Richtung an. Ganz anders geartet ist der behäbige Herr vor dem einzigen Offizier im Bilde. Das ist *Hermann Schmid*, der »Gartenlaube« ein gar lieber Freund, der Dichter der Dorfgeschichten aus dem bairischen Gebirge, die ihn, wie »Die Huberbäurin«, »Almenrausch und Edelweiß«, »Das Schwalberl«, »Das Wichtel« etc., in kurzer Frist zu einem der beliebtesten und gefeiertesten Autoren gemacht haben. Auch in seinen geschichtlichen Romanen, »Der Kanzler von Tyrol«, »Mein Eden«, »Im Morgenrot«, geht er unverkennbar darauf aus, ein Volksschriftsteller in der edelsten Bedeu-

tung des Wortes zu sein und das Volk mit seiner eigenen Begeisterung für Freiheit und Recht zu erfüllen. Seine bisherigen dramatischen Leistungen haben trotz einiger Erfolge, wie »Kolumbus«, ein durchschlagendes Talent in dieser Richtung nicht bewiesen.
Hinter dem Tische mit der Pyramide sitzt *Julius Grosse*, der bekannte Epiker, der in seinen versifizierten Erzählungen »Das Mädchen von Capri«, »Gundel von Königssee«, in seinen Dramen, zumal in seinem jüngst erschienenen »Der letzte Grieche«, Kraft des Gedankens und Fülle der Empfindung mit vollster Formbeherrschung verbindet und auch in der Novelle Tüchtiges geschaffen hat. Der Träger des Krokodils ist der Schwabe *Wilhelm Hertz*, der Dichter von »Lancelot und Ginevra« und »Hugdietrichs Brautfahrt« sowie einer Sammlung von Gedichten, sämtlich von reizender Frische und gesunder Ursprünglichkeit, von echt Uhlandschem Geiste durchweht. Der zweite Träger des Krokodils ist *Hans Hopfen*, der derzeitige Sekretär der Schillerstiftung, jetzt in Wien, Verfasser des Romans »Peregretta«, ein Lyriker voll seltenen Wohllauts und bei tiefer Empfindung mit einem sarkastischen Zuge, der im besten Sinne an Heine gemahnt. Hinter Hopfen kommt *Köppel*, ein Landsmann und begabter Schüler von Hertz, neben diesem *Viktor Scheffel*, der Schöpfer des »Ekkehard« und des »Trompeters von Säckingen«, und an dessen Seite *Karl Heigel*, der die Tragödie »Marfa« geschrieben, seither aber unter die Modejournale gegangen und Mitredakteur des – Bazar geworden ist. Der Offizier mit dem Glase in der Hand ist *Heinrich Reder*, der Dichter von reizenden Liedern, deren die »Fliegenden Blätter« eine Auswahl brachten, und Verfasser des trefflichen Reisehandbuchs »Der Baierwald«. Hinter Lingg werden noch ein paar Köpfe sichtbar; der Reisende und Altertumsforscher *Julius Braun* und der Gerichtsrat *A. Mai*, ein höchst bedeutender Dramatiker, Verfasser von »Cinqmars«, »Zenobia«, der aber die tragische Muse über den Schwurgerichtsakten etwas zu negligieren scheint.

Zwischen Grosse und den Ellbogen Geibels wird das ernste Antlitz des bekannten Ästhetikers und Romanschriftstellers *Adolph Zeising* (»Hausse und Baisse«, »Joppe und Krinoline«, »Gunst und Kunst«) sichtbar; der scharfgeschnittene Kopf über ihm gehört *Felix Dahn*, Professor der Rechte und Dichter und in beiden Hinsichten durch sein Geschichtswerk »Die Könige der Germanen« und durch Dichtungen wie »Harold und Theana« wohl bewährt. Auf seine Schulter stützt sich *Leuthold*, der Schweizer, der mit Geibel »Fünf Bücher französischer Lyrik« herausgegeben und sich als Meister in der Kunst des Übersetzens, richtiger des Nachdichtens erprobt hat. Die Gruppe rechts besteht aus den musikalischen Mitgliedern der Gesellschaft, dem trefflichen Komponisten *Robert von Hornstein*; *Nohl*, dem Biographen von Mozart und Beethoven; dem Musikkritiker *Grandaur* mit *Oskar Horn*, einem hoffnungsvollen Dichtertalente. Das sind die Krokodile so ziemlich alle; mit Ausnahme einiger, die jetzt anderwärts hausen, wie der Kunsthistoriker *Lützow* u. a.

Man sieht, es ist eine ansehnliche Zahl, die sich zusammengeschart hat, und man kann in allen Ehren von einer Münchner Dichterschule sprechen und behaupten, daß sie, wie einst der Göttinger Hainbund, die schlesische oder schwäbische Dichtergruppe, eine bestimmte Stellung in der Literaturgeschichte einnehmen werde. Fragt man nach deren gemeinsamem Kennzeichen, so ist ein solches unschwer zu finden und gibt sich jedem kund, der das vor ein paar Jahren erschienene »Münchner Dichterbuch« aufmerksam durchblättert. In der Stoffwahl ist es ein idealer Aufschwung aus der unruhigen Bewegung der Zeit und des Lebens, der alles Stürmende und Drängende wie etwas Unlauteres von sich abhält; in der Form ist es das Streben nach durchaus gleichgehämmerter Glätte, Korrektheit und Anmut; im Ganzen eine aristokratisierende oder akademische Richtung, die in der Klassizität wurzelnd zu ihr wieder zurückstrebt. Bei der größten Zahl der Mitglieder wird diese Charakteristik aufs Haar zutreffen. Ist es Seligen vergönnt, die Werke ihres Lebens aus der Vogelperspek-

tive des Jenseits zu überschauen, so wird König Maximilian befriedigt hernieder lächeln. Wird auch nach seinem raschen und verfrühten Heimgang sein Gebäude mit mancher andern seiner Schöpfungen achtlos dem Verfalle überlassen und durch eine ebenso entschiedene musikalische Richtung verdrängt, so ist doch das Geleistete ein schönes Monument für ihn; ein schöneres lebt ihm im Herzen aller, die sich zum »heiligen Teich« bekennen.
Niemand ahnt, was die Zukunft bringt; eines aber ist gewiß: Was nach dem Unvergänglichen ringt und es dadurch in sich aufnimmt, das bleibt!

CARL FERNAU

Literatur in München

Sehr oft schon ist jenes fromme Riesenpaar [der Frauentürme] besungen worden. Aber es waren Münchner Poeten, die für Notre Dame die Leier stimmten. Ihre Töne rauschten nicht bis über Deutschland hin. Es sind *vaterländische* Dichter; sie leben hier meistens in Dienstgeschäften, [. . .]. Es sind nur äußerst wenige, welche hier ausschließlich vom literarischen Erwerbe leben. Die Journalistik beschränkt sich auf einige Lokalblätter und diese zahlen fast keine Honorarien. Ermunterung fehlt. München hat keinen literarischen Markt, wie Leipzig, wie Stuttgart, kein literarisches Publikum, wie Wien. Eine belletristische höhere Tendenz hat sich in neuester Zeit durch die Zeitschrift »Deutsche Blätter«, anfangs »Theeblätter«, kundgegeben. Sie ging aus dem Wirken einer Dienstagsgesellschaft hervor, welche in der schmalen Weinlaube bei Junemann ihre Zusammenkünfte hält. Herr v. *Elsholtz*, der bekannte Verfasser einiger Lustspiele, ist deren

Stifter. Es ist keine Mittwochsgesellschaft, wo lediglich Tee getrunken würde, sondern nach ihrem Titel: *Die Zwanglosen* muß den Mitgliedern auch Bier zu trinken und zu rauchen erlaubt sein. In dieser Junemania finden sich nun die vorzüglicheren Münchener Schriftsteller alle Dienstagabende von 8 Uhr bis gegen Mitternacht zusammen. [. . .]
In dieser Reihe von Dichtern [. . .] figurieren fast durchgehends Staatsbeamte, Minister und Sekretäre, Hof- und Ökonomie-Räte, Professoren, Rektoren und Doktoren. Es gibt keinen Theaterdichter hier; aber hunderte von Schau- und Trauerspielen werden und sind in München fruchtlos gedichtet worden. Die herumirrende Poesie hat endlich hier in der mehrjährig schon bestehenden Dienstagsgesellschaft, der *modernen* Münchener Poetenschule, einen Halt gefunden, und der Dichter, der mit dem Könige geht, wird sie beschützen!

CARL FERNAU

Maximilian als Kronprinz

Der Thronerbe von Bayern, in Kunst und Wissenschaft früh erzogen, mit dem Studium des klassischen Altertumes auch jetzt noch aus eigener Vorliebe, seinem königlichen Vater gleich, beschäftiget, geistig genährt durch die Erfahrungen eines jahrelangen Reiselebens in Europa und im ehemals byzantinischen Reiche, ein Kenner der Österreichischen und Preußischen Monarchien, des übrigen Deutschlands, Italiens, Griechenlands und eines Teiles von Großbritanien, hat hier seinen eigenen zahlreichen Hofstaat etabliert, aber bewohnt noch immer die königliche Residenz, deren nördlichen Flügel dem Hofgarten zu. Er liebt, ein Schüler Schellings, Philosophie und den Umgang mit Gelehrten, die er

Kronprinz Maximilian mit seiner Frau Marie

häufig an seine Tafel zieht; er ist Dichter, und Personen, die einige seiner Poesien kennengelernt, rühmen an diesen begeisterte Phantasie und Wärme des Gefühls in der Auffassung; bekannt ist die Fertigkeit, mit welcher er nicht nur das französische, sondern auch das englische und italienische Idiom spricht. [...]
Er ist häufig im Theater zu sehen, zieht jedoch an schönen Sommerabenden die freie Natur vor; und man kann ihn unter den Schatten des Hofgartens zu Nymphenburg allein, der Lektüre eines Buches oder seinen Gedanken hingegeben sehen. In des Kronprinzen Benehmen herrscht große Offenheit und Leutseligkeit, auch Hoheit und Würde, und er ist der Gesellschaft, die er gerne besucht, stets eine angenehme Erscheinung. Er tanzt gerne; auch ist er ein unermüdeter, rascher und trefflicher Reiter. [...]
Der Kronprinz hat großen Teil an der allgemeinen Liebe, die dem König und seinem Hause hier gezollt wird; er ist zur Zeit noch unverheiratet. Eine europäische Berühmtheit hat die auf seine Veranlassung im mittelalterlichen Stil vollkommen restaurierte Burg Hohenschwangau erlangt.

LUISE VON KOBELL

Maximilian II. und sein Kulturprogramm

König Ludwigs erstgeborener Sohn bestieg am 21. März 1848 als Maximilian II. den Thron von Bayern, der umtost von politischen Stürmen und umlagert von Wünschen und Forderungen war. Das Ziel der Nationalversammlung in Frankfurt am Main war die Umgestaltung des Deutschen Bundes. Erzherzog Johann von Österreich ward zum Reichsverweser ernannt und hielt als solcher am 19. Juli seinen Einzug in

Frankfurt. Die deutsche Kaiserfrage bewegte Köpfe und Herzen, aber bei der Beratung, wer Kaiser sein sollte, stießen die Parteien in unlösbarem Streit aufeinander.
Nachdem die Anstrengungen, einen deutschen Kaiser zu wählen, erfolglos geblieben waren und der König von Preußen, Friedrich Wilhelm IV., die ihm von der Mehrheit angebotene Krone abgelehnt hatte, wurde die »Triasidee« angeregt. Das Bundespräsidium sollte hienach zwischen Österreich, Preußen und Bayern, dem letzteren als Vertreter der übrigen Staaten, nach einer gewissen Reihe von Jahren wechseln. Die Ausführung der Triasidee scheiterte indes an dem Widerstande der deutschen Großstaaten wie an dem der Kleinstaaten. Das war das ABC der Politik, die ich in meiner Jugend kennenlernte. Der Geheime Legationsrat von Dönniges, in Stettin geboren, war im Jahre 1842 auf Empfehlung Leopold von Rankes in enge persönliche Beziehung zum Kronprinzen Maximilian getreten und 1847 zu dessen Bibliothekar ernannt worden. Er war es, der »die Glutidee der Trias zündend in die Welt geschmettert«.
König Maximilian II., der sich Marc Aurel zum Vorbilde nahm, war einer der edelsten Könige und ein christlicher Philosoph. Ideal faßte er die Aufgabe des Regenten auf. [. . .]
Die großartige Aufgabe, die sich Ludwig I. in Beziehung auf die Kunst gesetzt, stellte sich Maximilian II. in wissenschaftlicher Hinsicht. Die Universität zu München sollte ein Zentrum werden, das die geistigen Strömungen und Errungenschaften sammle und aussende. Er trachtete jedes Gebiet der Wissenschaft zu heben und förderte gleich eifrig Philosophie und Geschichte, Rechts- und Naturwissenschaften. Namen wie Sybel, Giesebrecht, Löher, Riehl, Carrière, Bluntschli, Windscheid, Liebig, Bischoff, Siebold, Jolly glänzten unter den Reformatoren der Hochschule.
Und wie einst in Weimar sollte am Hofe Maximilians die Dichtkunst reiche Blüten entfalten. Der König berief Geibel, Bodenstedt, Heyse. Dem geistvollen Schriftsteller Franz

Dingelstedt ward die Leitung des k. Hoftheaters übertragen. [. . .]
In der »Grünen Gallerie« der k. Residenz versammelte der König allwöchentlich die soeben erwähnten Berufenen nebst den bereits seit längerer Zeit in Bayern Ansässigen: Baron Schack, Thiersch, Pettenkofer, Ringseis, Kobell, Daxenberger, Dollmann, Klenze, Graf Pocci, Dönniges, Kaulbach, Piloty u. A.; als diensttuende Adjutanten fungierten abwechselnd von der Tann, Leonrod und Spruner. Diese Versammlungen waren die berühmten Symposien. Maximilian II. führte den Vorsitz und lud die Gelehrten ein, bei trefflichem Mahle und Zigarren, Neues aus allen Gebieten der Wissenschaft und Kunst mitzuteilen. In seinen kürzlich erschienenen »Charakterköpfen« hat Riehl uns ein anziehendes Bild davon entworfen. Große Fragen wurden hier nicht bloß im Fluge berührt, wie so oft in den Salons, sondern tief und gründlich behandelt. Aus den Symposien ging die »Historische Kommission« hervor. Durch die Stiftung des Maximiliansordens zeichnete der König die Matadore der Kunst und Wissenschaft aus.

FRANZ DINGELSTEDT

Dönniges' Triasidee

Dönniges war in die Dienste des Königs Max gekommen, da dieser noch als Kronprinz in Bamberg residierte. [. . .] Seine Politik gipfelte in der Triasidee, die, vielleicht ganz, gewiß zum großen Teil sein Werk, in den Dresdener Konferenzen durch ihn lebhaft vertreten wurde. Auch später, in den Bamberger Konferenzen, versuchte er aus den deutschen Mittelstaaten eine dritte Macht im Bundestage zusammenzusetzen, die, zwischen Österreich und Preußen gestellt, in kritischen Fällen den Ausschlag gebend, von großer Bedeutung gewesen sein und namentlich Bayern zu solcher verholfen haben würde. Dies sein Adoptivvaterland liebte Dönniges wirklich und warm; er glaubte an eine hohe Sendung, eine schöne Zukunft Bayerns in und mit Deutschland. »Österreich die Zölle und den Handel, – Preußen das Heer und die Vertretung nach Außen, – Bayern Wissenschaft und Kunst«: so teilte er, wenn wir dann und wann aus Bowlen- und Zigarrendämpfen politische Gesichte lasen, die Rollen aus in dem welthistorischen Drama, dessen Exposition sich eben vorbereitete, während die Peripetie und die Katastrophe, die er als Zuschauer allerdings noch erlebt hat, aber nicht mehr mithandelnd, ganz anders ausgefallen sind, als er es sich gedacht. Was er im Kabinett des Königs schrieb und trieb, war gewiß ebenso oft bayerische Politik wie persönliche Politik des Königs Max, welche beide Dönniges sich nicht getrennt denken konnte. Desungeachtet aber begab es sich, und das nicht selten, daß diese Politik sich im Widerspruch befand mit derjenigen, welche das Staatsministerium am grünen Sitzungstisch machte und vor den Kammern vertreten mußte. Daher denn die Mißverständnisse, die Hetzereien, die stillen Intriguen, die offenen Kämpfe, und endlich der Zusammensturz einer Stellung, die in ihrer Unverantwortlichkeit freilich wider alle konstitutionellen Usancen verstieß, aber doch des Guten viel vermittelte und erschuf. Diese Stellung zu regularisieren, zu korrigieren, dadurch, daß Dönniges aus dem Dienste des Königs in den Staatsdienst, in das Ministerium, gar an dessen Spitze getreten wäre, – daran dachte er selbst niemals, bei allem Ehrgeiz und Wirkungsdrang, die ihm eigen. Es war auch undenkbar.

KARL STIELER

Maximilians Kulturpolitik

Wir treten damit in die zweite große Ära Münchens ein, in die Glanzperiode der Wissenschaften und des hohen geistigen Lebens, das unter der Herrschaft Max II. beginnt. [. . .]
Das ideale Haupt, der eigentliche Führer jener ganzen Bewegung aber war der König selbst, auch er hatte wie sein Vater schon als Kronprinz den Grundgedanken festgestellt und gefördert, der einst mit ihm selber zur Herrschaft kommen sollte. Und dieser Gedanke war die geistige Hebung seines Volkes. Wie es einem Vater Herzenssorge und Gewissenssache ist, an die geistige Zukunft seines Kindes zu denken, so war der stille, feinfühlige Fürst besorgt, ja, fast bekümmert, sein Bayern emporzuheben aus jener geistigen – Verspätung, möchten wir sagen, in der es sich seit den Tagen der Reformation befand, es innerlich zu befreien. Seine ganze Politik war, wie Riehl es so meisterhaft bezeichnet – »Kulturpolitik«. Er hatte nichts von jener pulsierenden, fast ungestümen Genialität, womit sein Vater nach großen Zielen griff, sein Wesen war still und bewegt von der tiefen Überzeugung, die er sich kämpfend abgewonnen. Er war das verkörperte Pflichtgefühl; das philosophische Denken Schellings, als dessen Schüler er sich gern bezeichnete, die edle Humanität eines Thiersch, den er stets zu seinen Freunden zählte, hatten auf seinen eigenen Charakter tiefgreifenden Einfluß geübt. Er wußte gar wohl, daß sein Wille entscheidend war, aber das führte ihn nicht dazu, kurzweg ohne weiteres zu wollen, sondern es machte ihn doppelt bedächtig, bevor er mit diesem Willen ins reine kam. [. . .]
Wie sein Vater zunächst von dem partikularen Ziele ausging, sein Bayerland solle groß werden in der Geschichte der Kunst – aber mit dem ausgesprochenen Bewußtsein, damit die nationale Bedeutung des Landes zu heben –, so war es auch

König Maximilian II. von Bayern. 1863

bei dem Sohne der Fall; sein ganzes Streben war, dieses Bayerland geistig zu heben, aber mit dem bewußten Ziel, damit auch seine Bedeutung und sein Gewicht in dem gesamten Vaterlande zu steigern. Er wollte gerade jenen »Bildungspartikularismus« brechen, wie Riehl es nennt, der Bayern noch von allen übrigen deutschen Staaten trennte.

Diesen Gedanken müssen wir festhalten, wenn wir die Handlungsweise des Königs richtig verstehen wollen. Jene Schranke, die Jahrhunderte lang die Geister in Süd und Nord geschieden, sie mußte fallen, das war die Bedeutung jener »Berufungen«, die nun mit den fünfziger Jahren beginnen und die gewissermaßen zur Signatur, zum Schlagwort für jene ganze Epoche geworden sind. Die bedeutendsten Gelehrten aus allen Teilen von Deutschland sollten an der Münchener Hochschule versammelt werden und der König wollte in ihrer Nähe, im täglichen Umgange mit ihnen – lernen. Wir begreifen heutzutage kaum mehr den Widerstand, den diese Absicht damals erfuhr, aber fürwahr, es ward ihm nicht leicht gemacht, sie zu erfüllen. Die ganze Bitterkeit, die sich schon am Beginne des Jahrhunderts wider die »fremden« Mitglieder der Akademie gerichtet, die unter der Regierung Ludwigs des Ersten dem »Protestantenviertel« galt, sie richtete sich jetzt abermals empor wider die »Nordlichter«, wie man sie höhnisch nannte. Doch Max II. ließ sich dadurch nicht irre machen; er war ja beinahe zaghaft bedächtig, wo er zweifelnd das Richtige suchte, aber er war unerschütterlich fest und entschlossen, wo er das Richtige gefunden hatte. Und hier glaubte er es mit voller Seele, daß dem so sei.

Nach drei Richtungen hin äußerte sich zumeist das ästhetische Bedürfnis und die berufende Tätigkeit des Königs. Seine eigene Neigung war von jeher der Geschichte zugetan, und so sollten denn vor allem die historischen Fächer eine glänzende Pflege finden; die Neigung der Zeit drängte in das Gebiet der Naturwissenschaften, und darum fanden auch sie in München einen neuen Mittelpunkt. Daneben aber stand als Drittes ein Dichterkreis, der bald die erlesensten Namen zählte.

Es entsprach dies nicht nur dem idealen Sinne des Königs, sondern fast möchten wir sagen, auch seinem Gerechtigkeitssinne; er wollte das, was sein Vater der bildenden Kunst geleistet, wenn auch in bescheideneren Grenzen, der Dichtkunst sein.

JOHANN CASPAR BLUNTSCHLI

Berufungen

Das Hauptinteresse des Königs war weniger die Politik als die *Literatur*. Er zog den Staatsmännern die Dichter vor und benutzte die Muße, welche ihm die öffentlichen Geschäfte übrig ließen, um sich an den schönen Werken der Poesie zu erfreuen. Er war unglücklich darüber, daß seine Gemahlin diese literarische Neigung nicht teilte, für die Schönheiten der Verse taub war und im Theater eher das Publikum überschaute, als der Entwickelung auf der Bühne folgte.
Er wollte in München und an seinem Hofe eine Anzahl deutscher Dichter versammeln und so die glänzende Literaturepoche von Weimar erneuern. So berief er nach und nach *Emanuel Geibel*, *Dingelstedt*, *Bodenstedt*, *Paul Heyse* nach München. Von einheimischen Dichtern beachtete er fast nur *Franz Kobell*, der in pfälzischer und altbayerischer Mundart volkstümliche Lieder sang und ein vortrefflicher Jagdgenosse war. [. . .]
Für die geselligen Kreise Münchens waren diese Berufungen ein großer Gewinn. Das Leben wurde bewegter, interessanter, geistiger. Das Grau des Philisterlebens wurde durch hellere Farbentöne verschönert.
Bedeutender wirkte die Berufung ausgezeichneter »Fremder« an die Universität, welche ebenfalls nach dem Wunsche des Königs hauptsächlich durch Dönniges betrieben wurde.

Auch für die wissenschaftliche Tätigkeit hatte der König ein Verständnis und eine innere Verehrung. Er sagte mir einst an einem Symposion im Schlosse: »Wäre ich nicht in einer königlichen Wiege geboren worden, so wäre ich am liebsten Professor geworden; dieser Beruf hätte mich am meisten angezogen.« Ich dachte im Stillen: »Schade, daß das Schicksal nicht unsere Wiegen vertauscht hat.«
Das wissenschaftliche Leben wurde durch diese Berufungen jedenfalls sehr gefördert. Dieselben wirkten nachhaltig und halfen auch die einheimischen Kräfte von dem Drucke befreien, der über ihnen lag. Aber die Form der Berufung verletzte und kränkte die Behörden und die Körperschaft der Universität. Weder jene noch diese wurden zu Rate gezogen. Es wurde ihnen lediglich zugemutet, das im Kabinett Beschlossene und Vollzogene anzuerkennen und auszuführen. Den aus dem Auslande berufenen Professoren wurde es schwer gemacht, volle Anerkennung zu finden. Es bildete sich eine Art wissenschaftlicher Fremdenkolonie in München, die wenig mit den älteren Kollegen aus Bayern und noch weniger mit der Münchner Bürgerschaft verkehrte. [...]
Der Haß der einheimischen Gegner wendete sich vorzüglich wider *Dönniges*, der als der Hauptträger dieser Kabinettsverwaltung betrachtet wurde. Alle bayerischen Instinkte waren gegen den »herrischen Preußen« aufgeregt. Die Erbitterung, durch kleine Formfehler gereizt, erhielt zuletzt eine Kraft und Ausdehnung, welche an die Wut gegen die Lola erinnerten und freilich erst nach Jahren den jähen Sturz des königlichen Günstlings bewirkten. Ich erkannte frühzeitig die Gefahr, warnte zuweilen auch vor Mißgriffen, aber achtete trotz alledem die durchaus ehrenwerten Bestrebungen des Mannes, Bayern geistig zu heben.

PAUL HEYSE

»die schöne Kunststadt an der Isar«

München war im Jahr 1854 eine Stadt von wenig über 150000 Einwohnern. Schon im Sommer 1842 [...] war ich auch nach München gekommen, wo wir König Ludwigs große künstlerische Unternehmungen zum Teil noch im Werden fanden.

Noch hatten wir nur erst das Modell der Bavaria in der hohen Bretterhütte auf der Theresienwiese bestaunt, waren in der Basilika auf den Gerüsten herumgeklettert, auf denen Heß und Schraudolph ihre Fresken malten, und in der Ludwigskirche legte Meister Cornelius die letzte Hand an sein großes Jüngstes Gericht. Jetzt, zwölf Jahre später, fand ich die schöne Kunststadt an der Isar in vollem Glanz, freilich noch räumlich weit beschränkter als heutzutage. Das Siegestor und die noch unvollendeten Propyläen begrenzten damals im Norden und Westen, das Hoftheater im Süden die Stadt, die erst durch König Max bis an den schönen, starken Strom fortgeführt wurde, während nach Osten hin die Straßen sich ohne Abschluß bald ins freie Feld verliefen, und die Vorstädte Au, Giesing, Haidhausen und Schwabing sich's noch nicht träumen ließen, daß sie dermaleinst in den Ring der Stadt einbezogen werden sollten. Es lag damals auch noch eine Menge großer Gärten zwischen den Häusermassen verstreut, wenn auch der jetzt so lustig grünende Dultplatz noch eine dürre Wüste war, da man zu gewissen Zeiten dort die Budenstadt hinpflanzte. Den Berliner aber, der diese in fröhlichem Aufschwung begriffene lachende Stadt betrat, heimelte sie im Vergleich zu den endlosen Straßenzügen und schwerfälligen Palästen seiner Vaterstadt fast mit ländlichem Reize an, während doch wieder die vielen neuen und alten Kirchen und die drei großen Museen dem Ganzen ein vornehmes Gepräge gaben und die malerischen, altertümlichen Stadtteile daran

München um 1850

erinnerten, eine wie lange, merkwürdige Geschichte dies Isar-Athen zu erzählen hatte.
Nicht minder fand sich der Norddeutsche, zumal wenn ihm das muntere Blut des »fahrenden Schülers« noch in den Adern floß, durch die ungebundenen Sitten und den farbigen volkstümlichen Zuschnitt des Lebens angezogen, wenn er auch manches Liebgewohnte vermißte.
So gab es zum Beispiel keine eigentliche Geselligkeit, kein uneingeladenes Eintreten bei Freunden, sehr selten eine Hausfreundschaft, wie ich sie von meinem Elternhause, der Kuglerschen und anderen Berliner Familien her gewöhnt war.
Die Männer gingen allabendlich in ihr gewohntes Bierhaus, die Frauen saßen in sehr zwangloser Toilette zu Hause und empfingen höchstens eine Freundin – gelegentlich wohl auch einen »Freund«, den das Négligé nicht abschreckte. Wenn ein Gast von fern zugereist kam, bestellte ihn sein Münchener Gastfreund auf den Abend ins Wirtshaus, oder, wenn er ihn zu seinem Tische einlud, kam die Magd herein, zu fragen, was der Herr zu Nacht zu speisen wünsche. Das wurde dann nebst dem trefflichen Abendtrunk aus dem nächsten Wirtshaus »über die Gasse« geholt. Ich erinnere mich sogar, daß Kobell uns einmal ausnahmsweise zum Abend einlud, ein Drama mit anzuhören, das ein ihm empfohlener junger Poet der Familie vorlesen wolle. Als wir alle versammelt waren, trat der Hausherr herein, begrüßte uns freundlich und sagte: »Nun, unterhalten Sie sich gut! Ich muß in meine Gesellschaft.«
Wir konnten, als die Lektüre begann, freilich begreifen, daß er es vorgezogen hatte, in sein »Alt-England« zu gehen. Aber von den ortsüblichen Bräuchen der Gastlichkeit hatten wir doch einen seltsamen Begriff bekommen.
Desto liebenswürdiger erschien uns hier im Süden gegenüber der strengen Sonderung der Stände, die in der Heimat herrschte, der freiere Verkehr der verschiedenen Gesellschaftsklassen untereinander an öffentlichen Orten, der

schon an Italien erinnerte. Zwar konnte es in München nicht vorkommen, wie ich es in Rom erlebt hatte, daß ein Bettler im Café von Tisch zu Tische ging und, nachdem er so viel gesammelt, um seinen Kaffee zu bezahlen, sich ohne Verlegenheit unter die Gäste setzte, um vom Kellner wie jeder andere bedient zu werden. Aber die demokratisierende Macht des Bieres hatte doch eine Annäherung bewirkt. Der geringste Arbeiter war sich bewußt, daß der hochgeborene Fürst und Graf keinen besseren Trunk sich verschaffen konnte als er; die Gleichheit vor dem Nationalgetränk milderte den Druck der sozialen Gegensätze. Und wenn im Frühling noch der Bock dazu kam, konnte man in manchem Wirtsgarten eine so gemischte Gesellschaft zwanglos beisammen finden, wie sie in Berlin nirgends anzutreffen war. [. . .]
Zwar war ich nie ein sonderlicher Trinker gewesen und wurde es auch nicht in meiner neuen Heimat, wie denn auch wohl an meiner Begeisterung für den Rettich der Reim den größeren Anteil hatte. Das aber gewann mich sofort für meine neuen Landsleute, daß sie, so sehr sie Rang und Stand zu schätzen wußten, sich durch die Nähe eines Höherstehenden nicht einschüchtern oder im behaglichen Lebensgenuß stören ließen. Freilich hatte das alte München auch noch keine breite Arbeiterbevölkerung. Noch herrschte unter einem strengen Zunftzwang die Handwerksarbeit im Kleinen vor; es fehlte fast gänzlich an Fabriken und jeder Art von Großindustrie, wie denn auch hier vor fünfzig Jahren diejenigen gezählt werden konnten, die nach heutigen Begriffen für reich gegolten hätten. Dafür gab es auch durchaus keine Massenarmut, die in großen Städten dem Menschenfreunde das Herz beklemmt. Bettler waren genug vorhanden, an den Kirchenpforten wie in den Häusern. Aber sie waren sämtlich mit ihrem Lose zufrieden, da in wohltätigen Vereinen und durch das obligate Almosenspenden frommer Seelen dafür gesorgt wurde, daß sie sich in ihrem Stande wie in einer auskömmlichen Sinekure wohlfühlen konnten. Der gewerbtreibende

Bürgerstand vollends genoß eines so reichlichen Lebens- und Nahrungszuschnitts, wie in dem sparsamen und nüchternen Norden unerhört war.

EMANUEL GEIBEL

Erste Audienz bei König Maximilian

An die Braut

Den 11. März [1852].

Schon am Montag mittag wurde ich zum Könige beschieden. Im Vorzimmer empfing mich der Adjutant des Tages, Oberst *von der Tann*, derselbe, der so rühmlich in Schleswig mitgefochten; er kannte mich auch dem Namen nach, und so entspann sich von selbst ein Gespräch, das mich glücklich über die peinliche Viertelstunde des Erwartens hinwegbrachte. Nun wurden die Türen geöffnet, und in einem reichen Zimmer mit dunkelrotem Fußteppich, in das der warme Sonnenschein durch ein einziges hohes Bogenfenster blendend hereinquoll, stand der König vor mir. Er ist ein angehender Vierziger, schwarz, oder doch sehr dunkel von Bart und Haar, mit nicht eben schönen Zügen, deren Härte jedoch durch den geistigen Ausdruck des blauen Auges gemildert wird; in seiner Sprache liegt etwas von jenem rauhen kurzen Hervorstoßen der Worte, wie es den Gebirgsbewohnern eigen zu sein pflegt. Er war sehr freundlich, sprach von Epos und Geschichte, fragte nach den Arbeiten, die ich jetzt unter Händen hätte, und ließ sich mit sichtbarem Interesse von Julian erzählen. Er selbst habe keine Zeit mehr für den Umgang mit den Musen übrig, sagte er, aber die Teilnahme für fremde Schöpfungen wolle er sich durch nichts verkümmern lassen.

Dann sprach er mit vielem Sinn von der Aufgabe des Poeten in unserer Zeit und schloß endlich mit den Schillerschen Worten, daß der Dichter mit dem König gehen solle.

WILHELM VON DÖNNIGES

Einladung Heyses nach München

München, 7. 3. 1854.

Se. Majestät der König Maximilian von Bayern haben mir den Auftrag erteilt, an Sie die Frage zu richten, ob Sie geneigt wären, nach Bayern und zwar nach München überzusiedeln, wenn Ihnen eine jährliche Pension von etwa mindestens 1000 Gulden auf die Zivilliste von Sr. Majestät zeitlebens verschrieben würde. Se. Majestät haben die Absicht, noch mehrere ausgezeichnete Talente der deutschen Literatur hieher zu ziehen und denselben die Gelegenheit freier Entwicklung zu geben . . . Sie würden im Fall der Annahme und Ihrer Übersiedlung hieher keine weitere Verpflichtung als die des hiesigen Aufenthalts zu übernehmen haben und zwar auch nur in den Zeiten des Jahres, so Se. Majestät sich hier in München befinden. Sonst würden Sie ganz freier Herr Ihrer Zeit bleiben. Die ganze Intention Sr. Majestät besteht, wie gesagt, darin, Männern der Wissenschaft und Kunst eine großherzige Unterstützung zur Entwicklung ihrer Kräfte zu geben und selbst allerdings auch an den höheren Genüssen eines geistreichen Umgangs teilzunehmen.

OTTO VON VÖLDERNDORFF

Salon Dönniges

Was im politischen Wirken Wilhelm v. Dönniges, als er nach Altenhöfers berühmt gewordenen Versen »die Glutidee der Trias zündend in die Welt geschmettert«, geleistet und worin er gefehlt haben mag, soll der Beurteilung eines Staatsmannes überlassen bleiben; was er mit seinem Feuereifer in Durchführung der Pläne seines Königs, dem geistigen Leben Bayerns einen neuen großartigen Aufschwung zu geben, an guten Resultaten erzielt und worin er daneben gegriffen hat, mögen Gelehrte entscheiden; hier soll nur des sozialen Lebens gedacht sein, das sich in jenen Jahren in der »Neuen Amalienstraße Nummer sechsundsechzig« entwickelt und zwar blühend entwickelt hat. Der Münchener und überhaupt der Süddeutsche ist zwar gemütlich, aber nicht gastfreundlich, vielmehr in seinem Hause recht exklusiv. Vor dreißig Jahren kannte man hier zwar »Salons« in der haute volée und in den übrigen Kreisen der Gesellschaft einzelne selten vorkommende »Einladungen«, allein ein tägliches soziales Leben im Hause, wie es in Norddeutschland Sitte ist, war damals hier fast unbekannt. Frau v. Dönniges hatte den Mut, den Berliner »Teeabend« bei uns einzuführen, aber sie war zu praktisch und zu gesund im Gemüte, als daß sie jene vielbesprochenen Spree-Soireen mit dünnem Tee und noch dünneren poetischen Vorträgen, mit kaltem Aufschnitt und noch kälteren schöngeistigen Gesprächen hätte importieren wollen. In ihren gastlichen Räumen brodelte zwar auch im Salon die Teemaschine, aber dies war rein nebensächlich, die physikalische Grundlage des Abends bildete stets ein treffliches kopiöses Souper mit bajuwarischem Bier und einer nach bewährten Rezepten vom Hausherrn, der darin – wie in so vielem – Meister war, gebrauten Bowle, zu welcher die Zigarre freundlich gestattet wurde. Und was an

Poesie, an Geist, Witz, Humor und an künstlerischen Leistungen jene Abende geboten haben, unvergeßlich blieb es dem Einheimischen und dem Fremden, der ihnen anwohnte. Und Fremde erschienen in reicher Fülle, man darf sagen, es ist keine Zelebrität in jenen Jahren durch München gekommen, die nicht im Salon der Frau Franziska sich eingefunden hätte [. . .]
Beim Eintritt empfing Frau v. Dönniges, eine nicht große, aber wohlproportionierte Gestalt, ihre Gäste liebenswürdig mit freundlichem Drucke der kleinen wohlgepflegten Hand, indes ihr Gemahl meist schon bei der fröhlichen Begrüßung irgend ein satirisches Wort an den Kommenden richtete. Aber seine Satire erfreute den geistig Gesunden, weil man durch dieselbe stets das ehrliche treugemeinte Wohlwollen durchfühlte; nur wer an narzißartiger Selbstbespiegelung kränkelte, der mochte sich vielleicht verletzt fühlen. »Willkommen unwiderstehlicher Bodenstedt«, empfängt er den Sänger des Mirza-Schaffy, der mit seiner »Edlitham« (wie er seine anmutige Gattin Mathilde anagrammatisch zu nennen pflegte) eintritt. Und: »Nicht jeder hat so viel Glück bei den Frauen, wie du mit deinem struppigen Barte«, lautet die lachende Antwort. »Nicht wahr, zu zweien philosophiert es sich besser?« wird Carrière begrüßt, der seine junge Frau, Liebigs älteste Tochter, die leider so früh geschiedene Agnes, glückstrahlend am Arme hereinführt. »Jedenfalls ist der Dualismus leichter durchzuführen als die Trias«, entgegnete der schlagfertige Ästhetiker. »Nanu, Jung-Goethe, wie weit ist das Heysesche Trauerspiel vorgeschritten?« »Was du wieder für ein Reinecke-Gesicht mitbringst, Kaulbach, Gott gnade unserer Geselligkeit«, und so in ähnlicher Weise dauern die Begrüßungen fort. Allmählich füllt sich der Saal, Bluntschli mit dem mächtigen Denkerhaupte, begleitet von seinem alpenfrischen Töchterlein Luise, Schlachtenmaler Feodor Dietz, Geibel mit seiner schüchternen, taubenartigen Frau, der ewig gutgelaunte Franz v. Kobell mit seinen zwei liebenswürdigen Töchtern Marie und Luise, in der Gesellschaft

»Rose und Röschen« geheißen, Justus Liebig mit der zweiten schönen Tochter Johanna [...].
Wenn wir an diese unvergeßlichen Abende zurückdenken, welche Menge von Bildern zieht in bunter Reihe an uns vorüber, jedes für sich originell, nirgends eine Schablone, nie etwas Gemachtes, alles frisch und lebendig aus gesundem Boden gewachsen. Greifen wir aus dem Vielen nur einzelnes heraus, z. B. jenen Abend, an welchem Dingelstedt sein Trauerspiel »Das Haus des Barneveldt« vorlas. Welch ein meisterhafter Vortrag war das! Jeder Modulation war sein klangvolles Organ fähig; man hörte aus seinem Munde bald die zarteste Frauenstimme, bald das kräftigste Heldenorgan, das weinende Lallen des Kindes brachte er gleich gut zur Geltung, wie den verbissenen Ingrimm des Bösewichtes. [...]
Und dann mit welchem Entzücken lauschte alles, wenn Geibel seine begeisterten Verse mit edler Wärme in aus dem Innern hervorbrechenden Tönen deklamierte, oder wenn Heyse, damals in voller jugendlicher Schöne, eine seiner glatten und doch so tiefen Novellen vortrug, wenn Bodenstedt seines Mirza geistreiche und lebensfrohe Reime zum besten gab, oder wenn Kobell einen Alpenstrauß seiner frischen volkstümlichen Lieder spendete, oder so lebendig von seinen Jagden erzählte, daß man sich in den grünen Wald hineinträumen konnte unter Edelweiß, felsige Kanten und eisbedeckte Berggipfel im Hintergrunde. Und der Hausherr selbst ermangelte niemals, so oft er eine seiner gelungenen Nachbildungen der altschottischen und altenglischen Balladen – sie sind 1852 im Drucke erschienen – vollendet hatte, sie des Abends unserer Kritik zu unterbreiten, er war ja ein Meister im Rezitieren von Poesie und Prosa.
War ein Fremder anwesend, so gehörte ihm der Abend; einmal erzählte uns Andersen seine schönsten Märchen, ein andermal ließ Rubinstein ein Meer von Tönen unter seinen Virtuosenhänden erklingen; dann wieder sang die schöne Cruvelli grausig und doch entzückend die wilden Melodien,

die sie mit Vorliebe vortrug, oder es las Hebbel, mit seiner wie von innerem Ungestüm gleichsam vulkanisch vorgetriebenen Stirne, seine erschütternden Poesien. Ihm aber nahm plötzlich Dingelstedt das Buch aus der Hand. »Ich kann nicht mehr anhören, daß Sie meines Freundes Hebbel Gedichte so verhunzen«, sagte er dem verblüfften Dichter und liest dann seine Verse so herrlich und entzückend, daß Hebbel tief ergriffen ihm die Hand drückt mit den Worten: »Ich habe nicht gewußt, daß meine Sachen so schön sind.« [...]
Am Schluß der Abende folgte, wie bereits erwähnt, regelmäßig das gemeinsame Souper, bei welchem deutsch-gemütliche Unterhaltung mit attisch feinem Tischgespräche Hand in Hand ging. Unter dem Brillantfeuer des Humors wurde gegessen, getrunken, geplaudert und gelacht, dann und wann wohl auch eine ernstpolitische oder wissenschaftliche Frage erörtert. Tiefes Schweigen aber herrschte unter uns übrigen, wenn das Dichterkleeblatt Geibel, Dingelstedt und Bodenstedt zu improvisieren begann in Schlag auf Schlag sich folgender gereimter Wechselrede, in welche der Hausherr mitunter einige zündende Verse hineinwarf. Welche köstlichen Perlen der frisch empfundensten Poesie reihten sich da aneinander, die leider ungesammelt geblieben sind; nur der lautschallende Beifall der Anwesenden lohnte die gottbegnadeten Dichter.
Verklungen sind sie nun längst, die sprudelnden Reime, und die ihnen gespendeten Zurufe sind verhallt; verschwunden ist das lebendige Tun und Treiben in jenen gastlichen Räumen, und das Feuer ist erloschen, das einst sorgfältig von so vielen hohen Geistern genährt und gehütet war.

München, Mitte Juni 1882.

Wer heutzutage München durchwandert und in gesteigertem Maße wer heutzutage dauernd in München lebt, hat nur noch einen schwachen Begriff von der Gemütlichkeit, die in der

Stadt waltete, bevor sie Großstadt geworden, und von dem harmlos-heiteren Tun und Treiben ihrer damaligen Bevölkerung, besonders soweit diese Bevölkerung der geistigen Aristokratie angehörte. Das damals frisch aufstrebende junge Völkchen der Künstler, Dichter, Schriftsteller und ihrer Freunde und Gönner hatte eine unerschöpfliche Fülle von Laune, Humor, Geist und Warmherzigkeit zur Verfügung, und machte davon einen so lebendigen Gebrauch, daß die Isarstadt ungeachtet ihrer unästhetischen zwei Kuppeltürme [. . .] sowie der spitzigen Flußkiesel, welche man dazumal als »Trottoir« bezeichnete, dennoch als das Eldorado aller den Musen holden und dabei lebensfrohen Köpfe erschien. »Eheu fugaces. Posthume« – rufen wir mit Horaz – »labuntur anni!« Wie sehr hat sich seitdem alles verändert! Von dem einheimisch gewachsenen, saftigen, spießgebratenen Hend'l, das uns zu jener Zeit um achtzehn Kreuzer die hübsche Kellnerin mit dem Riegelhäubchen beim »Lachenden« hinstellte, bis zum importierten italienischen Hungerhuhn in »Kunstbutter« geschmort, welches uns jetzt um zwei Mark fünfzig Pfennige der schwarzbefrackte Kellner beim »Restaurant« serviert, ist kaum ein größerer Abstand als zwischen der damaligen Stubenvoll-Gemütlichkeit und der heutigen Künstler-Harmonie.

PAUL HEYSE

Erste Symposien

Am 4. Dezember des Jahres 1854 fand nun auch das erste *Symposion* statt, an dem ich teilnahm.
Man wurde regelmäßig erst am Morgen oder Mittag zu diesen Abenden eingeladen und hatte in Frack und schwarzer Kra-

vatte zu erscheinen. Oben in dem Vorzimmer der sogenannten Grünen Galerie nahmen einem die Lakaien den Mantel ab, man trat in den Billardsaal, der nur schwach erleuchtet war, dann empfing uns in dem nächsten, hohen, weiten Gemach der diensttuende Adjutant oder der Hofmarschall Baron *von Zoller*, ein liebenswürdiger Herr von der schlichtesten Höflichkeit, der uns allen sehr wert wurde. In meinem sonst lakonischen Tagebuch finde ich über dies erste Symposion ausführlich berichtet. Neben Baron von Zoller machten *von der Tann* als Generaladjutant und Baron *Leonrod* die Honneurs; [. . .]. Aber auch die anderen Herren aus der nächsten Umgebung des Königs beflissen sich der größten gentilezza uns Nicht-Bayern gegenüber, und wir lernten in ihnen Männer kennen, deren Bildung, Talente und geistige Interessen es begreiflich machten, daß der König gerade sie zu seinen Adjutanten gewählt hatte.

An diesem ersten Abende waren außer den Erwähnten nur noch Graf *Rechberg*, *Dönniges*, *Liebig* und wir drei Poeten geladen. Als wir alle versammelt waren, erschien der König und begrüßte jeden einzelnen mit seiner gewinnenden Freundlichkeit. Er fragte mich, was ich eben arbeitete, ich erzählte von dem Trauerspiel »Die Pfälzer in Irland«, das ich nach V. A. Hubers »Skizzen aus Irland« schon in Berlin entworfen hatte und soeben zu einem richtigen Theaterstück auszuarbeiten im Begriff war. Darauf setzte man sich an den langen ovalen Tisch, über den eine einfache grüne Decke gebreitet war, Bier in kleinen Gläsern und Sandwiches wurden herumgereicht, und der König, der kein Raucher war und fast immer an Kopfschmerzen litt, zündete eine von den Zigarren an, die mitten auf dem Tische standen, und tat ein paar Züge daraus, nur um seine Gäste einzuladen, seinem Beispiel zu folgen.

Damals war gerade der »Fechter von Ravenna« das Tagesgespräch, und Bodenstedt, dem es an jedem kritischen Organ gebrach, fing auch hier an, davon zu reden, ich weiß nicht mehr, in welchem Sinne. Nur das finde ich aufgezeichnet,

daß Geibel ihm heftig widersprach – ein Vorfall, der sich bei Geibels Geringschätzung Bodenstedts und dessen Neigung, sich hervorzutun, nur allzuoft wiederholen sollte. Liebig erwähnte dann Geibels Komödie »Meister Andrea«, die der König kennen zu lernen wünschte, und deren Vorlesung für den nächsten Abend bestimmt wurde. Von mir war soeben der »Meleager« erschienen, dessen Expositionsszene und Schluß ich nun vorlesen mußte, nachdem ich den Mythus erzählt hatte. Ein ästhetisches Gespräch schloß sich an, das wieder durch Bodenstedts redselige Gemeinplätze unerquicklich wurde und zuletzt sich nach dem Kaukasus verlor. Um zehn brach der König auf, nachdem er mir noch freundliche Worte gesagt hatte; wir aber blieben noch bei einem einfachen Souper eine Stunde lang beisammen.
Die nächsten Symposien folgten einander in kurzen Zwischenräumen weniger Tage. Der König schien großes Gefallen daran zu finden und brachte immer neue Fragen aufs Tapet, über die er zunächst den gerade Sachverständigsten unter uns zu hören wünschte. Doch verliefen die späteren Abende nicht ganz wie die ersten. Mehr und mehr wurde es Brauch, daß in der ersten Stunde ein wissenschaftliches Thema aus den verschiedensten Gebieten durchgesprochen wurde, ein naturwissenschaftliches, wie über Parthenogenesis (Siebold), Ebbe und Flut, Elektrizität oder die Entstehung des Sonnensystems (von Jolly, zuweilen mit Experimenten illustriert), Chemie (Liebig), Mineralogie (Kobell), ästhetische und literarhistorische, dann vorwiegend soziale und völkerpsychologische Probleme. Hierauf erhob sich der König und ging in das Billardzimmer voran, wo eine Partie Boule gespielt wurde, während deren er einen oder den andern in eine Fensternische zog und mit ihm besprach, was im Augenblick ihn beschäftigte, etwa über schwebende Besetzungsfragen von Lehrstühlen an Universität und Polytechnikum Liebigs Meinung zu hören wünschte oder über das Ausschreiben eines Wettbewerbs um das beste Drama mit Geibel

sich beriet. War dies beendet, so verfügte man sich wieder an den langen Tisch, und nun hatten die Dichter das Wort, die sorgen mußten, daß immer etwas zum Vorlesen bereit war.

So verklang der Abend nach manchen oft stürmischen Debatten tönereich und harmonisch, und man blieb, wenn die Majestät sich zurückgezogen hatte, in heiterer Stimmung beisammen.

JOHANN CASPAR BLUNTSCHLI

Die Symposien

In jener Zeit wurde ich nun auch oft, einige Monate regelmäßig, zu den königlichen *Symposien* zugezogen. Ich erinnere mich mit dankbarem Herzen an diese schönen Königsabende. Der König empfing die geladenen Gäste in durchaus ungezwungener Weise, wie ein hochgebildeter reicher Privatmann, in den überaus behaglichen Räumen des alten Schlosses. [. . .] Es wurden dann Biergläser gereicht. Es entwickelte sich ein lebhaftes und ganz freies Gespräch. Meistens trug einer der Herren etwas vor, sei es Wissenschaftliches, sei es Poetisches. Die Unterhaltung war nie steif und nie ängstlich, immer frei und leicht, durchweg belebt. [. . .] Während einer Pause ging man in das Billardzimmer nebenan, wo auch persönliche Gespräche zwischen einzelnen stattfanden. Ein Glas Punsch erquickte hier die Gäste. Um 9½ Uhr zog sich der König zurück. Seine Gäste blieben noch zum Nachtmahl zusammen, das in wenigen warmen Speisen mit Dessert bestand und durch den wohlduftenden und -schmeckenden Rheinwein erheitert wurde. Die ganze Einrichtung dieser Symposien war durchaus nicht luxurios, aber angenehm, gesellig, fein. Die Politik wurde nur wenig berührt. Der König hielt mit Absicht die Minister fern. Die geistigen Interessen der Zeit, Wissenschaft und Literatur waren vorzugsweise bedacht.

ADOLF FRIEDRICH VON SCHACK

Die königliche Tafelrunde

Es war gewiß eine hocherfreuliche Erscheinung, daß ein Monarch seine liebste Erholung in geistiger Unterhaltung solcher Art suchte. Dennoch wurde demselben in manchen Kreisen eben hieraus ein Vorwurf gemacht, und während man ihm doch unmöglich das Recht abstreiten konnte, die Gesellschaft, in der er dies tun wollte, nach eigenem Geschmack zusammenzusetzen, ward besonders seine Wahl bemäkelt. Teils lag der Grund darin, daß die Geladenen vorzugsweise Norddeutsche und Protestanten waren, die überhaupt als Eindringlinge von den Altbajuwaren mit scheelen Augen angesehen wurden, teils aber sprach sich darin der Mißmut solcher aus, welche glaubten, auch ein Recht zu besitzen, an der sogenannten königlichen Tafelrunde teilzunehmen. Von einem Rechte konnte indes überhaupt doch nicht die Rede sein. Wenn ein Regent für den offiziellen Empfang den vorgeschriebenen Brauch innehält, so ist er für seinen Privatumgang nur an sein eigenes Belieben gebunden. Wie nun König Max für die Wahl seiner Gäste bei den Symposien die »Hoffähigkeit« völlig außer acht ließ, so nahm er dabei auch nur Rücksicht auf den literarischen Ruf, den er als einen verdienten anerkannte. Nach einer Äußerung, die ich aus seinem eigenen Munde hörte, wollte er nicht, daß mittelmäßige Poeten, mochten sie auch von der Gunst der ungebildeten Menge getragen sein, dadurch daß er sich ihre Verse vorlesen ließe, den Schein auf ihn würfen, als wüßte er nicht, was gut und was schlecht in der Dichtkunst sei. Wie die manche Kritiker beschämende Einsicht, welche der König in diesem Punkte zeigte, so mußte ich auch die Elastizität des Geistes bewundern, mit der er sich bald über naturwissenschaftliche Gegenstände, bald über Geschichte oder bildende Kunst in Erörterungen einließ und schließlich noch poetischen Vorträgen den empfänglichsten Sinn entgegenbrachte. Wenn ein Gedicht Eindruck auf ihn machte, wenn er es wirklich schön fand, so gab er seinem Beifall lauten Ausdruck, nie aber ließ er sich herab, aus bloßer Höflichkeit etwas zu loben, das ihm nicht gut schien. Übrigens wollte er möglichst verhüten, daß von seinen Abendunterhaltungen im Publikum oder gar in der Presse die Rede sei. Er betrachtete sich dabei durchaus als Privatmann, und wie ein solcher nicht wünscht, daß seine häuslichen Angelegenheiten zum Gegenstande öffentlicher Diskussion gemacht werden, so empfand er Indiskretionen, die in solcher Hinsicht begangen wurden, sehr übel. Dies hatte zum Beispiel einmal *Fürst Pückler* zu erfahren. Ihm war es nach langen vergeblichen Bemühungen gelungen, eines Abends zu der literarischen Gesellschaft in die Residenz eingeladen zu werden. Bald darauf erschien in einer vielgelesenen Zeitung ein Artikel über die Symposien, der dann fast durch die ganze deutsche Presse lief und mit Sicherheit dem Fürsten zugeschrieben werden konnte. Derselbe war durchaus nicht feindselig gehalten; allein daß überhaupt das Thema in die Öffentlichkeit gebracht worden war, entrüstete den Monarchen tief, und er lud den Verfasser nicht zum zweiten Male ein.

LUISE VON KOBELL

Die Vorträge im Liebigschen Hörsaal

Eine neue Errungenschaft waren die durch Liebig eingeführten Vorlesungen, wie aus folgendem ersichtlich ist.

»Einladung zu den Vorträgen, welche während der Fasten 1853 im neuen chemischen Laboratorium gehalten werden. München, 9. Februar 1853.

Programm der Vorträge: 1) Den 12. Februar: Über die Natur der Flamme. Professor Dr. Justus Freiherr von Liebig. – 2) Den 15. Februar: Faust auf der Bühne. Hoftheater-Intendant Dr. Franz Dingelstedt. – 3) Den 19. Februar: Über den Kohlenstoff und die Kohlensäure. Professor Dr. Justus Freiherr von Liebig. – 4) Den 22. Februar: Über Gold und Eisen. Professor Dr. Franz Ritter von Kobell. – 5) Den 26. Februar: Über die Natur der Gase. Professor Dr. Justus Freiherr von Liebig. – 6) Den 1. März: Über die germanischen Volkslieder. Geheimer Legationsrat Wilhelm von Dönniges. – 7) Den 5. März: Organisches Bruchstück aus dem erzählenden Gedichte Julian. Professor Dr. Emanuel von Geibel. – 8) Den 8. März: Über die äginetischen Bildsäulen der Glyptothek. Geheimer Rat Professor Dr. Friedrich von Thiersch.«

Diese Vorträge im »Liebigschen Hörsaal« wiederholten sich nun Jahr für Jahr.

Nach der Vorlesung forderte Frau Liebig einige Bekannte auf, bei ihr Tee zu trinken, und so nahm auch ich oft an diesen anregenden kleinen Gesellschaften teil. Herr von Liebig ergänzte seinen vorher gehaltenen Vortrag, indem er Fragen und Einwendungen seiner Gäste beantwortete. Er beherrschte nicht nur seine Wissenschaft, sondern er besaß auch die Gewandtheit, seine Gedanken so klar auszudrükken, daß man mit ihm als Führer freudig in dem Wunderlande der Naturgesetze umherging und sich vertraut damit machte. Bisweilen entstand eine gelehrte Diskussion mit Jolly, Pettenkofer, Bischoff, meinem Vater etc., welcher zu folgen anziehend war. Wollte Dönniges dem naturwissenschaftlichen Gespräch ein Ende machen, so rief er eine literarische Bemerkung dazwischen, die der Unterhaltung eine andere Richtung gab.

FRANZ DINGELSTEDT

»die traurige Kluft zwischen Altmünchen und Neumünchen«

Um die Mitte der fünfziger Jahre war die Fremdenkolonie dergestalt an Zahl gewachsen, im Bestande befestigt, daß sie als eigenes Element in der Bevölkerung gelten durfte, als solches auch bereits sich wirksam erwiesen hatte. Die meisten der neuen Ankömmlinge gruppierten sich um die Universität: Liebig, der Chemiker, – Jolly, der Physiker, – Siebold, der Zoologe, – Bischoff, der Anatom und Physiologe, – Pfeufer, der Therapeut, – Sybel, der Geschichtsschreiber, nach seinem frühen Abgang ersetzt durch Giesebrecht, – die Kulturhistoriker Riehl und Löher, – Bluntschli, der Staatsrechtslehrer, – Carrière, der Philosoph und Kunsthistoriker, – der Pandektist Windscheid, – also Männer aller wissenschaftlichen Fächer und aller akademischen Fakultäten, mit Ausnahme der theologischen. [. . .]
Von Dichtern besaß derselbe ein glänzendes Vierkleeblatt: Geibel, Heyse, Bodenstedt, Schack; dann und wann hospitierten Zuzügler von draußen, oder auch eingeborene, wie Hermann Lingg, welchen Geibel auf dem deutschen Parnaß eingeführt, Melchior Meyr, Julius Grosse. Ein einziger Autochthone, er aber ein urwüchsiges, echt- und altbayerisches Talent, Poet und Professor zugleich, Franz von Kobell,

ward als Ausnahme völlig heimisch unter uns Fremden, wie wir es in seinem Hause wurden, das eine liebenswürdige Frau und drei holde und kluge Töchter schmückten. Auch aus König Ludwigs Künstlerkreis trat nur einer, der größte freilich, Wilhelm Kaulbach, offen und entschieden zu uns herüber, während andere, Schwind, Voltz, Rugendas, Kreling, Teichlein, Seybert, nur vereinzelt und gelegentlich eine gesellige Gastrolle gaben. [. . .] Im übrigen blieb Neumünchen in gesellschaftlicher Richtung so ziemlich auf sich allein angewiesen und, bis auf die offiziellen, sozusagen obligatorischen Begegnungen in den Salons der Aristokratie und der Diplomatie, von Altmünchen streng abgesondert. [. . .] Die Paläste der bayerischen Standesherren und des einheimischen Adels, ebenso die Häuser des Beamten- und des Bürgerstandes sind den Einwanderern, die auf König Maximilians Ruf herbeigeeilt, verschlossen gewesen und geblieben, – wenigstens so lange, wie ich mit ihnen in München verweilte. Später hat wohl einer oder der andere in der dortigen Scholle Wurzel gefaßt; aber die Mehrzahl ist, sei es nach kürzerem, sei es nach längerem Aufenthalt, wieder davongegangen, so daß heute, nach Verlauf von zwanzig Jahren, der ganze, in seiner Zusammensetzung so interessante Kreis für aufgelöst gelten kann, obgleich der Tod verhältnismäßig nicht viele der bedeutungsvollen Namen ausgelöscht.

[. . .] wenn ich jetzt mich aufs Gewissen frage, wer oder was die traurige Kluft zwischen Altmünchen und Neumünchen verschuldet hat, so kann ich keinen Teil unbedingt anklagen, keinen unbedingt freisprechen. Mich selbst eingeschlossen. Gastfreundschaft gegen Fremde, entgegenkommende Höflichkeit im geselligen Verkehr, freiwillige Teilnahme an wissenschaftlichen oder künstlerischen Bestrebungen, Versuchen, Neuerungen, alle diese Eigenschaften liegen bekanntlich nicht im angeborenen Stammcharakter des Altbayern. Er neigt vielmehr zum Partikularismus, zur Abgeschlossenheit gegen außen, entschiedener noch als sein Nachbar gen Westen, der Schwabe, und in diesem Bezuge fast ein Gegen-

satz zu dem Nachbarn gen Osten, dem Österreicher, welcher zutunlich, neugierig, empfänglich für fremde Einflüsse und Erscheinungen ist, welcher den Begriff des Fremden eigentlich gar nicht kennt, da sein ganzes Volkstum einer Völkermosaik, seine Reichshauptstadt einer internationalen Redoute gleicht. Demnach war es nicht zu verwundern, daß die öffentliche Stimmung in München zu den Berufungen des Königs Max sich von vornherein kühl, mißtrauisch, ablehnend, im besten Falle gleichgültig verhielt. Sie soll bei der Ankunft der Maler, Steinmetzen und Bildhauer, die König Ludwig herbeizog, nicht wärmer sich beteiligt haben. [. . .]
In München kam zu angeborenen Abneigungen und Stimmungsverschiedenheiten noch ein wichtiges Moment: das konfessionelle. Der Ultramontanismus hat seinerzeit in Bayern schärfer und strenger regiert als der Klerikalismus in Österreich. [. . .]
Da nun die Mehrzahl der Maximilian-Kolonie zum Protestantismus sich bekannte, – nicht einer freilich zum streitbaren Muckertum, – und außerdem von jenseits der Mainlinie ihre Abstammung herleitete, so wurden wir insgesamt von vornherein als Preußen und als Ketzer angesehen, mithin zur Minorität gezählt, als Opposition gehaßt. Daraus flossen Konflikte, die wir keineswegs herausforderten, denen wir aber auch nicht ausweichen durften, die wir ausfechten mußten, wollten wir nicht uns selbst und unserer Aufgabe untreu werden.

ANTON VON OW

Münchner Nordlicht-Kalender

Anlauf

»Was gibt's? was laufen denn so viele Leute zusammen bei der Hauptwach' und in der Weinstraß'? Was sprengen denn Ordonanzen hin und her im gestreckten Galopp? Gibt's 'n Bierauflauf? – heut – am grünen Donnerstag?« – »Ah! Was wird's geben! Sehn S' denn net die Röt'n am Himmel? Brennen tut's halt, schaugn S', da kommen schon die Kürassierer daher g'ritten vom Angerpiket herauf, und im Tal drunten, mein' ich, hört man schon a Spritzen rasseln; 's muß a starke Brunst sein; sehn S' nur, was jetzt für a Feuer in d' Höh' steigt! Das muß in der Ludwigsstraßen sein!« – »Beileib net! In Schwabing draußen brennt's, im Leprosenhäusl! Rührt sich ja kein Turmer net!« – »He! Landsmann, wo brennt's denn?« – »In Schleißheim.« – »Is net wahr – d' kalte Herberg is abbrunnen.« – »Ah, warum net gar! Des is viel weiter draußt – das muß Pfaffenhofen oder Ingolstadt sein!« Endlich schreit der Türmer von Frauenturm herunter: »'s ist kein Brand – 's muß ein Nordlicht sein.« –
Nun hätte man freilich meinen sollen, daß seit einigen Jahren die guten Münchner an die Nordlichter schon längst sich hätten gewöhnen können, aber am grünen Donnerstag 1859 war's doch gar zu grün, die ganze Stadt wäre bald vor lauter Nordlicht in Flammen aufgegangen, und hätte am selben Abend der Trauerzapfenstreich wohl recht gut dazu gepaßt. – Paßt jetzt aber dieses dumme Geschwätz da auch zu einer Vorrede für einen neuen Kalender? Freilich! – Und wie denn? –
Das will ich dir jetzt explizieren:
Der Schnauzenbartl von der Bayrischzell hat im 48er Jahr gesagt: »Jetzt is a ganz anderes System; jetzt geht ma in kein'

Kirchen mehr, und braucht kein' Pfaffen und kein' Landrichter mehr; jetzt is a ganz anderer Geist, versteh' mi! Alles von oben herab!« – Sieh! So ist's auch mit'm Kalender. – Früher haben die Kalender Stadt- und Landleut' für'n Narren gehalten mit ihrem hundertjährigen Kalender, ihren Wetterregeln und Lostagen und landwirtschaftlichen Vorschriften, mit den Finsternissen, Sonnenfinsternissen, Mondsfinsternissen, totalen und partiellen Finsternissen, mit den Kronentalertabellen, mit den Boten und Posten – mit Dummheiten aller Art ohne Zahl' und End'. – Jetzt ist ein ganz anderes System! Alles ist jetzt im allerhöchsten und allerausgedehntesten Fortschritt begriffen. –
Die Landwirtschaft ist jetzt bei uns durch die be-Liebig gewordene Chemie so weit voran geschritten, daß wir nicht nur keine Wetterregeln, sondern überhaupt gar kein Wetter nicht einmal mehr brauchen; die Finsternisse haben so aufgehört, daß Sonne und Mond vor dem herrschenden Nordlicht sich verdunkeln, und man bei der Nacht glaubt, die Ludwigsstraße stehe in hellem Brand; das Wort »Bot'« und »Post« können unsere Schulkinder gar nicht mehr lesen, weil's im Leben gar nicht mehr vorkommt, wohl aber »Eisenbahnlokomotiv« und »Expreßtrain«; die Krontaler sind von wegen ihrer Grobheit verschwunden und haben dem zarteren Papier Platz gemacht; und die gesamte Preßproduktivität ist so weit vorangeschritten, daß niemand mehr einem gedruckten Buchstaben glaubt, es sei denn im Pariser Moniteur. – »Es ist ein ganz anderes System!« und derohalb muß sich jetzt auch ein Kalender mit nichts anderem beschäftigen, als mit zivilisatorischem Nordlicht, und vor allem den im Volk noch übrig gebliebenen Rest von Finsternis mit Stumpf und Stiel ausrotten. – »Aufklärung!« das ist die Parole des heutigen Tags. »Aufklärung« das will auch mein neuer Kalender, und darum zieht er gleich schnurstracks gegen die alte Sonnenfinsternis los, die noch immer wider das herrliche Nordlicht der Intelligenz streitet, nämlich gegen den schändlichen mittelalterlichen Aberglauben der Ultramontanenbrut, [...] – ehe ich

aber mit meinem Kalender recht anfange, muß ich mich doch vor dir, mein lieber Leser oder meine schöne Leserin! demaskieren. – Nein! Ich selber bin kein Nordlicht von der Spree oder Travemünde – ich bin – erschrick nicht, wenn ich's sage – ich bin ein – Altbayer, ich bin ein Münchnerkindl; ich bin – du könntest zu arrrch erschrecken! Du wirst's erraten, wenn du den Kalender ganz ausliesest. – Aber, wenn ich schon meine Müllerische Larve und meinen Boden-Dingelstedtischen – (verflixte Orthographie! Hätte schreiben sollen: bodenlosen dünkelhaften) – roten Domino abwerfe, so bleib ich doch dabei stehen: Ich will Licht und Aufklärung, aber nicht fahles kaltes Nordlicht, sondern echtes warmes Sonnenlicht, und eigentlich sollte also mein Kalender heißen: »Antinordlicht-Kalender.«
Vor lauter nordlichtlicher Chemie und Physik sind nämlich jetzt die Leute verflucht dumm und unwissend worden in allem, was über Sauerstoff und Stickstoff und all den chemischen Kram hinausgeht. Gegen diese Dummheit soll dir mein Kalender einige Rezepte geben [. . .].

Nordlicht und Wahrheit

Der *Nordlichtkalender* hat mit gutem Erfolg für Freimaurer, Aufklärer, und Intelligenz-Männer, welche sich selbst (bescheiden) *»die Wissenschaftlichen«* nennen, den Sammelnamen:

»Nordlichter«

gebraucht, und wenn wir nicht irren, hat diese Bezeichnung in der Münchener Sprache jetzt schon ständige Aufnahme gefunden.
Die Intelligenzmänner kümmerten sich nicht um solch eine Erscheinung, denn in ihren Augen ist der Altbayer *»ein Übergangswesen vom Östreicher zum Menschen!«*

Dichten und Denken ist tief gewurzelt in der Natur des Menschengeistes. Die Engländer sagen: »Wenn einer gar nicht weiß, was er *tun* soll, so wird er ein *Denker.*«
Deswegen sind auch in Deutschland so viele Dichter und Denker, weil bei uns so viele nicht wissen, was sie tun sollen.
Deswegen wohl auch die überschwengliche Verehrung der *Denker* und *Dichter* bei den *Deutschen*. [...]
»Das ist der Große, der uns erzog!« rief ein neuerer Dichter vor *Schillers* Bildsäule.
Die Juden in der Wüste tanzten um eine Bildsäule (von Gold) und riefen: *»Das sind die Götter, die uns aus Ägypten führten!«*
Statt goldener Götterbilder bieten uns die nachahmenden Künste in unsern Tagen Millionen Bilder von Gips, Ton, Papier und Pappendeckel. In vielen Häusern sehen wir *Schiller* und *Goethe* als Hausgötter auf dem Ofen.
Die Dichtkunst ist jetzt im Verfall und das Schauspiel ist oft ein Schauplatz des Blödsinnes: – auch das Lustspiel ist unerquicklich geworden. Als neulich »König Autaris Brautfahrt« aufgeführt wurde, scheiterte das Stück an der unbesiegbaren Langweile der Zuschauer! Die ältern Stücke haben den Reiz der Neuheit verloren!
In den Schauspielen unserer Meistersänger kommt gar viel *Schamloses* vor, so daß sie in einer ehrbaren Gesellschaft nicht wohl vorgelesen werden können: – z. B. in dem gräßlichen Trauerspiele des *doppelten Giftmordes* aus blinder *Eifersucht* und *Rache*, wofür der Dichter den harmlosen Titel *»Kabale und Liebe«* gewählt hat. Oder in der *Schauder-* und *Mordgeschichte*, worin die teuflische Bosheit eines *Vatermörders* und die Lehren des *edlen* Straßenräubers sich als Licht und Schatten nebeneinander zeigen. Der Dichter sagt selbst in einem seiner Briefe, *»Die Räuber«* sollte man für die große Menge nicht zur Schau ausstellen.
Bei den alten Griechen zeigten sich die Verehrer des Weingottes *Bacchos*, in fieberhafter Aufregung der Sinne, oft in erha-

bener Entzückung und *Begeisterung*, oft in häßlicher *Trunkenheit*. So sind auch unsere Dichter (berauscht vom Genuß der *»süßen Gifte«*) oft hoch *erhaben*, oft wälzen sie sich im *Moraste* den Trunkenbolden und unreinen Tieren gleich!
Die Gedichte des Lord Byron gelten in England für so anstößig, daß keine junge Frau sie lesen kann, ohne ihrem Rufe zu schaden.
Schiller und *Goethe* haben aber *Ärgeres* geschrieben und unsere Frauen und Fräulein schämen sich solcher Lesung nicht!
In unsern großen Städten war die Begeisterung für den Lieblingsdichter ansteckend! *»Ein Narr macht zehn!«* [...]
Der erste *»Schillerverein«* wurde in Anregung gebracht durch den als Dichter und *»Deutschkatholik«* bekannten Robert *Blum*, welcher i. J. 1848 in Wien standrechtmäßig erschossen wurde!
Die Schillerfeier hat gewaltige Gährung der Geister hervorgebracht. In der Hauptstadt der *»Intelligenz«*, in Berlin, hatte man die Ausbrüche der Frechheit des Volkes zu fürchten, welches *»liebt, das Glänzende zu schwärzen und das Erhabene in den Kot zu ziehn!«*
Das *»aufgeklärte«* Volk hatte kurze Zeit vorher den Sarg Humboldts (des berühmten Naturforschers) mit Steinen beworfen, auch war von der Leiche ein Ordenskreuz von hohem Werte gestohlen worden.
Als nun ein Fackelzug *»den Manen«* Schillers gebracht wurde, feierte das Volk jener Nordlicht-Hauptstadt ein Fest nach seiner Art, indem anständigen Männern und Frauen die Kleider vom Leibe gerissen wurden und so eine Art von Nachspiel zu den *»Räubern«* (den *»Manen« Schillers* zu Ehren) aufgeführt wurde. Sie mochten wohl dazu, vom Branntwein erhitzt, gesungen oder gebrüllt haben:

> *»Ein lustig' Leben führen wir,*
> *Ein Leben voller Wonne!«*

PAUL HEYSE

Die Anfänge des Krokodils

An die Eltern

München 4. 12. 1854.

Unser Samstagsverein geht indessen fort; wir sind jetzt stehend unser sechs, die es alle so ehrlich meinen als sie können. Denn in geistigen Dingen ist die Ehrlichkeit gerade so groß als der Verstand. Wir werden die neusten Sachen, die erscheinen, unter uns verteilen und wie jeder will mündlich oder schriftlich drüber referieren. Ich habe das eingerichtet um ein festeres Band zu haben, wenn wir finden, daß wir mit unsern eignen Sachen uns zu langweilen anfangen. Auch will ich dem frühern hiesigen Dichterverein einen Schritt entgegentun, der für sich bleibt und brummt, woran er sehr töricht handelt. Ich käme nicht zu Ende, wenn ich Euch all die wunderlichen Käuze schildern wollte die hier als Bastarde Apollos herumlaufen. Meistenteils haben sie früher einmal eine Rolle gespielt und fressen nun in legitimistischem Ingrimm wie eine heruntergekommene Dynastie ihr eigen Herz. Andere glauben recht süddeutsch zu dichten wenn sie sich möglichst wenig dabei denken.

PAUL HEYSE

Das Krokodil

Am 24. Oktober trafen wir in München wieder ein.
Hier ging ich nun sogleich daran, einen Plan zur Ausführung zu bringen, der mir sehr am Herzen lag.

Die Spannung zwischen uns Berufenen und den einheimischen Poeten durfte auf die Länge nicht bestehen bleiben. Wenn auch eine Vereinigung alter und junger Dichter und Dilettanten nach Art des Tunnels nicht zu erreichen war, so wollte ich doch wenigstens den Versuch machen, die jüngeren Kollegen zu uns heranzuziehen.
Geibel, den ich in München vorfand, war heftig dagegen. Es kam zu einem stürmischen Auftritt zwischen uns, in dem ich Willen gegen Willen setzte und mich absichtlich nicht mäßigte, um ihm zum Bewußtsein zu bringen, daß ich nicht gesonnen sei, mich seiner Herrschgewalt auch da zu fügen, wo ich es als Pflicht erkannte, nach meiner besten Überzeugung einen anderen Weg zu gehen als er. Der Sturm verbrauste aber, und wir schieden in alter Liebe und Freundschaft. Die Entschiedenheit, mit der ich dem »Donnerer«, wie wir ihn nannten, gegenübergetreten war, hatte nur die erwünschte Wirkung, daß von da an der Freund mich in meiner Weise gewähren ließ und mir nachsagte, ich sei »sehr jähzornig und nicht leicht zu behandeln«, wozu die Freunde, die mich kannten, lächelten.
Ein sehr willkommener und treuer Mithelfer bei dem schwierigen Unternehmen, Einheimische und Fremde zusammenzuführen, war *Julius Grosse*. [. . .]
Damals aber war sein Eintreten für uns um so unschätzbarer in Folge seiner freien Stellung zwischen den Parteien – kein Berufener, doch auch kein Süddeutscher, und schon vor uns mit einigen der hervorragenderen Münchener, wie Franz Trautmann, Franz Bonn, Hermann Schmid, befreundet und somit zum natürlichen Vermittler geeignet. Hauptsächlich durch ihn kam am 5. November eine erste Zusammenkunft in dem Kaffeehause »Zur Stadt München« zustande. Die oben geschilderte Abneigung der hiesigen Poeten, sich eine offene Meinung ins Gesicht sagen zu lassen, verhinderte aber noch eine gute Weile jene kollegiale Vertraulichkeit, die ich vom Tunnel her gewohnt war. Statt dessen fehlte es nicht an verstärkter Feindseligkeit. So trug unter anderm Bonn bei einer

Gezeichnetes Protokoll der ersten Sitzung des Krokodils

unserer nächsten Zusammenkünfte eine Parodie auf meinen kürzlich erschienenen »Meleager« vor, unter dem Titel »Der brennende Stiefelzieher«. Unter dem Schein harmlosen Scherzes war hier ein reichliches Maß von Bosheit aufgewendet. Ich war überhaupt nicht empfindlich, ließ mich gern zum besten halten und machte natürlich auch diesmal gute Miene zum bösen Spiel. Der Vorfall hatte mich aber belehrt, daß es nicht so leicht sein würde, wie ich gehofft hatte, die tiefgewurzelte autochthone Gegnerschaft zu versöhnen.

Es gelang dies erst, als aus diesen tastenden Anfängen, an denen außer den schon Genannten der Maler *Teichlein*, der Leutnant *Neumann*, *Leonhard Hamm* (ein konfuser, grüblerischer Kölner), *Karl Heigel*, *Felix Dahn*, *Beilhack*, *Heinrich Reder*, *Oskar Horn* und andere teilnahmen, sich eine Vereinigung wirklich begabter, ernsthafter Talente herausbildete, unter denen hier nur *Hermann Lingg*, *Wilhelm Hertz*, *Hans Hopfen*, *Heinrich Leuthold* und *Max Haushofer* genannt sein mögen. Wir kamen einmal wöchentlich für ein paar Nachmittagsstunden in einem Café zusammen, und endlich widerstand auch Geibel der Lockung nicht, an den höchst anregenden Sitzungen dieser Poetenschaft teilzunehmen, die sich den Namen der »Münchener Idealisten«, den norddeutsche Kritiker ihr aufbrachten, gern gefallen ließ.

Geibels Gegenwart aber wirkte, obwohl er gern eben Entstandenes von seinem Eignen zum besten gab, nicht immer günstig auf die kameradschaftliche Stimmung. Der Respekt vor ihm und die Wucht seiner Persönlichkeit lähmten das freie Urteil, das ohnehin noch immer befangen genug war. Niemand wagte, wenn er gesprochen hatte, Einwendungen zu machen, und ich war der einzige, der sich seiner Autorität nicht schweigend unterwarf, gestützt auf mein altes Freundesrecht und Geibels Besorgnis, meinen »Jähzorn« zu reizen.

Die anderen sahen in mir einen willkommenen Anwalt und Volkstribun gegenüber seiner autokratischen Gewalt, und so kam es, daß mir bald auch formell der Vorsitz übertragen

wurde. Geibel fühlte sich nicht dadurch gekränkt und erschien nach wie vor regelmäßig, soviel es seine Gesundheit erlaubte, im *»Krokodil«*.
Dies war der Name, den wir unserer Gesellschaft gegeben hatten. Er rührte nicht von Geibels berühmter Krokodilromanze her (»Ein lust'ger Musikante spazierte einst am Nil« etc.), sondern von Hermann Lingg's Gedicht:

Das Krokodil zu Singapur

Im heil'gen Teich zu Singapur
Da liegt ein altes Krokodil
Von äußerst grämlicher Natur
Und kaut an einem Lotosstiel.

Es ist ganz alt und völlig blind,
Und wenn es einmal friert des Nachts,
So weint es wie ein kleines Kind,
Doch wenn ein schöner Tag ist, lacht's.

Der erhabene Charakter dieses Amphibiums schien uns trefflich zum Vorbild idealistischer Poeten zu taugen, und wir hofften, in unserm Münchener »heiligen Teich« dermaleinst ebenso gegen die schnöde prosaische Welt gepanzert zu sein, wie jener uralte Weise, der nur noch für den Wechsel der Temperatur empfindlich war.
Von einem befreundeten Bildhauer wurde ein Krokodil in Ton modelliert, an dessen Sockel die verschiedenen Reptile, nach denen wir uns genannt hatten, in hieroglyphischen Zügen eingegraben wurden. Ich – infolge meiner Lazertenlieder »der Eidechs« zubenams't – bewahre diese Reliquie noch heute. Die aus Pappendeckel gefertigte Pyramide, die unser Protokollbuch enthielt, von einem der Mitglieder, dem sonst ganz unproduktiven *Lichtenstein*, in Sonetten abgefaßt, ist leider verloren gegangen. Geibel selbst, das »Urkrokodil« (wegen jener Romanze vom lustigen Musikanten), ging mit liebenswürdigem Humor auf den Maskenscherz ein und dichtete zwei weitere Krokodillieder. Eines derselben hat er

in seine »Spätherbstblätter« aufgenommen (»Ich bin ein altes Krokodil, ich sah schon die Osirisfeier«). [. . .]
So war's im heiligen Teich, nachdem die ersten frostigen Zeiten überwunden waren, warm und behaglich geworden, wärmer als in dem vielgerühmten »Tunnel über der Spree«. Wer von den Einheimischen sich in den Geist harmloser Krokodilität nicht zu finden wußte, zog sich nach und nach in seinen Schmollwinkel zurück. Gerade die Begabteren aber schlossen sich dauernd an uns an, und mehr und mehr verbreitete sich unabhängig von allem ästhetischen Interesse ein kameradschaftliches Gefühl in dem kleinen Kreise, ähnlich wie sich's in noch jugendlicheren Studentenverbindungen einzubürgern pflegt.

FELIX DAHN

Zum Namen »Krokodil«

Der Name, der mir nie recht geistvoll gewählt vorkam, war daraus entstanden, daß ein willkürlich ersonnener, schöntöniger (mit Recht) vermieden und ein »erlebter« angenommen werden sollte, aus irgend einem Geschehnis in unserem Kreise. Ein solches aber ließ auf sich warten. Da fiel es einmal bei einer solchen Zusammenkunft Geibel ein, daß er wie Hermann Lingg das Krokodil in Gedichten verherrlicht hatte und dieses Zusammentreffen unserer beiden ältesten Häupter mußte nun genügen, uns den Namen abzugeben. Ich fand das ein wenig frostig und gezwungen, wie überhaupt die Art des Humors in unserem Verband mir am wenigsten behagte: Ich war an den süddeutschen Humor und Witz von Scheffel, Steub, Kobell, Schleich, Kaspar Braun, Ille gewöhnt.

JULIUS WALDEMAR GROSSE

Fremde und einheimische Krokodile

Um Paul Heyse scharte sich bereits eine Anzahl anderer, Fremder wie Einheimischer, die bisher keinen rechten ihnen zusagenden Anhalt gefunden hatten, [...]. Wir kamen Sonntag nachmittags im Café zur Neuen Stadt München in der Kaufingerstraße zusammen, um einige Stunden literarische Freimaurerei zu treiben.
Emanuel Geibel hielt sich damals noch vorsichtig zurück, indes ist diese namenlose Vereinigung doch als antediluvianische Periode des späteren »Heiligen Teiches« zu betrachten, der die Heimat des berühmten Krokodils werden sollte. [...]
Ich darf hier einschalten, daß Paul Heyse seine ersten Schritte auf dem nicht ganz ungefährlichen, neuen Terrain der bayerischen Hauptstadt mit großer Klugheit und Menschenkenntnis tat. Er hatte inzwischen die meisten der einheimischen Kräfte kennengelernt und, soweit sie beachtenswert, durch persönliche Liebenswürdigkeit an sich zu fesseln getrachtet. So wurde denn beschlossen, sämtliche Münchener Poeten, namentlich die Häupter des Vereins an der Isar, zu einem großen Bankett zu laden und eine allgemeine Verbrüderung zu versuchen. Die Gründe dazu waren mannigfacher Art.
Die Berufungen fremder Gelehrten und Schriftsteller seitens des Königs wurden von allem Anfang an mit Mißgunst betrachtet und befeindet, und zwar nicht nur von ultramontaner Seite aus. Es fehlte in München keineswegs an Kapazitäten, die gleiche Ansprüche zu haben glaubten und sich für übergangen oder beiseitegeschoben ansahen. Beckers großes Epos »Jungfriedel der Spielmann« und Linggs Gedichte erschienen fast gleichzeitig im ersten Verlage Deutschlands, beides Leistungen von bayerischen Poeten, obschon mit ganz entgegengesetztem Erfolge.

111. Das Lied vom Crocodil.

Munter. Mel. v. C. Geibel.

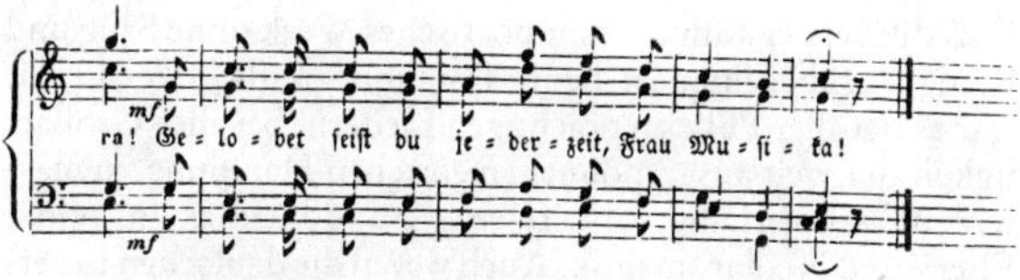

2. Da nahm der Musikante seine Fiedel an's Kinn,
O tempora, o mores!
Und strich mit seinem Bogen fein darüber hin,
O tempora, o mores!
Gar zierlich und manierlich, wer weiß, wie das geschah!
Juchheirasasasa! O tempo — tempora!
Gelobet seist du jederzeit, Frau Musika!

3. Und als der Musikante den ersten Strich gethan:
O tempora, o mores!
Da hub der Crocodilus zu tanzen an
O tempora, o mores!
Menuett, Galopp und Walzer, wer weiß ꝛc.

4. Er tanzt' auf seinem Schwanze im Sande herum,
O tempora, o mores!
Und tanzte sieben alte Pyramiden um;
O tempora, o mores!
Denn die seind lange wacklig, wer weiß ꝛc.

5. Und als die Pyramiden das Teufelsvieh erschlagen,
O tempora, o mores!
Da ging er stracks in's Wirthshaus und ließ sich fein auftragen:
O tempora, o mores!
Champagnerwein, Burgunderwein, wer weiß ꝛc.

6. Eine Musikantenkehle die ist als wie ein Loch,
O tempora, o mores!
Und hat er noch nicht aufgehört, so trinket er noch;
O tempora, o mores!
Und wir, wir thun desgleichen, wer weiß, wie das geschah!
Juchheirasasasa! O tempo — tempora!
Gelobet seist du jederzeit, Frau Musiko!

Emanuel Geibel.

Daß Beckers erwähntes echt poetisches Werk ohne Sang und Klang vorüberging, ist heute fast unbegreiflich. Vielleicht war es bei aller Fülle an prächtigen Liedern, bei aller Großartigkeit der weit ausgesponnenen epischen Handlung zu massenhaft schwerfällig, andererseits zu doktrinär in seiner Elfen- und Nixenromantik. Auch waren die deutschen Leserkreise für diese historische Kulturpoesie – so könnte man sie nennen – noch zu unvorbereitet, bevor Scheffel, Freytag und Riehl den Boden gelockert hatten. Becker kam reichlich um zwanzig Jahre zu früh, aber er hat mit Unrecht den ausbleibenden Erfolg den »Fremden« auf die Rechnung geschrieben. Linggs Gedichte brachen sich sehr langsam Bahn. Der König wollte nicht an die Vollwichtigkeit dieses bayerischen Dichters glauben, und Geibel wie Heyse mußten mit Energie eingreifen, um ihm eine Pension zu erwirken. Persönlich blieb Lingg damals noch ganz im Hintergrund.
Dies eine Beispiel muß immer wieder erwähnt werden, um festzustellen, daß die Nichtbayern keinen Gegensatz wollten und alles taten, um ein erfreuliches, gemeinsames Dasein und Wirken möglich zu machen. Auf diesem Wunsch beruhten auch die täglichen Opferfeste an Gambrinus' Altar im Achatzgarten und ebenso jenes Bankett im April 1855.
Der Plan glückte anfangs wider Erwarten. Alle Geladenen sagten zu und kamen. Es waren mit den Aktiven des Vereins an der Isar und ihrem Anhang weit über zwanzig. Auch Schleich, Steub und Trautmann hatten sich angeschlossen. Das Verbrüderungsfest ließ sich um so glänzender an, als jeder der Abrede gemäß eine literarische Festgabe bereit hielt. Für meinen Baron hatte ich ein humoristisches Poem gefertigt, in dem er das »Ewig-Weibliche« der Musen im Vergleich mit dem Ballettkorps des Theaters vom Standpunkt der jeunesse dorée kritisiert; für den Erfolg war selbstverständlich gesorgt.
Leider kam ein ganz unberechenbarer Zwischenfall, der den errungenen Erfolg des Abends wieder in Frage stellte. Vor drei Jahren hatte die Gesellschaft der Zwanglosen dem gefei-

ertsten Lyriker der Gegenwart bei seiner Ankunft in München eine große Huldigungsfeier veranstaltet. Beim Festmahl lief ein langes, anonymes Gedicht ein, dessen stark gewürzter Sarkasmus sich gegen den Poeten der Backfische richtete. Die geistreichen Pointen versöhnten mit dem unbekannten Spötter, als welcher sich später Dr. Altenhöfer, der Redakteur der Allgemeinen Zeitung in Augsburg, bekannt hat.
Diese Lorbeeren Altenhöfers seit jener Geibelfeier hatten auch hier einen gewissen Jemand nicht ruhen lassen. Plötzlich lief auch zu unserem Liebesmahl ein anonymes Festgedicht ein, und der Zufall schien es in die Hand Beckers zu spielen, der es vorlas. Die lange Dichtung war ebenfalls eine Satire. Jeder der Anwesenden erhielt eine Stachelstrophe zum Angebinde, die eine boshafter als die andere. Dabei war es nun merkwürdig, wie zart und liebevoll die anwesenden Münchener bedacht wurden, während sich die Schale des Zornes und Hohnes auf die Nicht-Bayern ergoß. Im Schluß des Poems wurde der Dichter des Jungfriedel auf den Schild erhoben und als Hort der Zukunft gefeiert.
Und nun geschah das Unglaubliche. Der einmütige Beifall, den unsere Ecke mit Absicht spendete, ward als ernstgemeinte Anerkennung genommen, und Becker war ungeniert genug, sich als Verfasser dieser Selbstverherrlichung zu bekennen, dabei aber ganz zu vergessen, daß er als Gast, statt in die dargebotene Freundeshand einzuschlagen, mit einer Blütenlese von Injurien gedankt hatte. Selbstverständlich war es nach dieser Kriegserklärung mit der Versöhnung auf lange hinaus vorbei. Die Kluft war nicht überbrückt, sondern befestigt und vertieft worden.

Obgleich Emanuel Geibel, das Oberhaupt der neuen Münchener Schule, ein Lyriker, war die Tendenz derselben nicht entfernt eine lyrische, sondern im weitesten Sinne kosmopolitische, ethnographische, romantische im Sinne des homerischen Helden, der viele Länder, Völker und Städte gesehen. Wenn Heyse und Geibel einen spanischen Romanzero edier-

Ein Festabend der Münchner Dichter. 1865

ten, Bodenstedt die russischen und englischen Dichter, Schack die persischen und maurischen Dichter reproduzierte, so war diese romantische Universalität durchaus keine zufällige Signatur, aber sie wurde ergänzt durch historische wissenschaftliche Vertiefung nach germanistischer, deutschnationaler Seite, und, hierin einer allgemeinen Strömung ganz Deutschlands entsprechend, stand die Münchener Schule keineswegs isoliert oder in akademischer Entfremdung vereinsamt.

Was die Münchener Gruppe in ihren Werken damals und später geschaffen hat – ich rechne außer den obengenannten auch Scheffel, Herm. Lingg, Wilhelm Herz, Felix Dahn, Hopfen, Heigel, Jensen, Leuthold hinzu –, das wurde in Deutschland ergänzt durch Jordan, Freytag, Hamerling, Gottschall, Roquette usw. Das Reinmenschliche aller Zeiten ward im Gegensatz der früheren politischen Poesie der Jungdeutschen wieder erhoben, und wenn schließlich jene Bestrebungen ihre Höhe und Vollendung in der deutschnationalen Romantik gefunden haben, als deren siegreichster Ausdruck die Wagnersche Musik durchaus nicht übersehen werden darf, so hat die Münchener Schule dieser Entwickelung wesentlich vorgearbeitet in ganz anderem befruchtendem und breiterem Sinn, als die politischen Dichter der vierziger Jahre.

Nach alledem darf behauptet werden, daß vor vierzig Jahren eine Opposition der sogenannten berufenen gegen die einheimischen Kräfte niemals stattgefunden hat, trotz aller Anfeindung. Im Gegenteil gingen alle jüngeren Talente sehr bald in das Lager des Krokodils über, indem sie fühlten, daß dies neue große Kunstprinzip auch den nationalen Strebungen im engeren Sinn zugute kommen werde. Den Beweis hat die Folge gelehrt. Nach dreißig Jahren war die eigentliche »Münchener Schule« in alle Winde zerstoben, aber ihre Erben waren (abgesehen von den Hofdichtern des Königs Ludwig II.) die Spezialisten, die bayerischen Volkspoeten, die Autochthonen, genau dieselbe analoge Entwickelung, wie

dreißig Jahr nach Kaulbach und Schwind dic Defregger, Math. Schmidt, Lenbach, Gabriel Max und Uhde die eigentlichen Sieger geblieben sind, nicht aber die Idealisten.
Aber wenn auch damals vor vierzig Jahren keine eigentliche Opposition der Fremden stattfand, so war doch ein lebhaftes Nebeneinander der Kontraste vorhanden, und wenn dic Geister aufeinander platzten, so war es eine lustige Komödie. Ein Spezialhistoriker des Krokodils würde übrigens drei Perioden zu verzeichnen haben, die erste im Café Daburger am Marienplatz; Szene: ein düsteres Rückzimmer, wo von sechs bis neun debattiert wurde. Inhaber des Lokals waren eine stattliche Tirolerin, die vor langen Jahren sich als Sängerin auf weiten Weltreisen ein Vermögen ersungen, und ihr Mann, der zuletzt als Trottel alles blau anstrich. Diese erste Glanzperiode des Krokodils dauerte etwa fünf Jahre, bis 1861 das Münchener Dichterbuch erschien. Zweite Periode: Übersiedelung nach dem großen Erfolg in ein Weinhaus. Mit den Gourmands kam nunmehr die Anekdote auf. Poetische Beiträge waren höchstens noch geduldet. Die Epoche der nunmehr berühmten, aber blasierten Nomaden dauerte bis zum Scheiden Bodenstedts und Geibels. Dritte Epoche: Zeit des Verfalls und der zahlreichen vergeblichen Versuche, wieder emporzukommen, dehnte sich bis zum Erscheinen des zweiten Dichterbuches, womit das Krokodil zu Grabe getragen ward, während längst die Butzenscheibenpoesie der Baumbach und Wolff siegreich triumphierte.

ROBERT VON HORNSTEIN

Lesungen im Krokodil

Mein erster Gang war zu meinem hochverehrten Hermann Lingg. Ich traf ihn in seinem Gärtchen und übergab ihm eine Karte von Wilhelm Hertz, der mich an sämtliche Mitglieder der Dichtergesellschaft Krokodil empfohlen hatte. Es sind mir wenige Menschen vorgekommen, die mir beim ersten Begegnen einen so sympathischen Eindruck machten. Bei diesem Menschen gab es keinen Zwiespalt zwischen dem Menschen und dem Dichter. Nicht, daß er durch eine besondere geistige Kraftentwicklung imponiert hätte. Dazu war sein Auftreten von vornherein zu schlicht, zu anspruchslos. Aber aus dem ganzen Wesen sprach ein mystisches Etwas: Das ist keiner von den Gewöhnlichen. Er brauchte kein Wort zu reden, man fühlte sich glücklich in seiner Nähe. Tat er aber den Mund auf, so kam etwas Geistreiches, oft Einziges heraus. Manchmal auch was Tolles, kaum Verständliches. Doch nach einigem Nachdenken war die Quelle schon zu finden, der diese Ideenassoziationen entströmten. [. . .]

Auch an Geibel und Heyse hatte ich Hertzsche Karten. Den »Hochdonnerer«, wie wir Geibel nannten, traf ich gerade in Gesellschaft Paul Heyses. Letzterer hatte soeben erzählt, daß sich Baron Schack sehr unglücklich fühle, weil er Schopenhauer gelesen habe. »Warum liest der Esel so etwas«, fuhr Geibel polternd dazwischen. Man kam auf Melchior Meyrs »Gott und sein Reich«. »Er ist mehr Philosoph als Dichter«, war die kurze Kritik Geibels. Diese Idee Geibels hat den guten Melchior einen Jahresgehalt gekostet. »Meyr ist kein Dichter«, hatte er einmal in fahrlässigster Weise zum König Max gesagt. So oft Melchior diese Geschichte erzählte, spielte ein trauriges Lächeln um seine Lippen. Geibel fühlte sich etwas als Dichterpapst und legte gerne los. In dieser Rolle unterstützten ihn seine oberpriesterlichen Manieren. Mel-

chior Meyr pflegte das so auszudrücken. Hatte Geibel das Krokodil verlassen, rief er aus: »Der Hof ist fort«.
Eine andere Art von Vornehmheit hatte Heyse. Eine elegante Wohnlichkeit umgab ihn. Er pflegte nicht zu poltern, sprach aber sehr dezidiert. Beide benahmen sich sehr höflich gegen mich und luden mich ein, den Sitzungen der Dichtergesellschaft Krokodil beizuwohnen. Dort lernte ich dann die übrigen Matadoren der Literatur kennen.
Noch hatte ich Bodenstedt aufgesucht. Der arme Teufel war nicht auf Rosen gebettet. Die beiden Anführer der Dichtertruppe, Geibel und Heyse, behandelten ihn schlecht. Bodenstedt revanchierte sich, indem er sich mit einem besonderen Kreis von Verehrern umgab. Seine Mithelferin war seine Frau Mathilde, als »Edlitham« in seinen Gedichten gefeiert. Da seine Berühmtheit, was Breite betrifft, nicht geringer war als die seiner beiden Gegner, so wurde er von allen Schöngeistern beiderlei Geschlechts aufgesucht. Frau Edlitham nagelte sie dann fest durch Gastfreundschaft und Liebenswürdigkeit. Der Lyriker und der Novellist übergossen ihn dann wieder gelegentlich mit Spott, den ihnen Bodenstedt wiederum recht leicht machte, indem er mit seiner mehr als naiven Eitelkeit die schönsten Breitseiten darbot. Manches wurde ihm auch nacherzählt, was wohl sehr übertrieben, wenn nicht ganz erfunden war. Eine Hauptschwäche von ihm war der Glaube an seine Unwiderstehlichkeit bei den Weibern, in welchem Glauben er von Frau Edlitham, deren Stolz das war, unterstützt wurde. Unter anderm soll er erzählt haben, daß eine hohe Dame, es waren immer hohe Damen, zu ihrem Schutz, aus Angst vor sich selbst, sich mit allen ihren Kindern umgeben habe, so oft er bei ihr eingetreten war. Die Sache war um so komischer, als er eigentlich gar nicht gefährlich aussah.
Das Krokodil kam in der Zeit in den Abendstunden bei Darburger unter den finstern Bögen zusammen. Damals wurde viel gelesen. Nach jedem Vortrag entstand eine längere Pause. Endlich, um die Folterqualen des Delinquenten abzukürzen, ergriff einer der Dichterchefs das Wort. Meist Geibel oder

Heyse. Geibel, der die Augen geschlossen hatte während des Vortrags, öffnete dieselben auch jetzt noch nicht, sondern holte seine Orakelsprüche aus einer anderen Welt. Sie klangen so sicher, daß kaum gewagt wurde, zu widersprechen. Schon der salbungsvolle priesterliche Charakter seiner Dikta, mit einer Bärenstimme vorgetragen, erlaubte das nicht. Der weltgewandte Heyse griff das schon anders an. Er hatte es gleichsam auf eine Debatte angelegt, die dann auch erfolgte, natürlich aber in einem Ton, wie er sich schickte, »so lang der Hof da war«.

Selbst der widerhaarige Hopfen tat sich mehr durch Grimassen und Brummtöne hervor, als durch eine regelrechte Opposition.

Nach 7 Uhr verschwand der hohe Gerichtshof. Geibel zog sich zurück, um ungestört seine Medizin nehmen zu können, die er schon damals gegen sein beginnendes Unterleibsleiden in Bereitschaft hatte. An festlichen Abenden, an denen er nicht verschwinden konnte, hatte er ein Fläschchen bei sich, aus dem er von Zeit zu Zeit nippte. Heyse, dem das Wirtshausleben ohnedies ein Greuel war, kehrte in seine Familie zurück und Bodenstedt entschuldigte sich, daß eine durchreisende russische Fürstin bei ihm den Tee trinken werde.

Jetzt konnte es losgehen. Die jungen Unsterblichkeitsaspiranten suchten ihren noch mangelnden Ruhm durch Bier zu ersetzen. Oft ging es noch tief in die Nacht hinein, meist in einem andern Lokal. Bierkenner wie Hopfen und Leuthold brachten irgend eines mit gutem Stoff in Vorschlag.

Der arme Leuthold! In dieser Gesellschaft mit so viel solidem Element vertrat er das Grabbesche. Die ersten Zeichen seiner geistigen Erkrankung traten erst später auf. Damals fiel er nur durch einen maßlosen Ehrgeiz auf, der sich hauptsächlich in einem bis zur Lächerlichkeit gesteigerten Neid aussprach. »Wenn ich ein gutes Gedicht lese, fühle ich mich unglücklich, daß ich es nicht gemacht habe, lese ich ein schlechtes, bin ich seelenvergnügt«, pflegte er zu sagen. [. . .]

Sein Ideal war, bei Cotta gedruckt zu werden. Andere Anerbietungen wies er, als unter seiner Würde, zurück. So erlebte er das Erscheinen seiner Gedichte gar nicht, und nach seinem Tode kamen sie nicht bei Cotta heraus. [. . .]
Hopfen pflegte zu jener Zeit die Abende im Hofbräuhaus zuzubringen, allein Balzac studierend. Zwischen Rettichschwänzen und Maßkrügen, neben den ärgsten Kaffern sitzend, bei spärlichster Lampenbeleuchtung, versenkte er sich in den französischen Romancier.
An solchen Abenden, wie der eben beschriebene, hörte ich öfter Geibel glänzend improvisieren.
Sein poetischer Sultanismus machte sich oft recht unangenehm geltend. Einmal brachte ich einen Vetter mit, einen jungen, bescheidenen, gebildeten Menschen. Ich kam nicht dazu, ihn dem zuletzt eingetretenen Geibel vorzustellen. Unglücklicherweise fing er zu lesen an, bevor er ihn erblickt hatte. Mit zornfunkelndem Auge verfolgte er während des Lesens den Unglücklichen, dem sein Eintritt ins Krokodil dadurch sehr vergällt wurde.
Spontane enthusiastische Ausbrüche habe ich selten nach einem solchen Vortrage miterlebt.
Der glänzendste Erfolg, der mir erinnerlich, war Linggs schönes Gedicht »Die Büste der Bacchantin«. In zweifelhaften Fällen entstand eine längere peinliche Pause. Meist war es dann Heyse, der einem so unglücklichen Autor den Gnadenstoß gab mit einem gewandten, rücksichtsvollen Tadel.

HEINRICH LEUTHOLD

Das erste Münchner Dichterbuch

An Emanuel Geibel

München, 19. VII. 1861

Mein teuerster Freund!

[. . .] Nun noch einige Worte über meine *eigenen* Sachen, die ich nicht ohne reifliche Überlegung und erst nach wiederholter Aufforderung als Beitrag fürs Krokodilbuch bestimmt und zu diesem Zweck großenteils wesentlich umgearbeitet habe [. . .].

Die Hauptsache ist [. . .] Dein eigenes Urteil über diese Dinger, und wenn es mir am Anfang gleichgültig war, ob ich mit eigenen Sachen in dem Buch vertreten sei oder nicht, so gestehe ich, daß ich *nun* Deinem Entscheid mit einem großen Bangen entgegensehe.

Es ist das erste Mal, daß ich in dieser Weise mit eigenen Sachen ans Licht trete, und zwar in einer Gesellschaft, wie ich sie mir nie besser wünschen möchte. Entschieden wird die Welt die in unserm Buche repräsentierten Dichter als eine Art geschlossener Koterie, eine Art Schule betrachten, für deren Haupt Du fortan gelten wirst, und je aufrichtiger ich es wünsche, zu dieser Schule – soweit man überhaupt mit Recht von einer solchen sprechen kann – gezählt zu werden und ihre Grundsätze und Interessen, namentlich soweit sie mit Deinen eigenen *wirklich* zusammentreffen, für alle Zukunft durch dick und dünn mit Wort und Schrift zu vertreten, um so mehr muß ich wünschen, – und Du wirst mir das nachempfinden können – daß ich selbst in unserm Buch nicht allzu ersichtlich als bloßer Lückenbüßer erscheine. – Wenn jüngere Leute, wie Hopfen, (der bei allem Talent doch noch etwas *sehr* jugendlich Unausgegornes hat), durchaus 3 Bogen in dem

Großes Dichter-Steeplechase

Buche haben wollen, so kann es nicht unbillig erscheinen, wenn ich mit nicht weniger als *einem* Bogen *eigener Sachen* vertreten sein will. – *Geht das nicht, so zöge ich es vor, ganz – auch mit den Übersetzungen – wegzubleiben.* Ich sage das durchaus sine ira et studio und bin überzeugt, Du wirst es ebenso aufnehmen. Die beigebogenen Sachen sende ich Dir, damit Du eine größere Auswahl hast.

FRIEDRICH BODENSTEDT

Münchner Tagebuchaufzeichnungen

15. Mai [1857]: Ich habe in Dingelstedts Novellenbuch gelesen. Es hat mich unterhalten, aber nicht erquickt. Viel Talent bei faulem Kern.

Hermann Lingg hat mir seine »Völkerwanderung« zum Durchfeilen gebracht. Der Eingang ist von Shakespearescher Gewalt und Größe. Dann kommen aber wieder Strophen, die geradezu konfus sind. Doch ich hoffe, es läßt sich aus dem Ganzen etwas Großes machen. –

26. Juni: Geibel machte auf mich den Eindruck, als habe er in der Verrücktheit, die ihm unzweifelhaft innewohnt, wieder bedenkliche Fortschritte gemacht. Wenn er nicht bald ins Irrenhaus kommt, so wird er nächstens vor Eitelkeit platzen.

3. Dezember: Gänzliche Umdichtung meines epischen Gedichtes »Marfa und Andreas«. – Sehr mißfallen hat es mir, daß der König Dingelstedt den Kronenorden verliehen. In diesem Falle paßt wirklich das alte Wort: »Autrefois on pendait les coquins sur les croix; aujourd'hui on pend les croix sur les coquins«.

[6. Dezember:] Gestern abend war Symposion beim König. Ich hatte eine Szene mit Geibel, wie ich ähnliche schon viele erlebte, und die mich immer in der Überzeugung bestärkten, daß er ein mit Pathos den Tugendhelden spielender Komödiant sei – aber so stark wie gestern abend ist mir das nie zutage getreten. Ich warf ihm, ohne die mindeste Rücksicht, alles ins Gesicht, was ich gegen ihn auf dem Herzen hatte – und es war sehr viel, denn er hat mir viel Schaden getan – und er nahm es mit einer heiligen Miene hin und sprach zum Schluß so schönklingende Worte der Versöhnung, daß ich ihm versprechen mußte, es noch einmal von der Erfahrung abhängig zu machen, ob ich ihn für einen feigen Schuft oder wirklich für einen echten Christen halten soll.
Auf Heyses Treue und Freundschaft baue ich auch nicht ganz; dem großen Dichter sitzt der kleinberechnende Judenjunge im Nacken und ich glaube, beide werden ewig unzertrennlich sein.

6. November [1858]: [. . .] Inzwischen waren die ersten Druckbogen meiner neu aufzulegenden Gedichte eingetroffen, die mir einen moralischen Katzenjammer erregten. Es will mir von meinen früheren lyrischen Produkten nur noch wenig gefallen. Den ganzen Donnerstag brachte ich damit zu, zu verbessern, zu ergänzen und auszustreichen.

14. Januar [1859]: Abends war Generalversammlung der Krokodile, die wieder übermäßig laut war und lange dauerte.

12. Februar: Sah Heyse, dem der König eine Zulage gegeben hat, um ihn an München zu fesseln, da der Großherzog von Weimar Jagd auf ihn macht.

15. Februar: Heyses »Thekla« ist unleugbar das Werk eines großen Künstlers. Ich habe nur daran zu tadeln, daß mir die handelnden Hauptpersonen nicht menschlich genug nahegerückt sind.

19. März: [. . .] hatte abends ein halb Dutzend Krokodile bei mir, denen ich mein Lustspiel vorlas, höchst erbaut von dem großen Eindruck, den es machte.

15. November: Gestern abend war zum erstenmal wieder Symposion beim König, und ich konnte aus seinem Benehmen wohl bemerken, daß ihm die ganze Schillerfeier ein Dorn im Auge gewesen. Er fragt immer nach den leitenden Ideen der Zeit und läßt sich Aufsätze darüber schreiben, wenn aber eine Idee verkörpert an ihn herantritt, dreht er ihr den Rükken zu oder will sie nicht verstehen. Nach seinem Dafürhalten hätten die Fürsten klug gehandelt, die vom Volk dekretierte Schillerfeier selbst in die Hand zu nehmen.

18. November: Mit der Gunst des Königs ist es seit dem Schillertage vorbei. Er hat gestern in einer Theaterangelegenheit gegen mich entschieden, wodurch ich vor dem ganzen Gesindel kompromittiert bin und wodurch mir ein beträchtlicher pekuniärer Schaden erwächst, gerade jetzt doppelt schwer zu tragen.
Paul Heyse hat mir ein neues Stück gebracht, »Elisabeth Charlotte«. Er hat dabei – zum erstenmal im Leben – mehr auf die Bühne als auf die reine Kunst Rücksicht genommen. Die drei ersten Akte erheben sich nicht über das Gewöhnliche, dagegen sind die letzten sehr gut.

24. November: Meine Vermutungen über des Königs Ungnade haben sich mehr und mehr bestätigt: am Montag war Symposion, und ich wurde nicht dazu eingeladen. Das erstemal während meiner Anwesenheit in München.

16. Dezember: Mein Verhältnis zum König scheint sich langsam zu bessern; aber doch zu bessern.

21. Dezember: Gestern abend ist »Autharis Brautfahrt« endlich über die Bühne gegangen, ich selbst weiß nicht, ob ich sagen soll, glücklich oder unglücklich. Das große Haus war gedrängt voll und von Anfang bis zu Ende lauschte alles mit gespanntester Aufmerksamkeit. Kein Mißton kam in der Darstellung vor. Jeder spielte nach besten Kräften – die Komiker mit wahrer Meisterschaft. Trotzdem wurde kein einziger von ihnen gerufen. Eine wohlorganisierte Clique suchte von vornherein jedes Beifallszeichen durch Zischen zu überlärmen. Doch brach sich bei verschiedenen Szenen der Beifall Bahn. Ich habe in meinem Leben eine so seltsame Aufführung nie gesehen. Es ist mir bei dieser Gelegenheit zum erstenmal vollkommen klar geworden, wie groß die Zahl unserer (der vom König Berufenen) Gegner in München ist. Auch der »Volksbote« hat mich in letzter Zeit aufs Korn genommen, und viele unbekannte Hände waren geschäftig, mir die betreffenden Stellen anzustreichen und per Post »rekommandiert« zu übersenden.

25. Dezember: Rezension meines Stückes von Grosse, die mich höchlich betrübte, da ich Grosse für meinen Freund hielt, während er geschrieben hat, als ob er mein größter Feind sei. Von Gegnern habe ich schon Schlimmeres erfahren, allein es ist mir nie so zu Herzen gegangen. –

5. Januar [1860]: Ich sehe wieder mit großer Sorge in die Zukunft, da ich nicht weiß, wie ich das zum Leben nötige Geld erschwingen soll, nachdem mein Stück, worauf ich große Hoffnungen gesetzt hatte, diese so wenig befriedigt.

15. Januar: In den Krokodilen hat sich ein neues, höchst bedeutendes lyrisches Talent aufgetan, Hans Hopfen, ein ehemaliger Zuhörer von mir, von dessen poetischer Begabung ich gar keine Ahnung hatte.

20. Januar: Gestern war ich in den Krokodilen, wo Hermann Lingg einen neuen Gesang seiner »Völkerwanderung« vorlas, der jedoch niemanden erbaute. Prächtige Schilderungen waren wieder darin, allein es mangelt Lingg, der als Lyriker unvergleichlich ist, bei größeren Sachen zu sehr an künstlerischem Verstand.

29. Januar: Am Donnerstag war das jährliche Stiftungsfest der Krokodile, das anfangs ganz munter belebt war, dann aber durch die Roheit Leutholds, den Geibel und Heyse merkwürdigerweise sehr in Freundschaft genommen haben, kläglich auslief.

28. Juni: Hätte ich irgendwo ein stilles Plätzchen gefunden, um ruhig zu arbeiten, so wäre ich gern einige Wochen auf dem Lande geblieben, was meiner elenden Gesundheit sehr zuträglich gewesen sein würde. Aber es sollte nicht so sein, das Geld ging zur Neige, und so habe ich denn mein trauliches Studierzimmer wieder aufgesucht und bin jetzt beschäftigt, eine Erzählung zu schreiben, um schnell etwas Geld zu verdienen.

20. Dezember: Audienz beim König, um ihm meine neusten Bücher zu überreichen. Er war, oder tat, sehr freundlich; allein das Verhältnis, in welchem ich mit ihm jetzt stehe, ist mir ein sehr unbehagliches. Von den letzten fünf Büchern, die ich ihm eingereicht habe, hat er nicht ein einziges gelesen oder auch nur angesehen, weil niemand ihn darauf aufmerksam macht. Seit Dönniges fort ist, führt Geibel allein das große Wort beim König, und Geibel war mir von jeher spinnefeind gesinnt. Es ließen sich Bücher darüber schreiben, wie dieser zarte Lyriker mit der melodischen Brüllstimme seit sechs Jahren störend in alle meine Verhältnisse eingegriffen hat.

22. Februar [1861]: Gestern war das Jahresfest der Krokodile, wobei Geibel der Gesellschaft ein wirkliches ausgestopftes Krokodil zum Geschenk machte. Es ging ganz munter her.

15. März: Die Bulyovsky ist fort, und es herrscht wieder Ruhe in München, woran, solange sie hierblieb, nicht zu denken war. Sie trat vorgestern zum letzten Male auf als Sappho und machte ihre Rolle zu einer fortlaufenden Schönheitsoffenbarung. Ich hatte etwas so Wundervolles noch nie gesehen. Unerreichbar groß war sie auch als Maria Stuart. Ich veranstaltete ihr vor dem Abschiede noch ein Picknick-Souper, wo die gefeiertsten Namen Münchens versammelt waren. Das sehr gelungene Fest wurde durch ein Gedicht von mir eröffnet und durch eines von Geibel, der vor Rührung über sich selbst weinte, während mir die Bulyovsky schelmisch auf den Fuß trat, geschlossen.

23. April: Gestern habe ich meinen 42. Geburtstag gefeiert, vielleicht den traurigsten meines Lebens, denn unter so traurigen Aussichten habe ich noch kein neues Lebensjahr begonnen. Alles, alles ist mir fehlgeschlagen, trotz angestrengtester Arbeit und redlichsten Bemühens, und wenn nicht ein Wunder geschieht, so gehe ich einer entsetzlichen Zukunft entgegen, zumal ich mich auf meine schlechte Gesundheit gar nicht verlassen kann.

13. Oktober: Jetzt wird wieder von früh bis spät an einem Werk »Beiträge zur Kenntnis Rußlands« gearbeitet, bloß um Geld zu verdienen.

29. November: In den »Zwanglosen« hielt Felix Dahn einen sehr gewandten Vortrag über deutsche Mythologie. – Die Universität feierte den 50. Geburtstag des Königs durch ein großes Diner, wobei die Söhne Schellings zugegen waren, ein paar der dümmsten Kerle, die ich je gesehen.
Später traf ich mit Dönniges zusammen, der bei mir gewesen war. Ich benutzte die Gelegenheit, ihm über mein Verhältnis zu Geibel, der sich trotz des ihm nachgerühmten makellosen Charakters gegen mich benimmt wie ein alberner Komödiant, reinen Wein einzuschenken. Nützen wird es freilich nicht viel, denn man kann den edlen Emanuel nicht umzeugen.

3. April [1862]: In den Zwanglosen Beratung wegen einer Fichtefeier. Huber schimpft auf die Preußen. Es ist ihm so wenig zu trauen wie den anderen Füchsen. Ich fühle mich immer vereinsamter in dieser Gesellschaft und wünschte, ich könnte aufs Land ziehen, überall sehe ich berechnende Charakterlosigkeit.

19. April: Seit einigen Tagen ist die Bulyovsky zu Besuch hier. Geibel, der ganz den Kopf darüber verliert, gab ihr vorgestern ein Souper bei sich, wozu er auch mich und meine Frau einlud. Der Fall ist bemerkenswert: Das einzige Mal, daß wir in den neun Jahren unseres Beisammenlebens bei Geibel eingeladen waren, hatten wir das einer koketten Schauspielerin zu danken.

29. April: Gestern mit meiner Frau im Hoftheater, wo die Aufführung von Paul Heyses »Ludwig der Bayer« stattfand. Trotz des vollen Hauses, der brillanten Inszenierung und der günstigsten Voraussetzungen schlug das Stück nicht durch, sondern war nahe daran, durchzufallen. Und in der Tat – es ist ein Machwerk, kein Dichterwerk. Es ist mit viel Verstand und Gewandtheit, aber ohne alle Charakteristik und ohne historischen Geist geschrieben. Heyse ist ein glatter Miniaturmaler, dem große Gegenstände nicht gelingen.

28. November: Ich bin einstimmig vom Kapitel zum Maximilians-Orden vorgeschlagen, aber der König hat seine Bestätigung versagt, ein unerhörter Fall, der bisher nie vorgekommen. Wäre ich nur in einer halbwegs unabhängigen Lage, so würde ich augenblicklich München verlassen, nicht des lumpigen Ordens wegen, sondern weil ein Hanswurst wie Geibel so mit mir spielen darf, denn er trägt die Schuld an allem, was mir je Unangenehmes in München widerfahren.

29. November: Gestern nachmittag drängten sich die Besucher bei mir, welche kamen, mir zu dem Orden zu gratulieren, welchen ich nicht erhalten habe. Halm und Mörike sind die Auserwählten. Heute kam der Staatsrat v. Hermann zu mir in voller Entrüstung über Geibels Perfidie. Auch Kaulbach und Lachner sollen wütend sein, wie ich von verschiedenen Seiten höre. Die Sache ist Stadtgespräch und alle Stimmen sind für mich.

17. Dezember: Die tragikomische Geschichte mit Geibel und dem Maximiliansorden spielt noch immer fort. Gestern erhielt ich eine nichtssagende Antwort auf meinen Brief. Gleich darauf kam Lützow, welcher meinte, daß Geibel durch seinen kleinen Literaturjuden und Posaunenengel Hopfen auf der falschen Fährte erhalten werde, und Lust bezeugte, dem großen Emanuel einmal mündlich reinen Wein einzuschenken. Das ist dann heute geschehen, und Geibel ist windelweich geworden dabei. Er hat gestanden, daß er acht Jahre lang eine starke Antipathie gegen mich gehabt, die erst im vorigen Jahr in Freundschaft umgeschlagen sei; ferner, daß er meine Bücher eigentlich gar nicht kenne, sie jetzt aber mit liebevoller Hingebung studieren werde, endlich, daß er nur aus knabenhaftem Trotz meine Wahl verhindert habe, weil ihm Liebig gleich mit den Worten entgegengetreten sei, das Kapitel sei einig darüber, daß ich dieses Jahr gewählt werden müsse. Auf diese Bekenntnisse hin, welche seine Briefe Lügen strafen, möchte er nun gerne wieder mit mir anbinden. Das kann ich nun aber nicht.

11. Februar [1863]: Ich habe in Wien außerordentlich viel Freundliches erfahren und das Bewußtsein gewonnen, daß mein Leben und Wirken kein vergebliches gewesen ist. Meine Schriften sind in jedem gebildeten Hause zu finden und finden dankbare, empfängliche Leser; meine Sprüche leben in manchem Gedächtnis, meine Lieder werden von vielen schönen Lippen gesungen.
Gestern machte ich einige Besuche. Liebig empfing mich sehr herzlich und liebevoll. Heyse war spitz und verstellt: Briefe aus Wien hatten ihn schon vor meiner Rückkehr von meiner glänzenden Aufnahme dort unterrichtet, und er machte den Eindruck, als ob er vor Neid darüber bersten wolle. Er gönnt dem »Poeten« Bodenstedt durchaus keine Ehre. Heyse ist ein Komödiant wie Geibel, nur feiner. In Wien hat er den bescheidenen jungen Mann mit einer Meisterschaft gespielt, die mich in Erstaunen setzte. Man hat dort sein Spiel für Wahrheit gehalten.

14. März: Liebig bat mich zu einer Unterredung und beschwor mich, Geibel einmal zu gestatten, sich offen gegen mich aussprechen zu dürfen. Abends 6 Uhr kam er nach erhaltener Erlaubnis zu mir. Er wollte in seiner alten Weise alles wieder durch eine Umarmung und gerührte Stimmung vergessen machen. Ich blieb aber kühl und zurückhaltend. Inzwischen habe ich, bestürmt durch Liebig, versprochen, wenigstens äußerlich den Frieden wiederherzustellen. [...] Mein Vertrauen kann ich ihm nicht wieder schenken.

11. März [1864]: Nun aber ist ein großes, mich völlig niederbeugendes Unglück über mich hereingebrochen: der Tod unseres guten Königs Max. – Ich und die Meinen haben viel an ihm verloren und sein Andenken wird uns ein gesegnetes sein. Er war ein vortrefflicher Mensch und guter Monarch, ein wirklicher Vater seines Volkes.

15. März: Wir haben gestern unsern guten König zum Grabe geleitet. Ich ging an der Seite Geibels, den ich dazu aufgefordert hatte. Er nahm die bei dieser traurigen Gelegenheit ihm gebotene Hand herzlich an.

PAUL HEYSE

Leuthold und Scheffel

Wilhelm Hertz hatte, da der Teich einmal wieder heimatlos geworden war, uns beredet, bei einem schwäbischen Landsmann uns niederzulassen, einem Weinwirt am Dultplatz, namens Murschel, der außer seinem recht trinkbaren Schillerwein uns durch das offene Feuer in der Trinkstube imponierte, über dem er auf einem Rost vor unseren Augen die saftig zischenden Fleischstücke briet. Hier verbrachte das

Krokodil vier sehr nahrhafte, vergnügliche Winter, deren erster dadurch denkwürdig war, daß Geibels 60. Auflage durch ein Souper gefeiert wurde, zu welchem ein anderer Frischbelorbeerter, Andreas May, der eben im Volkstheater einen Preis davongetragen, den Champagner lieferte. [. . .]
Ich muß hier den Namen *Heinrich Leutholds* nennen, weil nach dem beklagenswerten Ausgang des Unglücklichen mehrfach die Meinung laut geworden ist, die geringe Förderung und Anerkennung seines Talents, die er in München gefunden, habe seinen Geist zerrüttet. Er sei eben eines der verkannten Genies gewesen, die der Widerstand der stumpfen Welt in Wahnsinn und Tod getrieben. Diese Legende zu zerstören, liegt mir zur Steuer der Wahrheit und Gerechtigkeit am Herzen. Denn weder »verkannt« noch ein »Genie« war der merkwürdige Mensch, der aus der Schweiz zu uns herüberkam und jeden von uns, dem er begegnete, schon durch seine äußere Erscheinung, mehr noch durch sein geistreiches Wesen interessieren mußte.
Eine hohe, kraftvolle Figur, auf der ein bleicher Kopf mit scharfen, regelmäßigen Zügen saß, das Haar kurz geschoren, um den stets etwas bitter gerümpften Mund ein graublonder Schnurrbart, an dem kräftigen Kinn ein Knebelbärtchen. Er sprach mit einer rauhen Stimme und stark schweizerischen Kehllauten, stoßweise, seine Worte mit großzügigen Gebärden begleitend.
Wer ihn ins Krokodil einführte, weiß ich nicht. Doch machte er sofort Aufsehen durch einige seiner Gedichte von jener hohen Formvollendung, die ihn als einen leidenschaftlichen Platenverehrer ankündigte. Nicht minder erregte er unsere Aufmerksamkeit durch die schneidende Kritik, die pessimistische Grundstimmung seines Geistes, so daß wir der Meinung waren, eine höchst wertvolle Akquisition an ihm gemacht zu haben.
Die Jüngeren wurden seine treuen Anhänger, Geibel verband sich mit ihm zur Herausgabe von Übersetzungen französischer Lyrik, ich zog ihn in mein Haus, wo er besonders zu

Wilbrandt bewundernd aufsah, und so ging man längere Zeit in einem losen freundschaftlichen Verkehr mit ihm um, der sich nicht fester und wärmer gestalten konnte, da eine unbezwingliche innere Unzufriedenheit ihm und uns zuweilen die besten Stunden verdarb.
Er machte mit zynischer Naivetät kein Hehl daraus, daß er vom Neidteufel besessen war. »Wenn ich etwas Schönes lese, so ärgere ich mich; wenn ich aber etwas recht Schofles in die Hände bekomme, freue ich mich!« – bekannte er ohne jedes Bedenken. Denn da er im Grunde für seine Poesie keinen tieferen seelischen Gehalt in sich hatte, nichts wahrhaft Eigenes und Bedeutendes auszusprechen sich gedrungen fühlte, sondern bei seinem Dichten nur einen virtuosen Formtrieb betätigte, wurde ihm nie so herzlich wohl in seinem Innern, daß er auch anderen ihre stille Befriedigung gegönnt hätte. Mehr als einmal geschah es, daß er bei einer munteren Bowle, die eine behagliche Stimmung erzeugte, irgendeinen, dessen Augen besonders vergnüglich glänzten, zur Zielscheibe der empfindlichsten Bosheiten ersah, nur damit noch einem anderen so innerlich unwohl werden sollte wie ihm selbst.
Diese kleinen gelegentlichen Schadenfreuden ließen wir ihm hingehen, obwohl wir ihm nicht zugestehen konnten, daß er Ursache habe, mit seinem Schicksal zu grollen, wenn wir auch manche seiner grimmigen Launen dem Druck der Armut, der auf ihm lag, zugute hielten. Doch daß er noch keinen Weltruhm erlangt, durfte er Gott und Welt nicht zum Vorwurf machen. Sein unfertiges Epos »Penthesilea« in wunderlich galoppierenden, prunkvollen Anapästen ohne eigentliche Gestaltungskraft, seine Platen nachempfundenen melancholischen Verse und die wenigen trefflichen Übersetzungen Bérangers, Briseux' und Lamartines wurden ihm noch über Verdienst gedankt, und das warme Interesse so vieler guter junger Freunde war doch wahrlich auch kein geringer Lebensgewinn.
Gleichwohl trieb ihn sein Dämon, auf einen aus unserm Kreise ganz aus hellem Himmel einen giftigen Pfeil abzu-

schießen. In einem der Münchener Winkelblättchen erschien ein Spottgedicht gegen Julius Grosse, als dessen Verfasser man allgemein Leuthold bezeichnete. Als ich ihm beim nächsten Krokodil das Blatt vorhielt, überflog seine fahle Wange eine dunkle Röte; er sprach kein Wort, stand auf und verließ uns, um nie wieder den Fuß über unsere Schwelle zu setzen. [. . .]
Ein desto erfreulicherer Gast war *Joseph Viktor Scheffel*, der im Winter 1857 sich bei uns einfand.
Von meinem früheren Begegnen mit ihm in Rom und Sorrent habe ich in der Italienischen Reise berichtet. Nun, da er vier Jahre später in mein Münchener Haus trat, wurde er mit offenen Armen aufgenommen. Auch die Krokodile waren hocherfreut, den damals schon gefeierten jungen Poeten in ihrer Mitte zu sehen, wo er sich freilich nach seiner Art etwas steif und wortkarg verhielt, selten zu bewegen war, etwas vorzulesen, und hinter halb geschlossenen Lidern vor sich hin zu träumen schien, bis der Humor in ihm aufwachte und ein im trockensten Ton hingeworfenes Scherzwort Zeugnis von seiner frischen Geistesgegenwart gab.
Dieser Münchener Aufenthalt sollte leider ein jähes, trauervolles Ende finden. Im Februar wurde seine schöne, liebenswürdige Schwester, die ihm nachgereist war, vom Typhus hingerafft. Er hat seitdem den Boden Münchens nie wieder betreten [. . .]. Unser Freundschaftsverhältnis aber blieb bis an seinen Tod in alter Herzlichkeit bestehen, wofür noch zuletzt die Beiträge zeugten, die er mir zu dem »Neuen Münchener Dichterbuch« sandte [. . .].
Julius Grosse in seinen »Lebenserinnerungen« (»Ursachen und Wirkungen«. Braunschweig, George Westermann. 1896) hat die Lebensgeschichte des Krokodils, sein Wachsen, Blühen und endliches Absterben ausführlicher behandelt. Auch solche Gesellschaften unterliegen ja wie alles Lebendige dem Gesetz des Werdens und Wandelns und können von Glück sagen, wenn sie sich nicht selbst überleben, sondern sich auflösen, sobald sie fühlen, daß der innere Trieb, dem sie

entsprungen waren, erstorben ist. Als die Bedeutenderen unter uns herangereift waren und ihren Weg gefunden hatten, empfanden sie nicht mehr das Bedürfnis gegenseitiger Kritik. Die freundschaftliche Gesinnung blieb bestehen, aber jeder wußte auch ohne ausdrückliche Bestätigung, was er dem anderen wert war, und an ein Schutz- und Trutzbündnis in literarischen Blättern war von Anfang an nicht gedacht worden.

JOHANN CASPAR BLUNTSCHLI

Auflösung

Meine Stellung wurde nach und nach in München aus politischen Gründen schwieriger. Damals war in der bayerischen Hauptstadt nicht bloß die ultramontane Partei mächtig, es waren auch die einheimischen liberalen und halbliberalen Elemente durchweg blau-weiß gefärbt. Ich schrieb am 31. Dezember 1860 in mein Tagebuch: »Düsterer Blick in das nächste stürmische Jahr. München hat eine gefährliche Hinneigung zu Österreich und ist in dieser Richtung zu Wagnissen geneigt. Oben keine Staatsmänner, unten keine politische Bildung.«

ROBERT VON HORNSTEIN

Der Tod König Maximilians

Ein Regisseur hatte von der Bühne herab erklärt, daß die Vorstellung unterbleiben müsse wegen plötzlicher schwerer Erkrankung des Königs. Allerlei Gerüchte durchzogen die Stadt. Das Hauptthema des Abends waren Konjunkturen über diesen mysteriösen Vorfall. Um 12 Uhr läuteten die Glocken. Die Kirche ließ Messen lesen.
Ziemlich früh verließ ich meine Wohnung, um Erkundigungen einzuziehen. Ich kam vor die Residenz. Menschenmassen hatten sich angesammelt. Ich kam die Treppen hinauf, welche von Leuten aller Stände eingenommen waren. Endlich gelangte ich halb geschoben in einen großen Raum, unweit der Gemächer des Königs. Der Adjutant des Königs, Baron Moy, erschien von Zeit zu Zeit, um den Versammelten Nachricht über das Befinden des Königs zu geben. Die Nachrichten wurden immer trostloser. Lautlos wurden die Meldungen hingenommen. Höchstens wurde ein leises Flüstern vernommen. Endlich erscheint Moy, um mit tränenerstickter Stimme mitzuteilen, daß Seine Majestät eben verschieden seien. Allgemeines Schluchzen erfolgte auf diese Worte. Anfangs blieb alles wie gebannt stehen. Allmählich verließ die Menge in größter Stille den Saal und stieg langsam die Treppen hinab.
Ich hatte mich unten noch einen Augenblick postiert, als Erzbischof Scherr, der am Totenbette des Königs gestanden war, mit lächelnder Miene und eiligen Schrittes die Treppe herabkam. Ein Geistlicher kam ihm in den Weg. »Nun, wie steht's?« »'s ist schon rum«, antwortete der Kirchenfürst.
Nachmittags durchritt ein Herold in altdeutscher Tracht die Stadt. Neben ihm waren zwei Pauker zu Pferde, welche vor und nach der Rede des Herolds einen dumpfen Wirbel schlugen. Die Thronbesteigung König Ludwig des II. wurde verkündigt. Ich sah den Beginn des Umritts von einem Zimmer

meines Freundes Hertz, einem Ministerium gegenüber. Trotz der unabweisbaren Komik, die darin liegt, daß ein allgemein bekannter Beamter in diesem Aufzug herumreitet, bewahrten die Zuschauer den Ernst, der ihnen an diesem Tage geboten war.

*

München trat in eine neue Ära ein. Kaum waren die Trauerfeierlichkeiten vorüber und hatte sich die Bestürzung über den jähen Tod des allgemein verehrten Fürsten etwas gelegt, munkelte man, Richard Wagner werde nach München kommen.

JULIUS WALDEMAR GROSSE

Von Maximilian II. zu Ludwig II.

König Max' II. Persönlichkeit war die eines Kavaliers, gleichsam eines englischen Lords, hoch und schlank gewachsen, mit verhältnismäßig kleinem Kopf, der zu zwei Dritteln Stirn zu sein schien, die großen, intelligenten Augen bald forschend scharf, bald verschwimmend, die Stimme verschleiert mild, fast frauenhaft, wie in der ganzen Mannesgestalt etwas Weibliches vorzuwalten schien; ein Herrscher, der weder zu seinen Lebzeiten noch bis heute von seinem Volke recht erkannt und nach Gebühr geschätzt worden ist, allerdings nicht ganz ohne seine Schuld und nicht ohne tragische Buße. Tragisch schon darf man es nennen, daß er den Norden, woher er seine geistigen Helfer rief, zugleich liebte und haßte, liebte als die Heimat der Wissenschaft und seiner Jugendfreunde Wendland und Dönniges, welcher die späteren Berufungen bewirkte, dagegen haßte als politische Macht, die er als Wittelsbacher fürchten zu müssen glaubte. Allerdings,

auch König Max war von der fixen Idee beherrscht, daß Preußen eines Tages den deutschen Einheitsstaat herstellen und Bayern verschlingen werde. Aus diesem unvereinbaren Doppelaffekt der Liebe und des Hasses, der Zuneigung und des tiefsten Mißtrauens, dürften sich manche Widersprüche seines Handelns erklären, vor allem der scheinbare Wankelmut, dem Sybel und Bluntschli zum Opfer fielen, wie die willenlose Nachgiebigkeit gegen partikularistische, wohl auch österreichische Einflüsterungen.
Man hat wiederholt behauptet, daß der König die hohe Begabung seines eigenen Volkes unterschätzt und die Fremden deshalb bevorzugt habe, weil er die einheimischen Talente mißachtete. Lag darin eine Verschuldung, so ist sie nicht den Norddeutschen zur Last zu legen, und außerdem ist die etwaige Verschuldung reichlich gebüßt worden, wenn auch erst in der nächsten Generation. Aber wahrhaft tragisch ironisch muß es anmuten, daß die Nemesis gegen die bevorzugten Norddeutschen nicht etwa vom bayerischen Volke kommen sollte, sondern gleichfalls von einem Norddeutschen, genauer gesagt, von einem Sachsen, der, nachdem er die Huld und Gnade seines Monarchen in ganz anderer Weise ausbeutete als seine Vorgänger, diese letzteren zwar diskreditierte und vertrieb, aber ein Reich des Wahns aufrichtete, der seinen königlichen Freund schließlich umnachtete; eine Evolution von eigenartigster Peripetie, wie von erschütterndster Tragik.

Das verhängnisreiche Trauer- und Todesjahr 1866 neigte sich seinem Ende zu, als mir urplötzlich Warnungen und gleich darauf bestimmte Mitteilungen zukamen. Man werde seitens der Regierung die Bayerische Zeitung allmählich aufgeben, und schon zu Neujahr werde das Morgenblatt verschwinden.
Das Morgenblatt eingehen – unmöglich! Dieser Sammelplatz aller literarischen Kräfte in Bayern, reich ausgestattet mit wertvollen Beiträgen auf Jahre hinaus. Da die Abonnenten-

zahl innerhalb wie außerhalb Bayerns sich stetig hob, waren die Zuschüsse der Regierung mit jedem Jahre kleiner geworden, und die Zeit war in Sicht, da das Blatt auf eigenen Füßen stehen konnte. Und jetzt, da also das Experiment im Gelingen war, das Organ abschaffen, das sah doch wie ein Schildbürgerstreich aus. Ich hielt deshalb die Nachricht für unglaublich, zumal mein Vertrag halbjährige Kündigung ausbedang, von solcher aber nichts bisher verlautete.

Aber die Vorzeichen, daß etwas im Werke war, mehrten sich. Bodenstedt hatte damals einen Ruf nach Meiningen angenommen, und zwar schon für Neujahr 1867. Eines Nachmittags ging ich mit ihm durch die Residenzstraße, als uns Ministerialrat von E. begegnete, ein eifriger und geistvoller Mitarbeiter unseres Morgenblattes, außerdem ein einflußreicher Herr bei Hofe. Bodenstedt benutzte die Begegnung, um sich von dem Herrn für immer zu verabschieden.

»Alles Glück und Heil!« sagte der höfliche Mann, aber auf mich deutend setzte er hinzu: »Warum nehmen Sie unseren Freund nicht gleich mit?«

Das alles waren nur kleine Symptome, aber sie waren charakteristisch. Es schien eine geheime Parole ausgegeben zu sein, ein anderer Wind begann zu wehen, aber wie die Parole lautete, wußte niemand. Wenn irgendein verbitterter Bajuware uns gesagt hätte: »Draußen auf dem Schlachtfelde haben eure Landsleute gesiegt, aber hier seid ihr Norddeutschen auf den Aussterbeetat gesetzt. Man wird euch nicht ausweisen, aber nach Gelegenheit ziehen lassen, und vor allen Dingen wird man zuerst euer Organ zertrümmern, um euch machtlos und mundtot zu machen!« wir würden solchem Unheilsherold doch wohl ins Gesicht gelacht haben. Dennoch würde er recht behalten haben.

PAUL HEYSE

Abschied von Geibel

Das Häuflein der Münchener Idealisten war gelichtet, das Band, das sie zusammengehalten, gelockert worden. Einige Jahre hausten die Krokodile noch gemächlich in dem »heil'-gen Teich«, den sie bald hierhin, bald dorthin, zuletzt in mein Haus verlegten. Bodenstedt war nach Meiningen gezogen, wo er nicht lange blieb, da er für das Amt eines Dramaturgen in keiner Weise begabt war. Schack hielt sich zurückgezogen in seinem Hause, an das er die Räume für seine Galerie hatte anbauen lassen. Ich selbst dachte nicht daran, dies München je wieder zu verlassen, an das ich durch die teuersten Erinnerungen eines glücklichen Jahrzehnts geknüpft war. Auch einer wiederholten ehrenvollen Einladung zur Übersiedelung nach Weimar widerstand ich um so leichter, da ich nach fünf einsamen Jahren ein zweites Herzensglück fand und eine junge Münchnerin heimführen durfte aus einem Hause, das in seinem geselligen Zuschnitt von früh an sich von den meisten anderen unterschieden hatte. Durch diese Verbindung bestärkte sich mehr und mehr mein süddeutsches Heimatsgefühl, und um so fester wurzelte ich im Münchener Boden, als ich durch den Tod meiner Mutter im Jahre 1864 den Antrieb verlor, in meine Vaterstadt zurückzukehren, die mir, je gewaltiger sie zur Reichshauptstadt heranwuchs, ein immer fremderes Gesicht zeigte, aus dem die traulichen alten Züge verschwunden waren.

Mein alter Geibel hatte, seitdem sein ohnehin nur äußerliches Verhältnis zu König Ludwig II. gelöst worden war, München gemieden. Sein schweres organisches Leiden, das immer qualvoller wurde, machte ihm weitere Reisen unmöglich, so daß er von seinem Hause in Lübeck und seiner einzigen Tochter Marie, die in glücklicher kinderreicher Ehe lebte, sich nur noch entfernte, um im Sommer in einem der Ostseebäder sich zu erfrischen. Er war nie ein fleißiger Briefschreiber gewesen. Nun wurde der Verkehr mit den fernen Freunden immer spärlicher, wie denn auch Kraft und Stimmung zur Arbeit mehr und mehr versiegten. Er vollendete noch, mühsam genug, das Trauerspiel »Sophonisbe«, das 1869 den Schillerpreis erhielt und weit hinter der »Brunhild« zurücksteht. Im Jahre 1877 gab er die »Spätherbstblätter«, den vierten Band seiner Gedichte heraus, Nachklänge aus seiner jüngsten wie auch reifsten Zeit, in denen der alte Löwe noch einmal klingend seine Mähne schüttelte. Die Arbeit an seinem »klassischen Liederbuch« ging nebenher. Die letzte überschwenglich hohe Lebensfreude hatten ihm die Siege in Frankreich und die Erfüllung seines einst verspotteten Kaisertraums bereitet. In dem schmalen Bändchen seiner »Heroldsrufe« sammelte er neben den ahnungsvollen Herzensergießungen der früheren Zeit die machtvollen Triumphlieder, mit denen er das glorreiche Siegesjahr feierte.

An meinem Dichten und Trachten nahm er auch in der Ferne den alten Freundesanteil. Ein Wiedersehen mit ihm war mir aber nur noch einmal, im Herbst 1881, in seinem stillen Hause zu Lübeck vergönnt.

In tiefer Bewegung sah ich den Freund, dessen Bild mir noch immer in der vollen Kraft seiner Mannesjahre vor der Seele gestanden hatte, als einen gebrochenen, hageren Greis, der sich mit schwermütigem Blick mühsam von seinem Sitz erhob, um mich mit alter Herzlichkeit zu umarmen. Bald freilich belebten sich die leidvoll gespannten Züge, das Auge leuchtete wieder auf, wenn er der alten Zeiten gedachte oder nach gemeinsamen Freunden fragte, und hin und wieder, sobald das Gespräch literarische oder politische Themata streifte, die seinen Grimm und Groll erregten, blitzte noch ein Funke des alten Berserkerzorns aus seinen Worten hervor, und die magere Hand zauste heftig wie sonst den ergrauten Knebelbart. Hernach aber, als er einen Wagen holen ließ, mir die Stadt und ihre Umgebung zu zeigen, sank er wieder in eine dumpfe Stimmung zurück und saß, in die Wagenecke gedrückt, mit trüben Augen vor sich hinblickend. Vor der Schifferstube des Rathauses ließ er halten, und wir stiegen aus, die altberühmten Räume zu beschauen. Ich sah, mit welcher Ehrerbietung, wie einem Stadtheiligen, man ihm begegnete.

Doch auch hier, bei einem Trunk edlen Weins, der sonst immer die Macht gehabt hatte, seinen Genius zu beflügeln, verharrte er in seiner düsteren Versonnenheit, und erst am Abend, als seine Nichte, die ihm als treue Pflegerin zur Seite stand, meine Bitte unterstützte, doch etwas von seinen neuesten Versen vorzulesen, fiel auch von mir der Druck, dessen ich mich in all den Stunden nicht hatte erwehren können. Er las dann ein paar Übersetzungen aus dem Französischen und einige eigene Gedichte. Es war noch in allem die alte Herrschaft über die Form und die Anmut des Gedankens zu spüren. Aber der tiefe, melodische Klang seiner Stimme war wie umflort, und wir beide fühlten, daß dies stille Symposion das letzte, wehmütige Fest der Freundschaft war, das wir miteinander feiern sollten.

Im Jahre 1883 wurde ich von seinem Verleger aufgefordert, für die hundertste Auflage seiner Gedichte einen Prolog zu dichten. Ich ergriff mit Freuden die Gelegenheit, dem teuren alten Meister, dem ich so viel verdankte, einmal öffentlich auszusprechen, was er mir und seinem Volke gewesen war. Der Freundesgruß sollte ihn nicht mehr erreichen. Ehe noch das Buch zur Ausgabe gelangte, war er von seinen Leiden erlöst worden.

MAX HAUSHOFER

Der Krokodile Glanz und Ende

Mit dem Scheiden Geibels von München begann die letzte Periode des heiligen Teiches, dessen Bewohner stark zusammengeschmolzen waren. Geibel war nach Lübeck gezogen, Bodenstedt nach Meiningen, Dahn lehrte in Würzburg. Lützow hatte sich in Wien niedergelassen, wohin auch Hopfen gegangen war, Horn und Leuthold und Jensen fuhren in der Welt umher; auch Heigel und Lemcke waren verschwunden. Aber noch lagen als Veteranen in den stillen Gewässern Julius Braun und Julius Grosse, Carrière und Wilhelm Hertz, Grandaur, Freiherr von Hornstein, Heinrich Reder und andre. Und die Führung der verwaisten Schar übernahm – das war selbstverständlich – Paul Heyse.

Die Hoffnungen und der Glanz der Krokodile waren vorüber. Aber wie eine freundliche Spätsonne lag der Schimmer von einst auf dem Teiche. Man befliß sich einer inneren Einkehr; die schwelgerischen Gelage in üppigen Weinhäusern wichen wieder einfachen Sitten; noch einmal erwachte die literarische Begeisterung; es wurden wieder Gedichte gelesen und kritisiert. Und bei den Stiftungsfesten waren die dichterischen Festgaben weit wichtiger, als das, was Küche und Keller boten. Wie schön war's damals noch, wenn Wilhelm Hertz in seinen prachtvollen Versen die Speisekarte verklärte und tiefsinnige Betrachtungen über Rheinlachse, Rindsfilet und junge Gemüse zum besten gab; oder wenn in launigen Strophen die schriftstellerischen Leistungen der Krokodile, mit ihren Charakterzügen, Schicksalen und selbst körperlichen Eigentümlichkeiten, zu lustigen Bildern verwoben, aufmarschierten!

In die literarischen Geschicke der Krokodile griffen die künstlerischen Neigungen König Ludwigs II. in ganz andrer Weise ein, als das zur Zeit der Tafelrunde seines Vaters geschehen war. Ludwig II. versammelte keinen Kreis von Gelehrten und Dichtern mehr um sich; wohl aber erhielten einzelne aus den Krokodilen ganz bestimmte Aufträge, namentlich zu dramatischen Arbeiten. Für die Entwickelung des literarischen Lebens sind diese Arbeiten leider zum größten Teil bedeutungslos geblieben. Nichts ist empfindlicher, als das Verhältnis eines Dichters zu seinem Stoffe; das verträgt nicht den leisesten Zwang. Jene, oft mit großartiger Pracht ausgestatteten Dramen, die sich König Ludwig schreiben oder übersetzen ließ, gingen in später Nachtstunde über die Bretter, vor dem einzigen königlichen Zuschauer. Sie entbehrten des Beifalls und des Tadels einer menschlich fühlenden Menge; wie freudlose Gespensterkomödien versanken darum die meisten, wenn die Lichter erloschen waren, in Vergessenheit.

Litt der heilige Teich schon unter dieser Umgestaltung des königlichen Mäzenatentums, so brachte ihm weitre Einbuße das politische Leben der nächsten Jahre mit seinen hochgehenden Wogen. Der große und siegreiche Krieg, die Gründung des Reiches, die Gestaltung der Parteiverhältnisse, die kirchenpolitische Bewegung und endlich 1873 die Krisis des wirtschaftlichen Leben: Alles dieses nahm so viel Interesse in Anspruch, daß einerseits das Publikum nur mehr ein geringeres Interesse für schöngeistige Fragen aufbringen konnte, und daß anderseits die Dichter kleinlaut wurden in dem Gefühl, zu wenig in die volksbewegenden Strömungen eingreifen zu können. Von den Münchener Theatern verschwanden die Stücke der Münchener Dichter; sie wichen dem Wagnerschen Musikdrama und den französischen Ehebruchsdramen; höchstens daß noch, zur besondren Ehrung der Verfasser an ihrem siebzigsten Geburtstage, Graf Schack oder Lingg eins ihrer Dramen erlebten. Nur gegenüber Heyse war die Hoftheaterleitung stets so entgegenkommend, daß seine neuen Stücke rasch und gut dem Publikum vorgeführt wurden.

Unter solchen Umständen begann für die Krokodile das Jahrzehnt von 1869–79, das letzte ihres Bestehens. Im Winter

1869–70 war die Zahl der Erscheinenden schon so gering geworden, daß uns Paul Heyse allwöchentlich einmal während der Dämmerstunden zu den Sitzungen in seiner Wohnung versammeln konnte. Gerne wurden wieder junge Talente aufgenommen und angehört. Aber die Kritik war streng. Ich erinnere mich an einen Abend, den sich einer der jüngeren Gäste auserwählt hatte, um uns mit der Vorlesung einer dreiaktigen Tragödie »Prometheus« zu behelligen. Wenn wir nun kurze Gedichte ganz gut vertrugen, selbst wenn sie mittelmäßig waren, wurden doch bei dieser Tragödie die Gesichter so lang, als drei Akte sind. Den ersten Akt hörten wir geduldig an, in der Hoffnung, daß es bei ihm sein Bewenden haben dürfte. Als aber der Dichter schonungslos den zweiten Akt begann, schaute man sich unheilverkündend an. Und als der bejammernswerte leberkranke Prometheus seine fünffüßigen Jamben klagend in die Ewigkeit fortzuspinnen schien, erhob sich Heyse plötzlich, wie vom Stuhl emporgeschnellt, sah im Kreise umher und sprach: »O meine Freunde! Ich glaube, das können wir nicht mehr mit anhören! Es ist wirklich zu stark für einen Abend!«

Der Dichter schwieg verdutzt; man vertröstete ihn auf ein andermal, und die zwei Akte Prometheus sind uns erspart geblieben.

Eine überaus schätzenswerte neue Kraft gewann der Krokodilteich während seiner letzten Periode in Karl Stieler, dem früh Verblichenen. Seine humorvollen oberbayerischen Dialektgedichte, seine wegen ihrer Innigkeit und ihres Farbenreichtums rasch berühmt gewordenen Hochlandlieder gehören der Literaturgeschichte an; über sie brauche ich nichts mehr zu sagen. Neben Felix Dahn war er aus diesem Dichterkreise derjenige, der mir am nächsten stand. Wir fanden uns nicht nur im heiligen Teich zusammen, auch bei mancher andren jugendlichen Lustbarkeit, namentlich bei frohen Berg- und Wanderfahrten. Waghalsige Gletschergänge waren nicht seine Sache; wo die menschlichen Behausungen ein Ende fanden, bot ihm das Hochgebirge keine Reize mehr.

Aber soweit die Wälder mit ihren Forsthäusern und Holzknechthütten und die grünen Almen mit ihren Sennerinnen hinaufreichten, war er heimisch in ihr, wie wenig andre. In diesem Grenzgebiet fand er die herrlichsten Stoffe. So konnte er auch dem Krokodilteich neue und prächtige Impulse verleihen. Wenn er seine Gedichte las, den blonden Bart mit den Fingern streichend, fiel er wohl manchmal in einen etwas düsteren Ton; aber immer wieder fand er den Weg in einen goldhellen, herzensfreudigen Humor. Er besaß ein »schwarzes Buch«, in das er jene Äußerungen des Volkscharakters einzutragen liebte, die wegen ihrer Derbheit oder Sinnlichkeit minder für das Lesepublikum seiner gedruckten und fein illustrierten Dichtungen geeignet schienen. Im Männerkreise schlug er wohl manchmal dieses Buch auf, dessen Inhalt unschätzbare Streiflichter auf die Lebensanschauung des Bergvolkes warf.

Von anderen Krokodilen jener letzten Periode nenne ich noch den beliebten Humoristen Franz Bonn, der damals fast in jeder Nummer der »Fliegenden Blätter« als »von Miris« seine Scherze brachte. Vertreten waren ferner die Lustspieldichtung durch August Fresenius, die Tragödie durch F. C. Schubert; die Kunstgeschichte durch den prächtigen, viel zu früh geschiedenen Gustav Floerke; die Medizin durch Osw. Schmidt.

Aber es war ein Epigonentum. An einem Winterabend des Jahres 1878/79 ward eines der greifbaren Besitztümer des heiligen Teiches, die Bibliothek, in die einst jedes Mitglied seine neu erschienenen Werke gestiftet hatte, verlost; betrübt nahmen wir die hübschen, mit einem goldenen Krokodil geschmückten Bändchen nach Hause.

Versiegen jedoch konnte der Teich noch nicht so rasch. Er spaltete sich, wie das ja auch in der Natur versiegenden Gewässern manchmal ergeht, in zwei Teiche: in den der Teekrokodile, die nachmittags beim Tee zusammenkamen, und in den der Sumpfkrokodile, die sich abends beim Bierkrug vergnügten. Aber nicht als ob ein Gegensatz zwischen beiden

Teichen geherrscht hätte. Die meisten Krokodile verkehrten vielmehr in beiden Teichen. Das Ende des Bundes war indessen doch besiegelt, obgleich er noch in Professor Weltrich, Professor Ohlenschlager und Professor Robert Vischer neue tüchtige Kräfte gewann und in einem, 1881 von Heyse und Laistner herausgegebenen Dichterbuche der Welt einen schönen Abschiedsgruß zu senden vermochte. Das war sein letztes Lebenszeichen; 1882 versiegten die letzten Reste des Teiches. Seine noch überlebenden Mitglieder sind ergraute Männer geworden und haben nur noch Erinnerungen an den einst so glänzenden Kreis.

Texte

EMANUEL GEIBEL

Der Knabe mit dem Wunderhorn

Ich bin ein lust'ger Geselle,
Wer könnt' auf Erden fröhlicher sein!
Mein Rößlein so helle, so helle,
Das trägt mich mit Windesschnelle
Ins blühende Leben hinein –
Trara!
Ins blühende Leben hinein.

Es tönet an meinem Munde
Ein silbernes Horn von süßem Schall,
Es tönt wohl manche Stunde,
Von Fels und Wald in der Runde
Antwortet der Widerhall –
Trara!
Antwortet der Widerhall.

Und komm' ich zu festlichen Tänzen,
Zu Scherz und Spiel im sonnigen Wald,
Wo schmachtende Augen mir glänzen
Und Blumen den Becher bekränzen,
Da schwing' ich vom Roß mich alsbald –
Trara!
Da schwing' ich vom Roß mich alsbald.

Süß lockt die Gitarre zum Reigen,
Ich küsse die Mädchen, ich trinke den Wein,
Doch will hinter blühenden Zweigen
Die purpurne Sonne sich neigen,
Da muß es geschieden sein –
Trara!
Da muß es geschieden sein.

Wunderhorn: Schon bei Lohenstein in der Bedeutung ›zauberkräftiges Horn‹ belegt; im 19. Jh. bildlich verwendet nach dem Vorgang der Sammlung von A. v. Arnim und C. Brentano *Des Knaben Wunderhorn* (1806–08); das Titelgedicht dieses Bandes »Das Wunderhorn« ist die freie Bearbeitung einer altfranzösischen Romanze.

Es zieht mich hinaus in die Ferne;
Ich gebe dem flüchtigen Rosse den Sporn –
Ade! Wohl blieb' ich noch gerne,
Doch winken schon andere Sterne,
Und grüßend vertönet das Horn –
Trara!
Und grüßend vertönet das Horn.

Nachtlied

Der Mond kommt still gegangen
Mit seinem goldnen Schein,
Da schläft in holdem Prangen
Die müde Erde ein.

Im Traum die Wipfel weben,
Die Quellen rauschen sacht,
Singende Engel durchschweben
Die blaue Sternennacht.

Und auf den Lüften schwanken
Aus manchem treuen Sinn
Vieltausend Liebesgedanken
Über die Schläfer hin.

Und drunten im Tale, da funkeln
Die Fenster von Liebchens Haus;
Ich aber blicke im Dunkeln
Still in die Welt hinaus.

Nachtlied: entstanden 1836 in Berlin; deutliche Anlehnung an Eichendorff.

Der arme Taugenichts

Ich kann wahrhaftig doch nichts dafür,
Daß schief mir die Nas' im Gesichte steht,
Und daß sich's leichter zur Schenkentür
Als hinter dem Pflug auf dem Felde geht;
Und daß mir besser des Müllers Kind
Als unser dicker Herr Pfarrer gefällt –
Ich aber predige in den Wind,
Denn nimmermehr glaubt es die böse Welt.

Der Müller, das ist euch ein grimmer Kumpan,
Er sagt, ich wäre ein Taugenichts,
Und die Leut' im Dorfe glauben daran,
Und selbst sein rosiges Töchterlein spricht's.
Und wenn sie mich sieht am Mühlbach stehn,
So rümpft sie das Näschen und zieht ein Gesicht –
Ach, wäre die Hexe nicht gar so schön,
Fürwahr, es scherte den Henker mich nicht.

Nun aber hab' ich nicht Ruh noch Rast,
Ich klage den Bäumen mein Herzeleid,
Doch sie wiegen behaglich im Winde den Ast,
Und die Amsel pfeift, und der Kuckuck schreit.
Und wird das nicht anders, und kommt's nicht bald,
So halt' ich's im Dorfe nicht länger aus,
Da zieh' ich davon durch den großen Wald
Und singe mein Liedchen von Haus zu Haus.

Der arme Taugenichts: 1839 auf Naxos entstanden.

Die stille Lotosblume
Steigt aus dem blauen See,
Die Blätter flimmern und blitzen,
Der Kelch ist weiß wie Schnee.

Da gießt der Mond vom Himmel
All seinen goldnen Schein,
Gießt alle seine Strahlen
In ihren Schoß hinein.

Im Wasser um die Blume
Kreiset ein weißer Schwan,
Er singt so süß, so leise,
Und schaut die Blume an.

Er singt so süß, so leise,
Und will im Singen vergehn –
O Blume, weiße Blume,
Kannst du das Lied verstehn?

Friedrich Rotbart

Tief im Schoße des Kyffhäusers
Bei der Ampel rotem Schein
Sitzt der alte Kaiser Friedrich
An dem Tisch von Marmorstein.

Lotosblume: später in »Wasserrose« geändert; deutliche Anlehnung an Heine.
Kyffhäusers: Kyffhäuser, Berg am Rand des Thüringer Beckens. Nach einer Sage, die schon in der Thüringischen Chronik des Johannes Rothe 1421 auftaucht, erwartet der Stauferkaiser Friedrich II. in der Kyffhäuserhöhle seine Wiederkehr; später wurde diese Sage auf Friedrich I. übertragen. Das Gedicht soll in einer nicht erhaltenen Fassung schon 1834 entstanden sein. Geibel gilt wegen dieser frühen Barbarossagedichte als »Herold des Reiches« (vgl. Gaedertz, *Emanuel Geibel. Sänger der Liebe, Herold des Reiches*) und greift nach 1871 bewußt auf diese Ankündigung von 1840 zurück.

Ihn umwallt der Purpurmantel,
Ihn umfängt der Rüstung Pracht,
Doch auf seinen Augenwimpern
Liegt des Schlafes tiefe Nacht.

Vorgesunken ruht das Antlitz,
Drin sich Ernst und Milde paart,
Durch den Marmortisch gewachsen
Ist sein langer, goldner Bart.

Rings wie eh'rne Bilder stehen
Seine Ritter um ihn her,
Harnischglänzend, schwertumgürtet,
Aber tief im Schlaf, wie er.

Heinrich auch, der Ofterdinger,
Ist in ihrer stummen Schar,
Mit den liederreichen Lippen,
Mit dem blondgelockten Haar.

Seine Harfe ruht dem Sänger
In der Linken ohne Klang,
Doch auf seiner hohen Stirne
Schläft ein künftiger Gesang.

Alles schweigt, nur hin und wieder
Fällt ein Tropfen vom Gestein,
Bis der große Morgen plötzlich
Bricht mit Feuersglut herein;

Bis der Adler stolzen Fluges
Um des Berges Gipfel zieht,
Daß vor seines Fittichs Rauschen
Dort der Rabenschwarm entflieht.

Ofterdinger: Anspielung auf das 5. Kapitel des Romans *Heinrich von Ofterdingen* von Novalis.

Aber dann wie ferner Donner
Rollt es durch den Berg herauf,
Und der Kaiser greift zum Schwerte,
Und die Ritter wachen auf.

Laut in seinen Angeln tönend
Springet auf das eh'rne Tor,
Barbarossa mit den Seinen
Steigt im Waffenschmuck empor.

Auf dem Helm trägt er die Krone
Und den Sieg an seiner Hand,
Schwerter blitzen, Harfen klingen,
Wo er schreitet durch das Land.

Und dem alten Kaiser beugen
Sich die Völker allzugleich,
Und aufs neu zu Aachen gründet
Er das heil'ge deutsche Reich.

An den Grafen von Platen

Der Heimat hattest du dich abgewendet;
Es mochte dir vor ihren Winterauen,
Es mochte dir vor jenen Herzen grauen,
An die umsonst du Lieb' und Lied verschwendet.

Nun hast du früh den Pilgerlauf vollendet
Im Land der Blumen und der schönen Frauen,
In einen Himmel, einen ewig blauen,
Hast du den letzten Atemzug gesendet.

Platen: P. (vgl. S. 551) starb am 5. Dezember 1835 in Syracus und wurde im Garten der Villa Landolina begraben. Das Sonett gehört in eine ganze Reihe von Gedichten, die sich zum Vorbild Platens bekennen.

Doch jenes Eiland, wo in Sonnenhelle
Des Feuerbergs beschneite Gipfel ragen,
Und wo dir oft gelauscht die leis're Welle;

Dies Eiland, wo auch Pindars Herz geschlagen,
Erhöhet ist es nun zum Fußgestelle,
Die stolze Säule deines Ruhms zu tragen.

Leichter Sinn

Und wie wär' es nicht zu tragen,
Dieses Leben in der Welt?
Täglich wechseln Lust und Plagen,
Was betrübt und was gefällt.
Schlägt die Zeit dir manche Wunde,
Manche Freude bringt ihr Lauf;
Aber *eine* sel'ge Stunde
Wiegt ein Jahr von Schmerzen auf.

Wisse nur das Glück zu fassen,
Wenn es lächelnd dir sich beut;
In der Brust und auf den Gassen
Such' es morgen, such' es heut.
Doch bedrängt in deinem Kreise
Dich ein flüchtig Mißgeschick,
Lächle leise, hoffe weise
Auf den nächsten Augenblick.

Nur kein müßig Schmerzbehagen!
Nur kein weichlich Selbstverzeihn!
Kommen Grillen, dich zu plagen,
Wiege sie mit Liedern ein.

Des Feuerbergs: Des Ätna.
Pindars: Pindar, griechischer Dichter aus Theben, geb. um 520 v. Chr., hielt sich vermutlich 476/475 in Sizilien auf.

Emanuel Geibel.
Aus einem aquarellierten Alphabet von Franz von Pocci

Froh und ernst, doch immer heiter
Leite dich die Poesie,
Und die Welle trägt dich weiter,
Und du weißt es selbst nicht, wie.

Das Mädchen von Paros

Denkst du des Abends noch, des hellen,
Da mich der Winde leiser Zug
Sanft über die entschlafnen Wellen
An diese stille Küste trug;
Da ich, ermüdet vom Gewühle,
Das draußen treibet früh und spat,
Mit bang sehnsüchtigem Gefühle
Vom hohen Schiff ans Ufer trat?

Wie wehte da vom Bergesgipfel
Ein leiser Hauch willkommner Ruh!
Wie rauschten der Zypressen Wipfel
Mir den ersehnten Frieden zu!
Die Stadt, von weißem Marmor glänzend,
Das Weinlaub, Fenster und Altan
Mit seinem dichten Grün bekränzend,
Es sah mich so befreundet an.

Die Männer mit gebräunten Zügen,
Sie schienen alter Zeiten Bild;
Und Mädchen wandelten mit Krügen
Zum Brunnen, welcher tönend quillt,
Und Buben schwangen sich im Tanze,
Es floß der Wein, die Zither klang,
Indes die Sonn' in rotem Glanze
Langsam ins goldne Meer versank.

Das Mädchen von Paros: entstanden im Oktober 1839 in Athen.

Da sah ich dich zum ersten Male,
Auf hoher Treppe standest du,
Umwölbt vom rankenden Portale,
Und schautest still dem Reigen zu.
Der Abendröte Strahl umspielte
Dein Haar; zu träumen schien der Blick,
Als ob dein Busen ahnend fühlte
Der ersten Liebe nahes Glück.

Wohl uns! Nun hat das Herz in Wonne
Die Knospenhülle abgestreift,
Nun hat des Südens heißre Sonne
Die Frucht der Liebe schnell gereift.
Wir haben Welt und Grab vergessen,
In ihrem Laufe steht die Zeit,
Und Palmen schatten und Zypressen
Um unsre stille Seligkeit.

Morgenwanderung

Wer recht in Freuden wandern will,
Der geh' der Sonn' entgegen;
Da ist der Wald so kirchenstill,
Kein Lüftchen mag sich regen;
  Noch sind nicht die Lerchen wach,
  Nur im hohen Gras der Bach
Singt leise den Morgensegen.

Morgenwanderung: entstanden 1840 in Athen. Nach Heyse, *Jugenderinnerungen und Bekenntnisse*, S. 65, war Geibel »immer ein Langschläfer und mußte sich damit necken lassen, daß er das schöne Gedicht ›Wer recht in Freuden wandern will ...‹ wohl nur nach Hörensagen verfaßt habe.«

Die ganze Welt ist wie ein Buch,
Darin uns aufgeschrieben
In bunten Zeilen manch ein Spruch,
Wie Gott uns treu geblieben;
  Wald und Blumen nah und fern
  Und der helle Morgenstern
Sind Zeugen von seinem Lieben.

Da zieht die Andacht wie ein Hauch
Durch alle Sinnen leise,
Da pocht ans Herz die Liebe auch
In ihrer stillen Weise,
  Pocht und pocht, bis sich's erschließt,
  Und die Lippe überfließt
Von lautem, jubelndem Preise.

Und plötzlich läßt die Nachtigall
Im Busch ihr Lied erklingen,
In Berg und Tal erwacht der Schall,
Und will sich aufwärts schwingen,
  Und der Morgenröte Schein
  Stimmt in lichter Glut mit ein:
Laßt uns dem Herrn lobsingen!

Im Weinberg

Ich hatt' im Weinberg jüngst zu tun,
Da fand ich in Gedanken
Meinen langen Magister ruhn
Mitten unter den Ranken.

Im Weinberg: entstanden 1843, als Geibel mit Freiligrath zusammen in St. Goar lebte.

Schmunzelt' er süß und streckte sich faul,
Schaut' empor zu den Lauben;
Rief: O wachse mir doch ins Maul,
Allerschönste der Trauben!

»Freund, sei kein Narr, steh auf, greif zu,
Wirst sie sonst nimmer erreichen;
Um einen Hasenfuß wie du
Geschehn keine Wunder und Zeichen.«

Der Mai ist gekommen, die Bäume schlagen aus,
Da bleibe wer Lust hat mit Sorgen zu Haus;
Wie die Wolken wandern am himmlischen Zelt,
So steht auch mir der Sinn in die weite, weite Welt.

Herr Vater, Frau Mutter, daß Gott euch behüt',
Wer weiß, wo in der Ferne mein Glück mir noch blüht;
Es gibt so manche Straße, da nimmer ich marschiert,
Es gibt so manchen Wein, den ich nimmer noch probiert.

Frisch auf drum, frisch auf im hellen Sonnenstrahl,
Wohl über die Berge, wohl durch das tiefe Tal;
Die Quellen erklingen, die Bäume rauschen all,
Mein Herz ist wie 'ne Lerche und stimmet ein mit Schall.

Und abends im Städtlein, da kehr' ich durstig ein:
»Herr Wirt, Herr Wirt, eine Kanne blanken Wein!
Ergreife die Fiedel, du lust'ger Spielmann du,
Von meinem Schatz das Liedel, das sing' ich dazu.«

Der Mai ist gekommen: entstanden im Frühjahr 1841, als Geibel nach einem verbummelten Winter in Lübeck durch die Einladung nach Escheberg bei Kassel neue Hoffnung für die Fortsetzung seiner literarischen Arbeiten schöpfte. In der Vertonung von Justus Wilhelm Lyra zum Volkslied geworden.

Und find' ich keine Herberg, so lieg' ich zu Nacht
Wohl unter blauem Himmel; die Sterne halten Wacht;
Im Winde die Linde, die rauscht mich ein gemach,
Es küsset in der Früh' das Morgenrot mich wach.

O Wandern, o Wandern, du freie Burschenlust,
Da wehet Gottes Odem so frisch in die Brust;
Da singet und jauchzet das Herz zum Himmelszelt:
Wie bist du doch so schön, o du weite, weite Welt!

Reue

Die Nacht war schwarz, die Luft war schwül,
Ich fand nicht Schlaf auf meinem Pfühl,
Mein Sinn ward trüb' und trüber;
Da schritten die Tage der alten Zeit,
Zu langem, langem Zug gereiht,
Wehklagend mir vorüber:

»Du hattest den Lenz und du hast ihn entlaubt,
Du hattest das Heil und du hast nicht geglaubt,
Du hattest ein Herz zum Lieben,
Du hast es vertändelt mit eitlem Schein;
Nun bist du zuletzt allein, allein
Mit deinem Jammer geblieben.

Und wie du ringst in bangem Gebet,
Es ist zu spät, es ist zu spät,
Du darfst von Rast nicht wissen:
Dein einsam Herz ist dein Gericht.« –
Ich aber drückte mein Angesicht
Lautweinend in die Kissen.

Fleißig blättr' ich die Alten mir durch, dann sinn' ich auf Lieder,
Blättre wieder, und so fliehn mir die Stunden dahin.
Glücklicher Doppelgenuß! Kaum weiß ich, ist das Empfangen
Süßer, ist's das Gefühl, selber ein Dichter zu sein.
Aber ich flehe zu euch, ihr Götter, erhaltet mir gnädig
Jenen beweglichen Sinn, der sich auf beides versteht.
Laßt wie die Biene mich sein, die bald in der Rose sich festsaugt,
Bald den gewonnenen Saft emsig in Honig verkehrt.

Was ich bin und weiß, dem verständigen Norden verdank' ich's,
Doch das Geheimnis der Form hat mich der Süden gelehrt.

Auch dem beschwerlichsten Stoff noch abzugewinnen ein Lächeln
Durch vollendete Form, strebe der wahre Poet.
Kummer und Gram sei'n schön vom erhabenen Rhythmus besänftigt,
Selber der Brust Angstschrei werde dem Ohr zur Musik;
Und der versehrende Pfeil des Gespötts, in die Woge der Anmut
Sei er getaucht, klangvoll werd' er vom Bogen geschnellt.

An Georg Herwegh

Februar 1842

Es scholl dein Lied mir in das Ohr
So schwertesscharf, so glockentönig,
Als wär' aus seiner Gruft empor
Gewallt ein alter Dichterkönig.
Und doch! Ich weis' es nicht von mir,
Ich muß dich in die Schranken laden;
Komm an in voller Harnischzier,
Auf Tod und Leben Kampf mit dir,
Kampf, du Poet von Gottes Gnaden.

Bist du dir selber klar bewußt,
Daß deine Lieder Aufruhr läuten;
Daß jeglicher nach seiner Brust
Das Ärgste mag aus ihnen deuten?
Der Zwerg, der matte Pfeile schnitzt,
Wohl, – schieß' er, ohne fest zu zielen;
Doch wer vom Wetterlicht umblitzt
Im Donnerwagen grollend sitzt,
Der soll nicht mit den Zügeln spielen.

Fürwahr, ein Sämann schreitest du,
Der Samen streut, doch der Zerstörung;
Ein Glöckner, der aus ihrer Ruh
Die Völker stürmt, doch zur Empörung.
Du willst die Flamme, die so rein
Und heilig strahlt durch alle Lande,
Du willst den warmen Gottesschein
Zur Fackel Herostrats entweihn
Und schwingst sie wild zum Tempelbrande.

Wozu sonst dieses Schwerterklirrn,
Die Kriege, die dein Lied gefodert,

Die hast'ge Glut, die durch dein Hirn
In tausend Funken prächtig lodert?
O nein! Das ist nicht deutsche Art!
Wohl kämpfen wir auch für das Neue;
Ums Freiheitsbanner dicht geschart,
So stehn auch wir; doch aufbewahrt
Aus *alter* Zeit blieb uns die Treue.

Verhaßt auch uns ist der Baschkir,
Der Unterjocher der Gedanken,
Und keinen Deut begehren wir
Von jenen übermüt'gen Franken.
Wir wollen auch, daß frei das Wort
Durch alle Lüfte möge fluten;
Es dünkt auch uns in Süd und Nord
Das Wort der beste Freiheitshort –
Doch soll darum dein Volk verbluten?

Nein! Glaub', der Tag ist bald erwacht,
Der Morgen naht, wo wir's erringen,
Nicht ohne Kampf, doch ohne Schlacht,
Der Geist ist stärker als die Klingen.
Geharnischt steht er auf dem Plan,
Er, der mit Luthern einst gefochten;
Durch tausend Lanzen bricht er Bahn,
Und mag die Hölle dräuend nahn:
Der Lorbeer bleibt ihm doch geflochten.

Drum tu dein Schwert an seinen Ort,
Wie Petrus tat, da er gesündigt;
Die Freiheit geht nicht auf aus Mord,
Blick nach Paris, das dir's verkündigt.
Vom Geist will sie gewonnen sein;

Baschkir: Baschkiren, Turkvolk im Südural; seit 1554 Moskau tributpflichtig; im 17. und 18. Jh. mehrere Aufstände.

Doch wer ihr Kleid, so rein und heiter,
Mit blut'gem Makel mag entweihn,
Und säng' er Engelsmelodein:
Der ist der Welt, nicht Gottes Streiter.

Ich sing' um keines Königs Gunst,
Es herrscht kein Fürst, wo ich geboren;
Ein freier Priester freier Kunst
Hab' ich der Wahrheit nur geschworen.
Die werf' ich keck dir ins Gesicht,
Keck in die Flammen deines Branders;
Und ob die Welt den Stab mir bricht:
In Gottes Hand ist das Gericht;
Gott helfe mir! – Ich kann nicht anders.

Es sitzt die Zeit am großen Webestuhle,
Im Teppich der Geschicht' ein Bild zu weben;
Schon seh ich hin und her die Fäden streben,
Der Rieseneinschlag rauscht, es dröhnt die Spule.

Noch kannst du wählen, Deutschland, ob zur Buhle
Sie dich dem sternbekrönten Ruhm soll geben,
Ob im Geweb ein Schmachbild du willst leben,
Ein Hohn den Völkern bis ans fernste Thule.

Sprich aus – doch gilt kein Zaudern jetzt, noch Zagen –
Willst hülflos du von deinem Angesichte
Die Kinder stoßen die dein Schoß getragen?

Es sitzt die Zeit am großen Webestuhle: das zwölfte der *Zwölf Sonette*, die Teil der publizistischen Auseinandersetzung waren, die dem deutsch-dänischen Krieg von 1848–49 um Schleswig-Holstein vorausging.
Thule: von Pytheas (2. Hälfte des 4. Jh.s v. Chr.) erstmals so genannte sagenhafte Insel im Nordmeer, später mit unterschiedlichen Gegenden gleichgesetzt.

Sprich, oder willst in grollendem Gerichte
Die sie bedrängen du zu Boden schlagen? –
Tu deinen Spruch! Es harrt die Weltgeschichte.

Lied des Mädchens

Laß schlafen mich und träumen,
Was hab' ich zu versäumen
In dieser Einsamkeit!
Der Reif bedeckt den Garten,
Mein Dasein ist ein Warten
Auf Liebe nur und Lenzeszeit.

Es kommt im Frühlingsglanze
Für jede kleine Pflanze
Einmal der Blütentag.
So wird der Tag auch kommen,
Da diesem Frost entnommen
Mein Herz in Wonnen blühen mag.

Doch bis mir das gegeben,
Däucht mir nur halb mein Leben,
Und kalt wie Winters Wehn;
Trüb schauert's in den Bäumen –
O laß mich schlafen, träumen,
Bis Liebe mich heißt auferstehn.

Lied des Mädchens: entstanden auf einer Harzreise mit Goedeke im August 1845 (vgl. Goedeke, *Emanuel Geibel*, S. 301).

Nun strömet klar von oben
Der Tag ins Land herein,
Von tiefem Blau gewoben
Und lichtem Sonnenschein.

Es will noch einmal blühen
Der Wald, bevor er starb;
Er prangt in goldnem Glühen
Und lächelt purpurfarb.

Und fern im Glanze schließet
Sich Berg an Berg gereiht,
Und Sabbatstille fließet
Im Tale weit und breit.

Was will dich's wunder nehmen,
O Freund, zu dieser Frist,
Daß deine Brust ihr Grämen
Wie einen Traum vergißt?

Daß du der alten Sorgen
Mit Lächeln nur gedenkst,
Und in den goldnen Morgen
Dich voll und froh versenkst?

O gib dich hin dem Frieden
Und sauge diesen Glanz,
Der aller Welt beschieden,
In deine Seele ganz.

Laß Ruh und Lied sich gatten
Bei frommem Harfenklang,
Der letzten Trauer Schatten
Versühne mit Gesang.

versühne: ältere Form zu *versöhne.*

Der Sonne heb' entgegen
Den Becher jungen Weins,
Und heischt der Trunk den Segen,
So wünsche segnend eins:

Daß, wenn nach Freud' und Leide
Dein Herz einst brechen will,
Wie dieser Herbst es scheide,
So heiter, groß und still.

Die junge Zeit

Wohl schwillt mir hoch die Brust mit raschem Klopfen,
Seh ich, im Angesicht des Schweißes Tropfen,
Die junge Zeit, wie sie gewaltsam ringt,
Wie sie, zu stetem Werk geschürzt die Lenden,
Ein neuer Herkules, mit Kinderhänden
Das Ungeheure schon vollbringt.

In tausend Schmieden bei der Essen Brande
Gießt sie das Erz und schweißt in Eisenbande
Die weiten Länder, die ihr untertan;
Vom müden Saumroß, das sich wund getragen,
Nimmt sie das Joch und schirrt vor ihrem Wagen
Den Dampf, den wilden Riesen, an.

Durch Felsenschachte wühlt sie ihm die Gänge
Gewölbt und fest, daß in der düstern Enge
Des Schlotes Feuer rot wie Fackeln sprühn;
Sie schlägt ihm übers Tal mit Strom und Weilern
Wie einen Aquädukt auf hundert Pfeilern
Von Berg zu Berg die Brücke kühn.

Im Schiff, das keck entgegen jedem Winde
Ihr Dämon treibt, durchfliegt sie pfeilgeschwinde
Zum fremden Küstenland die salz'ge Bahn;
Stolz flattert wie ein Busch von schwarzen Federn
Der Rauch am Mast, und grollend in den Rädern
Knirscht der bezwungne Ozean.

Des frost'gen Nords, des heißen Südens Sterne
Schlingt sie zum Kranz; schon gibt es keine Ferne;
Vorm Hammerschlage ihrer mächt'gen Hand,
Wie einst vor Israels Posaunenschalle
Die Mauern Jerichos, zerbarst im Falle
Des Raumes ehrne Scheidewand.

Und sieh', nun braust es her auf tausend Wegen,
Was nie sich schaute, tritt sich keck entgegen,
Bunt sind die Trachten, das Gedräng' ist dicht –
Der Bergschütz grüßt den Reitersmann im Panzer,
Der deutsche Bauer schaut dem Steppenpflanzer
Ins tiefgebräunte Angesicht.

O welch ein endlos Wühlen, welch ein Rauschen!
O welch ein Markt, welch Hinundwiedertauschen
Von Schätzen, wie sie jede Zon' erzieht!
Jeder ist Kaufmann, und mit ew'gem Schwanken
Von Mann zu Mann gehn Waren und Gedanken,
Des Juden Gold, des Sängers Lied.

Der tote Buchstab weicht lebend'ger Rede,
Gekämpft wird Blick in Blick der Geister Fehde,
Und wieder schließt sich Hand in Hand der Bund;
Frohlockend spürt der Stamm im Bruderstamme
Sein eigen Blut; es schwebt wie eine Flamme
Der Freiheit Wort auf jedem Mund.

Glückauf, und magst du's stets im Herzen tragen
Bei deiner Hast, bei deinem Mühn und Wagen!
Glückauf, glückauf du junge Zeit von Erz!
Und doch – muß ich so ganz versenkt dich schauen
In Stoff und Wucht – beschleicht mit leisem Grauen
Mir oftmals eine Furcht das Herz:

Du möchtest einst im Rauche deiner Essen,
Im Trotze deines Riesenwerks vergessen,
Daß droben einer sitzt auf ew'gem Thron,
So lang vergessen, bis er in Gewittern
Herabsteigt, was du bautest zu zersplittern
Wie jenen Turm von Babylon.

Frühlingsbrausen

Nun knospt im Sonnenschein
Das erste Grün der Halde;
Nun lasset ganz allein
Dahin mich gehn im Walde.

Ich will am frühen Duft
Der Veilchen mich berauschen,
Dem Brausen in der Luft,
Dem heil'gen, will ich lauschen.

O Laut, in welchem sich
Zuerst der Lenz enthüllet,
Und der wie keiner mich
Mit süßen Schauern füllet!

Mir ist's, als schlief' in dir
Der Einklang aller Stimmen,
Die später durchs Revier
Des Mais gesondert schwimmen;

Als sprächst du aus gesamt
Die tausend Schöpfungstriebe,
Damit die Welt durchflammt
Der Ratschluß ew'ger Liebe.

Du mahnest wundersam
Mich an das Sausen wieder,
Drin einst zu Pfingsten kam
Der Geist des Herrn hernieder.

Verstummend muß ich dir
Mein Haupt in Andacht beugen:
O komm, zu ruhn in mir,
Und heil'ge Kraft zu zeugen!

Ein Bild

Leichtsinnig, redlich, Mann und Kind zugleich,
Voll Übermut und Demut, starr und weich,
Von Sinnen wild und stets damit im Streit,
Verfolgt von Lieb' und doch in Liebesleid,
Ein Wandervogel voll Begehr nach Ruh,
Ein Weltkind, das sich sehnt dem Himmel zu –
O Bild des Widerspruchs, wann kommt der Tag,
Der allen deinen Zwiespalt sühnen mag!

Studiere nur und raste nie,
Du kommst nicht weit mit deinen Schlüssen;
Das ist das Ende der Philosophie:
Zu *wissen*, daß wir glauben müssen.

Die schöne Form macht kein Gedicht,
Der schöne Gedanke tut's auch noch nicht;
Es kommt darauf an, daß Leib und Seele
Zur guten Stunde sich vermähle.

Fließend Wasser ist der Gedanke,
Aber durch die Kunst gebannt
In der Form gediegne Schranke
Wird es blitzender Demant.

Dich wundert's, daß sie gegen dich schreien,
Wiewohl du sie behelligt nie? –
Das ist's just, was sie dir nimmer verzeihen,
Daß du kein Lump bist so wie sie.

Dich zu verteid'gen vor dem Richter
Führst deine Lieder du herein?
O Freund, man kann ein lyrischer Dichter
Und doch ein dummer Teufel sein.

Wenn sie dich schmähten und wenn sie dich schalten,
Widersprich nicht mit hitzigem Blut;
Schweig und schaffe, was schön und gut;
So wirst du zuletzt doch recht behalten.

Zu spät.

Schwalben kehren im Lenz zurück,
Gras und Blumen erstehen,
Aber, das du versäumt, das Glück
Weckt kein mailiches Wehen.

Als die Liebe vorüberfuhr,
Nicht umfingst du die rasche.
Heute suchst du und findest nur
Statt der Gluten die Asche.

Freund heut wendet sich ab, der einst
Dein gedachte mit Sehnen,
Und du wandelst allein und weinst
Nie versiegende Thränen.

Emanuel Geibel.

Wandrers Nachtlied

1848

Vergangen ist nun manch ein Jahr,
Daß ich hier jung und fröhlich war;
Da schritt ich oft des Wegs daher,
Nun kenn' ich kaum die Straße mehr.

Wohl rauscht der Wald und trägt sein Kleid,
Sein grünes, wie in alter Zeit;
O Hoffnung, wie der Wald so grün,
Was mußtest du so rasch verblühn!

Das Wasser von den Bergen rinnt,
Den leichten Rauch zerfährt der Wind,
Die Welt hat sich verwandelt gar,
Ich selbst bin nimmer der ich war.

Mein Herz, so freudig einst, so weit,
Hat keine Lust an dieser Zeit,
Wo weise Lippe Torheit spricht
Und deutsche Treu wie Glas zerbricht.

Das ist mein Gram zu jeder Stund,
Sie baun und legen keinen Grund,
Sie rechten sonder Maß und Huld
Und tilgen Schuld mit größrer Schuld.

Nur du, der überm Sternenzelt
Das Richtmaß aller Dinge hält,
Du bist dir selbst geblieben gleich
Und aller Treu und Gnade reich.

O nimm mich, Herr, in deine Hut
Und gib mir einen festen Mut,
Daß ich getrost den schweren Tag,
Wie einst den guten, tragen mag.

Auf dem See

Nun fließt die Welt in kühlem Mondenlicht,
Die Berge sind im weißen Duft versunken;
Der See, der leis' um meinen Kahn sich bricht,
Spielt fern hinaus in irren Silberfunken,
Doch sein Gestad' erkenn' ich nicht.
Wie weit! Wie still! Da schließt in mir ein Sinn
Sich auf, das Unnennbarste zu verstehen;
Uralte Melodien gehen
Durch meine Brust gedämpft dahin.
Es sinkt, wie Tau, der Ewigkeit Gedanke
Kühl schauernd über mich und füllt mich ganz,
Und mich umflutet sonder Schranke
Ein uferloses Meer von weißem Glanz.

Der Tod des Tiberius

Bei Kap Misenum winkt' ein fürstlich Haus
Aus Lorbeerwipfeln zu des Meeres Küsten,
Mit Säulengängen, Mosaiken, Büsten
Und jedem Prunkgerät zu Fest und Schmaus.
Oft sah es nächtlicher Gelage Glanz,
Wo lock'ge Knaben, Epheu um die Stirnen,
Mit Bechern flogen, silberfüßige Dirnen
Den Thyrsus schwangen in berauschtem Tanz,

Der Tod des Tiberius: Erstdr.: *Deutsches Museum*, 1855. Angeregt vielleicht durch das Drama von Ferdinand Gregorovius, *Der Tod des Tiberius* (1851), das zurückgeht auf die abwertende Darstellung des Kaisers im Tiberiuskapitel von Suetons *De vita Caesarum* und in den *Annales* des Tacitus. (Zahlreiche Verweise auf Vorbilder und Wirkungen der Ballade in: Emanuel Geibel, *Werke*, hrsg. von W. Stammler, Bd. 2, S. 405).
Kap Misenum: in der Nähe von Neapel.
Thyrsus: Stab des Dionysos, mit Efeu und Weinlaub geschmückt und in einen Fichtenzapfen auslaufend.

Und Jauchzen scholl, Gelächter, Saitenspiel,
Bis auf die Gärten rings der Frühtau fiel.

Doch heut, wie stumm das Haus! Nur hier und dort
Ein Fenster hell – Und wo die Säulen düstern,
Wogt am Portal der Sklaven Schwarm mit Flüstern;
Es kommen Sänften; Boten sprengen fort;
Und jedesmal dann zuckt umher im Kreise
Ein Fragen, das nur scheu um Antwort wirbt:
»Was sagt der Arzt? Wie steht es?« – Leise, leise!
Zu Ende geht's; der greise Tiger stirbt.

Bei matter Ampeln Zwielicht droben lag
Der kranke Cäsar auf den Purpurkissen.
Sein fahl Gesicht, von Schwären wild zerrissen,
Erschien noch grauser heut, als sonst es pflag.
Hohl glomm das Auge. Durch die Schläfe wallte
Des Fiebers Glut, daß jede Ader schlug;
Niemand war bei ihm als der Arzt, der alte,
Und Macro, der des Hauses Schlüssel trug.

Und jetzt mit halb ersticktem Schreckensruf
Aus seinen Decken fuhr empor der Sieche,
Hochauf sich bäumend: Schaff mir Kühlung, Grieche!
Eis! Eis! Im Busen trag' ich den Vesuv.
O wie das brennt! Doch grimmer brennt das Denken
Im Haupt mir; ich verfluch' es tausendmal,
Und kann's doch lassen nicht zu meiner Qual,
O gib mir Lethe, Lethe, mich zu tränken! –

Schwären: Nach Tacitus, *Annales* IV,57, war das Gesicht des Kaisers »voller Geschwüre und gewöhnlich mit Pflastern wie besät«; gerade in der Regierungszeit des Tiberius war ein ansteckender Gesichtsausschlag nach Rom eingeschleppt worden (Plinius, *Historia naturae* XXVI,3).
Macro: Tacitus behauptet, der Präfekt der Prätorianer Naevius Sertorius Macro habe beim Tod des Tiberius nachgeholfen, indem er befahl, »den Greis durch eine Menge von Decken, die man auf ihn warf, zu ersticken« (*Annales* VI,50).

Umsonst! Dort wälzt sich's wieder schon heran
Wie Rauchgewölk und ballt sich zu Gestalten –
Sieh, von den Wunden heben sie die Falten
Und starren mich gebrochnen Auges an,
Germanicus und Drusus und Sejan –
Wer rief euch her! Kann euch das Grab nicht halten?
Was saugt ihr mit dem Leichenblick, dem stieren,
An meinem Blut und dorrt mir das Gebein?
's ist wahr, ich tötet' euch; doch mußt' es sein.
Wer hieß im Würfelspiel euch auch verlieren!
Hinweg! – Weh mir! Wann endet diese Pein!

Der Arzt bot ihm den Kelch; er sog ihn leer
Und sank zurück in tödlichem Ermatten;
Dann, aus den Kissen, blickt' er scheu umher
Und frug verstört: Nicht wahr? Du siehst nichts mehr?
Fort sind sie, fort, die fürchterlichen Schatten. –
Vielleicht auch war's nur Dunst. – Doch glaube mir,
Sie kamen oft schon nachts, und *wie* sie quälen,
Das weiß nur ich. – Doch still! – Komm, setz' dich hier,
Nah, nah; von anderm will ich dir erzählen.

Auch ich war jung einst, traut' auf meinen Stern
Und glaubt' an Menschen. Doch der Wahn der Jugend
Zerstob zu bald nur; und, ins Innre lugend,
Verfault erfand ich alles Wesens Kern.
Da war kein Ding so hoch und bar der Rüge,
Der Wurm saß drin; aus jeder Großtat sahn
Der Selbstsucht Züge mich versteinernd an,
Lieb', Ehre, Tugend, alles Schein und Lüge!
Nichts unterschied vom reißenden Getier

Germanicus und Drusus: Enkel bzw. Stiefsohn des Augustus: beide starben unter nicht ganz geklärten Umständen, so daß man Tiberius des Mordes verdächtigte.
Sejan: Sejanus, Prätorianerpräfekt, der angeblich selbst nach dem Thron strebte (*Annales* IV,74), so daß Tiberius ihn im Jahr 31 hinrichten ließ.

Dies Kotgeschlecht, als im ehrlosen Munde
Der Falschheit Honig und im Herzensgrunde
Die größre Feigheit und die wildre Gier.
Wo war ein Freund, der nicht den Freund verriet?
Ein Bruder, der nicht Brudermord gestiftet?
Ein Weib, das lächelnd nicht den Mann vergiftet?
Nichtswürdig alle – stets dasselbe Lied.
Da ward auch ich wie sie. Und weil nur Schrecken
Sie zähmte, lernt' ich, Schrecken zu erwecken;
Und Krieg mit ihnen führt' ich. Zum Genuß
Ward ihre Qual mir, ihr verendend Röcheln.
Ich schritt ins Blut hinein, bis zu den Knöcheln –
Doch auch das Grausen wird zum Überdruß.
Und jetzt, nur noch gequält vom Strahl des Lichts,
Matt, trostlos, reulos starr' ich in das Nichts.

Sein Wort ging tonlos aus; er keuchte leis
Im Krampf, von seinen Schläfen floß der Schweiß,
Und graß verstellt, wie eine Larve, sah
Sein blutlos Antlitz. Zu des Lagers Stufen
Trat Macro da: Soll ich den Cajus rufen,
Herr, deinen Enkel, den Caligula?
Du bist sehr krank –
Doch Jener: Schlange, falle
Mein Fluch auf dich! Was geht dich Cajus an!
Noch leb' ich, Mensch. Und Cajus ist wie alle,
Ein Narr, ein Schurk', ein Lügner, nur kein Mann!
Und wär' er's, frommt' es nicht; kein Held verjüngt
Rom und die Welt, wie er mit Blut sie düngt.
Wenn's Götter gäb', auf diesem Berg der Scherben
Vermöcht' ein Gott selbst nicht mehr Frucht zu ziehn;
Und nun der blöde Knab! Nein, nein, nicht ihn,
Die Rachegeister, welche mich verderben,
Die Furien, die der Abgrund ausgespien,
Sie und das Chaos setz' ich ein zu Erben.
Für sie dies Scepter! –

Und im Schlafgewand
Jach sprang er auf, und wie die Glieder flogen
Im Todesschweiß, riß er vom Fensterbogen
Den Vorhang fort und warf mit irrer Hand
Hinaus den Stab der Herrschaft in die Nacht.
Dann schlug er sinnlos hin.
Im Hofe stand
In sich vertieft ein Kriegsknecht auf der Wacht,
Blondbärtig, hoch. Zu dessen Füßen rollte
Des Scepters rundes Elfenbein und sprang
Vom glatten Marmorgrund mit hellem Klang
An ihm empor, als ob's ihn grüßen wollte.
Er nahm es auf, unwissend was es sei,
Und sank zurück in seine Träumerei.
Er dacht' an seinen Wald im Wesertal:
Die düstern Wipfelkronen sah er ragen;
Er sah am Malstein die Genossen tagen,
Blank jedes Wort wie ihrer Streitaxt Stahl,
Und treu die Hand zum Sühnen wie zum Schlagen.
Und an sein liebes Weib gedacht' er dann;
Er sah sie sitzen an des Hüttleins Schwelle
Im langen gelben Haar, wie sie, mit Schnelle
Die Spindel wirbelnd, in die Ferne sann,
Wohl her zu ihm; und vor ihr spielt' am Rain
Sein Knabe, der den ersten Speer sich schnitzte,
Und dem so kühn das blaue Auge blitzte,
Als spräch's: Ein Schwert nur, und die Welt ist mein!
Und plötzlich floß dann – wie, verstand er kaum –
Ein andres Bild in seinen Heimatstraum;
Vor seine Seele drängt' es sich mit Macht,
Wie er dereinst in heißen Morgenlanden
Als Wacht an eines Mannes Kreuz gestanden,
Bei dessen Tod die Sonn' erlosch in Nacht.
Wohl lag dazwischen manch durchstürmter Tag,

Malstein: Gedenkstein, auch Stein des Gerichts.

Doch konnt' er nie des Dulders Blick vergessen,
Darin ein Leidensabgrund unermessen
Und dennoch alles Segens Fülle lag. –
Und nun – wie kam's nur? – über seinen Eichen
Sah er dies Kreuz erhöht als Siegeszeichen,
Und seines Volks Geschlechter sah er ziehn,
Unzählig, stromgleich; über den Gefilden
Von Waffen wogt' es, und auf ihren Schilden
Stand jener Mann, und Glorie strahlt' um ihn.

Da fuhr er auf. Aus des Pallastes Hallen
Kam dumpf Geräusch; der Herr der Welt war tot;
Er aber schaute kühn ins Morgenrot,
Und sah's wie einer Zukunft Vorhang wallen.

Der Bildhauer des Hadrian

So steht nun schlank emporgehoben
Der Tempelhalle Säulenrund.
Getäfelt prangt die Kuppel droben,
Von buntem Steinwerk glänzt der Grund,
Und hoch aus Marmor hebt sich dorten
Das Bild des Donnrers, das ich schuf;
Du rühmst es, Herr, und deinen Worten
Folgt tausendstimm'ger Beifallsruf.

Und doch, wie hier vor meinen Blicken
Das eigne Werk sich neu enthüllt,
Mich selber will es nicht erquicken,
Und fast wie Scham ist, was mich füllt.

Der Bildhauer des Hadrian: entstanden 1853. Kaiser Hadrian (117–138) ließ den schon unter Peisistratos begonnenen Zeustempel von Athen endlich vollenden; heute im Stadtbild Athens eine markante Ruine.

Ob nichts am hohen Gleichmaß fehle,
Ob jedem Sinn genug getan:
Kein Schauer quillt in meine Seele,
Kein Unnennbares rührt mich an.

O Fluch, dem diese Zeit verfallen,
Daß sie kein großer Puls durchbebt,
Kein Sehnen, das, geteilt von allen,
Im Künstler nach Gestaltung strebt;
Das ihm nicht Rast gönnt, bis er's endlich
Bewältigt in den Marmor flößt,
Und so in Schönheit allverständlich
Das Rätsel seiner Tage löst.

Wohl bänd'gen wir den Stein und küren,
Bewußt berechnend, jede Zier,
Doch, wie wir glatt den Meißel führen,
Nur vom Vergangnen zehren wir.
O trostlos kluges Auserlesen,
Dabei kein Blitz die Brust durchzückt!
Was schön wird, ist schon dagewesen,
Und nachgeahmt ist, was uns glückt.

Der Kreis der Formen liegt beschlossen,
Die einst der Griechen Geist beseelt;
Umsonst durchtasten wir verdrossen
Ein Leben, dem der Inhalt fehlt.
Wo lodert noch ein Opferfunken?
Wo blüht ein Fest noch, das nicht hohl?
Der Glaub' ist, ach! dahingesunken,
Und toter Schmuck ward sein Symbol.

Sieh her, noch braun sind diese Haare,
Und nicht das Alter schuf mich blaß;
Doch gäb' ich alle meine Jahre
Für *einen* Tag des Phidias.

Nicht weil des Volks verstummend Gaffen,
Der Welt Bewundrung ihm gelohnt;
Nein, weil der Zeus, den er geschaffen,
Ihm selbst ein Gott im Sinn gethront.

Das war sein Stern, das war sein Segen,
Daß ihn mit ungebrochnem Flug
Der höchsten Urgestalt entgegen
Der Andacht heil'ger Fittich trug.
Er durft' im Reigen der Erkornen
Voll Glanz noch den Olympos sehn,
Indes wir armen Nachgebornen
In götterloser Wüste stehn.

Da uns der Himmel ward entrissen,
Schwand auch des Schaffens himmlisch Glück;
Wohl wissen wir's, doch alles Wissen
Bringt das Verlorne nie zurück.
Und keine neue Kunst mag werden,
Bis über dieser Zeiten Gruft
Ein neuer Gott erscheint auf Erden
Und seine Priesterin beruft.

Schon seit 1842 plante Geibel ein Drama aus der Nibelungensage. In seiner kurzen Zeit als Gymnasiallehrer in Lübeck mußte er 1848 auch das Nibelungenlied behandeln und begann, einzelne Szenen einer »Brunhild«-Tragödie in Trimetern auszuarbeiten (von den politischen Ereignissen des Jahres 1848 blieb er offenbar unberührt). Vorlesungen an der Münchner Universität, aber auch die Fresken von Julius Schnorr von Carolsfeld und Peter Cornelius in der Residenz, die Geibel bei den Symposien kennenlernte, brachten ihm den Gegenstand von neuem nahe. Im Winter 1856/57 schloß er das Stück ab, an dem er sehr hing und das er trotz des geringen Bühnenerfolgs auch in späteren Jahren gern vorlas.

Geibels Vorstellungen vom Theater waren vor allem vom klassischen französischen d. h. höfischen Theater geprägt, deshalb der Trimeter, der auch in der abgeschlossenen Fassung noch gelegentlich erscheint. Nur wenige Personen treten auf, das äußere Geschehen wird in den Hintergrund gedrängt, die Einheit der Handlung, der Zeit und des Ortes möglichst gewahrt. Geibels Absicht war, mythische auf menschliche Konflikte zu reduzieren. Brunhild mußte für ihre »Überheblichkeit« büßen, Kriemhilds Schuld besteht darin, daß sie, so Geibel, »maßlos liebt«.

Friedrich Hebbel, der gleichzeitig an einer Dramatisierung des Stoffes arbeitete – seine »Nibelungen« erschienen 1862 –, sah wohl richtig das Grundproblem von Geibels Drama: »Das Eigentümliche [des Stoffes] liegt ja eben in der wunderbaren Mischung des Ungeheuren und des rein Menschlichen, und wenn man diese dunkle, blutige Fabel, die recht gern aus einer Hofgeschichte hervorgegangen sein kann, wieder zur Hofgeschichte herabsetzt, so ist die Frage erlaubt, warum man nicht noch einen Schritt weiterging und auch die Namen strich.« (F. H., »Sämtliche Werke«, hist.-krit. Ausg., hrsg. von Richard Maria Werner, Abt. 1, Bd. 12, Berlin 1912, S. 164–167.)

Vielleicht liegt der Charme der im folgenden abgedruckten Szene darin begründet, daß Geibel sie in der kurzen Zeit seiner glücklichen Ehe niederschrieb.

Brunhild

Eine Tragödie aus der Nibelungensage

Zweiter Aufzug

Brunhildens Gemach.

Erster Auftritt

BRUNHILD *steht links, in Gedanken versunken, unbeweglich vor sich hinstarrend; neben ihr* SIGRUN *in langem Schleier und priesterlichem Gewande; rechts etwas weiter gegen den Hintergrund die* JUNGFRAUEN *des Gefolges.*

EINE DER JUNGFRAUEN.
Die Goldkleinode, die der König dir,
Des Hauses alten Schatz, in erz'ner Truhe
Gesandt, wir haben sie im Vorgemach,
Die Schleierhüllen lüftend, aufgestellt.
Gefällt's dir Königin, sie zu beschau'n?
(Nach einer Pause, da Brunhild schweigt.)
Es scheint, der bunte Reichtum lockt dich nicht. –
So sollen wir vielleicht im Lindenhag,
Am Strome, wo dir's gestern wohlgefiel,
Aus Teppichen dein Lustgezelt bereiten?
(Wieder nach einer Pause.)
Du hörst uns nicht?

SIGRUN. Ihr seht, die Fürstin ist
Versunken in Gedanken, krank vielleicht.
So stört sie nicht mit müß'gen Fragen. Geht,
Und harrt im Vorsaal, bis ich euch berufe.
(Die Jungfrauen entfernen sich leise.)

SIGRUN *(dicht an Brunhilden herantretend und ihr die Hand auf die Schulter legend).*
Brunhild!

BRUNHILD *(aufschreckend).*
Was willst du mir?

SIGRUN. Wach' auf, Brunhild!
Wo warest du?
BRUNHILD. Kennst du den Abgrund, Sigrun,
Der hinter allem Denken liegt? Wenn wir
Vergebens über dunkle Rätsel sinnend
Am Ende schwindeln, tut er stumm sich auf,
Und stillt mit Schlafesdumpfheit unsre Qual.
Sich selbst verloren schwebte dort mein Geist,
In des Vergessens weiße Nacht begraben.
Was weckst du mich?
SIGRUN. Ich kenne dich nicht mehr.
Welch plötzlich Weh hat dich so ganz vertauscht,
Daß du dir selber zu entfliehen trachtest?
Als gestern abend ich ins Schlafgemach
Dir leuchtete, was da auf deiner Stirne
Geschrieben stand, das war kein Herzeleid.
BRUNHILD. Zwölf Stunden hat die Nacht, und eine g'nügt,
Ein Menschenlos auf immerdar zu wandeln;
Ein Augenblick nur scheidet Heil und Fluch.
O welch ein Strom wälzt ewig brückenlos
Sich zwischen heut und gestern! Gestern war
Ich noch mein eigen. Stolz und unantastbar
In meines Wesens Blüte fühlt' ich mich,
Dem Einhorn gleich, das kühn den Jäger höhnt.
Und heut – o mir versagt das Wort dafür –
Heut bin ich nur ein Weib, ein Weib, wie alle,
Nur tausendmal unseliger – doch das
Verstehst du nicht; der Reif, den dir die Jahre
Aufs Haupt gestreut, lag stets in deiner Brust,
Und deine Weisheit ist wie fühllos Erz.
Du kannst es nie ermessen, was es heißt:
Den *einen* lieben und dem *andern* doch,
Von dem dein Herz nichts weiß, mit Leib und Seele,
Dem Aufgedrung'nen, unterworfen sein!
SIGRUN. Nicht bin ich fühllos; Trauer faßt mich an,
Wie du dein furchtbar Weh vor mir enthüllst.

Nur blind zu klagen weiß ich nicht; mir sind
Vertraut die Pfade, drauf die Norne wandelt,
Und wo das Leid in Blüte steht, da zeigt
Der Geist mir auch die Schuld, aus der es wuchs.
BRUNHILD. Dein altes Lied –
SIGRUN. Ja, uralt, wie die Welt,
Und täglich neu doch, wie du selbst erfährst.
BRUNHILD. Sprich denn, was tat ich, daß mir dies geschah?
SIGRUN. Gedenk' an deine wilde Jugendzeit,
An jene Tage, da zum Isenstein
Die Söhne jeder Küste werbend strömten!
Da sätest du des Unheils nur zu viel.
BRUNHILD. Willst du mich schelten, daß von jenen keiner
Mir wert schien, mein Gemahl zu sein? – Das ist
Das Maß des Weibes, welchen Mann sie liebt.
SIGRUN. Daß du nicht liebtest, wer verargt' es dir?
Denn wie ein zugedeckter Brunnen schläft
In uns die Minne; keiner hebt den Stein
Vom Rande, wenn ihn nicht ein Gott bewegt.
Was du nicht geben konntest, mochtest du
Gelassen weigern. Doch das tatst du nicht;
Nein, grausam schürtest du in wilder Hoffahrt
Hohnlachend noch die Glut, die du entfacht,
Und der Betrognen Jammer war dein Spiel.
BRUNHILD. Wie Minne lodert, wußt' ich freilich nicht.
SIGRUN. Die Götter aber wußten's wohl, und wogen
Auf eh'rner Waage deiner Opfer Qual;
Und Sühnung fordernd, flammt' aus düstern Sternen
Ihr zorn'ger Ratschluß über dich herab:
»Von Mannes Minne kommt dir nimmer Heil!«
O hättest du das furchtbar ernste Wort
In deines Busens tiefsten Grund geschlossen,
Und in freiwill'ger Buße stark und streng
Dich selbst behütet! Doch dir galt die Warnung
Wie Windesbrausen nur in hoher Luft,
Denn unbezwinglich wähntest du dein Herz.

Als hätte keine Drohung Macht an dir,
So floß in stolzer Sicherheit dein Leben.
Doch da geschah's, da warf die Meereswoge
Den fremden Wildling aus an deiner Schwelle,
Den Drachentöter mit dem goldnen Haar;
Und du –

BRUNHILD. Halt inne! Denn ein Frevel schwebt
Auf deinen Lippen, Unbarmherzige!
Nicht richten kannst du, was du nicht begreifst.
Wenn über ihn der Blitz herniederzündet,
Schiltst du den Scheiterhaufen, daß er brennt?
So aber kam's auf mich mit Allgewalt,
Als Siegfried nahte – All mein Wesen schlug
In Flammen jauchzend auf: was ging mich da
Die ewig dunkle Rätselschrift der Sterne,
Was dein verworrner Priestermund noch an?
Und hätte Hela selbst, der Nacht entsteigend,
All ihre Schrecken zwischen uns getürmt:
Ich hätt' ihn *doch* geliebt!

SIGRUN. Ich weiß. Wer einmal
Der Götter lachte, den verstocken sie,
Und jede Warnung ist an ihm verloren.
Mit sehenden Augen häuptlings stürztest du
Dich selber in die Tiefe. Trag' es nun,
Wenn sich der Götter Spruch an dir erfüllt!
[. . .]

Sechster Auftritt

SIEGFRIED. KRIEMHILD.

[. . .]

SIEGFRIED. Sieh! Nun schaut die Welt mich erst
Vertraulich wie ein Kind des Hauses an,
Und dankbar lern' ich, langsam, Zug um Zug
Des Daseins Fülle schlürfen. Auch die Stunde,

Die nicht dem Heldenwerk gehört, durchströmt
Ein stiller Reichtum aus des Lebens Tiefen.
Die blinde Nacht selbst, die den Mantel sonst
Gleichgültig über das Bedürfnis warf,
Deckt sie nicht jetzt ein hold Geheimnis uns
Mit ihren Sternen zu? Traun, sollt' ich klagen:
Ich klagte nur, daß sie so rasch entflieht.

KRIEMHILD. Und dennoch, Liebster, hast du vor der Zeit
Vom warmen Lager heut dich fortgestohlen.

SIEGFRIED. Du weißt? –

KRIEMHILD. Vom Wetterleuchten wacht' ich auf
Und fand dich nicht und sann und sorgte fast,
Da du nicht kamst. Doch mächtig zog am Ende
In seine Wellen mich der Schlaf zurück.
Doch nun sag' an, was trieb dich fort von mir?

SIEGFRIED. Je nun, was wird's gewesen sein, mein Herz!
Die Alfen hört' ich blasen durch die Nacht.

KRIEMHILD. Du fabelst, Liebster.

SIEGFRIED. Merkst du's, süße Klugheit?

KRIEMHILD. Doch nun im Ernste sprich, wo warest du?

SIEGFRIED. Nun wohl, ich fuhr zur Jagd in Königs Forst
Und warf ein schneeweiß Edelwild darnieder.

KRIEMHILD.
Geh, du bist arg! Dich freut's, mich auszuspotten;
Und war in Sorgen doch um dich. Und muß ich's,
Da du mir ausweichst, jetzt nicht doppelt sein?
Gib mir denn Antwort, Liebster. Was ging vor?

SIEGFRIED. Laß gut sein, Kind.

KRIEMHILD. Fürwahr, du tust nicht recht,
So streng die kleine Bitte mir zu weigern,
Die aus Besorgnis, nicht aus Neugier floß.
Sprich selbst, wie läßt sich's deuten, wenn der Mann
Auf lange Stunden spät nach Mitternacht
Sich wie ein Dieb von seines Weibes Seite
Hinwegstiehlt und den Grund nicht nennen will?
Ich muß ja denken, daß ein Unheil sich,

Ein bös Geheimnis, das den Tag nicht schau'n darf,
In diese Stummheit birgt –

SIEGFRIED. Ei, Kriemhild, seh' ich
Denn aus, wie einer, der ein Leid verhehlt?

KRIEMHILD.
Dein Schweigen, nicht dein Antlitz ängstigt mich.
Und ist's kein Leid, warum verhehlst du's mir?
Und läßt dies Herz in bangen Zweifeln schweben,
Wo mich ein einzig Wort beruh'gen mag?

SIEGFRIED. Genug! Nicht immer frommt's, von allem wissen.
Zweischneidig ist das Wort. Und Dinge gibt's,
Die, namenlos, unmächt'gen Schemen gleich
Im Luftkreis schweben. Doch berufst du sie,
So stehn sie leibhaft da, verderbenträchtig,
Und keine Macht bannt sie zurück in's Nichts.

KRIEMHILD. O so betrog mein ahnend Herz mich nicht,
Und unbekannte Schrecken lauern hier,
Von denen du den Schleier wegzuziehen
Aus Mitleid zauderst! Doch du tust nicht klug;
Denn schlimmer als das Übel ist das Grauen,
Das wie ein Dunst gestaltlos vor ihm zieht.
Gewißheit gib mir, und ich kann sie tragen.
Zeig' die Gefahr mir, und ich will mit dir
Sie klug vermeiden oder kühn bestehn;
Nur leg' mir nicht freiwill'ge Blindheit auf.
Bin ich dein Weib nicht? Hast du zur Gefährtin
Mich deiner Heldenlaufbahn nicht gewählt?
Und hieltest mich so schwach, daß mich beim Anblick
Des dräuenden Geschicks ein Schwindel faßte!
Gewiß, das tust du nicht! – *(Sie hält erwartend inne, Siegfried schweigt.)* Du schweigst noch immer?
Weh mir! Ich war so stolz auf dein Vertrau'n,
Hoch über alle Frauen glaubt' ich mich
Emporgerückt: nun muß ich's, ach, erkennen,
Ein sel'ger Rausch nur war's, der mich erhob;
Denn deinesgleichen sahst du nie in mir.

Den Schaum des Lebens nur, den Sonnenschein,
Den flücht'gen Reiz allein gedachtest du
Mit mir zu teilen, nicht das Leben selbst.
Dein tiefstes Herz hältst du vor mir verschlossen,
Und wie ich pochen mag, du tust nicht auf!
(Sie bricht in Tränen aus.)

SIEGFRIED. Wie? Tränen, Kriemhild? Seid ihr Weiber doch
Wie schmelzend Wachs! Ich bitte dich, hör' auf.
Das Blut aus Wunden kann ich rinnen sehn,
Doch diese Tropfen nicht, mit welchen du
Mich zwingen willst. Hör' auf – du machst mich zornig –
Beim Thor! Ich spräch' nicht gern ein hartes Wort.
So geh' ich lieber – *(Wendet sich.)*

KRIEMHILD *(ihn haltend).* Siegfried! Siegfried!

SIEGFRIED *(macht sich los).* Laß mich!

KRIEMHILD. O nun ist alles hin! Du liebst mich nicht!

Siebenter Auftritt

DIE VORIGEN. BRUNHILD, *die schon während der letzten Reden vorne aus der Bogenpforte getreten ist und alles beobachtet hat.*

BRUNHILD *(für sich).*
In Tränen sie, und er im Zorn. – Ihr Götter!
Elend auch er – Nun springe nicht mein Herz!
(Sie tritt hervor.)
Euch zu begrüßen kam ich; doch ich sehe,
Ich habe meine Stunde schlecht gewählt.

SIEGFRIED. Du bist uns stets willkommen, Königin.

KRIEMHILD. Gewiß – Und doch – Du hast uns überrascht; –
Was wirst du denken?

BRUNHILD. Daß die Tränen, die
So reich dir fließen, Freudentränen sind,
Wie sie der Gattin solches Helden ziemen.

KRIEMHILD. Brunhild!

SIEGFRIED. Laß dir bedeuten –

BRUNHILD. O ich weiß,
Was jetzt dein Stolz zu reden dir gebeut.
Du willst mir sagen, daß der Schein betrügt.
Und darin freilich hast du recht. Es hat
Mich unerhört bis heut der Schein betrogen;
Bis heut, nur nicht in diesem Augenblick.
Das Leben, glaubt' ich schon, sei auch im Innern
Ein sinnlos Wirrsal, wie sich's draußen gibt;
O ich war blind! Doch plötzlich blitzerhellt
Erkenn' ich im Geweb der Schicksalsschwestern
Die Fäden wieder, und mein ahnend Ohr
Versteht ihr dunkles Lied. Gehabt euch wohl!
Ich will dein Glück nicht stören, Schwester Kriemhild.
(Sie eilt rasch ab.)

SIEGFRIED. Brunhilde! – Sie ist fort, sie hört mich nicht.

KRIEMHILD. O womit hab' ich solchen Hohn verdient!

SIEGFRIED. Ha, frecher Hochmut! Wagt sie mir mein Weib
Zu schmähn! Vor meinem Antlitz! Die Vermess'ne!
Mein Weib, das sie mit keinem Wort gekränkt!
Und dies zur Stunde, da um ihr Geheimnis,
Um ihre Ehr' ich wie ein Tor gesorgt!
Tod und Verderben! Hier vor meinen Augen!
Als wärst du eine Magd!

KRIEMHILD *(weinend)*. O Siegfried, Siegfried!

SIEGFRIED.
Du sollst nicht weinen, Kriemhild. Nein! Ich habe,
Was deine Tränen löscht. Und komme draus,
Was immer will; nun sollst du diese Stolze
In ihrer Blöße sehn, nun sollst du's wissen,
Was nur, um sie zu schonen, ich verschwieg.
Ich war heut nacht bei Brunhild –

KRIEMHILD. All ihr Götter!
Bei ihr!

SIEGFRIED. Komm, höre, wie's geschah.

KRIEMHILD. Bei ihr!

(Indem sie sich zum Gehen wenden, fällt der Vorhang.)

Deutsche Siege

August 1870

Habt ihr in hohen Lüften
Den Donnerton gehört
Von Forbach aus den Klüften,
Von Weißenburg und Wörth?
Wie Gottes Engel jagen
Die Boten her vom Krieg:
Drei Schlachten sind geschlagen
Und jede Schlacht war Sieg.

Preis euch ihr tapfern Bayern,
Stahlhart und wetterbraun,
Die ihr den Wüstengeiern
Zuerst gestutzt die Klaun!
Mit Preußens Aar zusammen
Wie trutztet ihr dem Tod,
Hoch über euch in Flammen
Des Reiches Morgenrot!

Und ihr vom Gau der Katten,
Und ihr vom Neckarstrand
Und die aus Waldesschatten
Thüringens Höhn gesandt,
Ihr bracht, zum Keil gegliedert,
Der Prachtgeschwader Stoß;
Traun, was sich so verbrüdert,
Das läßt sich nimmer los.

Forbach/Weißenburg/Wörth: Schlachten im deutsch-französischen Krieg im August 1870.
Katten: Hessen.

Und die ihr todverwegen,
Von Leichen rings umtürmt,
Im dichten Eisenregen
Den roten Fels erstürmt,
Wo blieb vor euch das Pochen
Auf Frankreichs Waffenruhm?
Sein Zauber ist gebrochen,
Nach bricht das Kaisertum.

So sitzt denn auf, ihr Reiter,
Den Rossen gebt den Sporn,
Und tragt die Losung weiter:
Hie Gott und deutscher Zorn!
Schon ließ der Wolf im Garne
Ein blutig Stück vom Vlies,
Die Maas hindurch, die Marne,
Auf, hetzt ihn bis Paris!

Und ob die wunden Glieder
Mit der Verzweiflung Kraft
Er dort noch einmal wieder
Empor zum Sprunge rafft:
Dich schreckt nicht mehr sein Rasen
O greiser Heldenfürst!
Laß die Posaunen blasen
Und Babels Veste birst.

Der feigen Welt zum Neide
Dann sei dein Werk vollführt,
Und du, nur du entscheide
Den Preis, der uns gebührt!
Es stritt mit uns im Gliede
Kein Freund als Gott allein,
So soll denn auch der Friede
Ein deutscher Friede sein.

greiser Heldenfürst: der spätere Kaiser Wilhelm I., geb. 1797.

An Deutschland

Januar 1871

Nun wirf hinweg den Witwenschleier,
Nun gürte dich zur Hochzeitsfeier,
O Deutschland, hohe Siegerin!
Die du mit Klagen und Entsagen
Durch vierundsechzig Jahr getragen,
Die Zeit der Trauer ist dahin;

Die Zeit der Zwietracht und Beschwerde,
Da du am durchgeborstnen Herde
Im Staube saßest tiefgebückt,
Und kaum dein Lied mit leisem Weinen
Mehr fragte nach den Edelsteinen,
Die einst dein Diadem geschmückt.

Wohl glaubten sie dein Schwert zerbrochen,
Wohl zuckten sie, wenn du gesprochen,
Die Achsel kühl im Völkerrat,
Doch unter Tränen wuchs im Stillen
Die Sehnsucht dir zum heil'gen Willen,
Der Wille dir zur Kraft der Tat.

Und endlich satt, die Schmach zu tragen,
Zerrissest du in sieben Tagen
Das Netz, das tödlich dich umschnürt,
Und heischtest, mit beerztem Schritte
Hintretend in Europas Mitte,
Den Platz zurück, der dir gebührt.

Und als der Erbfeind dann, der Franze,
Nach deiner Ehren jungem Kranze
Die Hand erhub von Neid verzehrt,
Zur Riesin plötzlich umgeschaffen,

Wie stürmtest du ins Feld der Waffen,
Behelmte, mit dem Flammenschwert!

O große, gottgesandte Stunde,
Da deines Haders alte Wunde
Die heil'ge Not auf ewig schloß,
Und wunderkräftig dir im Innern
Aus alter Zeit ein stolz Erinnern,
Ein Bild zukünft'ger Größe sproß!

Wie Erz durchströmte deine Glieder
Das Mark der Nibelungen wieder,
Der Geist des Herrn war über dir,
Und unterm Schall der Kriegsposaunen
Aufpflanztest du, der Welt zum Staunen,
In Frankreichs Herz dein Siegspanier.

Da war dir bald, mit Blut beronnen,
Des Rheins Juwel zurückgewonnen,
Dein Kleinod einst an Kunst und Pracht,
Und dessen leuchtend Grün so helle
In Silber faßt die Moselwelle,
Der lotharingische Smaragd.

O laß sie nicht verglühn im Dunkeln!
Verjüngten Glanzes laß sie funkeln
Ins Frührot deiner Osterzeit!
Denn horch, schon brausen Jubellieder
Und über deinem Haupte wieder
Geht auf des Reiches Herrlichkeit.

Durch Orgelton und Schall der Glocken
Vernimmst du deines Volks Frohlocken?
Den Heilruf deiner Fürstenschar?
Sie bringen dir der Eintracht Zeichen,
Die heil'ge Krone sondergleichen,
Der Herrschaft güldnen Apfel dar.

Auf Recht und Freiheit, Kraft und Treue
Erhöhn sie dir den Stuhl aufs neue,
Drum Barbarossas Adler kreist,
Daß du, vom Fels zum Meere waltend,
Des Geistes Banner hoch entfaltend,
Die Hüterin des Friedens seist.

Drum wirf hinweg den Witwenschleier!
Drum schmücke dich zur Hochzeitsfeier,
O Deutschland, mit dem grünsten Kranz!
Flicht Myrten in die Lorbeerreiser!
Dein Bräut'gam naht, dein Held und Kaiser
Und führt dich heim im Siegesglanz.

Ferien

1875

Am Waldhang überm Wiesengrunde
Wie ruht sich's gut zur Mittagstunde,
  Wenn nur mit sanftem Hauch der Wind
  Durchs Laub der Wipfel flüsternd rinnt!

Hier, vor der Welt und ihren Sorgen
Im Schoß der Einsamkeit geborgen,
  Genieß' ich endlich frei von Zwang
  Den lang entbehrten Müßiggang.

Da saugt mein Leib aus Luft und Sonne
Des Daseins reinste Pflanzenwonne,
  Indes der Geist zu freiem Spiel
  Ins Blaue flattert ohne Ziel.

Doch träum' ich nicht von Ruhmeskränzen,
Von Sternen mehr, die täuschend glänzen;
  Den Jüngling lockten solche Höhn;
  Dem Alten däucht das Nächste schön.

Ich hör' im Forst den Jäger blasen,
Ich sehe, wie die Rinder grasen,
  Der Storch durchs Ried hochbeinig stelzt
  Und schimmernd sich das Mühlrad wälzt.

Auch kommt mir bei der Wipfel Wogen
Bisweilen noch ein Reim geflogen,
  Der, wie die Seele schweift und sinnt,
  Zum Liede still sich weiter spinnt.

Doch nur für mich. Im Marktgedränge
Wer horcht' auch auf die leisen Klänge?
  Mein Bestes gab ich; gönnt mir's nun
  Im Grünen spielend auszuruhn.

In das Mozartalbum

Mag die Welt vom einfach Schönen
Sich für kurze Zeit entwöhnen,
Nimmer trägt sie's auf die Dauer,
Schnödem Ungeschmack zu fröhnen.
Bald, vom Taumelfest ersättigt
Anspruchsvoller Trugkamönen,
Sehnt sie sich zurück zum Gipfel,
Den die echten Lorbeern krönen,
Und mit Wonne lauscht sie wieder
Goethes Liedern, Mozarts Tönen.

Krokodilromanze

Ich bin ein altes Krokodil
Und sah schon die Osirisfeier;
Bei Tage sonn' ich mich im Nil,
Bei Nacht am Strande leg' ich Eier.

Ich weiß mit list'gem Wehgekreisch
Mir stets die Mahlzeit zu erwürken;
Gewöhnlich fress' ich Mohrenfleisch
Und sonntags manchmal einen Türken.

Und wenn im gelben Mondlicht rings
Der Strand liegt und die Felsenbrüche,
Tanz' ich vor einer alten Sphinx,
Und lausch' auf ihrer Weisheit Sprüche.

Die Klauen in den Sand gepflanzt,
Tiefsinnig spricht sie: Tochter Thebens,
Friß nur was du verdauen kannst!
Das ist das Rätsel deines Lebens.

Osirisfeier: Osiris, Gott der sterbenden und wieder auflebenden Natur, ägyptischer Totengott.
Thebens: Theben, ehemalige ägyptische Hauptstadt und religiöses Zentrum Oberägyptens.

Als Epilog

Allmählich fühl' ich meine Kraft erlahmen
Und flattern möcht' ich nicht auf müden Schwingen;
Wer vierzig Jahr Gedichte schrieb und Dramen,
Der gönnt es Jüngren, um den Preis zu ringen.
Drum eilt' ich, werte Herrn und schöne Damen,
Mein letztes Liederbuch euch darzubringen,
Und will dabei – zum Abschied läßt sich's wagen –
Mit meinem Dank auch meinen Harm euch sagen.

Denn eure Gunst zwar ließet ihr vor vielen
Mir angedeihn, doch hat mich eins verdrossen,
Daß bei des Jünglings unvollkommnen Spielen
Ihr allzufrüh in Beifall euch ergossen,
Doch, als er vorwärts drang zu würd'gen Zielen,
Ein halbes Ohr nur seinem Ernst erschlossen,
Als wär' allein der leichte Schmelz der Jugend,
Nicht reife Kunst des Dichters Zier und Tugend.

Von oben freilich flammt in Feuerzungen
Die Kraft herab; doch *uns* gehört das Streben;
Noch keinem ist, was Dauer hat, gelungen,
Der nicht das Pfund gemehrt, das ihm gegeben.
So hab' auch ich beharrlich fortgerungen
Und schritt, im Lernen wachsend, durch das Leben;
Drum seid mir endlich unbefangne Richter,
Und wägt ihr mich, so wägt den ganzen Dichter.

PAUL HEYSE

Heyse an Geibel

Berlin, 20. 3. 1848. Morgens bei offnem Fenster und Frühlingssonne.

Lieber Freund!

Seit drei Tagen hab ich keine Zeile geschrieben und wenn Du's nicht wärst, liefe ich jetzt in den Straßen herum und beschaute alle den Spektakel. Ich bin mein Lebtag nicht so aufgeregt gewesen als in der Nacht von Sonnabend zu Sonntag. Denk aber auch: vierzehn Stunden Kampf zwischen Bürgern und Soldaten, und wenn sie noch einen Grund gehabt hätten, wie in Paris und Wien, nicht um so einer Elendigkeit willen Blut geflossen wäre! Du wirst's aus den Zeitungen erfahren haben, wie alles gekommen. Wir haben »freie Presse«, es spürt sich aber nichts davon in den Zeitungen, die noch immer eine erbärmliche Sprache führen, und so weiß ich nicht, ob Du lesen wirst, wie die Stimmung hier im höchsten Grad drohend und bedenklich ist. Ich begreife die Wut. Ich habe die Leichen auf dem Rathaus liegen sehn, junge kräftige Gestalten mit Blut besudelt, ein Loch in der Brust oder im Schädel, und die Weiber kamen heulend die Treppen herauf, aber die Brüder und Söhne der Erschlagnen standen bleich vor Wut und miteinander heftig flüsternd umher. Das macht der König nicht gut mit neuen Ministern. Nachher wurden die Gefallnen unter Choralgesang und Wutschreien vors

Berlin, 20.3.1848: Am 18. März 1848 schoß im Anschluß an eine Massendemonstration vor dem Schloß preußisches Militär in die zurückweichende Menschenmenge. Erbitterte Straßenkämpfe zwischen Bürgerschaft und Militär folgten. Am 19. März wurde König Friedrich Wilhelm IV. gezwungen, auf dem Schloßhof die »Märzgefallenen« (vgl. Adolf Menzels Gemälde »Aufbahrung der Märzgefallenen« in der Hamburger Kunsthalle), Opfer seiner eigenen Soldaten, entblößten Hauptes zu ehren. Am 21. März ritt er mit schwarz-rot-goldner Binde durch die Stadt und erklärte, er werde alle Forderungen nach politischen Reformen erfüllen und die Leitung Deutschlands übernehmen. Selbst Mörike schrieb nach diesem vorläufigen Sieg der Revolution: »Wer hat sich in den paar Wochen nicht größer als sein ganzes Leben lang empfunden.«

Schloß getragen, auf Bahren mit Reisern und Kränzen geschmückt, und man zwang den König auf den Balkon zu treten. Er kam endlich mit der Königin und mußte die armen Opfer sehn und den Ruf hören: Das ist dein Werk! – In der Werderschen Kirche liegen gegen 25 Tote. Da steigen die Leute vom Volk auf die Kanzeln und predigen Rache gegen den, der das Unheil zugelassen hat und die Leichen predigen auch. Am Abend war die Stadt erleuchtet, ich kam von Kuglers zurück und hörte von den Leuten, die in Haufen beisammen standen, Verwünschungen und Flüche ausstoßen und von allen Seiten knallten die Flinten Freudenschüsse, – es waren die gräßlichsten Gegensätze. Aber die Bürger waren bewaffnet und hatten die Wachen bezogen und beschützten das Schloß, so daß die Nacht ohne Schrecken verging. Wenn ich ausdenken will, was nun kommen wird, stehn mir alle Gedanken still; ich habe wieder recht gelernt, wie man dem lieben Gott nicht hinter die Kulissen sehn und ausspionieren kann, was für eine Szene der Weltgeschichte tragiert werden soll, sondern man sitze bescheiden und warte bis der Vorhang aufgeht.

So habe ich der Politik den Zoll entrichtet, dem sich heuer keiner entziehen kann, und in einer Stunde muß ich mir den Kopf wirblicht machen lassen von einigen gewaschnen und ungewaschnen Studentenreden in der Aula. Bis dahin noch ein Wort von Poesie. Daß das Studenten-Epos nicht eben floriert, glaubst Du und verzeihst Du wohl. Und doch habe ich es ziemlich fertig in der Erfindung und bin mit der Novelle zufrieden. Hoffentlich bringt sie dieser Frühling so

Werderschen Kirche: die 1824–30 von Schinkel gebaute neugotische Friedrich Werdersche Kirche in der Nähe des Berliner Schlosses, im Zweiten Weltkrieg zerstört, inzwischen wieder aufgebaut.

Kuglers: Franz Kugler (1808–58), 1835 Professor für Kunstgeschichte an der Akademie der Künste in Berlin, 1843 Kunstreferent im Preußischen Kultusministerium. In seinem Haus konnte Heyse z. B. Jacob Burckhardt, Adolph Menzel, Theodor Fontane, Theodor Storm u. a. kennenlernen; hier begegnete er Verlegern und fand Anerkennung als literarisches Wunderkind. Nach der Berufung durch König Max II. heiratete Heyse Kuglers Tochter Margarete.

frisch heraus wie sie frisch angelegt ist. Aber in der *Idee* des Ganzen finde ich große Schwierigkeiten. Es muß ein begeistertes Leben drin sein, ein großer nationaler Zug, sonst bleibt das Gedicht hinter dem Aufschwung dieser Tage zurück. (Du mußt wissen, daß die Studenten wie die Helden gefochten haben und von den Bürgern auf Händen getragen werden.) Darum habe ich an die Zeit der Freiheitskriege gedacht, die einen trefflichen Hintergrund geben und das Ganze großartig schließen würden. Auf jeden Fall kann ich eines mächtigen allgemeinen Zuges der Gedanken nicht entbehren, der alle streitenden Kräfte und kleinlichen Spaltungen in sich aufnimmt und vereinigt und die deutsche Jugend insgesamt zuletzt auffordert, aus dem Schmerze und der mannigfachen Donquichotterie sich zu ernsthafter Mannestat emporzuschwingen. Am liebsten nähme ich freilich die allerneueste Zeit, aber ich habe eine geheime Furcht davor, aus dem Schönen, aber Unbewußten die Summe der bewußten Ideen zu ziehn, und mißtraue meiner Kraft. Auch kenne ich die Gefahr zu wohl und möchte nicht um den Preis, augenblicklich vielleicht bedeutender zu wirken, es aufgeben, nach der Unsterblichkeit der kräftigen Wahrheit zu ringen. Schreibe mir ein Wort darüber und bald, wenn Du kannst, es wird wunderschön im Walde und mich drängt's anzufangen.

Schicke die Novelle recht bald und schreibe auch darüber ein Wort. Mit dem andern eilt's nicht, auch habe ich großenteils Abschriften, aber die Novelle ist einzig und mir daher ans Herz gewachsen. Sollte aber die Post unsicher sein, so will ich mich auch gedulden, Du sollst ja ohnehin ein Vorsichts-Komissarius sein, wie Kuglers versichern.

Um 1 Uhr. Am Palais des Prinzen von Preußen steht mit großen Kreidebuchstaben: Eigentum des ganzen Volks! Überall in der Stadt werden seine Wappen, wo sie über den Schildern seiner Hoflieferanten stehn, herabgestürzt. Dabei Ruhe und Ordnung, schwarz-rot-goldne Fahnen werden umhergetragen und mit Jubel empfangen, der König hat alle

politischen Verbrecher begnadigt. Eine dreifarbige Kokarde steckt an meinem Hut, wenn ich meine Eltern nicht hier hätte, hätte ich mitgefochten und zöge jetzt mit den andern nach dem Zeughause, um mich der Bürgerbewaffnung anzuschließen. Graf Schwerin hat in der Aula geredet, wir haben ihm ein Hoch gebracht.
Mir schwindelt der Kopf vor allem, was ich noch erzählen könnte. Ich muß wieder hinaus und will den Brief mitnehmen. Lebe wohl, lieber, lieber Freund. Nimm den konfusen Bericht nicht übel. Will's Gott kommen bald stillere Zeiten, wo man wieder ruhig mitschwimmen kann mit der Geschichte und klareres Wasser hat. Adieu!

Paul.

Geibels Antwort

Mittwoch morgen, 22. März.

Lieber Paul!

Habe tausend, tausend Dank, daß Du in *diesen* Zeiten eine Stunde finden konntest, mir zu schreiben. Auch wir leben hier wie Ihr in fieberhafter Aufregung, aller Blicke sind nach Berlin gerichtet; es ist jedem klar, daß es sich dort jetzt nicht um den Sturz oder das Bestehen eines Ministeriums, ja eines Regenten, sondern um das Wohl und Wehe des gesamten deutschen Vaterlandes handelt. Ich kann Dir nicht sagen, welche qualvollen Schwankungen von Grauen und Hoffnung ich durchgemacht habe, als am Sonntag abend die Nachricht von dem mörderischen Kampfe in den Straßen Berlins hier eintraf, ohne daß man den Ausgang wußte, ja, ohne daß man nur den eigentlichen Anlaß zu begreifen vermochte. Denn alles, was als Gerücht darüber umging, schien unbefriedigend und sinnlos. Und noch heute ist mir der Zusammenhang ein Rätsel. Nur das empfinde ich klar, daß es ungerecht ist, die

Sache als den bewußten Willensakt eines Einzelnen hinzustellen. Wenn nicht noch Dinge *ganz anderer Art* zugrunde liegen, so müssen tausend Umstände und Verschuldungen zusammengekommen sein, damit das Schicksal seinen Gang nehmen konnte. Daß dies *so* geschah, ist entsetzlich für unser menschlich Gefühl, aber wer begreift die Wege der Vorsehung! – Du sagst, das macht man nicht gut mit neuen Ministern. Gewiß nicht, vergossen Blut ist überhaupt nicht gut zu machen. Aber ist das eine Sühne, wenn alles über den Haufen stürzt, und die roten Bäche in den Gassen der Hauptstadt zu Strömen werden und das Land ersäufen? Ich weiß nur eins, was zum Heil führen kann. Das ist: Jetzt nicht richten wollen, sondern Gott das Gericht überlassen, durch das Vergangene einen Strich ziehen, und auf den neuen Grundlagen deutscher Freiheit und Nationalität mit jungen Kräften einen glorreichen Bau beginnen. *Wenn* es einen Kaufpreis gibt, so liegt der einzig in der verjüngten Größe des Vaterlandes, für das ja die Besten jener Gefallenen ihr Leben darangesetzt haben. Ich fühle freilich, daß es schwer halten wird, dieser Überzeugung die Oberhand zu verschaffen, daß es ein gewagtes, ja fast immer vergebliches Unternehmen ist, blutigen Opfern gegenüber Mäßigung zu predigen – aber groß kann ich das Volk nur achten, wenn es in dem Augenblicke, wo es sich selbst mündig gesprochen hat, auch seine Mündigkeit beweist, und das Heil des Ganzen über alles setzt, auch über die Befriedigung des persönlichen Rachegefühls. Darum schilt die Presse nicht erbärmlich, wenn sie in diesen Tagen trotz der Zensurfreiheit nicht noch mehr aufregen will. Bedenke, was auf dem Spiele steht. Noch ist auf der einen Seite die Möglichkeit da, mit raschen kühnen Schritten in geordnetem unblutigen Gang Deutschland auf den Gipfel seiner Macht und Größe zu führen; die Grundlagen dazu sind jetzt gegeben, *vollständig* gegeben; auf der andern Seite aber gähnt der unermeßliche Abgrund einer Herrschaft der Massen, die man zuerst Republik taufen möchte; einer Anarchie, die Eure Bürgerbewaffnung nimmermehr zügeln kann.

Glaube nicht, daß ich zu schwarz male, – sieh nach dem Odenwald, nach Franken, Bayern, Schwaben. Bricht in Preußen die Ordnung der Dinge zusammen, so wird bald nirgends mehr ein Halt sein, und der Krieg zwischen Besitz und Proletariat ist erklärt. Und das ein Krieg, gegen dessen Greuel das Berliner Blutbad ein rosenroter Faschingstraum sein wird. Darum ist es heiligste Pflicht, jetzt sich zu fassen und treuer denn je an Gesetz und Ordnung zu halten – jeder Schritt weiter führt so oder so ins Verderben.
So stehn meiner Ansicht nach die Dinge. Ich mache mir übrigens keine Illusionen und hoffe wenig. Die Geschichte hat mich nicht an Mäßigung der Menge glauben gelehrt. Und selbst den Bravsten gehen meist die Augen erst auf, wenn es zu spät ist.
[. . .]
Gott schütze Euch alle, und das deutsche Vaterland!

E. G.

Vorfrühling

Stürme brausten über Nacht,
Und die kahlen Wipfel troffen.
Frühe war mein Herz erwacht,
Schüchtern zwischen Furcht und Hoffen.

Horch, ein trautgeschwätz'ger Ton
Dringt zu mir vom Wald hernieder.
Nisten in den Zweigen schon
Die geliebten Amseln wieder?

Dort am Weg der weiße Streif –
Zweifelnd frag' ich mein Gemüte:
Ist's ein später Winterreif
Oder erste Schlehenblüte?

Kurzes Gedächtnis

Lustig vom Gebirg herab
Tät die Schenke winken.
Eine trutz'ge Schöne gab
Mann und Roß zu trinken.

Schönes Kind, wie heißest du?
Fing ich an zu plaudern. –
Non me ne ricordo più,
Sprach sie ohne Zaudern. –

Daß du schön bist, Hexe du,
Daran denkst du nimmer. –
Non me ne ricordo più,
Spiegel ging in Trümmer. –

Aber wie das Küssen tu',
Hast du nicht vergessen? –
Non me ne ricordo più;
Ist's ein Ding zum essen? –

Ob sie es gelernt im Nu,
Geht sie selbst zu fragen.
Non me ne ricordo più
Wird sie freilich sagen.

St. Rochus

Bei Bingen an Sankt Rochus' Tag
Da ging die Sonne lieblich auf,
Der Niederwald, das Tal stromauf
In feierlichen Flammen lag.

Die Fähnlein wehn, die Frommen gehn
Hoch zur Kapell' mit Glock und Sang.
Gewimmel rings und bunter Drang
Tät mich nach allen Seiten drehn.

Und wer da pilgert nah und fern,
Ein' Bratwurst hielt in Händen sein;
Drin biß er fromm und tapfer ein
Und sagt' ein Gratias dem Herrn.

Die Bratwürst' und der saure Wein
Die sind des Festes Kron' und Ziel.
Sie essen viel, sie trinken viel
Und rosenkränzeln zwischendrein.

Es hat der heil'ge Rochus traun
Ein' mächtig große Wunderkraft,
Daß er den Gläubigen Magen schafft,
Die all das Teufelszeug verdaun.

St. Rochus: vgl. auch Goethes Gedicht »Sankt-Rochus-Fest zu Bingen«.
Niederwald: im Rheingaugebiet; seit 1883 steht dort ein Denkmal der Reichsgründung.

Vogelscheuche

Es steht ein Mönch im Felde,
Ist nur ein Mönchshabit.
Die Stange schwankt im Winde,
Die Kutte dreht sich mit.

Wart! denkt der fromme Bauer,
So schützen wir die Saat;
Die Spatzen respektieren
Den geistlichen Ornat.

Die Spatzen denken: Mönchlein,
Dein Beispiel fehlte noch;
Ei sä'st denn du und erntest,
Und Gott ernährt dich doch?

Laurella

Du bist noch wild, du bist noch scheu,
Nur von der Mutter gezähmt,
Du weißt noch nichts von Lieb' und Treu',
Was Menschen entzückt und grämt.

Du lässest dein Haar in die Stirne wehn
Und tief deine Wimper sich senken.
Kein Mann, kein Mädchen soll erspähn,
Was deine Augen sich denken.

Was beißest du in die Orangenfrucht
Mit weißen Zähnen so heftig?
Was wirfst du den Arm in des Tanzes Flucht
Um des Schwesterchens Leib so kräftig?

Was wirst du nur so zornig rot,
Lachen die Bursche, die frechen?
Warum erschrickst du bis in den Tod,
Hörst du von Liebe sprechen?

Von Lazerten

I.

Immer wenn ich euch begegnet
Zwischen Felsen, im Gebüsch,
War die Stunde mir gesegnet
Und die Laune leicht und frisch.

Ihr auch machtet bald Bekanntschaft,
Nicktet gar zu meinem Gruß,
Daß ich wohl an Wahlverwandtschaft
Unsrer Seelen glauben muß.

Nach dem lieben Lotterleben,
Das ihr so vergnüglich führt,
Hab' ich, seit ich denke, eben
Einen starken Hang gespürt.

Und in Mauern nur beklommen
Nist' ich mich geschmeidig ein,
Wenn die rauhen Zeiten kommen,
Ohne Duft und Sonnenschein.

Sonnenschein, o Herr und König,
Sieh in Huld dein Völkchen an,
Wenn man unsereins auch wenig
Hier auf Erden brauchen kann.

II.

Eine fand ich, eine fette,
Die vor ihrem Schlupfloch saß,
Ehrbar, sauber und behaglich
Und die Augen hell wie Glas.

An dem warmbesonnten Steine
Putzte sie das Näschen blank,
Fing sich dann und wann ein Mückchen,
Das sich ihr zu nahe schwang.

Rechts und links durch alle Ritzen
Raschelte die junge Brut.
Sie allein blieb stattlich sitzen,
Wie gereifte Weisheit tut.

Nur zuweilen mit dem Schwänzchen
Zuckte sie bedeutungsvoll,
Trieben es die jungen Leute
In den Kammern gar zu toll.

So in innres Schaun versunken
Und Genuß des Sonnenlichts,
Nicht erschrak sie, da ich nahte,
Denn der Weise fürchtet nichts.

Wie der Philosoph der Tonne
Sah sie nur mich bittend an:
Geh mir etwas aus der Sonne,
Unbekannter junger Mann!

Philosoph der Tonne: Diogenes.

III.

Da ich heut ein Liedchen pfeifend
Lustig durch die Hügel strich,
Scharte sich aus allen Felsen
Ein Lazertenschwarm um mich.

Und die Köpfchen auf und nieder
Wiegten sie im Takt dazu,
Und das Zünglein vor Entzücken
Züngelt' ohne Rast und Ruh.

Auch bejahrte Herrn und Damen,
Aus den Löchern blinzten sie,
Mit den Schwänzen ernst taktierend
Folgten sie der Melodie.

Da begriff ich erst die alte
Fabel vom Sauroktonos,
Jenem stolzen Gott Apollo,
Den ein Eidechslein verdroß.

Sicher sangen einst Lazerten
Süßer als die Nachtigall,
Süßer als der Gott Apollo
Zu der goldnen Zither Schall.

Da entbrannt' in Künstlerneide
Schwer der Göttervirtuos,
Und den besten ihrer Sänger
Mordete Sauroktonos.

Sauroktonos: Apollon Sauroktonos: eine berühmte Statue des Apollon als Eidechsentöter, römische Nachbildung einer Bronzestatue des Praxiteles, steht in den Vatikanischen Museen. Es gibt keine allgemein anerkannte Deutung dieses Knaben, der an einem Baumstamm lehnt und mit einem Pfeil in der rechten Hand auf eine Eidechse zielt.

Schreckbetäubt verging dem Völkchen
Der Gesang seit jener Zeit;
Wieder – welch ein warnend Beispiel
Von der großen Götter Neid!

IV.

Mein belesener Freund, dem ich gewöhnlich,
Was ich Tages gedichtet, zeig' am Abend,
Will die Lästerung wegen Künstlerneides
Auf dem Vater Apoll nicht sitzen lassen.
Denn er kenne den Gott, so sagt er, näher.
Jenes traurige Kriminalgeschichtchen,
Wie er Marsyas um die Haut gebracht hat,
Sei nicht sicher verbürgt; und wär's verbürgt auch,
Wer ermesse, wie wohlverdient die Zücht'gung,
Da Poeten zuweilen unverschämt sind.
Die Lazerten betreffend, sei erwiesen,
Daß auch diese, wie andre Quadrupeden,
Zeichen trügen der Zukunft in den Bäuchlein.
Nur um die zu ergründen, hab' Apollon
Auf Lazerten gezückt das Opfermesser.
Nach so schlagendem, sachverständ'gem Urteil
Widerruf' ich beschämt, was ich geketzert,
Ja bezeuge nun selbst mit neuen Gründen
Die prophetische Macht der kleinen Freunde.
Denn ich huldige längst dem Aberglauben,
Der mich nimmer betrog: So viel Lazerten
Mir am Tag im Gebirg die Wege kreuzen,
So viel Küsse des Abends wird Laurella,
Meine schlanke Lazerte, mir vergönnen.

Marsyas: Der Satyr M. forderte den Gott Apollon zum musikalischen Wettstreit mit der Doppelflöte auf; wegen dieser Vermessenheit zog ihm der Gott, nachdem er den Wettkampf gewonnen hatte, die Haut ab.
Quadrupeden: Vierfüßler.

Heut nun, da vom Vesuv ein Ungewitter
Weg' und Stege verheert, sind richtig beide,
So Lazerten wie Küsse, ausgeblieben.

V.

In Gedanken an die Ferne
Und der Nähe wenig froh,
Senkt das Herz die Augen gerne,
Und auch heut geschah mir so.

Da in weichen Lüften schwanken
Sah ich einen Schmetterling,
Daß sein Schatten auf dem blanken
Gartenweg spazieren ging.

Hell in Sonne lag das Gärtchen,
Die durch zarte Zweige brach,
Und ein törichtes Lazertchen
Lief dem Falterschatten nach.

Dacht' ihn jetzt der Wicht zu haschen,
War er wieder weit voraus,
Und fast ging ihm bei der raschen
Jagd Geduld und Atem aus.

Zwischen Lachen und Erbauung
Sah ich zu dem holden Trug
Idealer Weltanschauung,
Doch – wer wird durch Schaden klug!

VI.

Was zum Teufel, meine Freunde,
Klettert ihr zum Dach hinan?
Könnt ihr euch nicht redlich nähren
Drunten auf dem Wiesenplan?

Wandelt ein Touristenfieber
Eure kleinen Hirnchen an,
Oder macht euch landesflüchtig
Trauriger Parteienwahn?

Oder – zwingt auch euch ein Zauber,
Hinzustarren zum Altan,
Wo sich sonnt die schöne Schlange,
Die's auch mir hat angetan?

VII.

Euch beneid' ich, ihr Lazerten,
Die ihr an der Mauer tänzelt,
In den lichten Rebengärten
Sorglos in der Sonne schwänzelt.

Euer lustiges Gelichter
Achtet nicht der Lorbeerhecken
Dort im Garten, die den Dichter
Aus der süßen Ruhe schrecken.

Nicht der dunkelgrünen Predigt
Jener stattlichen Zypressen,
Die die Seele, kurzbeseligt,
Mit den bangen Schauern pressen.

Ach, und nicht der Myrtenbäume,
Deren Zweige mir verkünden,
Wie viel Wonnen ich versäume,
Bis sie *ihr* das Haar umwinden.

In Rom

Viel hier lehren die Trümmer, doch eins, was nirgend gelehrt wird,
Selten im Leben und nie spricht man in Schulen davon:
Ganz sein! Wenn du es einmal warst, so mögen Barbaren
Trümmern und bröckeln an dir, deine Gestalt – sie besteht.

Amor in der Mauser

Einsam, traurig und gefangen
Sitzt der kleine Gott zu Haus,
Und mit naßgeweinten Wangen
Rupft er sich die Federn aus.

Spitzt sie fein an seinen Pfeilen,
Taucht sie in ein Tröpfchen Blut,
Schreibt damit entflammte Zeilen,
Brief' und Lieder voller Glut.

Ach, und kann es ihm genügen,
Daß er lahm die Feder führt,
Da er einst in sel'gen Flügen
Zweier Schwingen Kraft gespürt?

Heil'ge Venus, laß geschwinde
Hingehn diese Mauserzeit,
Die dem armen Götterkinde
Sichtbar kümmerlich gedeiht.

Laß ihm wachsen das Gefieder,
Das nun kriechend kritzeln muß:
Blick und Wort statt Brief' und Lieder,
Statt der Siegel Kuß um Kuß!

Bei Nacht

Rausche, Brunnen, rausche du,
Singe mir das Herz in Ruh!
Könntest du die Flammen kühlen
In der Nacht der sommerschwülen,
Die im Nu
Seel' und Sinne mir durchwühlen!

Rausche, Brunnen, rausche du!
Was ich sinne, was ich tu',
Wie die Stunden leer sich dehnen,
Zuckt und zehrt in mir das Sehnen
Immerzu –
Öl ins Feuer sind die Tränen.

Jetzt wohl aus dem kleinen Schuh
Schlüpft ihr Fuß und geht zur Ruh,
Und nun liegt sie wach im Bette:
»Ach, daß ich ihn wiederhätte!« –
Herz, und du
Zerrst dich wund an deiner Kette!

Verklärung

Nicht weinen sollst du, sollst frohlocken
Und still dich segnen früh und spät,
Wenn deine Seele tieferschrocken
Am Abgrund unsrer Liebe steht.

Der Lärm des Lebens ist versunken,
Kaum dringt der Freunde Ruf herauf.
Wir schauen stumm und wonnetrunken
Zu seligen Gestirnen auf.

Und wie des Friedens sanfte Welle
Begräbt den schwanken Grund der Zeit,
Wird's vor den Sinnen morgenhelle
Und tagt wie Glanz der Ewigkeit.

In soundso viel Wochen

Als ich von Reisen heimgekehrt,
Wie froh begrüßt' ich Haus und Herd!
Die Zeit ist hingeschleudert,
Hat nirgend nichts verändert.

Zum Willkomm trug mein Weib herein
Dieselbe Flasche Zyperwein,
Die wir mit Herzenspochen
Beim Abschied angestochen.

Die Bettchen hab' ich still beschaut
Drin lagen unsre Kinder traut
Mit rotgeschlafnen Wangen,
Wie da ich fortgegangen.

Rings alles an der alten Statt,
Im Buch noch eingemerkt das Blatt,
Bei dem ich abgebrochen
Vor soundso viel Wochen.

Doch morgens, horch! was trippelt da?
Was ruft mir: Guten Tag, Papa!
Der Tausend, Ernst, mein Junge,
Wer löste dir die Zunge?

Ernst: Heyses zweiter Sohn.

Wer half dir auf die Beine flink?
Du rutschtest kaum noch, als ich ging,
Und hast kein Wort gesprochen
Vor soundso viel Wochen.

Ach freilich, deine Welt, mein Kind,
Verwandelt noch sich blitzgeschwind.
Erst wenn wir älter werden,
Geht's fein im Schritt auf Erden.

Dann klärt der Siebenmeilenlauf
Der Jugend wunderlich uns auf,
Daß wir auch vorwärts krochen
Um soundso viel Wochen.

Marianne

1869

I.

Wie hast du nur hinweg dich stehlen können
Aus dieser Lichtwelt, ohne – böses Kind! –
Mir einen Scheideliebesblick zu gönnen?

Hast, da ich arglos ferne war, geschwind
Dich fortgeschlichen, ohn' ade zu sagen,
Und ich, mit Tränen, suche nun mich blind!

Marianne: »Im Juli 1869 starb unser jüngstes Kind, Marianne, erst anderthalb Jahre alt, da es eben anfing, durch das Aufwachen seiner kleinen Seele uns tausend Freuden zu machen.« (Heyse, *Jugenderinnerungen und Bekenntnisse*, S. 312.)

Sonst, wenn du frühe schon an Sommertagen
Spazieren gingst und ließest dich hinab
Die Treppe nur bis in den Garten tragen,

Da klopftest du, bis ich dir Einlaß gab,
Und botst das Mäulchen mir, bewegtest winkend
Schalkhaft das kleine Händchen auf und ab.

Und ich, von deinen Lippen Freude trinkend,
Zog dich ans Herz und gab dich zögernd frei,
Mich aller Väter glücklichsten bedünkend.

Nun brachst du scheidend mir das Herz entzwei.
Ich durfte nicht dir von den Lippen küssen
Den letzten Seufzer, ach, den letzten Schrei.

Warst du so klug, mein Liebling, um zu wissen,
Daß dieser Abschied, dieser jammervolle,
Mein Leben hätte mit hinweggerissen?

Das Graun, daß ich dahin dich geben solle
Dem Reich der Nacht, mich hätte selbst verleitet,
Dir nachzuschleichen unter deine Scholle?

O Kind, du hast das Schlimmre mir bereitet,
Daß des versäumten Abschieds mahnend Bild
Auf Schritt und Tritt gespenstisch mich begleitet;

Daß mir nun ist, als könn' ich ins Gefild
Des Lebens keinen festen Schritt mehr tun,
Eh ich den letzten bangen Wunsch gestillt.

Und wenn ein wenig kaum die Schmerzen ruhn
Und Lebenshoffnung sich hervor will wagen,
Bebt plötzlich mir das Herz, als sollte nun

Mein Kind erst kommen, gute Nacht! zu sagen.

II.

Denkst du des Abends noch im Karneval?
Die Kinder hatten auch ihr Mummenschänzchen
Und drehten sich vergnügt in Flur und Saal.

Und unser Nestling, noch ein zartes Pflänzchen,
Doch mit der Lust den Beinchen weit voraus,
Verlangte wie die andern auch sein Tänzchen.

Wie sah das süße Dirnchen reizend aus
In Schwabenhäubchen, goldgesticktem Mieder,
Vielfalt'gem Rock mit Bändern braun und kraus.

Wie sah es sich im Spiegel immer wieder
Und lachte selbst sich an, das Evaskind,
Und regte nach dem Takt die kleinen Glieder.

Und da ich's auf den Arm nahm und geschwind
Im Kreise schwang, die kleine Tänzrin wiegend,
Die Härchen flogen ihr im Wirbelwind.

Sie aber saß, sich furchtlos an mich schmiegend,
Und sah auf das Getümmel stolz herab;
Mehr! bat sie, mehr! mit Schmeicheln mich besiegend.

So unermüdlich flog sie auf und ab.
Die wird viel Schuhe brauchen! sagt' ich lachend,
Als ich sie endlich ihrer Wärtrin gab.

Und wir dann scherzten, Kartenhäuser machend,
Wie über sechzehn Jahr wir nächtelang
Dasitzen würden, unsern Schatz bewachend;

Wenn mit dem Veilchenkranz bei Geigenklang
Das schlanke Kind sich wiegen würd' im Tanze,
In heller Lebenswonnen Überschwang,

Und wie mit ihrer Augen dunklem Glanze
Sie Herzen würde, jung und alt, gewinnen,
Und uns anlächeln unter ihrem Kranze.

Und nun – nun führt' ein Tänzer sie von hinnen,
Dem sie mit Sträuben folgte, dessen Reigen
Das Blut ihr in den Adern ließ gerinnen.

Wir hören keinen Ton von muntern Geigen,
Weiß ist der Kranz, die Wangen und das Kleid,
Und wir – wir hüten unser Kind in Schweigen,

Denn Spiel und Tanz ist aus, lang vor der Zeit.

V.

Tragt mir die Schale fort mit Walderdbeeren!
So schmerzlich süße Bilder wecken sie,
Daß ich der Tränen kaum mich kann erwehren.

Saß nicht beim Nachtisch stets auf meinem Knie
Das liebe Kind, mit ungeduld'ger Bitte,
Bis ich der Schmeichlerin den Teller lieh?

Und dann mit spitzen Fingern aus der Mitte
Die schönsten Beeren lesend, immer zwei
Wählt sie für sich und dem Papa die dritte.

Oft zweifelt' ich bei mir, was röter sei,
Die Waldfrucht oder meines Kindes Lippen;
Was süßer, wußt' ich wohl. Das ist vorbei.

Nie wirst du mehr aus meinem Glase nippen,
Nie mehr von einem Teller mit mir naschen,
Nie mehr, Bachstelzchen, auf dem Schoß mir wippen.

Von meiner Zunge nicht hinwegzuwaschen
Ist dieser bittre Schmack. Die Süßigkeit
Der Welt wird mir im Mund zu Salz und Aschen.

Denn wenn ein Mahl beginnt in Fröhlichkeit,
Zum Nachtisch schleicht ein kleiner Gast ins Zimmer
Und stellt sich leise bittend mir zur Seit',

Und Nacht umdunkelt jeden Freudenschimmer.

Heyse hat insgesamt rund 150 Novellen verfaßt und in zahlreichen Bänden deutsche und ausländische Novellen herausgegeben. Eduard Hanslick schrieb ihm einmal, er habe das Gerede über Heyses »klassische Form« und seinen »vollendeten Styl« satt; ihn beeindrucke etwas anderes: »Jede Ihrer Novellen bringt einen neuen, originellen Inhalt, ein psychologisches Problem, ein soziales Thema, einen Charakter oder ein Verhältnis, das Sie nie zuvor behandelt haben [...] darum bildet Ihre Sammlung eine Welt von Menschenkenntniß, Herzensforschung und poetischer Erfindung – das ist ein substanzieller Werth von großer Seltenheit bei deutschen Novellisten« (25. 1. 1870; Moisy, S. 104). Gottfried Keller rühmt in einem Brief an Storm dem gemeinsamen Freund Heyse nach: »Es scheint mir überhaupt, daß er mit Plan darauf ausgeht, in dieser Form ein umfassendes reiches Weltbild zu liefern, was ihm gewiß gelingen wird« (5. 1. 1883). Vor allem auf diesen Werken, die in vielen Zeitschriften und in vielen wechselnden Ausgaben erschienen, gründet sich Heyses andauernder Publikumserfolg, obwohl er selbst behauptet, »die Sorge um die Küche« habe ihn zum Novellisten gemacht, und in späteren Jahren – so bezeugt durch Gottfried Keller – erklärte, er wolle »definitiv zum Drama übergehen und der Novelle valet sagen« (Gottfried Keller an Theodor Storm, Juni 1884). Die kleine Novelle »Marion« bildet den Beginn dieser reichen Produktion. Sie bekam am 25. April 1852 (in den Lebenserinnerungen sagt Heyse fälschlich 1851) nach der Lesung im »Tunnel über der Spree« einen Preis und erschien 1855 in Heyses erster Novellensammlung.

Marion

Zur Zeit als der heilige Ludwig in Frankreich die Krone trug, war die gute alte Stadt Arras gerade um sechshundert Jahre jünger als heutzutage. Daß sie aber tausendmal lustiger war, hatte sie außer ihrer Jugend vor allem der edlen Poetenzunft zu danken, die in ihr hauste und durch Lieder und Mirakelstücke und kurzweilige gereimte Romane den Ruhm ihrer Vaterstadt weit über das schöne Frankreich verbreitete.
Nun war es im frühen Frühling, daß in einem Gärtchen zu Arras hinter dem Haus eines dieser wackern Poeten ein junges Weib beschäftigt war, Reben an das Geländer zu binden. Sie war zierlich gewachsen, von jener feinen behaglichen Fülle, die ein friedliches Gemüt anzuzeigen pflegt, und gar anmutig von Gesicht. Stille schwarze Augen ließ sie dann und wann über den Garten schweifen, als wüßten sie weder von Freud' noch Leid. Aber ihre Hände feierten und träumten nicht. Nach der Sitte wohlhabender Bürgerinnen trug sie das blonde Haar mit mancherlei künstlichem Bänderschmuck geziert, den Rock aber aufgeschürzt der Arbeit und wohl auch den hübschen kleinen Füßen zuliebe.
Wie nun das schöne Geschöpf in seiner gleichmütigen Tätigkeit schon tiefer in das Gärtchen vorgeschritten war, erschien in der Tür des Hauses, die nach dem Garten offen gestanden, ein Mann, der an Gestalt und Wesen einen auffallenden Gegensatz zu dem jungen Weibe machte. Er war von mittlerem Wuchs, lebhaftem Blick und unregelmäßigen Zügen.

Sein schwarzes Mäntelchen verdeckte schlecht die linke hohe Schulter, und seine Beine waren in sehr ungleichem Stil gebaut. Aber die ganze zusammenhanglose Gestalt wurde durch Raschheit und Lebendigkeit der Bewegung in Fluß gebracht, und um den Mund spielte ein Zug, der ihn im Spott gefährlich und in der Freundlichkeit hinreißend machen mußte.
Der Mann sah eine Weile der jungen Gärtnerin zu und schien sich ihrer Schönheit zu erfreuen. Er wiegte unschlüssig den Kopf. Endlich drückte er den barettartigen Hut mit der grünen Hahnenfeder tiefer in die Stirn und schritt hastig der Schönen nach.
Das junge Weib sah um, ihre Wangen färbten sich leise und die Augen begannen zu schimmern. Sie ließ die Hände sinken und sah dem Kommenden stumm entgegen.
Guten Tag, Marion, sagte der Mann in fast rauhem Ton. Ist jemand außer dir im Garten?
Nein, Adam.
So ist's gut; ich habe mit dir zu reden. Du bist ein gutes Weib, Marion, und tust deine Pflicht. Aber ich muß dir sagen, ich halt's doch nicht aus mit dir.
Die schönen Wangen der Frau wurden totenblaß. Aber sie schwieg und sah still vor sich hin.
Nein, fuhr Adam fort, ich halt' es nicht aus. Du bist bildschön, Marion, und das weiß ich jetzt, vier Wochen nach der Hochzeit, besser, als da ich um dich freite. Aber – du bist langweilig, Marion. Ich will nicht sagen, daß du keinen Verstand hast. Aber die heilige Jungfrau mag wissen, ob er schläft oder in guter Hoffnung irgendeines großen Gedankens ist, und wann der zur Welt kommt. Ich habe darauf warten wollen; nun reißt mir die Geduld. Hast du die ganze Zeit, daß wir Mann und Frau sind, einmal so recht geplaudert oder einen Witz gemacht, oder haben meine Possen mehr Gnade vor dir gefunden als ein halbes Lächeln? Bist du nicht still deiner Wege gegangen wie ein wandelndes Steinbild? Was hilft mir's, daß ich dann und wann die Erfahrung mache, du seiest

dennoch von Fleisch und Blut, wenn ich vom Morgen bis Abend meine Späße allein belachen muß und meine Verse allein schön finden? Ich Narr! Ich hätt's freilich früher bedenken sollen – damals, als ich mich in dich verliebte. – Nun, dacht' ich, sie wird schon auftauen. Aber sage selbst, Marion, haben wir uns nicht zusammen gelangweilt wie nur je ein christliches Ehepaar?

Das junge Weib schwieg beharrlich. Aber die Augen füllten sich ihr mit schweren Tropfen. Adam riß heftig an einem jungen Zweig und sprach weiter:

Ich will nicht sagen, daß andere Frauen besser sind oder auf die Länge unterhaltender. Ich sage das nicht, und so bin ich dir Dank schuldig, denn du hast mich beizeiten überzeugt, daß ich einen dummen Streich begangen habe, als ich ein Weib nahm. Aber zum dritten Mal: Ich halt's hier nicht aus! Soll ich in meinen jungen Jahren in diesem Nest verkommen und eintrocknen, bloß weil ich den Einfall hatte, dich schön zu finden? Und in Paris an den Hof des Königs, in die Säle der Prinzen, wo mir meine Kunst Ehre und Ansehn einbrächte, soll ich keinen Fuß hineinsetzen? Und keinen Fuß in die Häuser der gelehrten Doktoren an der Universität, wo in einer Stunde mehr gescheites Zeug gesprochen wird, als du in einem Jahr vorbringst? Und das alles, weil du ein schönes Weib bist – denn das bist du – und zufällig mein eignes Weib. Soll mich der Teufel in einen Pfannekuchen backen, wenn ich mir das gefallen lasse!

Er ging einigemal auf und ab, lebhaft gestikulierend, sah dann seine Frau von der Seite an und fuhr wieder fort:

Zeigst du nun nicht, daß ich recht habe? Warum weinst du nicht, wie andere ordentliche Frauen, und fällst mir um den Hals und bittest mich zu bleiben; und ich sei dein lieber Adam, dein einziger, dein hübscher Adam – wenn ich auch nicht hübsch bin – und versprichst was du kannst, ob du's auch nie zu halten gedächtest? Nun stehst du da und weißt dir nicht zu helfen. Soll ich meine Kunst und meine jungen Jahre darum hingeben, dich anzustarren? Und wenn wir Kinder

kriegen und sie arten nach dir, soll ich dann Lust behalten, das geringste Tanzlied zu machen, wenn sechs oder sieben Jungen und Mädchen alle bildschön und alle bildstumm um mich herumsitzen?
Aber wir wollen nicht in Unfrieden voneinandergehn, und darum sage ich dir in aller Lieb' und Freundschaft, du kannst mein Weib nicht länger sein. Ich will fort nach Paris, sobald ich Geld aufbringen kann. Du gehst dann zu den Eltern zurück, oder wenn du zu meinem alten Onkel willst, der dich so lieb hat, wirst du auch gut aufgehoben sein. Und es soll dir an nichts fehlen, und wenn du ein Kind bekommst, will ich's halten als mein Kind, aber mit dir zusammenbleiben kann ich nicht, Marion, bei meiner Seelen Seligkeit. Ein Poet bin ich und das will ich bleiben, und Langeweile ist Gift für die fröhliche Kunst. Nun geh' ich zum Onkel. Und sei hübsch vernünftig und laß uns in Freundschaft scheiden.
Er hielt ihr die Hand hin, aber sie sah es nicht vor Tränen. Auch war ihm nicht darum zu tun, länger abzuwarten, ob sie sich betragen würde wie er's den ordentlichen Frauen nachgesagt hatte. Er wandte sich rasch zur Tür und verschwand im Hause.
Eine Stunde nachdem das Ehepaar so in Freundschaft geschieden war, tat sich die Tür eines stattlichen Hauses auf, in dem der reiche Ratsherr, Adam's Oheim, wohnte, und Adam trat eilig heraus in heftiger Aufregung. Er entfernte sich, ohne des Weges zu achten, und dann und wann brachen einige Sätze seines innerlichen Selbstgespräches hervor, während er die Faust ballte oder in seinen langen rundgeschnittenen Haaren wühlte.
Der Filz! brummte er; und er hatte noch Lappen von Tugenden, um die Blöße seines Geizes damit zu bedecken! Was geht es ihn an, wenn ich mich mit meiner Frau friedlich auseinandersetze? Mag *er* sie doch nehmen, wenn es nicht schade wäre um die schöne junge Kreatur! Freilich, ob ich hier versaure oder nicht, das ist seinem Beutel nicht unbequem. Aber herumfahren und die Welt sehn und Wissenschaft sammeln, das

tut dem Junker Beutel weh. – Pah! Weil er mir das Häuschen überlassen hat und die Wirtschaft eingerichtet, darum soll ich festfrieren in Arras und mit den andern Lumpen von Versmachern zusammenhocken und mein Licht unter den Scheffel stellen? – Und wenn ich's treiben müßte wie ein gemeiner Spielmann und Affen und Hunde abrichten, um mich nach Paris durchzuschlagen – ich will dem alten Geizkragen zeigen, daß Adam de la Halle kein Weiberknecht ist, sondern seine eignen Straßen zu wandern weiß.

Und diese eignen Straßen führten ihn diesmal geradeswegs in die drei Lilien, die erste Schenke der guten alten Stadt Arras. Wenig Leute waren um die Stunde in der Schenkstube. Adam setzte sich stumm in einen Winkel und sah nicht auf, bis der Wirt, der ihm Wein brachte, ihn ehrerbietig begrüßte. Ihr kommt wie gerufen, Meister Adam, sagte der Lilienwirt. Da ist einer von meinen Gästen, seht Ihr, der da drüben am Ofen sitzt und nach Euch herüberschielt. Der hat vor einer Woche die Bande Schauspieler in die Stadt geführt, die auf Ostern das große Passionsspiel im Münster darstellen sollen; die Herren Geistlichen haben sie kommen lassen. Und nun sind noch an die vierzehn Tage bis dahin, und die Leute lungern müßig herum und zehren ihren Lohn im voraus auf, und der Herr Anführer der Bande hat bei mir sein Quartier und zecht immer auf die Kreide los. Herr, sagt' ich ihm kurz bevor Ihr kamt, wenn Ihr inzwischen einen Haufen Geld zusammenbrächtet mit Eurer Kunst, das täte Euch und mir not und gut. Ja, sagt' er, wer nur ein sauberes Stück hätte, ein Mysterium oder ein Mirakel; denn meinen ganzen Packen Skripturen hab' ich in Cambrai liegen lassen, bis auf das Passionsstück. Ei Herr, sagt' ich da, es wimmelt bei uns zu Land von trefflichen Trouvères und Ditiers und Jongleurs; und da ist der Meister Adam de la Halle, der steckt sie alle in die Tasche. – Bei Sankt Niklas, sprach der Mann, ich wollt' ihm die Hälfte

Ditiers: Rezitatoren altfranzösischer belehrender Gedichte.
Jongleurs: berufsmäßige Spielleute.

von der Einnahme geben, wenn er mir ein gutes Stück verfaßte und das auch Zulauf hätte. – Da kamt Ihr just in die Tür. Und nun schickt er mich, daß ich Euch frage.
Adam stand auf, stürzte den Wein hinunter und ging dann gerade auf den Führer der Histrionenbande zu, der ehrerbietig aufsprang und sich verneigte. Sie sprachen kurze Zeit miteinander. Dann schüttelten sie sich die Hände. So sei's, sagte Adam, in acht Tagen spielt Ihr's, und tags drauf hab' ich mein Geld, und nun behüt' Euch unsre liebe Frau! Ich will gehn und das Ding ins Werk setzen. – So ging er denn und nach seiner Gewohnheit murmelte er was zwischen den Zähnen, das ungefähr klang wie: Sie sollen an mich denken!
Da nun etwa acht Tage verflossen waren, saß eines Nachmittags Marion in ihrer Kammer, mit rotgeweinten Augen und blaßgehärmtem Gesicht, blätterte in alten Manuskripten, die sie auf dem Schoß hatte, und überhört' es ganz, daß die Tür aufging und eine ihrer Gespielinnen hereintrat. Erst als diese ihren Namen rief, schreckte sie in die Höhe. Guten Tag, Perrette, sagte sie. Was bringt dich her? – Oder was hält dich hier, Marion? sprach das Mädchen flink; du sitzest und weinst, und gehst nicht nach den drei Lilien, wo doch heut das neue Stück deines Mannes von den fremden Schauspielern aufgeführt wird? Das heiß' ich eine Frau! Ich liefe doch allen zuvor, wenn ich einen Mann hätte, der die halbe Stadt in den Hof der alten Schenke lockte. Geh, was hast du nur? Hast alte Gedichte gelesen, die dein Adam auf dich gemacht hat? Nun, ich meine, die wüßtest du an den Fingern herzusagen, wie den Rosenkranz. – Die arme Frau fing bitterlich an zu weinen. Weißt du's denn noch nicht, schluchzte sie, und spricht nicht die ganze Stadt davon, daß er fort will nach Paris und mich im Stich lassen und nimmer heimkommen? – Ach Narrheiten, eiferte Perrette. Wie hast du dir das eingebildet? – Er hat mir's selbst haarklein gesagt, und seit dem Tag ist er nicht ins Haus gekommen zur Essenszeit, und nachts erst ganz spät,

Histrionenbande: Schauspieler.

und hat sich unten im Erker gebettet. – Ei nun, er hat alle Hände voll gehabt, das Spiel herzurichten; und dann, die Mannsleut stecken voll Grillen, Marion, und müssen immer was haben, uns zu plagen; doch Gottlob! es ist nicht alles Ernst was nicht lacht. Trockne dir die Augen, sei eine gescheite Frau und komm ins Schauspiel. Was soll dein Mann denken, wenn du nicht einmal Lust hast sein Stück zu sehn!

So halb tröstend, halb scheltend zog sie die betrübte junge Frau zur Kammer hinaus nach den drei Lilien. Dort sah es bunt genug aus. In dem geräumigen Hof hatte ein gut Teil der Bürgerschaft auf Bänken Platz genommen; die Fenster der niedern Seitenflügel waren zu Logen für die Honoratioren eingerichtet, die Bühne aber in einer Scheune am Ende des Hofes aufgeschlagen, deren mächtige Torflügel man zu dem Ende ausgehoben hatte. Marion und Perrette kamen eben, als die Dame Avaritia abtrat, die den Prolog gesprochen und manchen reichen Herrn der guten Stadt ihrer fernern Protektion versichert hatte. Kein Plätzchen war für die beiden Schönen weder im Hof noch an einem der Fenster frei gelassen. Perrette aber ließ sich nicht abschrecken, und da sie die Wege wußte, machte sie sich Bahn durch eins der Seitengebäude und drang mit Marion bis zu der Scheune vor. Hier stellten sie sich hinter die großen Linnentücher, mit denen man die Bühne abgegrenzt hatte, und schauten durch den Spalt der Vorhänge dem Spiele zu, ungehindert von dem Personal des Stücks, das in seinen abenteuerlichen Verkleidungen den beiden Schönen den Hof zu machen suchte. Marion achtete der Zudringlichen nicht und blieb gespannt auf derselben Stelle. Perrette fertigte das Schauspielervolk mit ihrem flinken Zünglein von Zeit zu Zeit verständlich genug ab.

Meister Adam aber, der sich nicht träumen ließ, daß sein junges Weib ihm zusah, war indes von der andern Seite aufgetreten, und zwar in seinem eigenen Kostüm und Charakter. Er begann in schönen Versen seine Not zu klagen: Er wolle nach Paris und habe keinen Heller in der Tasche, und sein steinreicher Onkel sei von der schlimmsten Pestilenz der

Welt, einem hartnäckigen Geiz, derart befallen, daß er von ihm nichts zu erwarten habe. Nun trat ein Arzt auf und Adam zog ihn zu Rat, ob er den Geiz kurieren könne, so wolle er ihm ein saubres Exemplar von Patienten nachweisen; worauf sich denn der Arzt in gelehrten Erörterungen der verschiedenen Spezies des Geizes ergoß, welche kurabel sei und welche nicht, und in dem Fall, den Adam beschrieb, auch noch alle Hoffnung machte, wenn er den Patienten nur mit Augen sehen könnte. Da kam denn eine dritte Figur hervor, dem alten Onkel Adams täuschend ähnlich in Gestalt, Gebärde und Kleidung, daß die Zuschauer des Lachens kein Ende wußten. Diesem ehrwürdigen Herrn ging der Herr Doktor entgegen, fühlt' ihm höflich den Puls, ließ sich die Zunge weisen, fragte nach diesem und jenem und zuletzt nach einigen deutlicheren Symptomen des Erzübels, an dem er litte; worauf denn der alte Herr in großen Zorn geriet, heftig auf den gottlosen Neffen schalt, der ihm dergleichen schimpfliche Gebrechen nachsage, und die Gründe offenbarte, weshalb er ihm nicht zur Reise nach Paris verhelfen wolle. Der Hauptgrund war, Adam habe eben gefreit und sei schon seines Weibes überdrüssig, das doch, wie ganz Arras wisse, ein rechter Ausbund von Tugend und Schönheit sei.

In steigender Unruhe hatte die arme Marion das alles mit angehört, und wer hätte diese Unruhe einer tugendsamen Ehefrau verargt, die auf einmal all ihre häusliche Not dem lachenden Publikum preisgegeben sah. Sie hatte kein Ohr für die zierlichen Verse und lustigen Possen, mit denen die Reden der drei Personen geschmückt waren und die alle Zuhörer entzückten. Ängstlich und alles andre vergessend horchte sie nun der Verteidigung, zu der sich ihr Mann dem Oheim gegenüber anschickte. Als aber Adam dem Publikum trocken auseinandersetzte, daß ein schönes Weib nicht immer ein kurzweiliges sei und daß der Mund seiner Marion sich besser zum Küssen als zum Plaudern schicke, durch Küssen aber kein Mensch klüger würde, wohl aber durch witziges Gespräch, und er wolle dem zwei Kronen schenken, der ihm einen Witz von Marion erzählen könne: da hielt sich die arme Horcherin nicht länger hinter den Kulissen. Mit einem Sprung war sie auf der Bühne und stand mit glühenden Wangen und erzürntem Blick gerade vor dem, der ihr so bösen Leumund machte.

Schämst du dich nicht, Adam, rief sie mitten in seine Rede hinein, schämst du dich nicht, so vor aller Ohren von deinem Eheweib zu reden? O hättest du mich je nur ein armes Bißchen liebgehabt, du hättest die Rede nicht über die Lippen gebracht. Und nun sag, hab' ich's um dich verdient? Hab' ich dir eine böse Stunde gemacht, dir nicht alles an den Augen abgesehn? Und sprichst nun schlecht von mir vor ganz Arras?

So zornig und traurig unter Weinen und Schluchzen eiferte das arme Weib. Die Zuhörer, die zuerst dachten, das gehöre zum Stück, lachten, je nachdem sie boshaft genug waren, sich an ihrer Nachbarn ehelichem Unfrieden zu ergötzen. Wie sie aber sahen, daß es die leibhaftige Marion war, verging denn doch auch den Ärgsten die Laune und sie starrten betroffen auf die Bühne. Adam aber, so sehr ihn der Handel verdroß, faßte sich doch geschwind und rief laut und unerschrocken: Ihr guten Bürger, das gehört nicht zum Spiel. Die Frau kommt da ins Stück hereingeschneit und findet sich gar nicht im Personal. Ich bitt' euch, bringe sie einer weg. Ihr hört, sie spricht nicht einmal in Versen, wie doch alle Personen, die die Ehre haben, dies merkwürdige Stück vor euch tragieren zu dürfen. – Darauf faßte er Marion sänftlich bei der Hand, sie von der Bühne zu bringen. Die aber machte sich los und, ermutigt durch den Zuruf einiger, daß sie bleiben und ihre Sache führen solle, rief sie nun: Ich *will* auch bleiben, und euch, ihr werten Herren zu Richtern machen, ob mir nicht übel mitgespielt worden. Nun ja, ich bin schweigsam von Natur; aber sollte das ein Fehler sein, was ihr Männer uns armen Dingern sonst allerorten vorhaltet, daß ich unnütz Schwatzen lasse und aufhorche auf das was mein Mann sagt? – Marion hat recht! Ein Hoch auf Marion und sie soll weitersprechen! riefen die Zuschauer lachend und winkten ihr Mut zu. – Und, fuhr sie fort und wurde immer beredter, wenn ich hier nicht hergehören soll, weil ich nicht in Versen spreche – deren weiß ich genug und die allerbesten. Mein Mann, der mich jetzt verlästert, hat sie selbst auf mich gemacht, da wir Brautleute waren. Und ich will sie euch hören lassen, daß ihr seht, wie zweizüngig er ist und was er damals für schöne Worte hatte, mich zu rühmen, und jetzt hat er nur schimpfliche. Damit trat sie an den Rand der Bühne und sang folgende Verse, ob ihr auch die Stimme fast versagen wollte:

Schöne Augen, schöne Wangen,
Arme, lieblich zu umfangen,
Findst du hier und findst du dort,
Und ganz Artois auf und nieder
Weiche Herzchen, weiche Glieder
Triffst du auch an jedem Ort.
  Doch so klug ist wahrlich keine
  Als die eine, die ich meine.

Ein schallendes Gelächter antwortete dieser Strophe; einige stimmten den Refrain an und die andern fielen ein. Einer aber rief: Wie willst du aber beweisen, Marion, daß die eine die er meint keine andere sei als du? – Hört nur weiter, rief Marion dagegen; daran ist kein Zweifel, und nun sang sie:

Mögen andre zierlich singen,
Zierlich sich im Tanze schwingen,
Sacrebleu, was gilt mir das!
Plaudert nur ein halbes Stündchen
Meiner Marion rotes Mündchen,
Eia! das gefällt mir baß.
  Denn so klug ist wahrlich keine
  Als die eine, die ich meine.

Artois: historische Landschaft im Norden Frankreichs um Arras und Boulogne-sur-Mer, im Spätmittelalter zu Burgund gehörend.
Sacrebleu: bedeutet etwa ›alle Wetter!‹

Das ganze Publikum sang diesmal den Refrain mit, und dann erschallten laute Hochs auf die Vorsängerin, die nun, die Tränen noch im Auge und plötzlich bestürzt über ihre eigne Kühnheit aber schöner als je auf der Bühne stand. Da sprang Adam aus dem Hintergrunde vor und rief unter die laute Menge: Still, ihr guten Bürger! Ich habe auch ein Wort zu reden. Alles verstummte und war begierig, wie Adam es anfangen würde, sich zu Gnaden zu bringen. Adam aber sprach: Es ist keiner unter euch, der nicht wisse, daß mein liebes Eheweib hier mich gründlich blamiert und die Lacher auf ihre Seite gebracht hat. Das dank' ich ihr von Grund meiner Seele. Ich sage euch aufrichtig, mein Herz hat mir vor Freude gezittert bei jedem Wort, was sie sprach; und wie sie zuletzt den allerliebsten Einfall hatte, meine eignen Worte gegen mich zeugen zu lassen, da hab' ich im Stillen zu mir gesagt: Adam, ein Schuft bist du, wenn du je von einem solchen Ausbund von Weibe weichst und wankst, und wenn es in Paris Ehre und Dublonen regnete. Und somit komm' ich in demütiger Hoffnung, daß ihr guten Bürger bei meinem lieben Weibe Fürbitte für mich leisten werdet, daß sie den frechen mutwilligen Mann wieder in ihre Liebe und Neigung aufnehmen möge und ihm seine Lästerzunge nicht nachtragen.

Wie er das gesagt mit einer Bewegung, wie sie noch keiner zuvor an ihm wahrgenommen, entstand eine Stille im Hof. Marion aber lächelte ihm in rührender Freundlichkeit zu und fiel ihm herzlich um den Hals und sagte nur: Du böser lieber Mensch! Da brach von allen Bänken und Fenstern einstimmiger Jubel los. Adam aber entwand sich den Armen seiner Frau, hielt ihr die Hand fest und rief: Nun bin ich euch noch das dritte Couplet schuldig und das heißt so:

Mögen nach Paris die andern,
Um gelahrt zu werden, wandern,
Wenn ich hier im Lande bleib; –
Alles Wissens beste Blüte

Trägt beschlossen im Gemüte
Ein geliebtes holdes Weib.
  Und so klug ist wahrlich keine
  Als die eine, die ich meine.

Wie fröhlich alles den Refrain mitsang, braucht nicht gesagt zu werden. Da sie aber im besten Singen waren, entstand plötzlich ein Lärmen vorn im Haus. Man hatte dem Onkel Adams zu wissen getan, daß man seine ehrwürdige Person im Konterfei auf die Bühne gebracht habe, und der alte Mann kam mit Häschern, des ernsten Willens, den gottlosen Neffen schwer für seinen Frevel büßen zu lassen. Drinnen im Haus waren nun die Leute geschäftig, ihm die gute Wendung der Sache beizubringen, und wie er von Adams Abbitte hörte und daß er nun nicht nach Paris wolle, gab er sich zufrieden, ward sogar ganz guter Dinge und verzieh dem frechen Poeten, der, Marion im Arm, demütig zu ihm kam. Und damit er die Anklage wegen Geizes recht feierlich Lügen strafe, veranstaltete er auf den Abend ein Fest im Saale der drei Lilien, wo es denn hoch herging und die schöne Marion mit allen Honoratioren tanzen mußte.

Um das Stück waren die guten Bürger von Arras freilich gekommen. Wir haben aber zu ihren guten Herzen das Vertrauen, daß ihnen das Mirakel, so mit Marion geschehn, lieber gewesen, als wenn, wie es im Plan lag, Gott Vater mit einigen Engeln vom Himmel gestiegen wäre und die Dame Avaritia feierlich Landes verwiesen hätte. Danach wäre auch wahrscheinlich kein Geizkragen weniger in Arras gewesen, da jetzt doch ein glückliches Paar mehr darin war.

Nach der verlorenen Schlacht von Jena und Auerstedt am 14. Oktober 1806 brach der preußische Staat zusammen. Auch der Kommandant von Kolberg wollte vor den anrükkenden französischen Truppen kapitulieren, doch der Bürger-

Paul Heyse. Königlich Bayerischer Hofpoet.
Zeichnung von Theodor Pixis. 1869

adjutant Joachim Christian Nettelbeck (1738–1824) organisierte den Widerstand. König Friedrich Wilhelm III. ernannte den Major August Neidhardt von Gneisenau (1760–1831) zum neuen Kommandanten. Es gelang, Kolberg bis zum Waffenstillstand im Sommer 1807 zu halten. Noch die Nazipropaganda von 1944 benützte »Kolberg« als Symbol für erfolgreichen Widerstand gegen überlegene Feinde – seitdem gehört Kołobrzeg mit seinem gotischen Mariendom, »der wie ein steinernes Gebirge aus der Stadt aufsteigt«, zur Volksrepublik Polen.

Heyse stellt in den Mittelpunkt seines Dramas die persönliche Entscheidung eines Geschwisterpaars. Rose Blank überbringt als eine Art neuer Jeanne d'Arc dem preußischen König die Nachricht, daß die Bürger die Belagerung aushalten wollen; ihr Bruder ist überzeugt von der historischen Überlegenheit Napoleons, um sich dann aber doch in letzter Minute zur nationalen Sache zu bekehren. Das Stück gehört zu den am meisten aufgeführten Bühnenwerken Heyses, den die Stadt Kolberg 1890 zum Ehrenbürger ernannte. Es wurde an den Schulen gelesen, oft von Schülern gespielt. Den Lehrern mußte es schon deshalb gefallen, weil einer ihrer Standesgenossen – ein Lehrer namens Zipfel – es ist, der im vierten Akt in einer entscheidenden patriotischen Rede die Bürger Kolbergs zum letzten Widerstand aufstachelt, nachdem er schon vorher versichert hat: »Mit Gesinnung / Zu prahlen, lieb' ich nicht. Zur rechten Stunde / Wird es an mir nicht fehlen.« Das Stück »erschien von 1868 bis 1914 in 180 Auflagen, von denen nur die erste 750, alle weiteren 1000 Stück umfaßten. Der Erfolg dieses Dramas stieg mit der Temperatur der nationalen Begeisterung vor dem Weltkrieg und die Jahrhundertfeier der Befreiungskriege verlieh ihm eine neue Aktualität. In den ersten 20 Jahren erschienen 8 Auflagen, 1900 die zehnte, 1901 die sechzehnte, 1903 die fünfundzwanzigste, 1904 die achtunddreißigste, dann bis 1909 pro Jahr 10 000 Stück, 1910 bis zur hundertsten Auflage 13 000 Stück, 1911 ebensoviel, 1912 gar 28 000 Stück, 1913 und 1914 je 20 000 Stück.« (Ian, S. 14.)

Angesichts solcher Erfolge stellt sich die Kriegsbegeisterung vom August 1914 auch als Ergebnis einer längst vorher in den Schulen gefallenen Entscheidung dar. Julius Grosse hatte 1896 den Erfolg Heyses so erklärt: »Sehr entgegen Geibels akademischem Programm hat Heyse allzeit vortrefflich verstanden, Fühlung mit der Gegenwart zu behalten und seinen Dramen irgend ein aktuelles Interesse einzubetten – so ein deutschnationales gegen Frankreich in den Dramen ›Elisabeth Charlotte‹, ›Kolberg‹ und ›Franzosenbraut‹ – ein populäres hinsichtlich der Frage der Fürstenerziehung in ›Hans Lange‹, ein modern historisches in ›Graf Königsmark‹ und ›Göttin der Vernunft‹. In dieser Beziehung hat Heyse das moderne Drama der Jungdeutschen fortgesetzt, ohne jedoch den Ansprüchen der Neuromantik und der klassischen Tradition abzusagen.« (»Ursachen und Wirkungen«, S. 353.)

Kolberg

Zweiter Akt

Fünfte Szene

VORIGE. [GNEISENAU, NETTELBECK, BÜRGER, HEINRICH, KELLERMEISTER, KELLNER.] *Der Wirt öffnet die Türe, man sieht die* MUTTER *und* ROSE *draußen im Flur stehen.*

NETTELBECK. Nur immer näher,
Gevattrin! Hier sind lauter gute Freunde.
Nur näher, Kind!
MUTTER *(eintretend).* Die Herrn verzeihn, wir haben
Herrn Nettelbeck gesucht. Die Rose ließ
Mir keine Ruhe.
GRÜNEBERG. Schönen guten Abend,
Frau Blank. Was bringt Ihr uns?
(Die Bürger lassen die Frauen in den Vordergrund treten.)

NETTELBECK *(Rose bei den Händen fassend).*
Kind, bist du da?
Ich hab' auf dich geharrt, wie Vater Noah
Auf seine Taube. Rede: Bringst du uns
Ein grünes Blatt? Komm, sag mir's hier beiseite.
Doch nein! es geht ja doch uns alle an.
Wißt Ihr, woher sie kommt? Von Memel kommt sie,
Von unserm Herrn und König!

GRÜNEBERG. Herr, du mein –!
(Bewegung unter den Bürgern.)

NETTELBECK. Du hast ihn doch gesprochen?

ROSE *(nickt).* Lieber Pate,
Laßt es mich alles in der Ordnung sagen,
Wie ich's erlebt. *(Die Bürger drängen sich um sie.)* Als wir
nach Memel kamen,
Bat ich den Arndt, mich gleich zum Schloß zu führen,
Denn kostbar schien mir jeder Augenblick.
Das tat er denn und ließ mich unten stehn,
Indessen er hinaufging, anzufragen.
Wie klopfte mir das Herz, als ich so stand
Und mich besann! Ach, alles, was ich mir
Dem Herrn zu sagen tausendmal bedacht,
Aus meinem Kopfe war's wie weggeweht!

MUTTER. Das arme Kind!

ROSE. Dann kam der Arndt zurück,
Ein Offizier mit ihm, der fragte mich
Sehr höflich, was ich an den König hätte.
Und ich: Dies könn' ich nur ihm selbst vertraun.
Da hieß er mich ihm folgen, und ich stieg
Getrost die Treppen neben ihm hinauf
Und hatte keine Furcht mehr. Wie ich aber
Eintrete droben, und mein Führer sagt:
»Dort steht der König!« und ich ihn nun wirklich
Umringt von seinen Generalen sah,

Memel: 1252 von deutschen Schwertbrüdern gegründete Stadt am Ausgang des Kurischen Haffs zur Ostsee; seit 1945 in der Litauischen Sowjetrepublik.

Er ganz allein in schlichter Uniform –
Es schien, ein wicht'ger Rat ward abgehalten –
Da stockte mir der Atem in der Brust.
Der König aber, freundlich wie ein Vater,
Bot mir die Hand und sprach mir gütig zu:
Von Kolberg käm' ich; was ich Gutes brächte
Aus seiner treuen Stadt? – Und plötzlich fühlt' ich
Das Band, das meine Zunge hielt, gelöst,
Daß ich die Worte nicht zu suchen brauchte;
Sie strömten frei und leicht. Ich sagt' ihm alles,
Wie sich die Stadt des Traurigsten versehe,
Wenn er nicht Hülfe sende, einen Mann,
Der Kopf und Herz hab' auf dem rechten Fleck
Und gleich der Bürgerschaft entschlossen sei,
Die Stadt zu halten bis zum letzten Hauch.
Ganz still war's, wie ich sprach. Der König nickte
Nur dann und wann sehr ernsthaft vor sich hin;
Und, Pate, als ich Euren Namen nannte,
Sagt' er: »Ein wackrer Mann, der Nettelbeck!
Sein Vater schon war Bürgeradjutant
Beim alten Heyden. Er muß auch schon alt sein.
Sehr brave Bürger das und gute Preußen!«

NETTELBECK *(ergriffen).*
Mein König!

ROSE. Dennoch, Majestät, versetzt' ich,
Hat ihm der Kommandant Arrest gegeben.

NETTELBECK *(eifrig).*
Das hättest du nicht sagen sollen, Kind!
Ich ward ja auch schon andern Tages frei.

ROSE. Es kam mir so. Der König aber sagte
Kopfschüttelnd etwas, das ich nicht verstand.
Da schwieg ich, und er sprach: »Ich muß dich noch
Zur Kön'gin bringen; wird ihr Freude machen.

Kön'gin: Königin Luise (1776–1810), Frau von König Friedrich Wilhelm III., Mutter von Friedrich Wilhelm IV. und von Kaiser Wilhelm I. Sie floh im Herbst 1806 nach Memel und versuchte in einem persönlichen Gespräch mit Napoleon

Komm mit!« – Und so an seiner eignen Hand,
Hindurch durch all die blanken Uniformen,
Führt' er mich in ein kleineres Gemach.
Da saß –

NETTELBECK.
Die Kön'gin?

MUTTER.
Du glücksel'ges Kind!

ROSE. Jawohl, beseligt für mein ganzes Leben
Durch diese Stunde. Könnt' ich es nur schildern,
Wie mir die hohe Frau, die einzige,
Erschienen ist. Was man von Engeln spricht,
Bleibt hinter ihrem Anblick weit zurück.
Denn sie sind kummerlos. Es muß ein Abglanz
Der Himmelsfreuden ihre Stirn umspielen.
Doch *diese* Stirn! Mir war, ich sähe dran
Die dunkle Spur von einer Leidenskrone,
Und diese Augen hatten viel geweint.
Mich aber lächelten sie an – so edel,
Wie ich kein irdisches Auge lächeln sah.
»Hier bring' ich dir, Louise,« sprach der König,
»Ein braves Mädchen, ein Kolberger Kind.
Sie wird dir sagen, was du gerne hörst:
Ich lasse sie dir hier, hab' noch zu tun.
Du aber, Rose Blank, grüß mir mein Kolberg.
Sie sollen treu ausharren, wie's auch komme;
Der Treue wird der Sieg.« – Dann gab er mir
Die Hand, er war sehr ernst und feierlich,
Und in der Tür blieb er noch einmal stehn
Und sagte: »Grüß mir auch den Nettelbeck,
Hörst du? und Gott mit dir!« – So ließ er uns.
Da mußt' ich der Frau Kön'gin viel erzählen,
Und leicht und freudig ward mir's um die Brust,
Wie wenn man all sein Leid dem Himmel klagt.

vergeblich, die Folgen der Niederlage von Jena und Auerstedt zu mildern. Ihr Eintreten für die preußischen Reformen, ihr untadeliger Lebenswandel und ihr früher Tod machten sie zu einer der legendären Figuren der preußischen Geschichte.

Als dann die Kammerfrau ins Zimmer trat,
Merkt' ich, wie lang ich schon geblieben, stand
Erschrocken auf und bat, mich zu entlassen.
Da streifte die erhabne Frau vom Finger
Sich einen Ring – hier diesen –, küßte mich
Und sprach: »Trag ihn zu meinem Angedenken.
Es ist kein reicher Schmuck; denn, liebes Kind,
Ich selbst bin eine arme Frau geworden.
Doch hab' ich noch Juwelen, köstlicher
Als manche Fürstin: meiner Landeskinder
Unschätzbar echte Lieb' und goldne Treue.
Grüß mir die teure Stadt, grüß deine Mutter,
Und gebe Gott, daß wir in froh'rer Zeit
Uns wiedersehn!« – Da stürzten mir die Tränen,
Als ich mich neigte, ihre Hand zu küssen,
Und so in Schmerz und Glück verließ ich sie.
(Pause.)

NETTELBECK. Und dann?

ROSE. Vier Tag' im Gasthof wartet' ich,
Und keinen Heller ließ man mich bezahlen.
Es hieß: Das sei besorgt vom Hofkassier.
Auch kam ein Hoffräulein der Königin,
Nach mir zu fragen. Doch sie selber sah ich
Kein zweites Mal, den König nur von fern,
Und als der Adler unter Segel ging,
Mußt' ich nach Hause kehren, schweren Herzens,
Unwissend, ob ich Hoffnung mit mir brächte!

NETTELBECK *(wirft sich in plötzlicher Niedergeschlagenheit auf den Sessel und läßt den Kopf sinken).*
Es ist am Tag: zu helfen ist nicht mehr;
Kolberg ist eine aufgegebne Stadt!
Nichts bleibt als ehrenvoller Untergang,
Wo jede Hoffnung hin ist.

GNEISENAU *(der sich indessen mehr und mehr genähert hat, plötzlich vortretend, mit ruhigem Ton).* Wahr gesprochen,
Herr Nettelbeck! Wo nicht zu helfen ist,
Bleibt nur ein ehrenvoller Untergang.

NETTELBECK *(getroffen aufblickend).*
Nicht mehr zu helfen? Ha, wer sagt das, Herr?
GNEISENAU. Ihr selbst in diesem Augenblick.
NETTELBECK. Das hätt' ich
Gesagt? ich selbst? So hab' ich – Gott verzeih' mir's! –
Gefaselt wie ein Schwachkopf und ein Schurk'.
Nicht mehr zu helfen? Stehn nicht Wall und Mauern
Noch unversehrt? Sind nicht von Korn die Speicher,
Von Munition die Magazine voll? *(Aufstehend.)*
Wer ist denn überhaupt der kluge Mann,
Der hier dreinredet?
WÜRGES *(zuckt die Achseln, halblaut).*
Brünnow führt' ihn ein.
Er hat mir gleich nicht recht gefallen wollen.
ROSE *(rasch zu Nettelbeck).*
Pate, der Offizier kam mit dem Adler.
Ein Boot aus Danzig bracht' ihn uns an Bord.
NETTELBECK. Nun, mein sehr werter Herr,
Wenn Ihr so klug seid, sagt doch, wo es fehlt,
Daß sich die Stadt, wie gegen Schwed' und Russen,
Nicht gegen die Franzosen halten sollt'?
GNEISENAU. Damals geschah der Hauptangriff zur See.
Da ward die Schwäche der Befestigungen
Natürlich minder fühlbar. Jetzt – ich habe
Die Werke heut bei einem raschen Rundgang
Geprüft und muß nach Überzeugung sagen:
Sie widerstehen keinem ernsten Sturm.
Es fehlt an Schanzen, an bedeckten Wegen,
An Werken außerhalb. Was an Geschützen
Vorhanden, ist gering, schwach das Kaliber,
Die Eisenröhren, fürcht' ich, springen uns
Beim zehnten Schuß, verfault sind die Laffetten,
Und somit – *(zuckt die Achseln).*
HEINRICH *(rasch einfallend).*
Sagt' ich's nicht? Ein Tollwahn ist's,
Die Stadt zu halten!

NETTELBECK. Schweig! Das fehlte noch,
Daß solch ein grüner Junge recht behielte.
Ihr aber, mein Herr Fremder, könntet auch
Was Klügres tun –
GNEISENAU. Wahrheit muß Wahrheit bleiben:
Die Festung, wie sie ist, steht keinem Sturm.
NETTELBECK *(sich erhitzend).* Hört nicht auf ihn, ich bitt' euch, Freund' und Nachbarn,
Laßt nicht so jämmerlich die Flügel hängen!
Das ist so einer von den Alleswissern,
Die, kaum die Nase wo hineingesteckt,
Drauflosorakeln: Dies ist so und so,
Und so wird's bleiben. – Herr, ich bin ein Seemann,
Das aber, mit Verlaub, muß ich Euch sagen:
Was Ihr da redet, hat nicht Hand noch Fuß.
Zu Wasser wie zu Lande gibt den Ausschlag
Das *Herz*, das hinter Bord und Mauer klopft,
Das Herz im bunten wie im schwarzen Rock,
Das Herz, mein Herr Major, das dreimal schon
Die Stadt vor Feindes-Übermacht gerettet,
Und das Ihr nie gekannt habt, wenn Ihr meint,
Es sei nicht mehr das alte Preußenherz
Und Kolberg müsse fallen!
GNEISENAU. Sagt' ich das?
Verhüte Gott, daß ich so Schnödes dächte!
Das aber mein' ich und behaupt' es fest:
Nicht *hinter* Wall und Mauern, wackrer Freund,
Ist diese Festung zu verteidigen.
Das Herz, das hoch schlägt für sein Vaterland,
Muß Kolbergs Tore sprengen, *vor* den Wällen
Den Feind in Atem halten, bis wir Zeit
Gewonnen, unsre Stadt so auszurüsten,
Daß sie dem Sturme kann die Zähne weisen.
NETTELBECK. Herr meines Lebens! Das sind Mannesworte!
Verzeiht, daß ich vorhin – o seht, wie mir
Der freud'ge Schrecken, daß ich mich in Euch

Getäuscht, in alle Glieder fuhr. Wer seid Ihr?
Wär's möglich? Ihr – von Danzig – auf Befehl
Des Königs –?

Sechste Szene

VORIGE. BRÜNNOW, *der inzwischen eingetreten, tritt plötzlich vor.*

BRÜNNOW. Mein Herr Kommandant, ich komme
Zu melden, daß Ihr ganzes Offizierkorps
Gewärtig ist, den neuen Chef zu grüßen.
Erlauben Sie, den Bürgern Ihren Namen
Zu nennen: Herr Major von Gneisenau,
Dem Seine Majestät die Kommandantschaft
Von Kolberg anvertraut.
(Bewegung unter den Bürgern.)

GNEISENAU. Ja, meine Freunde,
Mein Herr und König hat mich hergesandt,
Sein treues Kolberg, neben Danzig jetzt
Das letzte Bollwerk, das die Küste schirmt,
Mit aller Macht zu halten. Sag' ich's nur:
Ich kam nicht leichten Herzens, und der Anblick
Der lang versäumten Werke war kein froher.
Doch dieser Mann hier *(auf Nettelbeck zeigend)* sprach das rechte Wort:
Das *Herz* gibt hier den Ausschlag, und dies Herz
Fand ich so wacker, daß ich freudig hoffe,
Das Zutrau'n meines Königs nicht zu täuschen,
Die Stadt zu retten, oder wenn der Drang
Der Übermacht zu furchtbar um uns schwillt,
Mich unter Kolbergs Trümmern zu begraben.
Und so, nicht nur als Kommandant, als Bürger
Und Freund der Bürger tret' ich unter euch,
Und bitte: steht zu mir, wie ich zu euch,
Vertraut mir, helft mir, harret aus mit mir;
Der Ausgang steht bei Gott. Darauf schlagt ein!

NETTELBECK. Amen! *(Gneisenaus Hand fassend.)* Mit diesem
Handschlag, Herr Major,
Gelob' ich Ihnen Treue bis zum Tod
Im Namen Kolbergs.
DIE BÜRGER *(lebhaft einfallend).*
Treue bis zum Tod!
GNEISENAU. Wohlan! Noch diese Nacht fordr' ich von euch
Den ersten Dienst. Denn merken soll der Feind,
Daß andres Regiment hier eingekehrt.
Ich will die Nacht zu einem Ausfall nützen,
Sein Schanzenwerk zu stören. Euch vertrau' ich
Den Wall- und Postendienst. In einer Stunde
Erwart' ich euch in Waffen auf dem Markt.
Bis dahin – Gott befohlen! Ihr, mein Freund,
(zu Nettelbeck)
Begleitet mich; den Eu'r erprobter Rat
Soll mir vor allem jetzt zur Seite stehen.
NETTELBECK. Zuviel der Ehre! Doch mein Schöpfer weiß,
Ich suche nur die Ehre meiner Stadt
Und meines Vaterlands. Es lebe der König
Und unser neuer Kommandant!
BÜRGER. Hoch! Hoch!
(Gneisenau und Nettelbeck hinaus, ihnen nach die Bürger, Würges vergnügt Geertz am Arm fassend.)

(Der Vorhang fällt.)

Trüber Tag

Von grauen Fäden ein Gespinst
Senkt aus den Lüften sich herein,
Und was du sinnst und was beginnst,
Es kann dir nicht zum Heile sein.

Wie eine ries'ge Spinne sitzt
Im fahlen Netz Melancholei.
Kein Winden und kein Wehren nützt,
Sie gibt die Seele nimmer frei.

Sie klammert sich mit zäher Macht
An deine Brust und saugt dein Blut.
Um mittag bricht herein die Nacht,
In Asche sinkt die Lebensglut.

Was frommt dir all dein holdes Glück,
Des Weibes Trost, des Kindes Kuß?
Du starrst sie an mit trübem Blick,
Weil alles Schöne sterben muß.

Das letzte Laub vom Baume fällt,
Und dir im Ohre klingt es jetzt,
Wie wenn im reifen Ährenfeld
Ein Schnitter seine Sense wetzt.

Alte Möbel

Dein Arbeitszimmer, lieber Mann – ich dächte,
Nachgrade sieht's doch sehr verwahrlost aus,
Verräuchert die Tapete, gar zu schmucklos
Und alt die Möbel. Mit der Zeit ein wenig
Fortschreiten, kann nicht schaden – wenigstens
Das Allerschäbigste, was jedem auffällt,
Der dich besucht –
                – Nun freilich, »stilvoll« sieht's
Bei mir nicht aus. Die Möbel fanden sich
Zwanglos zusammen, so wie's Gott gefiel,
Im Lauf der Zeit, und heutzutage blüht
Mit andrem Kunstgewerb auch der Geschmack
Der Schreinerzunft. Sag, was vor allem sollt'
Erneuert werden?
                – Nun, da ist zunächst
Der braune Sessel da, der »Mexikaner«.
Das abgeblaßte Leder, diese rost'gen
Verbognen Nägel –
                – Wie? den Sessel? Nein,
Den geb' ich dir nicht preis. Er stammt mir ja
Du weißt, von wem. Ich seh' ihn immer noch
Drin sitzen, so den runden kahlen Kopf
Zurückgelehnt, mit seinem guten Lächeln,
Der tiefen Stimme –
                – Sei's denn um den Stuhl!
Er hat ja freilich den Reliquienwert,
Den ihm nicht jeder ansieht. Doch dies alte
Hochbeinige Pult – du schreibst ja auch nicht mehr
Im Stehn. Hier ist's im Wege. –
                        – Dieses Pult?
O nimmermehr! Im alten Hause stand's
Und ich davor und schrieb – noch weiß ich es
Wie heut – ein Liebeslied an meine Braut.

Da trat sie selber ein, zum ersten Mal
Verstohlen zum Besuch, in reizender
Verwirrung glühend übers ganze junge
Gesicht, und ich, aufjubelnd wandt ich mich
Und zog dich stürmisch an mein Herz, und dann,
Dann – weißt du noch? Die armen Verse kamen
Zu kurz dabei, und alles hat der Dritte
Im Bunde da, das Pult, mit angesehn.

– So werden wir's wohl auch begnad'gen müssen.
Doch jetzt – dein Schreibtisch, Mann! Du nennst ihn so,
Weil du dran schreibst, obwohl er nur ein ganz
Gemeiner Tisch ist. Soll ich mich nicht schämen,
Daß du, ein Mann der Feder, ein Poet,
Nicht einen bessern hast, geräumiger,
Schubfächer rechts und links, wie man sie heut
Bei andern sieht, bei Frauen selbst, die höchstens
Ein Briefchen schreiben oder Kochrezept;
Und du –
                    – Und ich? Nun, was bedarf ich mehr
Als Raum nur für mein Schreibzeug und Papier?
Ja, ein Gelehrter, der aus zwanzig Büchern
Das einundzwanzigste, ein Zeitungsschreiber,
Der aus gehäufter Tagespost sein Blatt
Zusammenstoppelt, denen kann ihr Schreibtisch
Nicht groß genug sein. Mir genügt der meine,
»Klein, aber mein.« Meinst du, wenn mir ein großer
Gedanke kommen wollt', er scheute vor
Dem kleinen Tisch zurück? –
                                        – Doch warum kann,
Was klein ist, nicht ein wenig zierlich sein?
Du liebst doch sonst die Renaissance.
                                                  – Ja sieh,
Oft muß ich lachen, wenn ich Maler finde
In reichgeschmückter Werkstatt, auserlesnes
Gerät ringsum, geschnitzte Truhn und Schränke,

Und der geringste Schmuck des Raumes ist
Die eigne Staffelei. Da lob' ich mir
Freund Böcklin. Du entsinnst dich, wie er haust
In kahlen Wänden, gänzlich »stimmungslos«,
Und welche Welt von farbigen Träumen zaubert
Er auf die Leinwand dort! Saß, der den »Kosmos«
Geschrieben – traun mit dichterischer Kraft! –
Nicht auch umringt von schmucklos altem Hausrat
Und schrieb sogar nur auf den Knien? Und denk' ich
An Sophokles, meinst du, es habe sich
Sein Mobiliar mit Sardous oder Augiers
Von fern nur messen können? –
– O du schlimmer
Sophist! Ich seh', auch nur ein wenig dir
Abzugewinnen, ist verlorne Mühe.
Soll's wirklich denn beim Alten bleiben?
– Nur
Ein Weilchen noch, bis mit dem Alten selbst
Wird aufgeräumt. Er ist nun einmal nicht
Modern, und seine Renaissance betreibt
Er innerlich, und ihm ist wohl dabei,
Wenn man nur eben ihn verbrauchen will,
So wie er ist, samt andern alten Möbeln.

Böcklin: Arnold B. (1827–1901) war seit Heyses Romaufenthalt 1853 mit diesem befreundet. Böcklins »Landschaft aus den Pontinischen Sümpfen« hing in Heyses Arbeitszimmer.
»Kosmos«: Alexander von Humboldt, *Kosmos. Entwurf einer physischen Weltbeschreibung*, 5 Bde., Stuttgart/Tübingen 1845–62.
Sardous: Victorien Sardou (1831–1908), schrieb zahlreiche sehr bühnenwirksame Dramen, u. a. *La Tosca*, 1900 von Puccini vertont.
Augiers: Emile Augier (1820–89), französischer Dramatiker, Begründer des Sittenstücks während des Zweiten Kaiserreichs.

Peregrina

1.

Nun sind die Blumen verdorrt,
Die deine Hand mir brach.
Was deine Lippe sprach,
Duftet im Herzen fort! …

2.

Wenn aus hohem Walde
Mondenschimmer quillt,
Auf die lichte Halde
Wagt sich vor das Wild.

Jetzt in irrer Klage
Wird die Sehnsucht laut,
Die dem hellen Tage
Nicht ihr Leid vertraut.

Ruft der Hirsch die Hinde,
Ach, sie hört ihn bald,
Wenn umsonst im Winde
Mein Gesang verhallt!

3.

Sie spricht

Wär' ich mein eigener Herr,
Lebt' ich nach eigenem Sinn
Trotz allem Pfaffengeplärr,
Hätte der Leute nicht acht.

Peregrina: wörtlich ›die Wandernde‹; vgl. auch den Gedichtzyklus »Peregrina« in Mörikes Roman *Maler Nolten*.

Da ich ein Weib ja nur bin,
Ach, und dich liebe so sehr,
Ist mir das Herze so schwer,
Schleiche zu dir bei der Nacht . . .

4.

Schwüle Stunden! Flüsternd kaum
Bebt das Laub im Sommerwinde,
Vogelstimmen wie im Traum
Girren im Gezweig der Linde.

Auf dem blumigen Wiesenplan
Glüht und zittert Sonnenhelle;
Schlummertrunken ruht der Schwan
Auf des Weihers blanker Welle.

Ach, und mir in tiefster Brust
Brechen auf die alten Wunden.
Sehnsuchtsvoll in Qual und Lust
Denk' ich alter schwüler Stunden!

5.

Mir war so sterbenswehe,
Gedacht' ich an Scheidens Not;
Nun ich dich nimmer sehe,
Bin doch noch frisch und rot.

Die Glut so bald nicht still' ich
In meines Lebens Mark.
Der Geist ist todeswillig,
Aber das Fleisch ist stark.

6.

Nun genesen kaum vom Weinen,
Ach, wie tut euch, arme Augen,
Dieser goldnen Sonne Scheinen,
Diese bunte Welt so weh!

Auch die Nacht geschlossner Lider
Will euch nicht zum Schlummer taugen.
Allen Reiz der jungen Glieder
Seht ihr gaukeln auf und nieder,
Und im Dunkeln quellen wieder
Eure Tränen heiß wie je!

7.

Es wandert der Wind, der Frühlingswind
Im Wald umher.
Wie licht noch alle die Wipfel sind!
Daß ich nicht Schirm und Schatten find',
Das grämt mich sehr.

Mein irrer Sinn, der reißt mich fort
Durch die Haiden im Sommerbrand.
Wo find' ich jetzt einen kühlen Ort? –
Im Waldesdunkel, wie rauscht es dort!
Nun hab' ich mich selbst verbannt.

Es wandert der Wind, der Nebelwind,
Im Wald umher.
Altweibersommer die Welt umspinnt –
Wie herbstlich kahl die Wipfel sind!
Das grämt mich sehr.

8.

So viele Blätter
Im Walde fallen,
Schön rotgelbe,
So oft am Tage
Kommen die bösen
Qualgedanken:
Verwelkt die Liebe,
In Leid gewandelt,
Winter im Busen,
Winter im Wald!

Aber ihr hohen
Fichten und Tannen,
Ihr immergrünenden,
Was sagt denn ihr?

Kannst du den Fortschritt dieser Zeit nicht spüren,
Nicht sehn, wie segensreiche Geisteskraft
Das Weltleid mindert samariterhaft,
Daß nicht so viele hungern mehr und frieren?

Der Schwache wird geschützt vor Ungebühren,
Dem Greis, dem Siechen ein Asyl geschafft.
Wer weigert uns hinfort die Meisterschaft
Der schwersten Kunst, das Leben klug zu führen? –

O gut! o schön! Doch diese wohlgenährte,
Zufriedne Menschheit, warm und gut gekleidet,
Just, daß sie nichts bedarf, ist, was mich härmt.

Ich wollte, daß sie brünstig noch begehrte
Nach meiner Speise, die die Seele weidet,
Nach einer Flamme, die den Geist erwärmt.

Ersatz

12. Dez.

Nun auf winterlicher Flur
Sind die Blumen all verschwunden.
Bleiche Weihnachtsrosen nur
Hab' ich in der Schlucht gefunden.

Doch die wilde Myrte sprießt
Immergrün an Weg und Stegen,
Und aus Lorbeerbüschen fließt
Kräft'ger Würzduft mir entgegen.

Sind die Blumen auch dahin,
Die ich brach im jungen Leben,
Unverwelklicher Gewinn
Ward mir zum Ersatz gegeben:

Sie, die ich zumeist geliebt,
Bleibt mir wandellos zur Seite,
Und die holde Muse gibt
Winters auch mir das Geleite.

Mittagsruhe

Goldner Nebelsonnenduft
Überhaucht Gebirg und Flur.
Droben steht ein Wölkchen nur
In der windstill reinen Luft.

Ersatz: dieses und die folgenden fünf Gedichte aus Heyses *Wintertagebuch* (Gardone 1901–02), Stuttgart/Berlin 1903. Neben seinem Haus in der Münchner Luisenstraße besaß Heyse ein Landhaus »Villa Annina« am Gardasee, in dem er meist die Wintermonate verbrachte.

Paul Heyse am Schreibtisch vor Giorgiones »Konzert«

Auf dem See ein Fischerkahn
Mit den Segeln gelb und blau,
Drauf gemalt die Himmelsfrau,
Zieht wie träumend seine Bahn.

Rings kein Laut der wachen Welt
Um des Monte Baldo Thron,
Gleich als wüßten's alle schon,
Daß der Alte Siesta hält.

Leis am Ufer gluckst die Flut;
Auch der Kummer, der zu Nacht
Mich um meinen Schlaf gebracht,
Hält den Atem an und ruht.

Das Konzert

In meinem Zimmer mir zur Augenweide
Hängt überm Schreibtisch jenes Meisterwerk
Giorgiones, das Konzert, das Kleinod aus
Dem Schatz Palazzo Pittis. In der Mitte
Der blasse junge Mann im schwarzen Kleid,
Der auf den Tasten eines Orgelwerks
Die schlanken Hände ruhen läßt, als schlüg' er
Den Schlußakkord, den feierlichen, an
Der geistlichen Motette, die den zwein
Er vorgespielt, den Freunden, gleich ihm selbst
Verehrer Palestrinas. Oder war's
Ein Stück, entsprungen aus der eignen Seele
Des Spielers, oder freie Phantasie?
Nein, eines Meisters Schöpfung muß es sein.
Denn zu dem Alten hinter ihm das Haupt
Umwendend, scheint sein mystisch heißer Blick
Zu fragen: Ist's nicht wunderbar? Und hab'

Ich dir's zu Dank gespielt? Allein der Freund
(Wohl ein Prälat, der Kleidung nach; ein Kranz
Von dunklem Haar umzirkt sein kahles Haupt),
In stiller Rührung zuckt's um seinen Mund,
Und traulich auf des Jünglings Schulter legt er
Die Rechte, gleich als spräch' er: Bravo, Freund!
Du spieltest wundervoll! – Die linke Hand
Hält einer Laute schlanken Hals umfaßt
(Auch er übt wohl Musik, als Dilettant),
Indes der Dritt' im Bunde, jener Jüngling
In Federhut und adligem Gewand,
Herausblickt aus dem Bilde, wie noch ganz
Versunken in Entzückungen, und scheint
Mich anzureden: Hättest du's gehört,
Du stündest unterm Zauber noch, gleich mir!

Und fühl' ich anders? In das seelenvolle
Gesicht des Spielers blickend ist es mir,
Als höb' ein sanftes Klingen geisterhaft
Sich an und dringe mir mit magischer
Gewalt an Seel' und Sinn und fülle mir
Das Herz mit Wonneklang, indes von draußen
Der See, anstürmend an die Uferwehr,
Mit tiefem Orgelbaß die Melodie
Begleite.
Heil'ge Musen, schwesterlich
Fürwahr reicht ihr euch oft die Hand. Denn hier
Aus des Giorgione stummberedtem Bild
Tönt zauberisch mit längstverklungner Macht
Ein Hauch italischer Tonkunst mir entgegen.

Friedrich Rückert

1.

Als ich zur Winterflucht mein Bündel schnürte,
Steckt' ich, die schwerlich man im Süden fände,
Auch meines teuren Rückert Liederbände
Mit ein, dem dieser Vorzug wohl gebührte.

Wie bin ich froh, daß ich ihn mit mir führte!
Denn nie liest diesen Reichen man zu Ende,
Dem gütig so Natur gefeit die Hände,
Daß Poesie ward, was er je berührte.

Nun liegt vor unserm Blick auf tausend Seiten
Sein Leben, sein Gemüt, sein tiefstes Denken,
All seine Freuden, Schmerzen, Traulichkeiten.

Wohl frommt's, in solchen Schatz sich zu versenken
Und nach der trüben Flut der jüngsten Zeiten
Aus diesem reinen Quell sein Herz zu tränken!

2.

Gleich einem Schiffer, der, zurückgekehrt
Von mancher Fahrt, in seiner engen Hütte
Treu aufbewahrt nach guter Schiffersitte,
Was ihm die Fremde Köstliches beschert,

So hielt auch er des Aufbewahrens wert,
Was auf des Flügelpferds weltweitem Ritte
In Welschlands und des Morgenlandes Mitte
Vielsprachig ihn der Muse Gunst gelehrt.

Doch wie nachdichtend alles er umfaßte,
Sein Herz gehörte dem nur, was entsprungen
Dem tiefen Grund der heimatlichen Scholle.

Da lud er seine Freunde gern zu Gaste
Und fragte liebevoll auch mich, den Jungen,
Ob ich an seine Tür nicht klopfen wolle.

3.

Daß ich's versäumte, weckt mir ew'ge Reue.
Nie sollt' ich in sein leuchtend Auge blicken,
Niemals versuchen, stammelnd auszudrücken,
Wie innig seines Sangs ich mich erfreue.

Nun häng' ich um so mehr mit später Treue
An seinem Bilde, dem so kalt den Rücken
Die Mode kehrt, die immer mit Entzücken
Preist das Vergängliche, das gleißend Neue.

Mir aber ist, blättr' ich in seinen Liedern,
Als hört' ich eines Freundes Stimme tönen
Und müßte jetzt noch seinen Gruß erwidern,

Mit Lorbeer seine Dichterstirne krönen
Und sein Gemüt, verwundet durch den niedern
Undank der nachgebornen Welt, versöhnen.

Mondnacht

Die Nacht ist lau. In hellem Glanze liegt
Der See, ans Ufer träumend hingeschmiegt,
Wie nach des Tages Leidenschaft und Glut
Ein schönes Weib matt auf dem Lager ruht.

Ich schaue vom Balkone weit hinaus.
Zu Häupten mir schwirrt eine Fledermaus,
Vom reinen Himmel blickt so still und bleich
Der Vollmond nieder in sein schlummernd Reich.

Kein Windeshauch erregt die Flut zum Tanz,
Nur leis erschauert sie im Mondenglanz,
Wie wonnevoll erbebt ein schönes Weib,
Berührt die Hand des Liebsten ihren Leib.

Abschied

20. Mai

Hab' ich ihn nun ausgeträumt,
Meinen Wintertraum im Süden,
Wo die Flut am Strand verschäumt,
Als ein Schlummerlied dem Müden?
Nordwärts zieht das rasche Schiff
An der schönen Bucht vorüber;
Einen Abschiedsgruß hinüber
Schickt des Dampfers hohler Pfiff.

Lange noch zurück vom Bord
Wandern Augen und Gedanken
Zu dem hellen Häuschen dort,
Das die Rosen hoch umranken,
Wo im linden Sonnenschein
Unter Palmen und Zypressen
Holdbetrogen ich vergessen,
Daß es Winter sollte sein.

Doch getrost! Nun wirst du bald
Holden Heimatklängen lauschen.
Wieder wird der deutsche Wald
Kühl die Stirne dir umrauschen,
Wenn an des Benacus Strand
Alle Kreatur verschmachtet

Benacus: antiker Name des Gardasees.

Und die Luft, auch wenn es nachtet,
Nie sich kühlt vom Tagesbrand.

Danke, daß erreicht du hast,
Was dem Menschen blüht so selten,
Daß er als vertrauter Gast
Bürger sei in zweien Welten
Und zu träumen sich erkühnt,
Trotz des Alters frost'gem Schauer,
Daß in märchenhafter Dauer
Ew'ger Frühling ihn umgrünt.

Von Heyses Romanen (u. a. »Kinder der Welt«, 3 Bde., 1873; »Im Paradiese«, 3 Bde., 1875) ist »Merlin« (3 Bde., 1892) vielleicht der am wenigsten geglückte. Am Höhepunkt des Buches muß – ohne jede Vorbereitung – die Frau des Helden, des Dramatikers Georg Falkner, in exakt dem Augenblick sterben, in dem ihr Mann nach der endlich erfolgten Aufführung eines Theaterstücks von einer bösen schönen Schauspielerin verführt wird – dem Dramatiker bleibt nur der Selbstmord in der Irrenanstalt, in die man ihn bringt. Die hier zitierten Passagen sind von diesen Peinlichkeiten unabhängig, zeigen dafür aber etwas von der Erbitterung, mit der in den achtziger und neunziger Jahren des 19. Jahrhunderts die literarische Auseinandersetzung zwischen Heyse und den Naturalisten geführt wurde.

Ich weiß nicht, was Sie meinen, versetzte der kleine Mann, indem er sich abwandte und die grauen Haare über seine kahle Stirn nervös hin und her strich. Sagen Sie selbst, wie soll ich auch nur die Kostüme für ein solches Langobardenstück bestreiten? Wäre es Ihnen recht, wenn König Alboin in Wallensteins Lederkoller aufträte und die gepidische Königstochter das Kostüm der Berta aus der »Ahnfrau« trüge?
Ich hätte durchaus nichts dagegen, erwiderte Georg sehr gelassen. Ich selbst habe keine Ahnung, welche Mode damals am Hofe von Pavia geherrscht hat, und das gebildete Publikum unserer guten Stadt ebensowenig. Wenn man nur alles vermeidet, was allzudeutlich an eine bestimmte Zeit erinnert, alle auffallenden Verstöße, die einem jeder sogenannte gebildete Mensch aufmutzen kann, im übrigen mag man fünf gerade sein lassen. Die Hauptsache ist, daß gut gespielt wird.
Brettner sah ihn mit einem überlegenen Lächeln an. Da irren Sie gewaltig, lieber Herr, sagte er. *Was* gespielt wird, darauf kommt es an. Ein bißchen besser oder schlechter ist dem Publikum ziemlich gleichgültig. Das verlangt das Neueste zu sehen, was auf den Theatern der Reichshauptstadt gegeben wird und wovon es in den Zeitungen gelesen hat. Es will in der Bildung nicht zurückbleiben und davon mitsprechen können, wenn in Kaffeekränzchen und Abendgesellschaften auf das neueste Sensationsstück die Rede kommt. Haben Sie irgend Aussicht, es mit Ihrer vortrefflichen »Rosamunde« jemals dahinzubringen? Lesen läßt sie sich gewiß zehnmal besser als – er nannte einige gerade damals überall mit Beifall

Alboin: Der Langobardenkönig Alboin besiegte 567 die Gepiden, tötete deren König und zwang dessen Tochter Rosamunde, ihn zu heiraten. 572 organisierte Rosamunde seine Ermordung. Bereits Paulus Diaconus überwuchert den historischen Kern mit vielen sagenhaften Elementen; seitdem gibt es zahlreiche Bearbeitungen, besonders nach Uhlands populärer Nacherzählung und der Aufnahme in Grimms *Deutsche Sagen* (1816–18).

gegebene moderne Stücke. Aber haben Sie nicht oft gehört, daß Dramen, deren Stoffe hinter dem Dreißigjährigen Krieg zurückliegen, dazu verdammt sind, Buchdramen zu bleiben? Daß heutzutage nur das Heutigste, was eine brennende Frage, etwas Aktuelles betrifft, ein Recht zum Dasein habe? Und Sie kommen mit einer längst begrabenen und vermoderten Königstochter, die ihren Gemahl ermorden läßt, weil er ihr aus dem Schädel ihres erschlagenen Papas zugetrunken hat! Was ist unserm verehrlichen Publikum Hekuba? Oh, diese jungen Träumer und Idealisten! Wenn eine solche grausige Geschichte euch anzieht, warum verlegt ihr sie nicht in die Gegenwart, wo es doch auch oft genug zu Mord und Totschlag kommt? Hat nicht Turgenjeff einen König Lear in der Steppe geschrieben, und gibt's nicht auch eine Novelle: Romeo und Julie auf dem Dorf? Warum folgt ihr Dramatiker nicht diesem guten Beispiel und übersetzt eure alten Mordgeschichten in die Gegenwart und in eine Prosa, wie Hinz und Kunz sie verstehen?

Ein Vorschlag zur Güte! erwiderte Georg trocken. Ich danke Ihnen für diesen vortrefflichen Rat. Gleich morgen will ich darangehen, mein Stück zu modernisieren und gründlich prosaisch zu machen. Nichts ist einfacher. Die gepidische Prinzeß braucht nur eine aristokratische Gutsbesitzerstochter zu werden, die sich hat entschließen müssen, einen jüdischen Wucherer zu heiraten, um ihren verschuldeten Vater vor dem Zusammenbruch seines Kredits und einem schimpflichen Prozeß zu retten. Das Motiv ist nicht ganz neu, weder im Leben noch auf den Brettern, aber immer gleich haarsträubend. Der Bankier also zwingt sie, aus einem Familienpokal zu trinken, der schon bei der Tafel, an welcher lauter Semiten sitzen, die Runde gemacht hat. Das kann die empörte Tochter nur mit Blut rächen. Sie stiftet den Buchhalter ihres Gatten, der in sie verliebt ist, zu der Untat auf – und so mit Grazie in

Turgenjeff ... Lear: Iwan Turgenjew, *Ein König Lear der Steppe*; Erzählung von 1870. Von Turgenjew gibt es auch einen *Hamlet aus dem Kreise Scigry*.

infinitum. Ein schöner melodramatischer Schluß wird sich auch noch finden, und ich stehe Ihnen gut für zwanzig ausverkaufte Häuser, selbst hier in der Provinz. Daß die Poesie dabei zum Teufel geht und statt der Größe der Motive und Leidenschaften lauter peinliche Kriminalstimmungen den Zuschauer foltern, was liegt daran? Die Kasse triumphiert, und der Herr Direktor hat für Kostüme keinen Groschen auszugeben.

Er hatte sich zuletzt doch so in Eifer gesprochen, daß sein Gesicht brannte und seine Augen funkelten. Die Schauspielerin saß immer noch regungslos und betrachtete ihn unverwandt, doch ohne ein Zeichen des Anteils für oder wider zu geben. Brettner aber trat auf ihn zu, da er eben die Hand nach seinem Manuskript ausstreckte, um es wieder an sich zu nehmen.

Bravo, lieber Herr! rief er. Sie haben goldene Worte gesprochen, obwohl Sie sie nur ironisch gemeint haben. Ein Stück, wie Sie es eben skizzierten – schreiben Sie es nur, und ich nehme es unbesehens an und führe es in vierzehn Tagen auf. Ich verpfände Ihnen feierlich mein Wort, und hier die blonde Hexe soll Zeugin sein. Aber sehen Sie, mein Bester, das ist eben das Unglück: Sie und alle Ihre Gesinnungsgenossen haben sich so sehr an das Fliegen und Schweben in den höheren Regionen der sogenannten Poesie gewöhnt, daß sie auf der harten Erde der Wirklichkeit gar nicht mehr gehen *können*, selbst wenn sie es wollten. Sie *können* ein solches Stück nicht schreiben, so flink Sie auch den Plan dazu improvisiert haben. So sehr hat die kastilische Quelle – er war mit griechischen Ausdrücken etwas unsicher – ich meine die Milch der klassischen Denkungsart Ihr Blut infiziert, daß all Ihren dramatischen Erzeugnissen die Blässe des akademischen Gedankens und des unglückseligen Jambenwahnsinns angekränkelt wird.

kastilische Quelle: eigtl. »kastalische Quelle«, die Quelle poetischer Inspiration in Delphi.

Ohne ein Wort zu erwidern, nahm Georg seine »Rosamunde«, verneigte sich gegen den hitzigen kleinen Mann und sagte: Sie haben mir den Handschuh hingeworfen; ich nehme Ihre Herausforderung an. Es ist mir Ehrensache, Ihnen zu beweisen, daß wir vielverleumdeten Idealisten wohl auch das Zeug dazu hätten, Pitavalsstücke zu verfassen, wenn wir es nicht verschmähten, weil wir was Besseres zu tun zu haben glauben. Ich werde Ihnen das Stück liefern, und Sie werden es aufführen. Nur meinen ehrlichen Namen wünsche ich nicht dazuzugeben und bitte auch Fräulein Esther, was hier verhandelt worden ist, als ein Staatsgeheimnis zu betrachten. Leben Sie wohl!

Er verneigte sich und ging aus dem Zimmer.

Draußen umfing ihn plötzlich wieder die tiefe Finsternis hinter den Kulissen, daß er mit der Hand um sich her tasten mußte, um seinen Weg zu finden. Er trat endlich auf den Bühnenraum hinaus und blieb in dem ungewissen Zwielicht des einsamen Gasflämmchens aufatmend stehen. Ein grimmiger Humor flackerte in ihm auf. Vortrefflich! lachte er vor sich hin. Das wäre ja das Allheilmittel für unsere schwindsüchtige dramatische Muse. Sämtliche klassische Tragödien in die neueste aktuellste Prosa übersetzt – welch herrliche Erneuerung unseres Theaters! Zugleich, welch ein schlagender Beweis, wie weit wir in unserer Kultur über die einfältigen Alten hinausgekommen sind! Nun, mit einer wahren Wollust will ich an meinem armen Teil daran mitarbeiten, daß Papa Brettner mich ans Herz drücken und seinen lieben Sohn nennen soll, der seine stolzesten Hoffnungen überflügle.

Pitavalsstücke: Der französische Jurist François Gayot de Pitaval (1673–1743) gab eine umfangreiche Sammlung von Kriminalgeschichten heraus. Viele andere Autoren verwandten später seinen Namen, um Geschichten zu erzählen, die vorgaben, echte Kriminalfälle zu sein.

Nach einer Weile sagte Georg: Sie nennen mich einen künstlerischen Aristokraten, Guntram. Ich bin es und habe nie ein Hehl daraus gemacht. Daß die Besten herrschten, wäre auch im Leben eine herrliche Sache. Das Leben aber hat einen demokratischen Trotz gegen alle Ausnahmen von der Regel. Es beruft sich auf das Recht der Massen, auf die Souveränität des Gemeinen und weiß freilich nicht, daß aller Fortschritt, nach dem es doch auch lüstern ist, von der Kraft und Wärme der Hohen und Überragenden ausgeht. Aber wenn auch in der Natur und im Völkerleben das demokratische Gesetz der Gleichheit sich durchsetzt, haben wir nicht gerade darum die Kunst zum Trost erhalten, daß wir uns nicht irremachen lassen sollen in unserem Glauben an etwas Ungemeines, Seltenes und Göttliches? Ich weiß nicht, wie es die anderen Künste damit halten, nicht einmal, wie die anderen Gattungen meiner Kunst mit der heut im Schwange gehenden demokratischen Verehrung des Alltäglichen und Nichtswürdigen auskommen werden. Wenn ich aber das Volk ins Theater strömen sehe, nach einem harten Werkeltag dort ein paar Stunden stille Feierwonnen zu genießen, und denke dann, daß man ihm als Abbild des Lebens nur das klägliche Elend ihrer eigenen Unbedeutendheit vorspiegelt, so kann ich mir nicht helfen, ich finde die guten Leute schmählich um ihr Eintrittsgeld betrogen. Sie fühlen es auch selbst; aber sie haben sich von schnöden Spekulanten, die nichts Besseres zu produzieren wissen, so oft vorschwatzen lassen, dies sei das eine, was not tue, und alle Schöpfungen eines erlauchten Geistes eine schönfärberische Spiegelfechterei, daß sie ihr Ungenügen, ihren Mißmut nicht wagen laut werden zu lassen, und zumal wenn sie haarsträubenden Szenen beigewohnt und sich vom Widerwärtigsten haben verblüffen lassen, sind sie ganz zufrieden mit der neuen Kunst und ersticken die schüchterne Sehnsucht nach dem, was ihre Väter geliebt und bewundert haben, und verlassen das Theater nicht viel anders, wie etwa den Platz, wo eben an einem armen Sünder die Exekution vollzogen worden ist. Aber man mag das Ideal, das Heimweh

nach dem Schönen und Großen mit der Mistgabel des Naturalismus noch so hitzig austreiben, es kehrt immer wieder zurück.
Er sah eine Weile still zum Abendhimmel auf. Es ist eben eine Epidemie, sagte er dann, vor sich hinnickend. Sie hat ihre Ursache in anderem, was in der Luft liegt. Die Apostel des pessimistischen Aberglaubens predigen ihre allein unseligmachende Lehre laut genug, um gedankenlose Seelen einzuschüchtern. Wenn die Welt die denkbar schlechteste ist, darf es auf den Brettern, die sie bedeuten, auch nicht zum besten hergehen. Es sind ja auch ehrliche Gesellen darunter, die ein Recht dazu haben, verbittert zu sein und schwarzzusehen. Denen nehm' ich's nicht übel, wenn sie Dichtungen, in denen honette Menschen zu Ehren kommen, oder wenigstens unsere tragische Bewunderung ernten, für Fälschungen des Weltlaufs halten. Die unendliche Mehrzahl aber besteht aus trüben, klein zugeschnittenen oder innerlich verwahrlosten Schächern, denen nicht wohl ist in ihrer Haut und die einen grimmigen Neid fühlen, wenn ihre harmlosen Nebenmenschen sich's wohl sein lassen, was nicht zum wenigsten durch den Genuß des Schönen und Erhabenen erreicht wird. Da suchen sie ihnen nun die Freude zu verderben, begrinsen und begeifern, was jene dankbar bewundern, und schmeicheln ihren schlechten Instinkten, indem sie ihnen vorschwatzen, das alles sei nur in hohlen Köpfen gebrütet, ein schnöd erlogenes Hirngespinst; wahr sei einzig das Brutale, Dumme, Niederträchtige, wovon jeder Biedermann sich überzeugen könne, wenn er nur in den eigenen Busen greife. Und so entsteht eine Schächerpoesie, in der es möglichst erbärmlich, philisterhaft und uninteressant zugeht und eine Luft weht wie in den niedrigen Stuben der kleinen Leute, wo im Kochofen irgendein schlechtes Essen aufgewärmt wird. Weil dies aber bis dato noch für niemand interessant war und jetzt mit allem Zynismus einer photographischen Deutlichkeit als eine höchst wichtige Entdeckung hingestellt wird, lassen sich selbst edlere Naturen betrügen, einen wüsten Haufen nichts-

sagender Alltäglichkeiten für einen wertvollen Gegenstand ihres Interesses zu halten und Helden und Könige für eine sehr überschätzte Spielart der Spezies homo sapiens, die man allenfalls im Panoptikum, aber nicht mehr auf der Bühne und im Gedicht zeigen dürfe.
Er hatte sich so in Eifer geredet, daß sein Gesicht glühte und seine Brauen sich immer finsterer zusammenzogen. Nun sprang er auf, tat ein paar Schritte am Hause entlang und kehrte dann zu Flaut und dem Redakteur zurück, der, die Augen halb geschlossen, den Kopf gegen die Mauer gedrückt, behaglich seine Zigarre geraucht hatte.
Nun stand er auf. Wie schade, lieber Freund, rief er, daß meine Sonntagsbeilage nicht auf einen so hohen Ton gestimmt ist! Sie müßten mir sonst einen Essay liefern: Bekenntnisse eines Idealisten oder: Blaublütige Ästhetik, oder wie Sie ihn nennen wollten. Ich bin ja ganz Ihrer Ansicht, als richtiger Reaktionär, der zu sein ich mich rühme. Nur wundert es mich – um auf mein erstes Bedenken zurückzukommen – wie ein Aristokrat Ihres Schlages sich so lebhaft für die agrarische Frage in Irland interessieren und die dortigen Armen und Elenden so liebevoll studieren konnte. Oder war das nur ein Vorspiel, von dem Sie sich bald voll Ekel abgewendet haben, und werden Sie sich in den Fortsetzungen Ihrer Reisebilder zu den Helden und Königen halten?
Zu den Königen, versetzte Georg nun wieder gelassener, habe ich nie Zutritt gehabt, noch ihn gesucht, und Helden, lieber Guntram, finden sich auch unter den Armen und Elenden. Wenn Sie mich noch ferner als Ihren Mitarbeiter dulden, werden Sie auch mit solchen bekannt werden und später vielleicht finden, daß ich auch in der Dichtung ihnen ihren Platz einräume. Denn auch die Herdenmenschen und die Schelme und Schufte zu studieren habe ich nie verschmäht. Nicht nur, weil sie als Kontrastfiguren für den Adel der Menschheit in der Poesie unentbehrlich und zur Wahrheit des Weltbildes notwendig sind, sondern weil man das Gesetz des Lebens am sichersten in den Durchschnittserscheinungen erkennt. Diese

Reisetagebücher sind für mich nichts anderes, als was dem Maler die Mappen sind, in denen er seine Aktstudien aufbewahrt, oder die Skizzenbücher voll rascher Momentaufnahmen nach dem Leben. Sie brauchen nicht zu fürchten, daß ich Ihre Abonnenten mit Studien langweilen werde, die nur ein technisch-psychologisches Interesse für den Poeten haben. Die behalt ich für mich.

Geben Sie, was Sie wollen, sagte Guntram herzlich. Im schlimmsten Falle bediene ich mich des naseweisen Rechts aller Redakteure, indem ich den Rotstift brauche, an den ja aber ein dramatischer Dichter frühzeitig durch die Herren Regisseure gewöhnt zu werden pflegt. Und erlauben Sie mir, Sie hin und wieder in Ihrer Musenstille hier draußen zu stören und mir die Fortsetzung des ästhetischen Privatissimums zu erbitten.

Mehrere Tage kam er fast nicht vom Schreibtisch weg, bis auf den Spaziergang, den er sich erst gönnte, wenn durch sein Dachfenster das Abendrot hereinblickte.

So wurde das Stück wirklich in dieser Woche zu Ende geführt, ein rascher, besinnungsloser Hinwurf, wie er alles Dramatische zu entwerfen pflegte, um, wie er sich ausdrückte, nur erst Farbe auf der Leinwand zu sehen und das Ganze zu überblicken. Lag es ihm dann gleichsam wie die stenographische Niederschrift eines langen, starken Traumes vor Augen und er sah, daß alles an seinem richtigen Platze stand, so ging er mit besonnener Ruhe daran, jeden Zug charakteristisch zu vertiefen, die mituntergelaufenen konventionellen Töne zu tilgen und das Ganze auch in der Form sich innigst anzueignen.

Diesmal, nachdem er das Manuskript in einem Zuge wieder durchgelesen, konnte er sich nicht überwinden, die zweite ernstliche Arbeit daranzuwenden. Er beseitigte nur einige Längen und Wiederholungen, setzte ein paar Lichter auf und steigerte die Wirkung der Aktschlüsse, indem er, gegen seine

Gewohnheit, in ein Publikum hineinhorchte, wie er es gewöhnlich im Parterre des Stadttheaters beobachtet und von Herzen verachtet hatte. Als er damit zu Ende war, sagte er: Ich denke, es ist gerade gut und schlecht genug für den süßen Pöbel. Papa Brettner wird zufrieden sein und finden, daß ich ein hoffnungsvoller junger Mann sei.
So schrieb er ein kurzes Billett an den Direktor, siegelte es mit dem Manuskript zusammen ein und schickte es sofort zur Post. Erst als es aus dem Hause war, schien ihm die Luft wieder rein zu sein. Von den Feldern und Wiesen strömte ein kräftiger Gras- und Blütenduft zu ihm herein, die Spatzen lärmten übermütig in der Dorfgasse, und von drüben aus der Waldhöhe hörte er den Kuckucksruf. Er stand lange am Fenster und genoß die abendlich durchsonnte Helle und Wärme des schönen Junitages. Ihm war, als sähe er seine dichterischen Lieblingsgestalten draußen über den Wipfeln der Fruchtbäume ihm vorüberwandeln; er nickte ihnen wie guten Freunden zu, die sich's nun unter seinem Dache gefallen lassen würden, nachdem er die leidige schlechte Gesellschaft ausgetrieben.

Da pochte es an seine Tür, der Postbote trat ein und brachte ihm einen Brief mit einer Aufschrift von unbekannter Hand, den er erst unwillig beiseite werfen wollte, als ein Blick auf den Stempel ihn doch anderen Sinnes machte.
Der Brief kam aus dem Badeort, wo der Direktor des Stadttheaters seine Sommerbühne aufgeschlagen hatte, und war von keinem geringeren als Papa Brettner selbst.
Er lautete folgendermaßen:

»Sehr geehrter Herr Doktor!

Ich beeile mich, Ihnen mitzuteilen, daß ich Ihre ›Neue Rosamunde‹ sofort nach ihrem Eintreffen gelesen habe und völlig entzückt davon bin. Nehmen Sie mir das zweideutige Kompliment nicht übel: Ich hatte bei allem Respekt vor Ihrem

Talent Ihnen das nicht zugetraut. Das Stück ist von Anfang bis zu Ende meisterhaft und darf des glänzendsten Erfolges gewiß sein. Empfangen Sie meinen herzlichsten Glückwunsch!

Wenn ich eine hauptstädtische Bühne zu leiten hätte, wollte ich mich unbedenklich für hundert Wiederholungen verbürgen. Bei den Ihnen bekannten engen Verhältnissen unseres Provinztheaters hoffe ich es gleichwohl zu einer guten Anzahl über die obligaten drei Vorstellungen zu bringen, falls Sie mir die Ehre der Einführung dieses höchst bedeutenden Werkes einräumen wollen.

Sagen Sie mir mit einer Zeile, daß Sie mich durch Ihre freundliche Zustimmung beglücken wollen. Eigentlich könnte ich ja sogar ein gewisses Recht auf diesen Erstlingserfolg geltend machen, da meine Kritik Ihrer Gepidentochter Sie zu dieser ›Travestie‹, wie Sie sie nennen, angeregt hat.

Sobald ich hier geschlossen habe – Mitte September –, kehre ich zu Ihnen zurück, und Ihr Stück soll die erste Novität der neuen Spielzeit sein.

Mit nochmaligem Glückwunsch
Ihr warmer Bewunderer

Ignaz Brettner, Theaterdirektor.«

[. . .] die Theaterbesucher eilten, ohne sich viel umzusehen, der Eingangspforte unter den Säulen zu. So gelangte Georg unbeachtet zu dem verborgenen Türchen, da eben die sechs Schläge der Turmuhr verhallten, und wurde von dem harrenden Direktor nach hastigem Händedruck in die dunkle Höhle hineingeschoben. Immer geradeaus, Doktor, und oben sich ruhig verhalten! Alles geht vortrefflich, wir haben ein ausverkauftes Haus; hernach hole ich Sie wieder ab.

Er schloß hinter ihm zu, und Georg tastete sich in völliger Dunkelheit die schmalen Stufen hinauf, fand aber erst nach einiger Mühe den Türgriff und schlüpfte mit Herzklopfen in sein Versteck. Da er sich sofort in den hintersten Winkel drückte, von dem aus er nur einen schrägen Blick auf die Bühne frei hatte, konnte er vom Publikum nichts als ein dumpfes Summen und Rauschen wahrnehmen und dicht unter der Loge das Stimmen der Instrumente. Er wußte Lili unter den Zuschauern, mußte aber darauf verzichten, sich an ihrem Anblick zu stärken. Sofort setzte die Musik ein und gab ihm Zeit, sich ein wenig zu sammeln.

Es war ihm jedoch seltsam, daß er, nachdem er die erste Beklommenheit auf seinem dunklen Lauerposten überwunden hatte, nicht die geringste Unruhe mehr verspürte. Nicht anders, als ob sich's um das Werk eines Fremden handelte, sah er den Vorhang in die Höhe gehen und die Szenen sich abrollen. Nur eine widrige Empfindung wallte in ihm auf, wie sie ihn stets übermannte, wenn er Stücke einer gewissen Gattung aufführen sah, die seine heiligsten Überzeugungen von den Pflichten und Rechten dramatischer Kunst beleidigten. Daß er diesmal selbst zu einer Versündigung am Geist der wahren Poesie die Hand geboten, kam ihm erst voll zum Bewußtsein, als Hanna Fork auftrat. Ihr hatte er einige jener Töne geliehen, die ihm aus dem Herzen kamen, und die seine Heldin zwar ein wenig zu stark, doch immerhin rein und edel anschlug. Um so peinlicher berührten ihn nun die Gegenstimmen.

Der Darsteller des jüdischen Bankiers, der die Tochter des ruinierten Edelmanns geheiratet hatte und bei einem nächtlichen Gelage mit seinen Freunden die stolze Frau rufen ließ, damit sie aus dem silbernen Mundbecher ihres toten Vaters ihm Bescheid tue, nachdem dies Familienerbstück mit Champagner gefüllt die Runde gemacht hatte – dieser sonst talentvolle und gescheite Schauspieler hatte es sehr gut zu machen geglaubt, indem er in Maske und Sprache die widerwärtige Erscheinung des Wucherers vollends verzerrte. Als die Frau sich weigerte zu trinken, und ihr Gatte zu ihr trat, um ihr ins Ohr zu raunen, er werde dann der Gesellschaft von den Mittelchen erzählen, durch die ihr hochgeborener Herr Vater sich aus dem Sumpf seiner Schulden habe herausretten wollen, war er so sehr der bare Teufel, daß es völlig unverständlich wurde, wie das edle Wesen die Berührung mit solcher Gemeinheit überhaupt nur hatte ertragen können, statt sofort, nachdem das Opfer gebracht war, ihr besudeltes Leben wegzuwerfen.

Auch der junge Kommis, der sie heimlich liebte und, ihre Qual erkennend, sich ihr zum Retter antrug, hatte für gut gefunden, alles Gewicht auf die Züge des Intriganten zu legen und die feineren Töne seiner Rolle fallen zu lassen. Das Unglück und der Seelenadel der schönen Frau schienen ihn weniger zu rühren als die Hoffnung auf den Lohn, der ihm winkte. Der langobardische Helmichis, Alboins Waffenträger, den die Gepidin offen zum Morde dingt, war freilich auch von heftiger Leidenschaft zu der schönen Königin entbrannt, aber immerhin ein kriegerischer Mann, der mit dem Schwert in der Faust den Dank seiner Dame zu verdienen wußte. Das Gift dagegen, das der Helfershelfer der travestierten Bluträcherin verschaffte, versetzte die Handlung in die Sphäre einer feigen, tückischen Notwehr, ohne die Erschütterung, die der Blitz eines frei geschwungenen Schwertes in jener fernliegenden düsteren Zeit hervorbringen mußte.

Georg hatte freilich das mögliche getan, die tödlich beleidigte Frau zu ihrer Rache berechtigt erscheinen zu lassen. Am Morgen nach der schnöden Mißhandlung hatte sie ihrem Gatten erklärt, daß sie von ihm gehen wolle, und die bis dahin noch fälschliche Selbstanklage auf sich genommen, daß sie die Geliebte jenes jungen Mannes sei. Der Gatte hatte ihr mit zynischer Kälte erwidert, er werde in die Scheidung dennoch nicht willigen. Als er eine Komtesse geheiratet, habe er gewußt, daß es zu den standesgemäßen Vorrechten ihrer Kaste gehöre, Liaisons zu haben. Dann erst hatte sich die Frau zu dem Giftmorde bereden lassen, da sie – ähnlich wie

Shelleys Beatrice Cenci – durch ihr Unglück nicht jedes Recht auf Leben und Glück eingebüßt zu haben glaubte.
Auch daß sie ihr Verbrechen nur halb ausführen konnte, da ihre Natur sich im letzten Augenblick nicht hinlänglich zu verstellen fähig war, und dann freiwillig den Rest des vergifteten Weines aus dem Familienbecher trank, kam ihrer Erscheinung zustatten. Zugleich aber wurde dadurch die Folterqual bis zum Unerträglichen gesteigert, da man ein edles und hochsinniges Geschöpf in den Banden schmachvoller Verhältnisse sich rettungslos winden und endlich ohne jede Genugtuung zugrunde gehen sah.
Von der Pein, die der Autor selbst empfand, als dieser wüste Traum lebhaft vor ihn hintrat, schien niemand im Publikum das geringste zu verspüren. Der stürmische Beifall, der gleich nach dem ersten Akt erschollen war, hatte sich bei jedem Fallen des Vorhangs mit wachsender Lebhaftigkeit wiederholt, und als am Schluß der Direktor erschien, um »im Namen des allzu bescheidenen Verfassers für die glänzende Aufnahme zu danken«, erschollen immer von neuem die Beifallssalven und Rufe nach dem Dichter, so daß Papa Brettner ums Haar durch seine flehenden Blicke nach der dunklen Proszeniumsloge das Geheimnis verraten hätte.
Er kam dann, nachdem das Haus sich völlig geleert hatte, den Gefangenen aus seinem dunklen Verlies zu befreien, fand ihn aber in einer tiefen, wortkargen Verstimmung. Seine überschwenglichen Glückwünsche vermochten die düstere Stirn des sieggekrönten Dichters nicht aufzuheitern, und auf die Prophezeiung, das Stück werde wie ein Meteor über sämtlichen deutschen Bühnen aufgehen, erhielt er nur die verblüffende Antwort: Nicht auf einer einzigen werde ich es aufführ-

Shelleys Beatrice Cenci: Percy Bysshe Shelley (1792–1822), *The Cenci*, London 1819. Den historischen Quellen zufolge schmiedete Beatrice Cenci im Jahr 1599 zusammen mit ihrem Geliebten Olympio, ihrer Stiefmutter Lucretia und ihren Brüdern ein Komplott, um dem verbrecherischen Leben ihres Vaters ein Ende zu machen. Die Tat wurde ausgeführt, aber die Verschwörer im Mai 1599 in Rom hingerichtet.

ren lassen! – Aber Sie werden doch der Tor nicht sein, hunderttausend Mark Tantieme zu verschmähen, die ich Ihnen garantieren kann? – Und wenn ich betteln gehen müßte, von diesem Stück würde ich mich nicht aus der Not retten lassen! hatte der Dichter mit zusammengezogenen Brauen erwidert. Ihnen, lieber Direktor, kann ich es nicht mehr aus den Händen reißen. Sie mögen sich mit den vollen Häusern, die Sie noch davon hoffen, für Ihre Mühe und Freundschaft belohnen. Zum Glück ist ein Erfolg in unserem kleinen Nest keine Weltbegebenheit. Über das Weichbild Ihres Theaters aber soll diese Rosamunde nicht hinausdringen, darauf gebe ich Ihnen mein Wort. Gute Nacht!

Am anderen Morgen wanderte Georg mit seinem Manuskript in die Stadt und trat in den Laden des Buchhändlers, der ihn mit ausgesuchter Artigkeit begrüßte und sogleich in sein Hinterstübchen führte.
Ich bringe Ihnen ein Drama, lieber Herr Settegast, das ich gedruckt haben möchte, sagte er, das Heft hervorziehend.
Ich bin mit Vergnügen dazu bereit, erwiderte der andere, und hoffe, auch über Ihre Honorarforderungen werden wir uns unschwer einigen. Auf einen großen Absatz beim lesenden Publikum kann ich zwar nicht rechnen. Sie wissen, daß unsere lieben Landsleute eine tiefe Abneigung haben, dramatische Werke zu kaufen, ja überhaupt zu lesen. Aber bei den raschen Bühnenerfolgen, die Ihr Werk unfehlbar überall in Deutschland haben wird, darf ich sicher darauf rechnen, kein ganz schlechtes Geschäft damit zu machen, und freue mich überhaupt, dadurch in eine Geschäftsverbindung mit Ihnen zu treten.
Georg sah ihn mit großem Erstaunen an. Sie sind sehr gütig, lieber Herr. Aber ich begreife nicht ganz Ihr gutes Zutrauen zu einem Stück, das Sie noch nicht kennen.
Nicht kennen? Verzeihen Sie, Verehrtester, aber es ist eine vergebliche Mühe, Ihre Autorschaft länger verleugnen zu

wollen. Schon bei der ersten Wiederholung Ihrer »Rosamunde« war der Name des Verfassers auf allen Lippen, und wenn Sie damals durch den Trauerfall, an dem auch ich aufrichtig teilgenommen, nicht gegen alle sonstigen Erlebnisse gleichgültig geworden wären, hätten Sie auch von dem ferneren Glück, das Ihr Stück hier gemacht, Notiz nehmen müssen und würden sich nicht wundern, daß ich den Verlag bereitwilligst übernehme.

Statt aller Antwort wickelte Georg sein Manuskript aus dem Umschlag und hielt dem Buchhändler das Titelblatt entgegen.

»Spartakus. Tragödie in fünf Akten«, las der höchst Betroffene mit weit aufgerissenen Augen. Ja, bringen Sie mir denn nicht Ihre –

Das Wort blieb ihm in der Kehle stecken.

Die »Rosamunde« wird weder gedruckt noch überhaupt auf einer anderen Bühne aufgeführt, sagte Georg finster. Ich habe ein Gelübde getan, daß ich alles, was in meinen Kräften steht, tun will, um sie in Vergessenheit zu bringen. Reden wir also nicht mehr davon und sagen Sie mir, unter welchen Bedingungen Sie den Verlag dieses neuen Stücks übernehmen wollen.

Der Buchhändler schob die große Brille, die er trug, hoch auf die Stirn zurück und betrachtete mit leisem Kopfschütteln den sonderbaren jungen Mann, der da auf dem Ledersofa ihm gegenüber saß. Er stand endlich auf, trat an sein Pult, dann an das Fenster, das auf einen trüben kleinen Hof hinausging, und schien zu überlegen, ob er wirklich mit diesem Dichter wie mit einem zurechnungsfähigen Menschen verhandeln könne.

Dann kehrte er zu dem ruhig Harrenden zurück und sagte: Ich will Ihren »Spartakus« drucken und sogar in meinen Verlag nehmen. Von einem Honorar aber kann natürlich in diesem Falle nicht die Rede sein, von jedem anderen würde ich es einfach ablehnen, und nur aus Hochachtung vor Ihrem Talent und weil ich hoffe, daß Sie späterhin zu Stoffen zurückkehren werden, gegen die das Publikum sich weniger spröde verhält, nehme ich diese Arbeit an, unter der einen Bedingung, daß Sie mich entschädigen, wenn ich binnen zweier Jahre nicht auf meine Kosten gekommen sein sollte.

Ich danke Ihnen, versetzte Georg und stand auf. Ich hatte nicht einmal so viel erwartet, da ich weiß, daß mein Stück keine Modeware ist. Aber Moden sind gottlob wandelbar, und vielleicht ist die Zeit nicht mehr fern, wo einem tragischen Helden die Tür des Musentempels nicht vor der Nase zugeschlagen wird, bloß weil der Name auf seiner Visitenkarte auf *us* endigt.

Sie besprachen noch das Nähere wegen der Einrichtung des Drucks und der Zahl der Exemplare, und nachdem der Buchhändler zugesagt, die Sache möglichst zu beschleunigen, verließ ihn unser Freund in nicht ganz heiterer Verfassung.

FRIEDRICH BODENSTEDT

Tausend und ein Tag im Orient

Prolog

Ich versetze den Leser einen Augenblick nach Wien zurück in den Kriegslärm der letzten Oktobertage des Jahres 1848.
Der Himmel war rot gefärbt von den hochauflodernden Flammen der brennenden Vorstädte, und auf allen Türmen und Dächern lag des Feuermeers purpurner Wiederschein. Auch die breite Donau leckte mit blutroter Zunge an den schützenden Mauern der Stadt.
In den Straßen erscholl es von Waffengeklirr und Trommelgewirbel; fast ohne Aufhören wurde der Generalmarsch geschlagen. Hinter den fahnenüberflatterten Barrikaden brannten Wachtfeuer, und um das Feuer her kauerten waffentragende Männer mit dampfgeschwärzten Gesichtern, und halbwilde Weiber in abenteuerlicher Tracht.
Preßgänge durchzogen die Stadt und rafften auf, was ihnen von kampffähigen Männern entgegenkam; hier schwenkte singend ein Trupp wunderlich bewaffneter Arbeiter vorüber, geführt von Offizieren der akademischen Legion; dort trieben wenige Studenten eine ganze Schar aus Kellern und Gewölben aufgescheuchter Bürger dem Kampfe zu. Und der Kampf, der in der Leopoldstadt um die Riesenbarrikaden der Jägerzeil geführt wurde, war ein furchtbarer und verzweifelter. Jedes Haus eine Festung, jedes Fenster eine Schießscharte.
Wie es prasselte von dem sich kreuzenden Kleingewehrfeuer, wie es zischte von den zündenden Brandraketen, wie es don-

Wien: Am 6. Oktober 1848 weigerten sich in Wien die Truppen, gegen die um ihre Freiheit kämpfenden Ungarn auszurücken, und verbündeten sich mit der Bevölkerung. Hof und Regierung flohen nach Olmütz. Von dort aus wurde die blutige Rückeroberung Wiens unter Windischgrätz organisiert. Die zur Gewalt entschlossene Reaktion setzte sich damit gegen die freiheitlichen Ideale der Paulskirche durch, am deutlichsten sichtbar in der widerrechtlichen Erschießung des Abgeordneten Robert Blum am 9. November 1848.

nerte aus den gewaltigen Feuerschlünden, und wie es weithindröhnend krachte, wenn die Kanonenkugeln einschlugen in die Barrikaden, oder wenn unter ihrer ungetümen Wucht eine Mauer der umstehenden Häuser zusammenbrach.

Die Erde zitterte, das Wehklagen der Verwundeten, das Todesröcheln der Sterbenden wurde überhallt von dem chaotischen Getöse der Zerstörungswerkzeuge, welche die ganze Franzensallee in einen Schutthaufen und die nach dem Prater zulaufenden Häuser der Jägerzeil in Ruinen verwandelten . . .

Man wußte den Ausgang des ungleichen Kampfes vorher, und dennoch kämpften sie draußen mit der Wut der Verzweiflung. Schon begann es in der durch die Flüchtlinge der Vorstädte übervölkerten inneren Stadt an Lebensmitteln zu mangeln.

Ganze Familien, deren Häuser in Flammen aufgegangen, kamen bepackt mit dem Wenigen, das sie gerettet, und flehten um Obdach und Unterkommen.

Die Verwirrung war unbeschreiblich, und ein tiefer Mißmut, eine ängstliche Spannung und Unruhe zeichnete sich in allen Gesichtern.

Jeder Verkehr mit der Außenwelt war abgebrochen, denn ein Gürtel von Bajonetten umschlang das unglückliche Wien, und so mancher, der sein Liebstes draußen hatte, seufzte seit Wochen vergebens nach Kunde und Mitteilung . . .

An einem dieser Schreckenstage, die zu durchleben entsetzlich war und die ganz zu schildern unmöglich ist, hatte sich mit anbrechendem Abend eine Anzahl von Freunden und Bekannten in meiner Wohnung versammelt, um in traulicher Unterhaltung ein Stündchen Ruhe zu schöpfen nach den erschütternden Eindrücken des Tages.

Doch bei dem wilden Getümmel draußen und der Unruhe in der eigenen Brust, wollte es mit der Unterhaltung nicht recht gehen; alle Augenblick wurden wir durch den Lärm der Geschütze oder durch Trommelgewirbel unterbrochen.

»*Bodenstedt!*« – sagte *Auerbach*, der Gevattersmann – »Du bist weniger aufgeregt als wir; erzähl' uns von deinen Abenteuern im Morgenlande! Tu' einen lustigen Griff in deine Vergangenheit; das wird uns in eine neue Welt versetzen und den Unmut der Gegenwart verscheuchen!«
Der Gedanke fand Anklang bei der Gesellschaft.
»Ja, bitte! Erzählen Sie!« riefen alle und rückten näher mit ihren Stühlen.
»Erzählen Sie vom Kaukasus« – sagte *Kaufmann* – »und von Ihrem berühmten Lehrer *Mirza-Schaffy*! Das ist mein Liebling.«
»Und vom Schwarzen Meer« – sagte *Karl Beck* – »und von den Kosaken und von den Türken!«
»Und von den schönen Georgierinnen« – rief *Max Schlesinger* – »und vom Ararat und Armenien!«
Jeder wollte etwas Besonderes hören. Ein Geist der Heiterkeit war über alle gekommen, noch ehe ich meine Erzählung begann, denn die, welche die obigen Bitten an mich richteten, kannten schon einzelnes aus meinen Wanderungen. Und gern kam ich ihrem Verlangen entgegen und erzählte ihnen von *Mirza-Schaffy*, von seiner Weisheit und seinen wonnevollen Liedern; vom Ararat und Armenien; vom Kaukasus und den schönen Georgierinnen, und vom Schwarzen Meer und von den Kosaken und Türken.
So saßen wir bis tief in die Nacht hinein; gespannt lauschten alle meinen Erzählungen. Und keiner dachte mehr an das Getümmel draußen, noch an die brennenden Vorstädte und das Trommeln und Schießen . . .
Heute, wo ich diese Erinnerungen niederschreibe, ist gerade ein Jahr verflossen seit jenem Tage. Meine Freunde haben

Kaufmann: Alexander K. (1817–93); Werke: *Gedichte*, Düsseldorf 1852; *Unter den Reben*, Berlin 1871.
Karl Beck: österreichischer Lyriker (1817–79) aus dem Umkreis des Jungen Deutschland.
Max Schlesinger: 1822–81; Werke: *Aus Ungarn*, Berlin 1850; *Wanderungen durch London*, Berlin 1852.

mich inzwischen oft aufgefordert, den Erzählungen, welche einen so heitern Einfluß auf sie geübt, durch den Druck eine größere Verbreitung zu geben.
Vieles hat sich seitdem verändert in der Welt, aber die Menschen sind so ziemlich dieselben geblieben, und wohl mancher ist noch, der das Verlangen fühlt, nach den Wirren des Tages in erfreulicheren Dingen, als die Politik der Gegenwart uns bietet, Ruhe und Labung zu suchen.
Für solche Leser sind diese Blätter geschrieben, und wenn meine Erzählungen, hübsch gedruckt und gebunden, denselben Eindruck zu erzeugen vermögen, wie einst durch das gesprochene Wort, so ist der Zweck dieses Buches erfüllt.

Aufstieg zum Kaukasus

Hinter uns liegt die Steppe und vor uns auf steigt der Kaukasus.
Wie das Herz sich erhebt mit den Bergen, und wie das Auge klarer wird beim Anschauen ihrer leuchtenden Gipfel! Von dort, wo der vielgespaltene Kuban seine schlammigen Wogen in den tückischen Pontus wälzt, bis zu den Feuertempeln am Kaspischen Meere, läuft wild gezackt und zerklüftet die hohe Gebirgsmauer, welche Asien von Europa trennt.
Aus der frischen, kräftigen Pflanzenwelt zu ihren Füßen, aus dem dunkeln Grün, das *hier* als breiter Gürtel ihre Flanken umkleidet, *dort* in launenhaft zerrissenen Grasmatten hoch hinaufkriecht an den ungetümen Felsmassen, steigen die Berge empor in nackter Schöne, bis wo der demantene Winterschleier in blendender Weiße von den himmelanstrebenden Kuppen auf ihre gewaltigen Schultern herabfällt.

Kuban: Fluß, der am Südwesthang des Elbrus entspringt und ins Asowsche Meer fließt.
Pontus: griechische Kolonie an der kleinasiatischen Küste des Schwarzen Meers.

Hoch hinaus über diesen, in wunderbarem Farbenspiel schimmernden Massen zeichnen zur Linken der Kasbek, zur Rechten der Elborus und in gleicher Entfernung von beiden der pyramidenförmige Paßmymtha ihre weißen Häupter am blauen Himmel ab.

Kein europäisches Gebirge gewährt in seiner Gesamtheit einen so überwältigend schönen Anblick als der Kaukasus, wie er sich dem aus der Steppe kommenden Wanderer zeigt.

Hier ist kein vermittelnder Übergang, kein störendes Vorgebirge, das den Anblick des großen Ganzen erschwert.

Entweder erscheint der Himmel grau umwölkt, dichte Nebel beschränken den spähenden Blick und man wähnt noch mitten in der Steppe zu sein – oder der Wolkenschleier zerreißt, der Nebel fällt, und das Gebirge steht da in seiner ganzen Glorie.

So sah ich es zum ersten Male bei *Jekaterinograd*, der unter Katarina II. gegründeten, hart an der Kabardah gelegenen Kosakenstadt, wo der Weg, der uns aus Rußland hiehergeführt, sich in zwei Arme spaltet, davon der eine dem Kaspischen Meere zuläuft, während der andere sich erst in schwindelnder Höhe mitten durch den Kaukasus windet und dann ins Herz von Georgien niedersteigt.

Wir folgen dem letzteren Wege, wie er dem Laufe des *Terek* entgegen, der hier die *große* von der *kleinen Kabardah* trennt, uns über *Wladikawkas* in mühsamen Krümmungen auf den Rücken der Gebirge führt.

Zwischen hochaufgetürmten Kalksteinmauern, wild zerrissenen Schieferfelsen, über schauerliche Abgründe hinweg, wo ungetüme Protogynmassen aus dem schwarzen Schieferagglomerat hervorbrechen, gelangen wir durch den altberühmten Engpaß von *Darjel* zum Dorfe *Kasbek*, nachdem wir in *Lars* zum letzten Male frische Pferde genommen. Bald wird uns der Weg versperrt durch gewaltige Schneemassen, bald durch losgebrochene Granitblöcke und Steingerölle, bald durch ein ungeschlachtes ossetisches Fuhrwerk oder

durch eine Karawane bedächtig einherschreitender Kamele, deren zähe Wüstennatur auch vor den eisigen Gebirgspfaden des Kaukasus nicht zurückbebt.
Das Dorf Kasbek (bei den Georgiern auch Stepan Tzminda genannt) liegt am Fuße des Bergesriesen, dessen Namen es trägt und dessen Kuppe den höchsten Punkt der vulkanischen Kette bildet, welche den Kaukasus von Nordost nach Südwest durchzieht.
Steif und zerschlagen von der mühsamen Reise, welche ich, der Schwierigkeit des Weges halber, von *Lars* bis Stepan Tzminde fast ganz zu Fuß gemacht hatte, kam ich abends im Dorfe an.
Aber es duldete mich nicht lange in den dumpfen Zimmern. Nach kurzer Erholung eilte ich wieder hinaus in die frische Luft, und trotz der heftigen Kälte brachte ich die halbe Nacht unter freiem Himmel zu, verloren im Anschauen der großartigen Bilder, welche sich im klarsten Mondschein vor meinen Blicken entrollten.
Der plötzliche Übergang von der Steppe zum Gebirge, die gewaltigen Eindrücke des Tages, die unwillkürlich auftauchenden historischen Erinnerungen; der Gedanke, jetzt mitten in dem altberühmten Kaukasus zu weilen, den die einen die Wiege des Menschengeschlechts, andere die Mauer nennen, daran die Völkerwogen sich brachen, welche aus Mittelasien einst über Europa herabstürzten – all' dieses hatte mich so mächtig aufgeregt, daß ich die neue Welt um mich her mit doppelter Lebendigkeit erfaßte.

Begegnung mit Mirza-Schaffy

Vor allem ließ ich es mir angelegen sein, einen Lehrer für das Tatarische zu nehmen, um diese in den Ländern des Kaukasus unumgänglich notwendige Sprache in möglichster Eile zu erlernen.
Der Zufall begünstigte meine Wahl, denn mein schriftkundi-

Friedrich Bodenstedt und Mirza-Schaffy

ger Lehrer *Mirza-Schaffy*, der Weise von *Gjändsha**, wie er sich nennt, ist, nach seiner eigenen Meinung, zugleich der Weiseste aller Menschen.

Eigentlich nennt er sich in seiner landestümlichen Bescheidenheit nur den ersten Weisen des Morgenlandes; da aber nach seinem Dafürhalten die Kinder des Abendlandes noch in Finsternis und Unglauben leben, so versteht es sich für ihn gleichsam von selbst, daß er in seiner Weisheit und Erkenntnis uns alle überflügelt. Er nährt übrigens die Hoffnung, daß, dank seinen Bestrebungen, die Aufklärung und Weisheit des Morgenlandes auch bei uns im Laufe der Jahre wirksam um sich greifen werde. Ich sei nun schon sein fünfter Schüler – sagte er mir – der zu ihm gepilgert, um seines Unterrichts teilhaftig zu werden. Er folgert daraus, daß das Bedürfnis, nach Tiflis zu wandern und *Mirza-Schaffys* Sprüche der Weisheit zu hören, sich bei uns immer fühlbarer herausstelle. Meine vier Vorgänger – meint er ferner – würden bei ihrer Rückkehr ins Abendland doch auch nach Kräften dahin gewirkt haben, morgenländische Bildung unter ihren Stämmen zu verbreiten. Auf *mich* aber setzte er ganz besondere Hoffnungen, wahrscheinlich weil ich ihm einen Silberrubel für jede Lektion zahlte, was – wie ich erfahren habe – für den Weisen von Gjändsha ein ungewöhnlich hoher Preis ist.

Am unbegreiflichsten war es ihm immer, wie auch *wir* uns Weise oder Gelehrte nennen können und mit diesen Titeln durch die Welt wandern, bevor wir noch die heiligen Sprachen verstehen. Übrigens entschuldigte er bereitwillig diese Anmaßungen bei mir, da ich doch wenigstens eifrig bemüht war, die heiligen Sprachen zu erlernen, besonders aber, da ich den glücklichen Griff getan, *ihn* zum Lehrer zu wählen.

Die Vorteile dieses glücklichen Griffes wußte er mir sehr anschaulich zu machen. »Ich, Mirza-Schaffy« – sagte er – »bin der erste Weise des Morgenlandes! folglich bist du, als mein Jünger, der zweite Weise. Du mußt mich aber nicht

**Gjändsha* – eine in der Provinz *Karabagh* gelegene Stadt.

mißverstehen; ich habe einen Freund, *Omar-Effendi*, einen sehr weisen Mann, der wahrhaftig nicht der Dritte ist unter den Schriftgelehrten des Landes.
Wenn *ich* nicht lebte, und *Omar-Effendi* dein Lehrer wäre, so wäre er der erste, und du, als sein Jünger, der zweite Weise!« Nach solchem Ergusse pflegte dann *Mirza-Schaffy* immer schlauen Blickes mit dem Zeigefinger nach der Stirne zu deuten, worauf ich ihm regelmäßig im stummen Einverständnis mitwissend klug zunickte.

Die Schule der Weisheit

»*Mirza-Schaffy!*« – hub ich an, als wir wieder versammelt saßen im Divan der Weisheit – »was wirst du sagen, wenn ich dir erzähle, daß die Weisen des Abendlandes euch für eben so dumm halten, als ihr sie!«
»Was kann ich tun, als staunen ob ihrer Torheit!« – entgegnete er – »Was kann ich Neues lernen aus ihrem Urteil, wenn sie mein eigenes wiederholen?«
Er ließ sich einen frischen Tschibuq bringen, dampfte eine Weile nachdenkend vor sich hin, bat uns, das *Kalemdan* (das Schreibzeug) zu bereiten, und dann begann er zu singen:

Soll ich lachen, soll ich klagen,
Daß die Menschen meist so dumm sind,
Stets nur Fremdes wiedersagen
Und in Selbstgedachtem stumm sind!

Nein, den Schöpfer will ich preisen,
Daß die Welt so voll von Toren!
Denn sonst ginge ja der Weisen
Klugheit unbemerkt verloren!

»*Mirza-Schaffy!*« – unterbrach ich ihn wieder – »wäre es nicht ein kluges Beginnen, deine Sprüche der Weisheit in das Gewand des Abendlandes zu kleiden, auf daß sie uns werden

ein Spiegel für die Toren, eine Richtschnur für die Irrenden und eine Quelle hohen Genusses für unsere Weiber und Jungfrauen, deren Anmut groß ist wie ihr Hang zur Weisheit!«
»Die Frauen sind überall klug«, – entgegnete mein ehrwürdiger Lehrer – »und ihre Macht ist größer als die Toren wähnen. Ihre Augen sind der Ursitz aller wahren Andacht und Weisheit, und wer aus ihnen schöpft, der braucht nicht auf den Tod zu warten, um einzugehen in die Freuden des Paradieses. Der kleinste Weiberfinger stößt das größte Gebäude des Glaubens um, und das jüngste Mädchen macht die ältesten Satzungen der Kirche zuschanden!«
»Aber du hast mir noch nicht Antwort gegeben auf meine Frage, o *Mirza*!«
»Du sprachest weise. Die Saat meiner Worte hat Keime gewonnen in deinem Geiste. Schreib', ich werde singen!«
Und nun sang er mir eine Menge wundersamer Lieder vor, von welchen ich einen Teil hier in deutschem Gewande folgen lasse.

Das Glaubensbekenntnis des Mirza-Schaffy

Mein Lehrer ist *Hafis*, mein Bethaus ist die Schenke,
Ich liebe gute Menschen und stärkende Getränke,
Drum bin ich wohlgelitten in den Kreisen
Der Zecher, und sie nennen mich den Weisen.
Komm' ich – da kommt der Weise! sagen sie;
Geh' ich – schon geht der Weise! klagen sie;
Fehl' ich – wo steckt der Weise? fragen sie;
Bleib' ich – in lust'ger Weise schlagen sie
Laut Glas an Glas. Drum bitt' ich Gott den Herrn,
Daß er stets Herz und Fuß die rechten Pfade lenke,

Hafis: Schamsoddin Mohammad Hafes (1325–90) aus Schiras ist der bedeutendste persische Dichter durch seine vollkommene Meisterung der Form des Ghasels, wobei seine Gedichte zwischen irdischer und himmlischer Liebe seltsam in der Schwebe bleiben; charakteristisch auch seine Angriffe auf fanatische Priester und die mit ihnen verbündete Polizei.

Weitab von der Moschee und allen Bonzen fern
Mein Herz zur Liebe führe und meinen Fuß zur Schenke;
Daß ich dem Wahn der Menschen und ihrer Dummheit ferne
Das Rätsel meines Daseins im Becher Weins ergründe,
Am Wuchse der Geliebten das All umfassen lerne,
An *ihrer* Augen Glut zur Andacht mich entzünde.
O wonniges Empfinden! o Andacht ohne Namen!
Wenn Kolchis' Feuerwein mir Mark und Blut durchdrungen,
Ich die Geliebte halte und sie hält mich umschlungen,
Beseligt und beseligend – *so* möcht' ich sterben! Amen.

Mirza-Schaffy gibt sein Urteil über den Schach von Persien

Ein Schriftgelehrter kam zu mir und sprach:
»Mirza-Schaffy, was denkst du von dem Schach?
Ist ihm die Weisheit wirklich angeboren,
Und ist sein Blick so groß wie seine Ohren?«

– Er ist so weise, wie sie alle sind,
Die Träger des Talars und der Kapuze;
Er weiß, wie ehrfurchtsdumm das Volk und blind,
Und diese Dummheit macht er sich zu Nutze! –

Mirza-Schaffy rühmt die Anmut Zuléikhas

Seh' ich deine zarten Füßchen an,
So begreif' ich nicht, du süßes Mädchen,
Wie sie so viel Schönheit tragen können!

Kolchis': Kolchis, sumpfige Ebene zwischen dem Kaukasus und dem Schwarzen Meer; Ziel der klassischen Argonautenfahrt.
Zuléikhas: Zuleika (bei Goethe: Suleika), gilt in der islamischen Dichtung als die schönste und zugleich die geistvollste Liebende.

Seh' ich deine kleinen Händchen an,
So begreif' ich nicht, du süßes Mädchen,
Wie sie solche Wunden schlagen können!

Seh' ich deine ros'gen Lippen an,
So begreif' ich nicht, du süßes Mädchen,
Wie sie einen Kuß versagen können!

Seh' ich deine klugen Augen an,
So begreif' ich nicht, du süßes Mädchen,
Wie sie nach mehr Liebe fragen können,

Als *ich* fühle. – Sieh mich gnädig an!
Wärmer als *mein* Herz, du süßes Mädchen,
Wird kein Menschenherz dir schlagen können!

Hör' dies wonnevolle Liedchen an!
Schöner als *mein* Mund, du süßes Mädchen,
Wird kein Mund dir Liebe klagen können!

Mirza-Schaffy feiert einen Gedächtnistag

Jenem Tage zum Gedächtnis
Sei ein langer Trunk gemacht,
Wo vom Bethaus in die Schenke
Ich den ersten Sprung gemacht!

War verdummt in blinder Demut,
War gealtert wie ein Greis –
Aber Wein, Gesang und Liebe
Hat mich wieder jung gemacht!

Trink, *Mirza-Schaffy*! berausche
Dich in Liebe, Sang und Wein!
Nur im Rausch sind deine Lieder
So voll Glut und Schwung gemacht.

[. . .]

Mirza-Schaffy rühmt sein eigenes Glück

Ich Glücklichster der Glücklichen! Derweil
Die Welt sich um sich selbst in Dummheit dreht,
Und jeglicher auf seine Art dem Heil,
Das offenbar liegt, aus dem Wege geht;
Derweil der Mönch den eig'nen Leib kasteit
Und wähnt, daß ihn der Himmel einst entschädigt
Für die auf Erden wundgerieb'nen Knie –
Derweil der Pfaff vom Jenseits prophezeit,
In frommer Wut den Leuten Dinge predigt,
Von denen *er* so wenig weiß wie *sie*:
Knie' ich zu meines Mädchens Füßen nieder,
Und schreibe meine wonnevollen Lieder
Aus *ihren* Augen ab. Es perlt der Wein
Zuneben mir im funkelnden Pokale;
Ich schlürfe ihn in vollen Zügen ein,
Und denk': Es ist in diesem Erdentale
Bei Lieb' und Wein ein paradiesisch Sein!

»Mirza-Schaffy!« – sagte ich, als der Weise einen Augenblick innehielt, um ein Glas Wein zu trinken und einen frischen Tschibuq anzurauchen, – »die Herzen der Jungfrauen werden hochaufschlagen durch die süße Gewalt deiner Lieder, aber die Weisen unseres Volks werden sprechen in ihrer Eifersucht: es fehle dir an Mannigfaltigkeit der Anschauungen und Gedanken. Hast du nicht auch Lieder über andere Dinge geschrieben, als über Wein, Liebe und Rosen?«
Ohne mich gleich einer Antwort zu würdigen oder auch nur aufzublicken, blies der *Mirza* eine Weile dicke Dampfwolken vor sich hin, schlürfte ruhig noch ein paar Gläser Wein herunter, und dann hub er folgendes Lied an zu singen:

Euch mißfällt mein Dichten, weil ich
Immer nur das Eine singe?
Nur von Rosen, Lenz und Liebe,
Nachtigall und Weine singe?

Was ist schöner: daß der Sänger
Irrlicht, Nacht und Lampe preist –
Oder daß er von der einen
Sonne ew'gem Scheine singe?

Und wie eine Sonne gieß' ich
Meine Liederstrahlen aus,
Weil ich immer nur das Schöne,
Niemals das Gemeine singe.

Mögen andere Lieder rühmen
Kampf, Moschee und Fürstenglanz –
Nur von Rosen, Wein und Liebe
Sollen immer meine singen!

Oh, *Mirza-Schaffy*! wie lieblich
Duftet's aus den Versen her!
Denn so schön wie deine Lieder
Kann ein andrer keine singen!

Die »rote Brücke«

[. . .] je weiter wir uns von der Kyrosstadt entfernen und dem armenischen Hochlande zueilen, desto reicher und mannigfaltiger in ihren Erzeugnissen begrüßt uns traulich eine bekannte, heimatliche Pflanzenwelt.
Wir finden hier fast ganz dieselbe Vegetation, wie in den Gebirgen von Steiermark, so daß ich euch mit der Beschreibung der Einzelheiten nicht lange aufzuhalten brauche, sondern euch – nachdem wir das naphtareiche Dorf Soganlug passiert haben – gleich zu der berühmten »roten Brücke« (bei den Georgiern Gathe-chili-chidi genannt) führen kann, welche die beiden Ufer des Chram, oder der Debeda, miteinander verbindet.

Kyrosstadt: Tiflis.

Diese uralte Brücke ist eines der großartigsten Denkmäler georgischer Baukunst. Sie hatte ursprünglich vier Bogen, getragen von gigantischen Pfeilern, in deren Höhlungen Zimmer mit Kaminen, Vorplätzen und allen landesüblichen Bequemlichkeiten eingerichtet waren. In den Gemächern des Mittelpfeilers, welche zwei hohe Balkons über den Fluß ausstreckten, befand sich sogar ein *Duchan* (eine Schenkwirtschaft). Die Balkons sind eingestürzt, die Zimmer unwohnbar geworden, aber die stark aus roten Backsteinen gebaute Brücke selbst trotzt den Verwüstungen der Zeit.

Schon in Muhanly, einige Stunden bevor wir die »rote Brücke« erreichten, haben wir den unbequemen Wagen zurückgelassen und Tatarenpferde bestiegen, auf welchen wir, trotz der Gebirge, elf deutsche Meilen, oder siebenundsiebenzig Werst in einem Tage zurücklegen.

Wenige Werste diesseits Pipis, der nächsten Station hinter Arslanbeglu, machen wir wieder Halt im Becken der Dshogas, wo die Natur einen ihrer bizarrsten Gedanken in Stein ausgeprägt und zu einem merkwürdigen, pyramidenförmigen Felsenturme gestaltet hat.

Aus einer weiten Einfassung zersetzter Porphyrhügel steigt hier in einer Höhe von fünfzehnhundert Fuß der Gewardzin-Dasch empor, über welchen eine Menge gelehrter und ungelehrter Abhandlungen geschrieben sind, und an welchen sich die schauerlichsten Sagen- und Räubergeschichten des Landes knüpfen.

Ein armenisches Dorf

Folgt mir in ein armenisches Dorf. Wir sehen hier dieselben schmutzigen, roh aufgeworfenen, halb unterirdischen Häuser, die wir in Georgien kennen gelernt haben. Vor jedem Hause steht ein sorgfältig aufgeschichteter, kegelförmiger Turm von zwölf bis zwanzig Fuß Höhe. Dieser Turm, zusammengebacken aus verdorbenem Stroh und allem Unrat des Hauses und Stalles, bildet das gewöhnliche Brennmaterial der Familie. Wo dieser *Kisljak* (die tatarische Benennung dafür) vom Winde und von der Sonne getrocknet und zu einer torfähnlichen Masse gediehen ist, wird der tägliche Hausbedarf geschöpft, und die dadurch entstandene Lücke gleich wieder ausgefüllt.

Ist es schon ein wenig appetitlicher Anblick, solch unreinliches Brennmaterial zur Bereitung des Brotes und zum Kochen verwendet zu sehen, so machte es mir doch einen viel unangenehmeren Eindruck, zu erfahren, daß hauptsächlich den Frauen der Armenier das Aufbauen und die Unterhaltung der Kisljak-Pyramiden obliegt.

Man denke sich diese, im Vergleich zu ihrer dürftigen Behausung, sehr schmuck gekleideten Landbewohnerinnen, mit gelben Schuhen, roten Pantalons, kurzem Rocke und langem Schleier, wie sie an den Kisljak-Pyramiden beschäftigt sind! Und dieses Schauspiel wurde uns jedes Mal, wenn wir ein armenisches Dorf passierten. Ein Glück, daß das Handküssen hier zu Lande nicht Sitte ist.

Kriechen wir nun in das Innere einer armenischen Dorfwohnung, so glauben wir uns ganz in die Zeiten Abrahams zurückversetzt. Bei wohlhabenden Leuten findet man ein besonderes Gemach für den weiblichen Teil der Familie; bei den Ärmeren, welche die große Mehrzahl bilden, besteht die Hütte nur aus einem großen Raume, wo die Menschen von ihrem Hausvieh bloß durch Querbalken getrennt sind. Von Fenstern, Tischen, Stühlen u. s. w. ist natürlich keine Spur zu finden. Das Licht fällt durch eine Öffnung des Daches; der lehmgestampfte Fußboden ist mit Stroh bedeckt, und die darüber ausgebreiteten Matten (bei den Wohlhabenden Teppiche) ersetzen zugleich Stühle, Betten und Sophas.

In der Mitte des Frauengemaches befindet sich gewöhnlich eine mit Steinen ausgemauerte Öffnung, wo das Brot (*Tschoräkj, Lawasche*) gebacken wird.

Mögen diese kurzen Andeutungen zur Schilderung eines armenischen Dorfhausstandes genügen. Der Leser würde wenig Vergnügen finden, mir durch alle übrigen unerquicklichen Einzelheiten zu folgen.

Schluß

Hier müssen wir den Vorhang fallen lassen über *Mirza-Schaffy* und die Schule der Weisheit schließen, um den vorgezeichneten Raum nicht zu überschreiten und auch den übrigen Begegnungen unserer Wanderfahrt gerecht zu werden.
Wo eine Rundschau gehalten wird über so mannigfaltige und fremdartige Erscheinungen, wie dieses Buch dem Leser sie bieten soll, da kann jedes Bild nur auf einen kleinen Rahmen Anspruch machen.
Sollte aber mein ehrwürdiger Lehrer, nach der leichten Skizze die ich hier von ihm entworfen habe, viele Freunde finden im Abendlande, so wäre ich gar nicht abgeneigt, ihn der Welt einmal in seiner ganzen Größe vorzuführen und dem Weisen von Gjändsha ein besonderes Buch zu widmen. Stoff dazu würden seine vielen, noch unübersetzten Gedichte, sein »Schlüssel zur Weisheit«, seine lange Korrespondenz mit mir und seine letzte Liebesgeschichte in Fülle bieten.
Auch im Verlauf dieser Blätter werden wir noch oft Gelegenheit haben, *Mirza-Schaffy's* zu gedenken, da seine Beziehungen zu mir auf alle meine späteren Erlebnisse im Orient von Einfluß waren.
Er vermittelte meine Bekanntschaft mit den berühmtesten Schriftgelehrten in den Ländern des Kaukasus, und besonders mit dem Weisen *Omar-Effendi*, dessen schon in den frühern Kapiteln dieses Buchs rühmend gedacht wurde, und mit dem ich, auf meiner Wanderung durchs Paschalick Achalzich einen poetischen Wettkampf der Weisheit zu bestehen hatte, wovon der Leser eine kurze Schilderung in den nachfolgenden Aufzeichnungen finden wird.
Hier mögen zuvörderst noch ein paar kleine Lieder Platz finden, als Nachklänge aus der Schule der Weisheit, und als Übergänge zu neuen Wanderungen.

1.

Gelb rollt mir zu Füßen der brausende Kur*
Im tanzenden Wellengetriebe;
Hell lächelt die Sonne, mein Herz und die Flur –
Oh, wenn es doch immer so bliebe!

Rot funkelt im Glas der kachetische Wein,
Es füllt mir das Glas meine Liebe –
Und ich saug' mit dem Wein ihre Blicke ein –
Oh, wenn es doch immer so bliebe!

Die Sonne geht unter, schon dunkelt die Nacht,
Doch mein Herz, gleich dem Sterne der Liebe,
Flammt im tiefsten Dunkel in hellster Pracht –
Oh, wenn es doch immer so bliebe!

In das schwarze Meer deiner Augen rauscht
Der reißende Strom meiner Liebe;
Komm, Mädchen! es dunkelt und niemand lauscht –
Oh, wenn es doch immer so bliebe!

2.

Die helle Sonne leuchtet
Aufs weite Meer hernieder,
Und alle Wellen zittern
Von ihrem Glanze wieder.

Du spiegelst dich, wie die Sonne,
Im Meere meiner Lieder;
Sie alle glühn und zittern
Von deinem Glanze wieder!

* Kur – Kyros.

3.

Ich fühle deinen Odem
Mich überall umwehn –
Wohin die Augen schweifen,
Wähn' ich, dein Bild zu sehn!

Im Meere meiner Gedanken
Kannst du nur untergehn,
Um, wie die Sonne, morgens
Schön wieder aufzustehn!

Im Sommer 1858 machte König Maximilian II. mit kleinem Gefolge eine sechswöchige »Fußreise« von Vorarlberg nach Berchtesgaden. Er genoß die Natur, suchte das ruhige Gespräch mit den »Berufenen« und ertrug geduldig die Berührung mit seinem Volk. Neben Bodenstedt hat auch Wilhelm Heinrich Riehl diese Reise beschrieben.

Eines Königs Reise

Erinnerungsblätter an König Max

Gespräch über Naturschönheiten

Der Weg, den ich mit Sr. Majestät zu fahren hatte, um nach Reute zu gelangen, führte uns dem Laufe der wildströmenden, durch die wolkenbruchähnlichen Regengüsse hochangeschwellten Ach entgegen, in deren Bette eine Menge wahrer Ungetüme von Steinblöcken dem schäumend gegen sie anstürmenden Flutgetöse Trotz bot. Im Übrigen sah die Welt aus, als ob sie erst in Begriff wäre, sich aus vorweltlichem Urnebel heraus zu verdichten, um feste Gestalt und erkennbare Umrisse zu gewinnen. Aber wie durch einen Zauberschlag teilte sich plötzlich das dunkle Gewölk über uns, wir sahen in weicher, wunderheller Beleuchtung der aufsteigenden Sonne, die ihren Glanz verdoppelt zu haben schien, um uns für ihre lange Abwesenheit zu entschädigen, ein herrliches, blankgewaschenes, farbenfrisches Stück Welt vor uns, im wechselvollen Reiz von Berg, Wald und Wasser.

Prächtigere Eschen, als hier die malerischen Ufer der Ach schmückten, habe ich nirgends gesehen, und auch die blanken, hochstämmigen Ahornbäume zeigten sich denen der Jachenau und Ramsau völlig ebenbürtig.

»Ich gedachte«, sagte der König, »auf unserer Fahrt über ganz andere Dinge mit Ihnen zu sprechen als über Naturschönheiten, aber der sonnige Anblick, der uns so unerwartet geworden, nimmt mich im Augenblick ganz gefangen.«

»Möge diese Gefangenschaft lange dauern!« erwiderte ich. »Reine Bergluft atmen und sonnige Eindrücke in sich aufnehmen, ist ein Segen, den man nicht immer haben kann.«

»Ja, ich weiß, Sie sind auch ein Freund der Natur«, sagte der König, »ich habe das bald aus Ihren Büchern gemerkt, obwohl Sie nicht viel Worte darüber machen. Ich lasse mich deshalb auch gern bei Ihnen gehen, da ich sicher bin, nicht mißverstanden zu werden, wie mir das schon in früher Jugend begegnet ist, in einer Weise, die mich fast irre an mir selbst machte.«

»Liebe zur Natur«, erwiderte ich, »kann doch unter keinen Umständen etwas Tadelnswertes sein, da die Natur unsere Urmutter ist, der wir alle verdanken, daß wir sind.«

»So weit möchte ich nicht gehen«, sagte der König, »denn wenn ich die Urmutter gelten lassen soll, so muß ich dazu einen Urvater annehmen, dem sie ihre Kinder verdankt – mit anderen Worten: einen schaffenden oder zeugenden Gott. Spricht doch auch Goethe oft von Gott-Natur im Sinne innigster schaffender Vereinigung beider.«

»Ich habe mich bei meinem Gleichnis«, erwiderte ich, »bloß an das eine, Sichtbare gehalten, ohne deshalb das andere, Unsichtbare nicht gelten lassen zu wollen. Christus lehrt: Gott ist ein Geist, und die ihn anbeten, sollen ihn im Geist und in der Wahrheit anbeten! Das hindert die wahre Liebe zur Natur nicht, sondern erhöht sie. Denn der Zauber, den das sinnlich Wahrnehmbare auf uns übt, was wir Natur nennen, kann nur wachsen bei dem Gedanken, daß noch etwas Höheres dahinter steht, dessen Wahrnehmung sich unseren Sinnen entzieht.«

»Und doch hat es viele glaubensfeste Männer ungewöhnlicher Art gegeben«, nahm der König wieder das Wort, »welche glaubten, Gott am besten zu dienen, wenn sie sich vom Zauber der Natur wie von einer Verlockung des Bösen abwendeten, und welche dafür als Heilige gepriesen wurden.«

»Das sind eben wunderliche Heilige gewesen«, sagte ich lächelnd.

»Ja«, fuhr der König fort, »denn selbst Humboldt, dem man doch dogmatische Beschränktheit nicht vorwerfen kann, hebt in seinem *Kosmos* hervor, daß das Christentum den Blick in die *freie* Natur wesentlich erweitert habe, wie es auch, selbst wo es als Staatsreligion auftrat, in der großen Angelegenheit der bürgerlichen *Freiheit* des Menschengeschlechts für die niederen Volksklassen wohltätig wirkte. Ich erinnere mich der Stelle genau: Sie steht im ersten Kapitel des zweiten Bandes, wo ein vergleichender Überblick der Einwirkungen der Natur auf die Literatur der alten Völker gegeben wird. Es frappierte mich, darin zu finden, daß die Römer für die großartigen Schönheiten der Alpenwelt,

Humboldt: »Es verbreitete sich allmählich das Christentum; und wie dieses, selbst wo es als Staatsreligion auftrat, in der großen Angelegenheit der bürgerlichen Freiheit des Menschengeschlechtes für die niederen Volksklassen wohlthätig wirkte, so erweiterte es auch den Blick in die freie Natur.« (Alexander von Humboldt, *Kosmos. Entwurf einer physischen Weltbeschreibung*, Bd. 2, Stuttgart [o. J.], S. 19.)

welche sie doch auf ihren Heerzügen so genau kennen lernten, kein Auge hatten, sondern nur von schlechten Wegen und schauerlichen Einöden zu berichten wußten, ja daß Julius Cäsar, als er zu seinen Legionen nach Gallien zurückkehrte, die Zeit benutzte, um während des Zuges über die Alpen eine grammatische Schrift, ›De analogia‹, anzufertigen.«

»Daß ein so rastlos strebender Geist wie Julius Cäsar an ganz andere Dinge dachte, als das Gletschereis und den ewigen Schnee der Alpen zu bewundern, die seinem Marsche so gewaltige Hindernisse boten, ist leicht erklärlich, aber im allgemeinen scheint den Römern die Gemütsseite gefehlt zu haben, welche zum Naturgenuß hinzieht; Ausnahmen wie Plinius der Jüngere, Cicero u. a. bestätigen nur die Regel. Übrigens kann man ein großer Freund der Natur sein, ohne dabei das Bedürfnis zu fühlen, über alle empfangenen Eindrücke schriftlichen Bericht zu erstatten. Ein anderes ist es, wenn man fremde Länder oder wenig besuchte Gegenden durchwandert und Neues mitzuteilen weiß oder charakteristische Schilderungen bietet, die als wirkliche Kunstwerke erfreuen, wie z. B. Fallmerayers ›Fragmente aus dem Orient‹, welche trotz allen Lobes, das ihnen die Zeitungen gespendet,

De analogia: Das Mitte der fünfziger Jahre v. Chr. während einer Alpenüberquerung Cäsars entstandene Buch über die grammatische Sprachrichtigkeit als Grundlage der Redekunst ist nicht erhalten.

Fallmerayers: Jakob Philipp Fallmerayer (1790–1861): Aus einfachen Verhältnissen in Südtirol stammend wird er durch die Hilfe von Mäzenen Lehrer in Augsburg, dann Professor am Lyzeum in Landshut. Nach vielen Reisejahren, besonders im Orient, erhält er 1848 die Ernennung zum Professor für Geschichte in München, kann diese Stelle aber nicht antreten, da er nicht nur dem Parlament in der Paulskirche, sondern auch noch dem Stuttgarter Rumpfparlament angehört. Er geht nach seiner Verbannung in die Schweiz ins Exil, wird 1850 zwar begnadigt, so daß er nach München zurückkehren kann, an eine gesellschaftliche Stellung ist aber nicht mehr zu denken. Von ihm stammen einige der glänzendsten Reisebeschreibungen des 19. Jahrhunderts. Die hier wiedergegebene Unterredung zwischen dem König und Bodenstedt klingt wie eine verlegene Wiedergutmachung an einem Mann, der eigentlich Bodenstedts Stelle am Hof hätte einnehmen müssen.

so wenig bekannt sind und doch allgemein bekannt zu sein verdienten.«

»Ich habe sie zu wiederholten Malen gelesen«, sagte der König, »und immer mit neuem Genuß und neuer Belehrung, obgleich ich manche der Stätten, die er schildert, aus eigener Anschauung kenne. Er schildert im großen Stil und doch mit malerischer Anschaulichkeit bis ins kleinste. Der Gang seiner Rede ist langsam, aber immer würdevoll, oft feierlich, zuweilen sogar majestätisch. Man merkt, daß ihm die Satzbildungen nicht gleich fertig aus der Feder springen, daß er vielmehr die einzelnen Teile erst sorgfältig gegeneinander abwägt, ehe er sie zusammenstellt, aber er weiß sie dann kunstvoll zu fügen, und seine kritische Bedächtigkeit wird von einem feinen Ohr für Wohllaut geleitet. Er schmückt seine Rede gern, aber nur mit echtem Schmuck, gleichviel ob mit eigenem oder von den Alten entlehnten. In seinen meist von tiefer Trauer und Wehmut durchzitterten Betrachtungen kontrastiert er gern den Glanz der alten Kulturstätten des Morgenlandes mit ihrer heutigen Verödung und Verwilderung. Auch in den Ländern des Westens und besonders in Deutschland kann er nichts Tröstliches und Erfreuliches mehr entdecken, sondern sieht überall nur Zerfall und Verkommenheit, und das noch halb in der Barbarei steckende Rußland ist ihm in Europa das einzige Land der Zukunft. Zu diesem Glauben kann ich mich nicht bekehren; ich habe noch Vertrauen zum deutschen Geiste und kenne keine größere Freude, als nach Kräften mitzuwirken, das Volk einer besseren Zukunft entgegenzuführen. Aber man hat gern Zustimmung und Ermutigung in seinem Glauben und Hoffen. Entgegengesetzte Ansichten können die unserigen berichtigen, wenn sie mit diesen ein gleiches Ziel im Auge haben, allein der Ausdruck völliger Hoffnungslosigkeit kann nur lähmend auf die Tätigkeit anderer wirken. Und im Grunde ist es doch eine sehr billige Weisheit, immer zu predigen, daß alles auf Erden eitel und vergänglich sei! Wer weiß das nicht? Wir sehen die Blumen verwelken, die Menschen sterben und die größten

Reiche zugrunde gehen. Aber hat das je verhindert, daß neue Blumen gepflanzt, neue Menschen geboren und neue Reiche gegründet wurden? Wer sein Leben würdig ausgefüllt hat, mag ruhig sterben, allein in der Kraft des Lebens soll man niemals denken: Alles Streben ist nutzlos, weil es doch einmal ein Ende nehmen muß. Doch ich rede Ihnen da von Dingen, die Sie selbst längst besser in Vers und Reim gesagt haben –«

»Und andere längst vor mir«, warf ich ein, »aber nicht besser! Denn Wert und Wirkung der Worte verändern sich je nach der Bedeutung dessen, der sie redet.«

»Wie meinen Sie das?«

»Wenn z. B. in einem unterdrückten Volke irgend jemand öffentlich riefe: ›Es lebe die Freiheit!‹ so würde er eingesperrt; wenn hingegen der Beherrscher des Volkes dieselben Worte vernehmen ließe, so würde des Jubels kein Ende sein.«

»Ach so!« lächelte der König.

»Es erinnerte mich das«, fuhr ich fort, »an ein altes persisches Sprüchwort: ›Das Wort des Königs ist König der Worte.‹«

»In jedem ähnlichen Falle wie dem eben angeführten trifft das allerdings zu«, sagte der König. »Doch, um noch einmal auf Ihren Freund Fallmerayer zurückzukommen, so kann ich mir ganz gut erklären, warum seine Schriften keine so allgemeine Verbreitung gefunden haben, wie Sie ihnen wünschen. Er hat eine schwere Jugend gehabt, die ihre Schatten bis in sein Alter geworfen, und der Schmerz über das Fehlschlagen vieler Hoffnungen hat ihn zu einer trüben Weltanschauung geführt, die nicht jeder teilen mag. Er ist Sieger geblieben in den vielen Kämpfen, die er zu bestehen gehabt, aber er ist seines Sieges nicht recht froh geworden. Er hat entbehren und entsagen gelernt, aber nicht mit beruhigtem Herzen. Ein Schleier der Wehmut breitet sich über alles, was er schreibt, selbst über seine farbenprächtigen Naturschilderungen. Seine Betrachtungen fesseln durch den Zauber der Sprache, aber hinterlassen immer eine wehmütige Stimmung, weil ihnen der befreiende Ausblick, ich möchte sagen: die poetische

Erlösung fehlt. Ich weiß seine Vorzüge wohl zu würdigen und habe ihn auch durch langen persönlichen Verkehr genau kennengelernt, wo er mir dann freilich in mancher Hinsicht ganz anders erschien als in seinen Büchern.«

Ein wieder heftig herabströmender Regen machte der Unterhaltung über Fallmerayer ein Ende und verhinderte mich auch, die Reize von Reute im rechten Lichte zu sehen, so daß ich nichts darüber zu notieren fand.

Auf der Rückfahrt hatten wir noch ein paar flüchtige Sonnenblicke, zu flüchtig, um uns der Schönheit der Landschaft so zu erfreuen wie am Morgen.

Gespräch über die Wirkungen der Eisenbahn

Es war schon spät am Abend, als wir, müde vom Reiten und Gehen, in unser sehr sauber gehaltenes Wirtshaus zurückkehrten, um uns bald darauf zum Souper bei Sr. Majestät zu versammeln. Die leicht hin und her fliegende Unterhaltung während des Essens lief nachher, als die Zigarren zwischen die Lippen kamen – wozu der König immer das Zeichen gab durch Anrauchen einer feinen griechischen Zigarette, die nie ausgeraucht wurde –, in Betrachtungen aus über die charakteristischen Unterschiede zwischen den vom Dampfroß durchschnaubten Gegenden und denen, die davon noch unberührt geblieben. Über die ins Auge fallenden Vorteile eines beflügelten Verkehrs waren natürlich alle von vornherein einig, doch erlaubte ich mir, hervorzuheben, daß der größte Segen, den man früher allgemein davon erwartet hatte, nämlich Verbrüderung der Völker, Aufhören der Kriege, Fallen der Nationalitätsschranken, Ausgleichung durch Annäherung und was dergleichen Schönes mehr prophezeit wurde, ins gerade Gegenteil umgeschlagen ist. Die Völker haben sich bei näherer Bekanntschaft noch schroffer voneinander geschieden als vorher, die Kriege sind durch den beschleunigten Verkehr nicht verhindert, sondern nur beschleunigt und ver-

mehrt worden, und die Nationalitätsfrage ist eine so brennende geworden, daß Frankreich oder Rußland eines Tages die Welt damit in Brand stecken kann.
»Die Eisenbahnen haben noch viel andere Nachteile im Gefolge gehabt«, sagte A., »denn wo ihr Strang bei uns läuft, hat er manche alte deutsche Tugend stranguliert, wie z. B. die Tugend der Billigkeit, der Gemütlichkeit, der Höflichkeit, der Bescheidenheit. Wer in einem Coupé sich's bequem gemacht, betrachtet jeden neuen Passagier als einen Feind, der ihm den Platz beengen will. Wer nicht mehr Handgepäck mitnimmt, als erlaubt ist, dem fällt unversehens ein über das erlaubte Gewicht gehender Koffer eines anderen Passagiers auf den Kopf, und wenn das Glück gut ist, so tritt ihn der andere Passagier beim Wiederaufheben des Koffers noch auf die Füße.«
»Ja«, sagte C., »dergleichen Geschichten hat wohl jeder erlebt. Ein Fremder, der Deutschland bloß auf der Eisenbahn kennen lernt, wird wenig von den Vorzügen mehr finden, die man uns früher nachrühmte. Die bescheidenen und feineren Leute verhalten sich ruhig, und die Rohen und Aufdringlichen führen das große Wort.«
»Das wird wohl überall so sein«, fiel D. ein, »denn der gesteigerte Verkehr bringt es mit sich, daß oft unsaubere Elemente zusammenkommen, welche man früher nur selten und vereinzelt traf, als die Postkutsche noch die Lande durchrollte und täglich nicht so viele Menschen von einer Stadt zur anderen brachte, als jetzt Züge gehen.«
»Sicher ist«, sagte A., »daß, wer's nicht eilig hat und zur Erholung reist, oder um Land und Leute an der Quelle kennenzulernen, den Schienensträngen möglichst fern bleiben muß, die ich mit Strömen vergleichen möchte, welche den darauf hindampfenden Passagieren wohl schnelle Beförderung, aber keinen reinen Erquickungstrunk aus ihrer Flut bieten können. Diesen muß man an der Quelle suchen, die auf Berghöhen oder im waldigen Talgrunde springt.«
»Ich habe nicht mitgeredet«, hob jetzt der König an, »weil

ich, immer nur in Gesellschaft reisend, die ich mir selbst wähle, keine von den Unannehmlichkeiten erfahren konnte, die halb im Scherz, halb im Ernst erzählt wurden. Aber wenn ich's nicht eilig habe, fahr' ich doch auch lieber im eigenen Wagen als auf der Eisenbahn und atme lieber in frischer Bergluft als im Dunstkreise des Rauchschlots. Es wollte mir vorhin fast scheinen, als habe der Dampf der Zigarren die Herren unwillkürlich zum Dampf der Lokomotive geführt, wie mir's heute ähnlich angesichts einer dampfenden Suppe erging. Als wir auf unserer Wanderung in ein schmuckes Haus eintraten, um uns die Einrichtung anzusehen, überraschten wir die Familie beim Abendbrot, und es freute mich, daß der würdige Hausvater, vor dem die dampfende Suppe stand, sich in seinem eben begonnenen Tischgebet nicht stören ließ. Unwillkürlich kam mir dabei in den Sinn, daß ich auf meinen vielen Eisenbahnfahrten in Deutschland nie etwas Ähnliches gesehen, woraus ich jedoch nicht schließen will, daß das Tischgebet überall im Bereiche der Eisenbahn nicht mehr üblich sei.«

»Bei der jüngeren Generation ist es so ziemlich ganz abgestellt, und auch unter den älteren Leuten gibt es viele, die sich für aufgeklärt halten, wenn sie es nicht mehr üben«, sagte einer aus der Gesellschaft, der Land und Leute zum Gegenstande langjährigen eingehenden Studiums gemacht hatte. »Es ist ein trauriges Zeichen der Zeit«, fuhr er fort, »daß die Leute sich durch den flachen Aufkläricht, den ihnen die Tagesliteratur ins Haus wirft, so leicht den Kopf verdrehen lassen. Wenn der Familienvater, auch der vornehme und reiche, nicht mit dem Kaffeetisch das Tagewerk einleitet, sondern mit einem gemeinsamen Gebet, zu welchem sich Weib und Kind und Gesinde, das ganze Haus um ihn versammeln müssen, dann meint man wohl, das sei ein Zopf und Muckerei. Ein solcher gemeinsamer Antritt des Tagewerks ist aber ein Wahrzeichen des Zusammenhaltens und Zusammenhängens des Hauses. Darum ist er, ganz abgesehen von seiner sittlichen und religiösen Bedeutung, auch in sozialem

Betrachte Goldes wert. Bei einzelnen Bauerschaften geschieht das alles noch, aber die städtischen Väter scheinen nicht zu wissen, daß sie mit dem Ausfallen dieser Sitte freiwillig eines der stolzesten Attribute ihrer Stellung im Hause aus der Hand geben. Wahrlich, der Hausvater sollte den letzten Rest, der ihm von der hauspriesterlichen Würde seiner Urahnen verblieben, nämlich das Amt, dem ganzen Hause vorzubeten, nicht so leicht wegwerfen. Es steckt mehr Ehre, Rang und Herrschaft darin für einen stolzen Geist als in einer ganzen Kollektion von Titeln und Orden. Gar viele arme Schächer von Familienvätern sehen das recht gut ein, fürchten aber doch, der feingebildete Nachbar möchte sie auslachen. Sie schämen sich nicht, wenig und nichts zu sein in ihrem Hause, aber viel zu sein, Priester und Herr des Hauses zu sein, des schämen sie sich! ›Die Feigheit ist's, die uns verdirbt‹, wie es in einem alten Liede heißt. Denn es gehört mehr Mut und Überzeugung dazu, in der Sitte, im sozialen Leben, im Hause mit der Revolution zu brechen als im politischen.«
Die Gesellschaft wurde aufgehoben, und bald lag alles in den Betten, nur ich nicht, obgleich ich sehr müde war. Allein ich hatte noch ein paar Stunden in dicken Büchern zu lesen, die mich noch müder machten, so daß ich auch endlich glücklich darüber einschlief.

Klug sich in Welt und Menschen fügen,
Gern nützlich sein soviel man kann,
Sich selbst und andre nicht betrügen,
Die Lehre paßt für jedermann.

Magst du die Lüge noch so klug
In das Gewand der Wahrheit kleiden,
Der Dummste ist nicht dumm genug
Um beide nicht zu unterscheiden.

Im Lied geweinte Tränen,
Ein Anklang aus der Bibel,
Ein bißchen Weltschmerzgähnen:
Das wirkt wie Senf und Zwiebel.

Das ist eine Medizin
Von Wirkung nicht geringe,
Die manchem Dichterlinge
Schon kurzen Ruhm verliehn.

Der Terek

Wie ein großer Gedanke sich losreißt aus
Dem Haupte eines Genius,
Also springt aus der Kasbek steinernem Haus
Der brausende Terekfluß;
Reißt sich in sprudelnder Lust
Von der nährenden Bergesbrust;
Rauscht mit hellem Geplätscher
Über die eisigen Gletscher –
Und die Steine und Felsen die seinen Wellen
Sich, trotzig hemmend, entgegenstellen,
Lachend überspringt er sie,
Oder stark zwingt er sie
Mit sich hinunter ins blühende Tal.
Was ihm widersteht, wird zerstoben,
Denn seine Gewalt kommt von oben!
Die Geis, die wie er vom Felsen springt,
Sich labend aus seiner Welle trinkt;
Der Wandrer, der lechzend am Berghang ruht,
Erquickt sich an seiner kühlen Flut.

Terek: Fluß am Kaukasusnordhang, entspringt aus den Gletschern des Kasbek, mündet ins Kaspische Meer.
Kasbek: vergletscherter Berg im mittleren Großen Kaukasus, 5047 m hoch.

Schwankende Büsche, uralte Bäume,
Baden die Wurzeln im frischen Geschäume.
Es freun sich die duftigen Blumen, die bunten,
Ob der lauten, tanzenden Wellen tiefunten;
Und es lockt der stürmische Bergessohn,
Durch Klagen, Murmeln und Schmeichelton,
Manch widerstrebend Blümelein
Zu sich ins Flutenbett herein. . . .

Und nach unten gewandt
Durchzieht er das Land
– Ein König im blitzenden Wellengeschmeide –
Den Fluren zum Segen, den Menschen zur Freude.
Und nichts hält seinen Lauf,
Den stürmischen, auf.
Ohne Rast, ohne Ruh
Eilt er dem Meere zu –
Und das Meer, unter wildem Jubelgebraus,
Nimmt ihn auf in seinem weiten Haus.

Doch wie er im Meer
Seine Wohnung genommen,
Weiß man nicht mehr,
Von wo er gekommen;
Man erkennt ihn nicht wieder
Aus der Zahl seiner Brüder,
Die, wie er, aus der Ferne herbeigeschwommen.

Sein Name entschwebt,
– Ein leerer Schall –
Er selbst aber lebt,
Ein Teil im All.

Sonne und Sterne

Wohl ist es blendend, wenn ich spät
Durch Tiflis' krumme Straßen gehe,
Und rings, wohin das Auge späht,
Ein Labyrinth von Schönheit sehe.

Viel schlanke Jungfraun, weiß umhüllt,
Gespensterhaft vorüberschweben,
Die Dächer und Balkone füllt
Ein glänzend, zauberbuntes Leben.

Bald wird das Dach zum Piedestal,
Geschmückt mit Grusiens jungen Schönen –
Bald gleicht es einem offnen Saal,
Belebt von Tanz und Saitentönen.

Und Schleier flattern, Tücher wehn,
Es rauschen seidene Gewänder,
Auf Dächern und Balkonen stehn
Die Fraun, gedrängt bis ans Geländer.

Von oben und von unten bricht
Ein zitternd Leuchten durch das Dunkel:
Dort – Grusiens helles Sternenlicht,
Hier – dunkler Augen Sterngefunkel!

Daß man nicht weiß, geblendet ganz
Von all dem strahlenden Gewimmel,
Wo lieblicher der Sterne Glanz:
Ob auf der Erde, ob am Himmel? –

Doch fürchte nichts! ob ich auch spät
Durch Tiflis' krumme Straßen gehe,
Und rings, wohin das Auge späht,
So viele schmucke Mädchen sehe!

Piedestal: Sockel.

Im Herzen lebst du doch allein!
Du bist die Sonne – sie die Sterne;
Ich freue mich am Sternenschein
Nur wenn der Glanz des Tages ferne...

Die Welt geht aus den Fugen

1848

Die Welt geht aus den Fugen,
Die Zeit naht der Zerstörung;
Durch alle Lande schlugen
Die Flammen der Empörung:
Doch mag das All zertrümmern,
Aufgehn die Welt in Flammen:
Wir schauen lächelnd zu!
Wir lassen's uns nicht kümmern,
Wir halten fest zusammen,
Edlitam! ich und du!

Es jubelt rachetönig,
Es jauchzt in wildem Hohne –
Kein Kaiser und kein König
Sitzt ruhig auf dem Throne;
Nur uns erwächst kein Schaden:
Was mich geplagt und kränkte,
Schmilzt jetzt in Liebe hin,
Für dich, von Gottes Gnaden
Des Herzens unumschränkte
Alleingebieterin!

Edlitam: Der von rückwärts gelesene Name von Bodenstedts Frau Mathilde; in dieser harmlosen Verkleidung singt er sie ein Leben lang als seine Muse an.

Es strebt die Welt nach Spaltung
Und trotziger Verneinung –
Wir streben nach Erhaltung
Und liebender Vereinung!
  Du bist das Heil der Welt mir,
    Mir eine Welt des Heiles:
      Dir jauchz' ich selig zu!
  Mein schönes Los gefällt mir,
    Komm her mein Kind und teil' es,
      Herzliebes Mädchen du!

WILHELM HERTZ

Lied in der tauigen Frühe

In der Flur am grünen Hag
Singen Nachtigallen,
Bald läßt hinterm Berg der Tag
Seinen Rosenmantel wallen.

Und durch die betaute Welt
Leise rauscht das Leben.
Wahn, der mich gefangen hält,
Sollst wie Morgendunst verschweben!

Hohe Kraft und helles Blut
Füllet meine Wangen,
Möchte gern mit treuem Mut
An des Lebens Busen hangen.

Hinter mir liegt Traumesqual,
Ruheloses Sinnen.
Doch nun ist es Zeit, einmal
Festen Boden zu gewinnen.

In des Lebens klarstem Quell
Bad' ich meine Wimpern.
Mag ein andrer Nachtgesell
In den dumpfen Saiten klimpern.

Mir ist frischer Wellenschlag
Durch das Herz gegangen,
Halte kühn den neuen Tag
Mit geweihtem Arm umfangen.

Waldfräulein

Am rauschenden Waldessaume,
Da ragt ein finstrer Turm;
Waldfräulein steht dort oben,
Ihr Schleier weht im Sturm.

Und unten ziehn blumige Kähne
Den blauen Strom entlang,
Drin tönet's wie Küssen und Kosen,
Wie Becher- und Saitenklang.

Fern sieht man sie gleiten und schwinden
In des Abends goldenem Licht. –
Waldfräulein zieht den Schleier
Ums bleiche Angesicht.

Heimkehr

Es steht ein Gartenhaus am Berge,
Da tönt' es einst in schönen Tagen
Wie wonnig bräutliches Geflüster,
Wie süßes Flehn und sanft Versagen.

Da war es, als die Reben blühten
Und traulich sich durchs Gitter schlangen,
Daß ich mit tollen, sel'gen Armen
Mein erstes Jugendlieb umfangen.

Was führt mich aus den weiten Landen
Gerade hier mein Weg vorüber?
Das luft'ge Haus ist längst zerfallen,
Und weiße Flocken wehen drüber.

Und auf dem wankenden Gebälke,
Da lagern heis're Dohlenscharen. –
Wer denket wohl an dieser Stätte,
Daß hier zwei Menschen glücklich waren?

Vorbei, vorbei, ihr Erkertore!
Erkennt ihr mich, ihr alten Gassen?
Ihr seid mir treu und hold geblieben;
Mein Lieb, das hat mich längst verlassen.

Und durch des Volkes ems'ge Scharen,
Da schnauben stolze Berberrosse;
Ein hohes Weib mit bleichen Wangen
Sitzt düster in der Staatskarosse.

Ihr grauer, gichtgekrümmter Gatte
Lehnt laß und mürrisch ihr zur Seiten.
Ihr Haupt ist auf die Hand gesunken:
Denkt sie vielleicht vergangner Zeiten?

Ich stand wie festgebannt am Wege,
Da sie schon längst vorbeigefahren. –
Wer denkt wohl von uns beiden Menschen,
Daß wir zusammen glücklich waren?

Traum und Wirklichkeit*

Es schläft an meine Brust gesunken
Das holde, heißgeliebte Weib;
Ich schaue stumm und formentrunken
Den jungen, hüllenlosen Leib.

* Nach der platonischen Philosophie entspringt die Sehnsucht beim Anblick eines schönen Gegenstandes aus der unwillkürlichen Erinnerung an die ewige Schönheit, mit der wir vor diesem Leben im Reich der Ideen vereinigt waren.

Wie um den keuschen Schnee der Lenden
Der Locke dunkle Woge quillt!
Wie unter meinen leisen Händen
Der weiche Marmor atmend schwillt!

Da lockt mich hohe Wunderahnung
In unbekannte Zeit zurück,
Wie eine rührend holde Mahnung
An längstvergeßnes Liebesglück.

Blieb mir aus einem frühern Leben
Der eine wehmutmilde Klang,
Der sich mit leisem Saitenbeben
Durch meiner Seele Stille schwang?

Ist das die ew'ge Schönheit wieder,
Die mir das Herz so trunken macht,
Nach der beim Anblick dieser Glieder
Die heil'ge Sehnsucht mir erwacht?

Und Schöpfungshimmel seh' ich blauen
In morgenfrischer Werdelust.
Ich blicke mit erhab'nem Grauen
In das Geheimnis meiner Brust.

Zeigt ihr mir an, ihr Glanzgesichte,
Wie ich in kühnem Lebensdrang,
Mit ew'ges Licht vom ew'gen Lichte
Zum Erdentag mich niederschwang?

Und wie umsonst aus seinen Bahnen
Nach seiner Sonne strebt ein Stern,
Zieht machtlos mich ein kindlich Ahnen
Zum Geiste, der mir jetzt so fern. –

Da rührt sich leicht auf meinem Schoße
Vom Traum bewegt das holde Weib,
Des Busens weiße Doppelrose
Streift leis erzitternd meinen Leib.

Es schmiegt ihr Herz mit weichem Schlage
An meine Brust sich eng und warm: –
Das Götterglück, das ich beklage,
Ruht es nicht lächelnd mir im Arm?

Und muß ich's erst mit Händen fassen,
Daß mir in lebender Gestalt
Der ew'ge Geist, den ich verlassen,
Aus diesem Leib entgegenwallt?

Was sucht' ich ihn in blauer Ferne,
Der mir die eig'ne Seele schwellt?
Er ist die Harmonie der Sterne,
Die Schönheit in der Menschenwelt.

Wach' auf, mein Lieb! Ich hab' dich wieder,
Die mir ein trüber Traum geraubt;
Da regen sich die zarten Glieder,
Und lächelnd hebest du das Haupt.

Bekränze festlich deine Haare,
Laß dich mit heil'gem Kuß umfah'n!
Es blicket mich der Unsichtbare
Aus deinen Augen grüßend an.

Ballade von Edwin

Es liegt in Blut und Banden
Der treue Held Edwin;
Die wilden Henker stehen
In finst'rer Scheu um ihn.

»O schickt zu meinem König,
Sagt euren Sieg ihm an!
Er zahlt euch reiche Lösung,
Ich war sein treu'ster Mann.«

Dein König zecht im Saale,
Des Grämen ist nicht groß;
Weh' dir, daß deine Tugend
Sein arges Herz verdroß!

»So schickt zu meinem Bruder,
Dem Wiking kühn und wert!
Er zahlt euch reiche Lösung,
Und mehr, als ihr begehrt.«

Dein Bruder hat gestohlen
Dein Raubschiff schwarz und hehr;
Er fährt mit lust'gen Wimpeln
Durch Nordlands düstres Meer.

»So schickt zu meinem Freunde!
So schickt zu meiner Maid!
Sie zahlen reiche Lösung
An Waffen und Geschmeid.«

Dein Lieb verträumt dein Leiden,
Du machst ihr kleinen Harm;
Sie atmet süße Gluten
In deines Freundes Arm.

»So klag ich's Wind und Wolken,
Die sagen's dem Wodan an,
Wie alle Welt verlassen
Den todeswehen Mann!«

Und Wind und Wolken zogen
Im Dämmergrau dahin.
Es starb am Marterpfahle
Der treue Held Edwin.

Der Jäger am Mummelsee

Der Jäger reitet zum Berg so jach,
Bleich Liebchen schaut ihm durch Tränen nach.

Er reitet vorbei durch Gestrüpp und Dorn,
Er schaut nicht herüber, es grüßt nicht sein Horn.

Im Mondlicht schlummert des Schwarzwalds Höh',
In einsamer Ruhe der Mummelsee.

In der Tiefe da regt sich grünwogiges Licht.
»Wohlauf, Seefräulein, und hörst du nicht?«

Sie stieg empor im schaumigen Kleid:
»Was willst du in so später Zeit?

Dein erstes Lieb, es harret dein;
Ihr Herz vergehet in Sehnen und Pein.«

»O schweige von ihr, du herrliche Maid!
Ich selber vergehe in Sehnen und Leid.«

Der Jäger am Mummelsee: Der Mummelsee ist ein Weiher im Schwarzwald, mit dem sich zahlreiche Volkssagen verbinden. Das 1852 entstandene Gedicht hat mit Mörikes »Die Geister am Mummelsee« (1828) nur den Namen gemeinsam.

»Bleib' ferne! Mein Bette heget dich nicht.«
»Nur einmal laß küssen dein weißes Gesicht!«

Er taucht in die Flut, er faßt ihren Arm.
»So kühle denn, Knabe, die Liebe so warm!«

»Weh, Liebchen, wie ist so kalt dein Leib!«
Da umklammert ihn höhnend das Wasserweib.

»Und find'st du am Kühlen keine Lust,
Was flohst du von warmer Menschenbrust?«

Sie rauschet hinab, ihr Gelächter verhallt.
Der Jäger flieht durch den finstern Wald.

Sein Herz ist starr, sein Haupt ist heiß,
Seine Glieder lähmet ein eisiger Schweiß.

Er sinkt zusammen vor Liebchens Tür.
»Treuliebchen! O komm' noch einmal herfür!«

»Hilf Himmel! Wie ist deine Lippe so blau?«
»Das ist der Kuß der Wasserfrau.

Verstoß mich nicht! Dein Herz ist warm;
O laß mich sterben in deinem Arm!«

Und wie sie ihn drückte ans jammernde Herz,
Da faßte ihn brennender Todesschmerz.

Und wie sie ihn küßte mit bebendem Mund,
Da war er gestorben zur selben Stund'.

Klein wild Waltraut

Das Mondlicht ist versunken kaum,
Herr Odin* sitzt am Galgenbaum,
  Die Toten reden leise.

»Ihr drei Gesellen über mir,
Nun saget an, was raunet ihr?«
  Die Toten reden leise.

»Wir harren auf klein wild Waltraut,
Die Zeit wird lang, es säumt die Braut.«
  Die Toten reden leise.

»Du schwarzer Krauskopf, sag' mir an:
Was hat wild Waltraut dir getan?«
  Die Toten reden leise.

»Klein Waltraut ist ein Grafenkind,
Ihr Sinn so wild und leicht wie Wind.

Ich war ein Ritter wohlbekannt,
Nach ihrem Leib in Lieb' entbrannt.

Sie war in einer Nacht mir hold,
Mein goldner Hüftdolch war ihr Sold.

Doch bei des Morgens früh'stem Graun,
Da ließ sie diesen Galgen baun;

Und als die Sonn' vom Berge schien,
Da gab sie mich dem Henker hin,

Und lachte: Der lebt nicht am Tag,
Der nachts bei klein wild Waltraut lag!«
  Die Toten reden leise.

* Odin, auch *Hangagod*, Gott der Erhängten, *Galga gramr*, Galgenherr, und *Galga valldr*, Galgenwalter, in den Edden genannt, sitzt nach alter Volkssage nachts unter den Galgen und spricht mit den Gehängten.

»Und du mit Haaren braun und schlicht,
Was brachte dich aufs Hochgericht?«
Die Toten reden leise.

»Ich kam, ein Kaufherr, über Rhein,
Und wollt' um Waltrauts Minne frein,

Und für ein güldnes Halsgeschmeid
Ließ sie mich ein zu nächt'ger Zeit;

Doch bei dem ersten Morgenrot,
Da hieß sie führen mich zum Tod,

Und rief: Die Kette gabst du mir,
Ich schenk' die beste Weide dir!«
Die Toten reden leise.

»Und du, mein goldgelocktes Kind,
Wie war wild Waltraut dir gesinnt!«
Die Toten reden leise.

»Ich war ein junger Fiedelmann,
Klein Waltraut sah mich lachend an.

Sie sprach: Was gibst du Kleiner mir?
So spiel' ich heute nacht mit dir.

Meine Fiedel trug ein Purpurband,
Das gab ich in klein Waltrauts Hand.

O weh! Wie glühend war ihr Mund,
Sie küßt' mir beide Augen wund.

Und als der Tag durchs Fenster sah,
Ihr weißes Tüchlein nahm sie da:

Laß binden die kranken Äugelein zu!
Man soll dich bringen jetzt zur Ruh', –

In frischer Luft, mein süßer Knab',
Du bist zu hold fürs dumpfe Grab.

Da führten sie mich wie im Traum
Hinaus zum lichten Galgenbaum.«
  Die Toten reden leise.

Herr Odin spricht kein einz'ges Wort,
Die Winde sausen fort und fort.
  Die Toten reden leise. –

Klein Waltraut sitzt beim Fackelschein
Und trinkt vom blutig roten Wein.

Da schallt ein Hufschlag dumpf und schwer,
Ein schwarzer Reiter saust daher.

»Halt an, du Reiter! Habe acht!
Wohin in dieser finstern Nacht?«

Da hält er an sein Roß zumal,
Sein Antlitz glänzt im Fackelstrahl.

»Halt an, du schöner Ritter mein!
Willst du heut' nacht mein Buhle sein?«

»O Maid! Verhülle deinen Leib!
Ich küsse nie ein menschlich Weib.«

»O komm, du schöner Ritter mein!
Dir schenk' ich Gold und Edelstein.«

»Ich nehme nichts von deiner Hand
Als Dolch und Kett' und Purpurband.«

Da reicht sie's ihm durchs Fenster schnell:
»Das Tor ist offen, der Gang ist hell.«

Doch er schwingt sie aufs Roß geschwind
Und saust davon durch Sturm und Wind. –

Schon färbt ein Grau des Himmels Raum,
Ins Dunkel ragt der Galgenbaum.
Die Toten reden leise.

Was nahet dort wie Wettergeschoß?
Das ist Herrn Odins weißes Roß.
Die Toten reden leise.

»Hör' auf, klein Waltraut, sag' mir fein:
Kennst du die drei am Rabenstein?«
Die Toten reden leise.

»O wehe, Herr, die kenn' ich wohl!
Wie raunen sie so dumpf und hohl?«
Die Toten reden leise.

»Komm näher doch, klein wild Waltraut!
Sie harren lang schon auf die Braut.«
Die Toten reden leise.

Herr Odin schnüret unverwandt
Ums Auge ihr das Purpurband;

Er legt ihr an die Kette noch
Und stößt den Dolch ins Galgenjoch,

Und eh' drei Wort' gesprochen sind,
Hängt klein wild Waltraut hoch im Wind.
Die Toten reden leise.

Wie flüstert's doch am düstern Ort
Wie Gruß und Kuß und Liebeswort?
Die Toten reden leise.

Herr Odin kehrt sich schweigend um;
Der Morgen dämmert bleich und stumm,

Und von dem fernsten Himmelssaum
Trifft falbes Licht den Galgenbaum.
Der Toten Mund wird stille.

König Etzels Tod

Poëta Saxo

Wer sitzt beim Abendrote so stumm im feuchten Moos?
Wen hält die hohe Jungfrau im blutbesprengten Schoß?
Das ist ihr alter Vater, der sank in heißem Kampf;
Es woget um die beiden des Waldes grauer Dampf.

»Mein Kind, mein einzig Mädchen, noch einen letzten Kuß!
Weh' meinen alten Tagen, daß so ich scheiden muß!
Das taten Etzels Schergen, er war mir niemals gut;
Wer nimmt mir, wenn ich sterbe, mein armes Kind in Hut?«

Noch hebt zu ihr der Alte das Auge todesschwer,
Noch drückt er ihre Hände, – dann regt er sich nicht mehr.
Die Jungfrau sitzet einsam; sie weint und klaget nicht,
Sie deckt mit ihrem Schleier des Toten Angesicht.

Dann steht sie auf, es regt sich kein Blatt im ganzen Wald,
Von düstrem Scheine strahlet die herrliche Gestalt.
So stehen Wodans Mädchen, ihr Anblick bringt den Tod!
Dann eilt sie hohen Ganges hinaus ins Abendrot.

Von lauten Festgelagen rauscht König Etzels Schloß,
In weiten Hallen zechen die Ritter und der Troß.
Auf samtumhangnem Hochsitz der König lehnt allein;
Er lauscht der welschen Sänger und schlürft den süßen Wein.

Sie preisen seine Taten, sie preisen seine Macht,
Da heißt er vor sie tragen der goldnen Ringe Pracht;

König Etzels Tod: Hertz erzählt die Geschichte nicht, wie sie bei Jordanes, *De origine actibusque Getarum* (551), Kap. 49, überliefert ist (dort stirbt Attila bei der Hochzeit mit einem Mädchen »Ildico nomine« eines natürlichen Todes), sondern in der Fassung eines sächsischen Dichters der späten Karolingerzeit (»Ulta necem proprii tamen est hoc crimine patris«). Vgl. Helmut de Boor, *Das Attilabild*, Bern 1932.

Mit reichen Gaben denkt er der Gäste allzumal,
Es ward ein froh' Gedränge in König Etzels Saal.

Da nahet sich dem Throne ein bleiches Frauenbild,
Bis zu den vollen Hüften die güldne Locke quillt,
Die Hände hebt sie kniend zum Herrschersitz empor;
Es blickt auf sie mit Staunen der trunknen Zecher Chor.

»Man singt von deiner Milde, o König, allerort,
Der Feinde Gottesgeißel, der Freunde Schild und Hort!
Hier seh' ich alles fröhlich mit stolzen Gaben stehn:
So werd' auch ich getröstet von deiner Schwelle gehn.

Herr Hildeck war mein Vater, dein treuer Rat und Mann,
Er liegt von Schächerhänden erschlagen tief im Tann.
Wie sollt' allein ich wenden dies Leid so riesengroß?
Gib Schutz mir, gib mir Rache! Mein Schmerz ist waffenlos.«

Die schönen Augen flehen zum König unverwandt,
Es gleitet ihr beim Neigen vom Nacken das Gewand,
In wonnigweichen Wellen erscheint ihr reiner Leib.
Der König schaut erglühend das wunderholde Weib.

»Wann sproßten solche Früchte aus solcher blut'gen Saat?«
So denkt er, »preisen muß ich mein Glück doch früh und spat;
Beseitigt ist der Alte, der stets mir leidig war:
Zur Sühne bringt die Tochter den süßen Leib mir dar.«

Da hub er rasch zum Throne die Kniende empor:
»Nicht mangle dir der Hüter, den sich dein Herz erkor;
Du sollst an Etzels Hofe nun selber Herrin sein,
Ich halte dich, du Holde, vor allen Frauen mein.«

Sie küßt ihm stumm die Hände, ihn brennt der weiche Kuß,
Daß soviel Zeugen lauschen, das schafft ihm noch Verdruß;
Er heißt die Tische rücken, es dünkt ihm Schlafenszeit;
Da führt er aus der Halle die ernst errötende Maid.

Die Hochzeitfackel brannte in Etzels Schlafgemach;
Die Jungfrau nippt am Becher, er trinkt ihr fröhlich nach.
Hält Scham die Braut befangen, daß sie nicht lächeln will?
Der Vorhang sinkt am Bette, und mählich wird es still.

Schon hat der Mond vollendet den einsam trüben Lauf,
Da kniet vom Purpurlager die Jungfrau lauschend auf:
Die Fackel knistert leise, die Luft so schwül und schwer,
In tiefem Todesschweigen die Hallen rings umher.

»Was träumst du, König Etzel? Denkst du des Handels nach,
Wie man mit Vaters Wunden erkauft der Tochter Schmach?
Dein Antlitz glänzt so blutig, gewiß, du denkst daran:
Weißt du auch, schlauer Mörder, was dir der Kauf gewann?«

Sie greift nach Etzels Schwerte, ihr Auge blitzt und loht:
»Fluch deinem blut'gen Leben! Fluch deinem blut'gen Tod!«
Doch plötzlich hält sie inne und senkt das wucht'ge Schwert:
»Unblutig sollst du sterben! Du bist Walhalls nicht wert.«

Und schnell sie ihren Gürtel um seinen Nacken schlingt, –
Was hilft's, daß er sich stöhnend aus taubem Schlafe ringt?
In seinen Ohren brausen die Worte dumpf und hohl:
»Die meinen Vater schlugen, die Schächer kenn' ich wohl!

Du überlist'ger König, so fing dich nun ein Weib!
Zum Rachealtar weiht' ich den unberührten Leib;
Der Gürtel, den du löstest, fürwahr, er steht dir gut!
Du zahlst ihn nicht zu teuer mit Hildecks heil'gem Blut.«

Jetzt springt sie nach der Fackel, die glimmt mit schwarzem Dampf,
Vom Bette gleitet Etzel in schwerem Todeskampf;
Sie aber wirft das Feuer aufjubelnd in den Saal:
»Ich schüre dir, o Vater, dein lichtes Totenmahl!«

Schon prasselt's im Gebälke, es glüht der Lüfte Hauch,
Durch Hallen und durch Gänge in Wogen wälzt sich Rauch.
Es retten sich vom Brande die trunknen Schläfer kaum;
Schon füllt die heiße Lohe der Hofburg weiten Raum.

Und oben auf der Zinne, vom Wirbeldampf umwallt,
Wer ist im weißen Mantel die herrliche Gestalt?
Hoch hebet sie die Hände, so ragt kein irdisch Weib:
»Nun läutre, heil'ge Flamme, den schmachbefleckten Leib!«

Das ist ein Geist der Rache! Er war bei Etzel Gast. –
Da suchet nach dem König das Volk in banger Hast.
Der Jungfrau Bild bedecken die Flammen goldigrot –
Das ist die alte Märe von König Etzels Tod.

Hertz wählt für sein episches Gedicht »Hugdietrichs Brautfahrt« (»Vollendet Oxford, den 28. Oktober 1860«) aus der »verwirrenden Motivfülle der Wolfdietrichdichtungen« (H. Schneider) des 13. Jahrhunderts einzelne Szenen aus, die er frei umgestaltet. An Reise- und Kampfabenteuern, an Meerweiber- und Drachengeschichten ist er nicht interessiert. Er gibt, verfremdet durch das mittelalterliche Kolorit und die Versform, eine burleske Liebesgeschichte.

König Walmund liebt seine Tochter Hildegart so sehr, daß er schwört, sie nie einem Freier zu überlassen. Aber der Ruf ihrer einsamen Schönheit ist nicht aufzuhalten. Der König von Byzanz, Hugdietrich, verliebt sich in die Unbekannte. Sein Erzieher Berchtung verkleidet ihn als Mädchen und läßt ihm von einer Meerfrau Spinnen und Weben beibringen – zum Spinnen und Weben dürfen die jungen Leute dann artig zusammensein. Es kommt, während Hugdietrich nach Byzanz zurückfährt, zur Geburt eines Kindes, das zum Schutz vor dem eifersüchtigen Großvater in den Wald

Hugdietrich nimmt bei Wachhild in der Nixengrotte Unterricht im Weben, um sich später, als Frau verkleidet, der geliebten Hildegart nähern zu können

geschafft und von einer Wölfin genährt wird (daher sein späterer Name Wolfdietrich). Walmund selbst findet das Kind und bringt es ins Schloß zurück. Natürlich lösen sich die Probleme. Um seinen Eid, die Tochter keinem Mann zu geben, nicht zu brechen, läuft Walmund weg und ermöglicht den Brautraub. »Und eilends, wie er ging und stand, / In Schuhen und im Schlafgewand, / Saß er aufs Roß und trabt' allein / In Trutz und Unmut querfeldein.« Der mittelalterliche Abenteuerkönig wird im »Schlafgewand« den Lesern des 19. Jahrhunderts zum Gelächter dargeboten. Für die Fortsetzung verweist Hertz ausdrücklich auf seine Quelle: »Wolfdietrich hieß ihr Knabe, / Und welch ein Recke der gewesen, / Mögt ihr im Heldenbuche lesen.«

Hugdietrichs Brautfahrt

Ein episches Gedicht

Am nächsten Morgen führte drauf
Walmund den Gast zum Turm hinauf.
Oft lehnt der Greis sich an die Mauer
Und klagt, das Steigen werd' ihm sauer.
Hugdietrich geht daneben
In ungeduld'gem Beben.
Dumpf hört er alle Pulse schlagen;
Er schwankt in Hoffen und Verzagen:
Da klirrt das Schloß; die Türe knarrt,
Und vor ihm saß Jung Hildegart.

Quelle: Zur mittelalterlichen Quelle vgl. Hermann Schneider, *Die Gedichte und die Sage von Wolfdietrich*, München 1913, und H. S., *Germanische Heldensage*, Bd. 1, Berlin/Leipzig 1928, S. 344–360, sowie den Artikel »Wolfdietrich« im *Verfasserlexikon*, Bd. 4, Berlin 1953, S. 1046–49.

Sie saß im Morgenlichte
Mit freud'gem Angesichte.
Ein schlichtes weißes Hausgewand
Hielt weich den zarten Leib umspannt;
Sie trug kein Gold als ihre Locken
Und schwang die Spindel um den Rocken.

Des Königs Aug' gab hellen Schein:
»Gott segne dich, mein Töchterlein,
Und deine fleiß'gen Hände!
Du tummelst dich ohn' Ende,
Dem Immchen gleich am Sommertag,
Das auch kein Stündlein feiern mag.
Drum zur Genossin geb' ich dir
Dies fremde Königsfräulein hier.
Das wird von feinen Dingen
Dir neue Kunde bringen!«
Drauf wußt' er mit Behagen
Vom Fräulein viel zu sagen,
Von ihres Bruders Glanz und Macht,
Und wie sie Berchtung hergebracht;
Auch von der Haube sprach er viel,
Die allen Wackern wohlgefiel,
Und schloß: »Drum halte sie in Ehren!
Sie wird dich fromme Künste lehren.«

Hugdietrich stand indessen
In seligem Vergessen;
Er hängt an ihrem Angesicht,
Und all sein Herz wird still und licht:
Ihn rührt mit friedlicher Gewalt
Die süße züchtige Gestalt.
Sie naht; es streift ihn ihr Gewand.
Sie reicht zutraulich ihm die Hand
Und lacht ihn an mit holdem Mund:
»Bleibst du bei mir, Schön Hildegund?« –

König Walmund führt Hildegund, also den verkleideten Hugdietrich, zu seiner Tochter Hildegart

Er sprach: »Dies ist mein einz'ges Streben!
Gern dien' ich Euch mein ganzes Leben.«

Zu Salneck auf der hohen Wart
Saß Hildegund und Hildegart;
In gleich gemessnem Bogen
Die flinken Schifflein flogen,
Und fleißig hallte manchen Tag
Eintönig fort des Webstuhls Schlag.
Doch bei der Sonne Scheiden,
Da rasteten die beiden
Und sahen durch die dunkle Flut
Manch Segel ziehn in Abendglut.
Sie lehnten Wang' an Wange
Mit lieblichem Gesange,
Und in der Dämmrung hub sodann
Hugdietrich zu erzählen an
Von ferner Länder Wunderpracht,
Von Meerfahrt und von Reckenschlacht,
Von treuer Liebe Sagen
Aus liederreichen Tagen.
Das Mägdlein war des Staunens voll,
Wenn ihm das Wort vom Munde quoll,
Und hat entzückt durch manche Nacht
Den schönen Mären nachgedacht.

Einsmals, sie saßen auf dem Turm.
Die Möwe schrie; es pfiff der Sturm.
Das Fräulein hielt mit Bangen
Den werten Gast umfangen:
»Den Morgen preis ich alle Stund,
Da ich dich fand, lieb Hildegund!
Wie schaurig war die Einsamkeit!
Nun aber hab' ich frohe Zeit.
Du weißt so manches holde Wort;
Ich lausche freudig fort und fort.

Nie hat so seltsam süß und traut
Ein Menschenaug' mich angeschaut,
Und drückst du mich in deinen Armen,
Fühl' ich mein Innerstes erwarmen.
O bleibe hier und bleibe ganz!
Dein böser Bruder in Byzanz
Soll dich mir nimmer abgewinnen;
Ich stürbe, gingest du von hinnen!« –
Hugdieterich erglüht und spricht:
»O schilt auf meinen Bruder nicht!
Es lebt kein Mensch hienieden mehr,
Der dich so treulich liebt wie er.« –
»Mich?« rief das Kind erschrocken.
Er streichelt ihre Locken:
»Dein Bild ist seinem Herzen nah,
Wenn dich auch nie sein Auge sah.
Er hat nicht Rast; er hat nicht Ruh:
Sein Sehnen, seine Qual bist du,
Und wirst du nie sein eigen werden,
So bleibt er freudelos auf Erden!«
Das Mägdlein blickte traurig drein:
»Warum verlangt er eben mein?
Was kann ich Kind ihm geben?« –
»Dich selbst! Dein frisches Leben!
Wer strebt nach weitrem Glück der Welt,
Der dich in seinen Armen hält?
Denk meines Bruders mitleidvoll!
Wie lebt er, denkst du sein mit Groll?
Sein Herz ist gut und hold sein Sinn:
Denn all dein Liebreiz ruht darin.«
»Nie«, sprach die Maid, »will ich ihn lieben,
Der dich so grausam hat vertrieben.«
»Das alles, Kind, ist Lug und Tand:
Ich bin als Botin hergesandt!«

Das Mägdlein müht sich aufzustehn;
Um ihren Frieden ist's geschehn.
Sie ging nach ihrem Kämmerlein
Und sprach kein Wort und schloß sich ein.
Was sie geträumt in süßer Scheu,
Ein Märchen hold und wunderneu
Fühlt sie mit ahnendem Erbangen
Im eignen Leben aufgegangen.
Sie wirft aufs Bett sich nieder;
Ihr beben alle Glieder.
Ein Kampf mit nie gekannter Macht
War in der reinen Brust entfacht;
Sie lag in Angst und Sehnen,
In Träumen und in Tränen.
Von ferne grüßte kühn und mild
Des fremden Jünglings trautes Bild;
Sie weiß ihn ohne Falsch und Lüge:
Er trägt der lieben Freundin Züge.

Der Mond ging auf zu später Stund;
Das Mägdlein rief schön Hildegund:
»Laß mich nicht einsam hier verderben!
Du weißt nicht, ich bin krank zum Sterben:
Fühl her, wie meine Hände beben!
Nicht bis zum Morgen kann ich leben.«
Hugdietrich flüstert: »Nicht der Tod,
Die starke Minne schafft dir Not.«
»Weh«, sprach das Kind, »wer sagt dir das?
Doch ach, ist Schmerz der Minne Maß,
Dann, fürcht' ich, hält sie mich im Bann
Mehr als mein Herz ertragen kann.
O komm und neige dich mir zu!
Ich weiß, er ist so hold wie du.
Sag ihm, ich zürn' ihm recht in Qual,
Und küss' ihn so viel tausendmal! – –
Doch weh, wie zittert deine Hand!
Es brennt dein Kuß wie Fieberbrand;

Es pocht so laut dein Herz: Hab acht!
Ist das nicht auch der Minne Macht?« –
Er rief frohlockend: »All ihr Leid
Ward Jubel mir und Herrlichkeit!
Ich hab' erworben, drum ich lag
In Sorg' und Sehnsucht Nacht und Tag:
All deine süßen Schmerzen
Sind Wonnen meinem Herzen,
Und machen Küsse dich gesund,
Dein Haupt liegt an Hugdietrichs Mund!« –
Sie schrak mit leisem Schrei zurück
Verwirrt von Scham, betäubt von Glück;
Doch er zieht kosend sie heran,
Das sel'ge Weib der sel'ge Mann,
Und arglos fordern Herz und Sinne
Der Jugend Recht, das Recht der Minne.
Hinschwindet Schreck und kindlich Bangen;
Sie hält anschmiegend ihn umfangen.
Ihr Antlitz glüht von seinem Hauch – –
Sie schwiegen still, – so schweig' ich auch.

Wenig später muß der verkleidete Hugdietrich die Geliebte verlassen und nach Byzanz zurückkehren. Ein Jahr später schickt er seinen getreuen Berchtung zur offiziellen Brautwerbung.

*

Die Mauern füllt ein goldner Glanz.
Er spricht: »Hugdietrich von Byzanz,
Der junge Held, der gute,
Der schöne, wohlgemute,
Schickt, Walmund, dir aufs neue
Die Grüße wahrer Treue,

Und da er längst in Lieb' erkoren
Dein Mägdlein hold und hochgeboren,
Daß er nicht einen frohen Tag
Fern ihrem Anblick leben mag,
Und da sie selbst sich ihm verpfändet
In Minne, die der Tod nicht endet,
Daß nun es vor des Tages Schein
Nicht länger soll verborgen sein,
So bittet er in allen Ehren,
Du mögst ihm ihre Hand gewähren,
Daß sie fortan in rechter Ehe
Mit ihm vereint durchs Leben gehe.«

Walmund, der vielgeplagte Mann,
Hub spöttisch da zu lachen an
Und sprach: »Was soll der Mummenschanz?
Ist eben Fasching in Byzanz?
Der Narr war ich zu lange schon:
Nun geht's aus einem ernsten Ton!
Wie mag der mich in Treuen grüßen,
Der Haus- und Gastrecht trat mit Füßen?
Kehrt heim! Die Fahrt ist schnöd verloren!
Ihr wisset wohl, was ich geschworen!«
Noch kniet mit stillem Weinen
Das Fräulein auf den Steinen.
Doch Berchtung weist hinaus aufs Meer:
Dort zieht ein Mastenwald daher;
Dort kommt bereit zum Streite
Ein trotzig Brautgeleite.

Herr Walmund ruft, von Zorn entbrannt,
Nach seinem alten Sturmgewand.
Er neigt zur Brüstung sich hinaus:
Da zieht's heran im Wellenbraus,
Bewehrte Schiffe sonder Zahl;
Das Erz erglänzt im Morgenstrahl.

Die weißen Segel bauschen;
Die starken Ruder rauschen,
Und rings erwacht der Widerhall
Von Flöten- und Posaunenschall.
Den ersten Schiffsbord überdacht
Ein Baldachin in güldner Pracht,
Und vorne steht im Waffenglanz
Der junge König von Byzanz
Im Kreise froher Gäste
Geschmückt zum Hochzeitfeste.
Er hebt das Haupt emporzuspähen:
Die Krone blitzt, die Locken wehen.

Herrn Walmund ward es mählich heiß.
Er wischt vom Antlitz sich den Schweiß;
Er streicht den Bart sich unters Kinn
Und dreht sich ruhlos her und hin:
»Mit meinen lahmen alten Knaben
Ist diesem Fant nichts anzuhaben;
Mein Haus und Land ist unverwahrt:
Ich geh' davon mit guter Art.
Ich schwur, mein Kind nicht zu vergeben,
Und tu's auch nicht in meinem Leben.
Doch nimmt ein Dieb sie raubweis mit,
So bin ich meines Eides quitt.
Was Euer Junker mag beginnen,
Mich kümmert's nicht; ich geh von hinnen.«
Und eilends, wie er ging und stand,
In Schuhen und im Schlafgewand,
Saß er aufs Roß und trabt' allein
In Trutz und Unmut querfeldein.
Doch Berchtung rief und lachte:
»Herr Walmund, reitet sachte!
Man wird Euch wieder holen,
Sobald die Braut gestohlen,
Daß Ihr, wie sich's gebühret,
Den Hochzeitreigen führet!«

Was sag' ich von dem Jubelschall
Im Schloß und in den Zelten all,
Wie sie auf Schilde stachen,
Wieviel sie Lanzen brachen?
Hier Roßgewieher, Paukenschlag,
Dort Reihentanz und Zechgelag –
Im Lärm von Zink und Geigen
Da muß Frau Märe schweigen.
Es lebte drauf das junge Paar
Vereint manch liebes langes Jahr
In Freuden bis zum Grabe.
Wolfdietrich hieß ihr Knabe,
Und welch ein Recke der gewesen,
Mögt ihr im Heldenbuche lesen.

Vorbild für Hertz' »Klostermärchen« »Bruder Rausch« (1882) ist die spätmittelalterliche niederdeutsche Dichtung »Bruder Rusche«, gedruckt 1488 (Neudr.: »Bruder Rausch«, Faks.-Ausg., hrsg. von Robert Priebsch, Zwickau 1919; vgl. »Verfasserlexikon«, 2. Aufl., Bd. 1, Berlin / New York 1978, Sp. 1043 f.). Es handelt sich um eine burleske Klostergeschichte, in der der Teufel als »Rusche«, als Polterer und Lärmer, allerlei Unfug stiftet, ehe er eingesperrt wird, um mit frommem Gesang leichtfertige Mönche auf dem Weg der Tugend zu halten. Hertz übernimmt die Form des mittelalterlichen Epos mit abwechselnd männlichen und weiblichen Reimpaaren, verändert aber die moralische Beispielerzählung in der Art des 19. Jahrhunderts.
Mönche entdecken einen »guten Holden«, einen heidnischen Geist, der nicht fliehen wollte, als das Christentum die Elben vertrieb, sondern einen Keller voll Wein austrank und 700 Jahre verschlief. Unter dem Namen »Bruder Rausch« wird er ins Kloster aufgenommen. Rasch gewöhnt er die

fromm und karg lebenden Mönche an Üppigkeit und Genuß. Als der Guardian verreist, schafft Rausch im Gewand von Schülern Mädchen ins Haus und spielt in einer Weise zum Tanz auf, daß das Kloster einen »Hochzeitreigen der Natur« erlebt. Am nächsten Morgen bringt er die beschämten Mönche dazu, sich gegenseitig zu verprügeln. Völliges Chaos entsteht, weil Rausch keiner Teufelsbeschwörung zugänglich ist. Da greift im »Fünften Abenteuer« der Guardian ein: Rausch soll als Teufel seine Rolle im christlichen Spiel übernehmen. Er lehnt ab, flüchtet in die Welt, wird aber bitter enttäuscht. Anders als die Mönche haben die übrigen Leute sich abgesichert gegen jeden rauschhaften Schabernack, sie treiben mit dem kleinen Elementargeist nur plumpe Scherze. So geht er zurück zu den Mönchen und spielt den Teufel: erfreut die Menschen, indem er sie ein bißchen verführt; beruhigt sie, indem er sich mit Fasten und Gebeten bekämpfen läßt. »Und sprach: ›Der Weise gehe nicht / Zu streng mit Menschen ins Gericht! / Wenn sie erst wenig uns behagen, / Wer tiefer blickt, lernt sie ertragen. / Ich nahm die Sache viel zu krumm: / Sie scheinen schlecht und sind nur dumm!‹«

Das kleine Epos entstand zwischen 1872 und 1882. Heyse nahm es teilweise ins »Neue Münchner Dichterbuch« (1882) auf, wo es die wohl reifste poetische Leistung darstellt. Die vollständige Ausgabe erschien ebenfalls 1882 bei Kröner in Stuttgart. Dort gab es 1902 auch eine illustrierte Ausgabe mit Bildern von Franz Stassen. Einen Nachdruck mit einem Nachwort von Gerhard Hay veranstaltete 1967 das Schiller-Nationalmuseum Marbach a. N.

Bruder Rausch

Ein Klostermärchen

Fünftes Abenteuer

Ihm folgte Rausch mit schnellen Schritten:
Dein Glatzenvolk hat schlechte Sitten!
Sie haben bübisch mich entehrt,
Weil ich getan, was sie begehrt. –
Der Guardian saß und blickt' ihn an,
Bis er mit ernstem Ton begann:
Gedenk, es war mein erstes Wort,
Du seist hier nicht an deinem Ort.
Du bist erkannt, es ist vorbei:
Ich laß dich aller Dienste frei. –
Der Kleine schaut erschrocken
Aus seinen goldnen Locken:
Sie haben mich gescholten;
Das hab' ich treu vergolten.
So bin ich quitt mit deinen Mannen.
Und darum willst du mich verbannen? –
Ich nicht, ich mag dich gerne leiden.
Ich trank vom frischen Quell der Heiden,
Kann frei auf eignen Füßen stehn
Und ohne Glaubenskrücken gehn.
Doch meinem Volk bist du ein Grausen:
Ihr könnt nicht mehr zusammen hausen. –
Der Kleine klagt: So werd' ich gehn,
Den lieben Herrn nicht wiedersehn? –
So lang und oft, als du begehrst,
Wenn du kein heidnisch Wesen wärst.
Nimm treuen Freundesrat von mir:

Fünftes Abenteuer: Im »Vierten Abenteuer« hat Bruder Rausch das ganze Kloster durcheinandergebracht. Der zurückgekehrte Guardian beruhigt die Mönche und befiehlt Rausch: »Komm mit in meine Zelle!«

Wohin du fliehen magst von hier,
Und wanderst du nach allen Winden,
Wirst nirgends eine Heimat finden.
Der Kirche Sieg ist längst entschieden;
So füg' auch du dich, mache Frieden!
Versteh' mich recht, sie wahrt den Schein:
Dein Stand und Kleid soll christlich sein.
Hast du die Herrin anerkannt,
So schirmt sie dich mit starker Hand.
Im Kreise christlicher Dämonen
Wirst du bequem und sicher wohnen.
Mit Heiden soll kein Christ verkehren;
Den Teufel darf er nicht entbehren. –
Da schrie der Kleine: Wehe,
Wenn ich dich recht verstehe!
Ein Teufel soll ich werden?
Frug er mit Zorngebärden. –
Ein andres wird dir kaum gelingen:
Zum Engel wirst du's schwerlich bringen.
Die sind so spröd altjungfernhaft:
Du blühst in deiner Sünden Saft. –

Da warf der Elb das Haupt empor
Und trat mit heft'gem Tritte vor:
Pfui, wißt Ihr nicht, mit wem Ihr sprecht?
Ich bin von göttlichem Geschlecht! –
So ruft er, und sein Auge rollt.
Bist du so stolz? sprach Irminold,
Nur eine Frage gib mir frei:
Erzähle mir, warst du dabei,
Wie aus der Elemente Krieg
Die erste Sonne jauchzend stieg.
Des Lebens Sinn und tiefsten Grund,
Des Weltalls Wesen tu mir kund!
Erhebe mich in Göttersphäre,
Damit ich dich als Gott verehre! –

Lang schwieg gebeugt der kleine Mann
Und trutzt ihn halben Blickes an:
Ein grausam Wort! Was tat ich dir?
Wie unhold sprichst du doch zu mir!
Als ich der Nacht erstanden,
War alles schon vorhanden.
Du magst der Urwelt Riesen fragen:
Sie reden auch nach Hörensagen.
Aus Ewigkeiten rauscht es her,
Ein grundlos uferloses Meer:
Nimm alle Götter zu Geleitern!
In Nacht und Wahnsinn wirst du scheitern.
Oft erbt sich halbvergeßner Sang
Von Mund zu Mund, wer sagt wie lang?
Ein Rätsellied, das man noch singt,
Weil es so schön zur Harfe klingt.
Doch niemand weiß, wer's einst ersann,
Und niemand lebt, der's lösen kann:
So ist die Welt. Wie mancher Laut
Tönt deinem Herzen so vertraut!
Meinst ihre Worte zu verstehn,
Bis jäh die Sinne dir vergehn.
Die dich mit Sehnsucht überquillt
Und läßt sie ewig ungestillt;
Bald kühn wie junges Werben,
Bald trostlos bis zum Sterben.
Es ist ein wundersam Gedicht:
Doch seine Deutung findst du nicht. –

Ja, rief bewegt der Guardian,
All unsre Weisheit ist ein Wahn!
Die Dinge zu benennen,
Das heißen wir erkennen.
Wer faßt das grenzenlose All?
Das ist für uns ein Wort und Schall:
Was leben will, das schränkt sich ein;

Unendlich sein heißt gar nicht sein.
Ein Wesen ohne Schranken
Zersprengt uns die Gedanken.
Drum nimmt man, was die Stunde beut:
Der Schöpfungstag ist ewig heut.
Das Höchste, was der Geist erfuhr,
Lehrt ihn Verzicht. Wir können nur
Das Unvergängliche verehren
Und nach Vergänglichem begehren.
Gleich Völkerzügen, die sich drängen,
In Kampf und Wanderfahrt sich mengen,
So durch des Himmels Öde ziehn
Der Götter reis'ge Dynastien
Und streiten sich um Raum und Rang
Vom Aufgang bis zum Niedergang.
Doch wie der Strom vorübertreibt,
Sie gehn, – das Weltgeheimnis bleibt.
Und bist du selbst ein Kind der Zeit,
Gleich uns ein Spiel von Lust und Leid,
So laß dir mit uns allen
Den Wechsel auch gefallen!
Wie alles, was zum Licht erwacht,
Trägst du das Muttermal der Nacht.
Wer gar der Menschen Gunst begehrt,
Was ist dem Dauerndes gewährt?
Doch darfst in unsern Tagen
Du wahrlich nicht verzagen:
Du bist Gebild nach ihrem Bilde,
Und gegen solche sind sie milde.
Ja, wenn es ernst wär' mit dem einen,
Dem Gleichnislosen, Heiligreinen,
Der uns zu sel'gen Höhen lenkt,
Mit Schönheit, Geist und Liebe tränkt!
Wie, wenn des Tages Auge strahlt,
Die Farben, die der Morgen malt,
In ihrem bunten Spiel erblinden,

So müßtet ihr ins Blaue schwinden.
Doch ihn mag wohl der Seher ahnen,
Der einsam wandelt hohe Bahnen:
Das Volk, das in der Erde gräbt,
Am derben Trug der Sinne klebt,
Die Schuldbeladnen, Mühsalreichen,
Sie wollen Götter ihresgleichen.
Der Weltkraft innerliches Walten
Muß menschlich greifbar sich gestalten.
Den Trieb verbannt kein Predigtwort,
Kein Taufguß aus dem Herzen fort.
Die Kirche kommt ihm sanft entgegen
Und nützt ihn weise, sich zum Segen.
Glaub' mir! Hast du dich eingewöhnt,
Auch du wirst bald mit ihr versöhnt. –

Ihr sagt von Göttern schöne Sachen,
Und mich wollt Ihr zum Teufel machen! –
Ei, ob man Gott Euch oder Geist,
Ob Engel oder Teufel heißt,
Was tut's, wenn man nur an Euch glaubt?
Viel besser Horn und Satyrhaupt,
Als daß Ihr unbeachtet
Ins Nichts hinüberschmachtet.
Und wenn Euch Lieb' und Ehrfurcht lügen,
So laßt Euch mit der Furcht genügen! –

Zum Teufel, Herr, bin ich zu gut!
Er ist der Knecht der Glaubenswut,
Der Bestie mit dem Heil'genschein,
Die schwelgt an ew'ger Höllenpein. –
Freund, wolltest du dich nur bequemen,
Die Sache nicht so schwer zu nehmen!
Bedenke, wer lebt ohne Tadel?
Viel Schwächen deckt sein hoher Adel.
Ob Götter, ob Titanen,

Das kommt von gleichen Ahnen,
Heißt heute Freund und morgen Feind:
Man muß nur wissen, wie's gemeint.
So schlimm sie aufeinander wettern,
Sie sind im Grund die nächsten Vettern.
Nein, schilt mir nicht die Herrn der Nacht!
Groß ist ihr Heer und ihre Macht.
Was oft der lieben Gotteshuld
Mit ihrer himmlischen Geduld
In Jahren nicht gelingen mag,
Vollbringen sie an einem Tag.
Sieh unser gläub'ges Herdentier,
Schwach von Vernunft und stark von Gier
Und stets verlockt, abseits zu weiden
Auf dieses Lebens grünen Heiden!
Wie sammelten wir armen Hirten
All die Zerstreuten und Verirrten,
Wär' nicht der schwarze Zottelhund,
Der grimme Wächter, mit im Bund.
Schweift uns ein Wildling überzwerch,
Er scheucht ihn in der Kirche Pferch.
Von Teufelsangst und ihrer Buße
Lebt unsre ganze heil'ge Muße.
Doch er, so fündig vielgewandt,
Ist uns auch sonst noch gern zur Hand.
Denn er ist, ganz wie du, gesellig,
Macht als Verführer sich gefällig,
Erhöht die Ehre, wenn wir siegen,
Entschuldigt uns, wenn wir erliegen.
Denn wo wir straucheln in der Welt,
Da hat er uns ein Bein gestellt.
Wenn wir in Evas Apfel bissen,
Ihm schiebt man alles ins Gewissen.
Drum sieh, wo unsereins gedeiht,
Da ist der Teufel auch nicht weit.
Wir haben uns in allen Landen
Von jeher wunderbar verstanden. –

Ja, wär' er nur nicht so vertrackt,
So ungetümlich abgeschmackt!
Er ist zu greulich für das Lachen,
Zu lächerlich, um graun zu machen. –
Ach so, du kennst nur jene Fratze
Mit Huf und Schweif und Krallentatze.
Nein, Freund, so will der Bauer ihn;
Denn der liebt kräft'ge Medizin.
Uns tut ein ketzerischer Zug,
Der Blick des Spötters schon genug.
Ein schalkhaft Hörnerpärchen keimt,
Lachst wie ein Kuppler abgefeimt,
Mit kecken höfischen Manieren:
Das alles wird dich trefflich zieren. –

Rausch sah zu Boden, schwieg und sann,
Und Irminold hub wieder an:
Nicht jedem ist sein Leben
In freie Hand gegeben.
Ich selber, schau, wie treib' ich's hier?
Viel sanfter säß ich, glaube mir,
Ein Liebling heiliger Natur,
Mit Aristipp und Epikur
Bei Lyraklang und vollen Bechern,
Statt hier mit meinen armen Schächern
Den dürren Rosenkranz zu drehn
Und auf die schöne Welt zu schmähn.
Ach, Herz und Welt sind heut entzweit;
So will's der Eigensinn der Zeit.
Sieh, der Gescheitre bist ja du:
Gib nach und drück' ein Auge zu! –

Du möchtest allen Trost mir rauben.
Ich kann es nicht, ich will's nicht glauben,
Was wir für dieses Volk getan,
Das sei nun Alterweiberwahn.
In Gunst und Gnade nimmer müd,

Wie waren freudig wir bemüht,
Gedeihn und Heil zu spenden
Mit unsichtbaren Händen!
Wie wuchs durch unsre stille Pflege
Das Gut im Haus und im Gehege,
Des Herdes Brot, die Milch der Kühe,
Und zogen wir in heil'ger Frühe
Im Reigenschritte durch die Flur,
Erquoll von Segen unsre Spur.
Beim kranken Kind in schwüler Nacht
Die guten Holden hielten Wacht.
Es wurde groß in unsrer Mitte;
Wir stützten seine schwanken Tritte.
Vors Bett des Jünglings legten wir
Am Weihetag die Waffenzier;
Beim Osterfrühlicht fand die Maid
Im Moos ein Nestlein voll Geschmeid.
Des Kindes Wunsch, der Traum der Braut,
Er ward dem Hausgeist leis' vertraut,
Und galt es ernste Männertat,
Wir saßen ungesehn im Rat.
Als feierlich geladne Gäste
Verteilten wir am Hochzeitfeste
Glücksäckel, Wunschring, Zauberhorn,
Des Metes unerschöpften Born.
Wir sprachen Trost in schweren Tagen
Und halfen fromm die Toten klagen.
Und all der trauliche Verein,
Die Treue soll vergessen sein,
Verweht im Wind mit welkem Laube?
Das muß ich sehn, bevor ich's glaube.

Der Guardian hob sich rasch vom Pfühl:
So zieh hinaus ins Weltgewühl,
Willst du mit eignen Augen sehn!
Doch, armer Freund, wie wird dir's gehn?

So weise und so unerfahren,
Wirst du dich schwer vor Schaden wahren.
Wie ging's dem Fant auf nächt'ger Au,
Der tanzte mit der Elbenfrau?
Da sangest du dein eignes Los:
Du schliefst zu lang im Bergesschoß
Und findest deine Welt nicht mehr.
Du segelst in ein fremdes Meer;
Doch denk', bevor dein Schifflein sinkt,
Daß hier ein sichrer Hafen winkt! –
Rausch zeigt hinaus: Die Schatten weichen.
Der Tag erhebt sein Siegeszeichen! –
Er schwenkt das Hütlein: Auf ins Land!
Rief er frohlockend und entschwand.

HEINRICH LEUTHOLD

Der Waldsee

Wie bist du schön, du tiefer, blauer See!
Es zagt der laue West, dich anzuhauchen,
Und nur der Wasserlilie reiner Schnee
Wagt aus dem keuschen Busen dir zu tauchen.

Hier wirft kein Fischer seine Angelschnur,
Kein Kahn wird je durch deine Fluten gleiten!
Gleich einer Dithyrambe der Natur
Rauscht nur der Wald durch diese Einsamkeiten!

Wildrosen streun dir Weihrauch, ihr Arom
Die schlanken Tannen, die dich rings umragen,
Und die, wie Säulen einen mächt'gen Dom,
Ob sich des Himmels blau Gewölbe tragen.

Einst kannt ich eine Seele, ernst, voll Ruh,
Die sich der Welt verschloß mit sieben Siegeln,
Die, rein und tief, geschaffen schien wie du,
Nur um den Himmel in sich abzuspiegeln.

Herbstgefühl

Die ganze Schöpfung steht in Trauer;
Das Laub der Bäume färbt sich gelber,
Und ach! Mir ist, als fühlt' ich selber
Im Herzen kalte Winterschauer.

Wie ringsum alles stirbt und endet!
Bei diesem Welken und Verderben
Fleh ich: O Gott! laß mich nicht sterben,
Eh ich ein schönes Werk vollendet.

Dithyrambe: Dithyrambus, enthusiastisch-ekstatisches (Chor)lied, gesungen und getanzt zu Ehren des Dionysos.
O Gott ... Werk vollendet: vgl. dazu Hölderlins Gedicht »An die Parzen«.

Schwüle

Es brennt die Sonne glühend heiß
Auf Gräser, lechzend und bestaubt,
Hin welkt des Strauches Blütenweiß,
Die Bäume neigen träg ihr Haupt.

So auf der Menschheit, schwer wie Blei,
Liegt unsre Zeit; in Süd und Ost
Nach Freiheit lechzt der Völker Schrei,
Doch ihre Waffen frißt der Rost.

Sieh auf die Not der Kreatur,
O Herr, in dessen Hand die Macht!
Gib ein Gewitter der Natur,
Und gib den Völkern eine Schlacht!

Auf den Tod eines jungen Dichters

Es ist ein unbarmherziger Gott,
Der diese Bahn den Armen wies,
Der auf das Kind des Elends noch
Den Fluch geworfen des Genies.

1.

Fünf Treppen hoch, fünf Treppen hoch,
O Volk, da wohnet dein Poet!
Der Sturmwind nur ist sein Gesell,
Der rauh durch die Mansarde weht.

Ein schlechtes Bett, ein Stuhl, ein Tisch,
Das ist sein einziges Gerät;

Schwüle: entstanden am 27.1.1854.

Ein Fluch auf seine Armut ist
Sein Morgen- und sein Nachtgebet.

Ein wilder Fluch war sein Gebet; –
Er hüllte sich in diesen Fluch,
Der ihn erwärmt mit heißem Haß,
Ein Mantel – jetzt sein Leichentuch.

2.

Sie kam zu ihm in stiller Nacht,
In lichter, gottgeweihter Stund';
Sie schlang um ihn die Arme sacht,
Und küßt' ihn leise auf den Mund.

Wie eine keusche, hohe Braut
Mit reinem Feuer liebt' er sie;
Von seinen trunknen Lippen taut
Der Perlenquell der Poesie.

Der Zeisig lockt', die Lerche schlug,
Und um ihn duftete der Lenz;
– Da schreckt die Not, die Not ihn auf,
Der ekle Kampf um Existenz.

Und seine Braut soll dienen gehn,
Die Muse, dieses edle Weib,
Als Freudendirn auf offnem Markt
Feil bieten ihren schönen Leib?

Nein, nimmermehr! Ha, wie der Zorn
Auf seiner Stirne da geloht!
Groß war sein Stolz, groß wie sein Geist,
Doch größer, größer war die Not. –

Fünf Treppen hoch, fünf Treppen hoch,
O Volk, da wohnte dein Poet;
Ein Fluch auf seine Armut war
Sein Morgen- und sein Nachtgebet.

Der Nahrungssorge ekler Wurm
Schlang würgend sich um sein Genick;
So litt dein Kind, so starb dein Kind,
Du Volk der freien Republik!

Und wieder ruht er in der Truh',
Ein funkelnd reiner Diamant,
Ein lichter, gottestrunkner Geist,
Den seine Heimat nie gekannt.

Mignon

Buntbeblümte Wiesen dehnen
Fernhin sich, die Luft weht lind;
Auf umsonnten Wolkenkähnen
Kam der Lenz ins Land geschwind . . .
Buntbeblümte Wiesen dehnen
Fernhin sich, die Luft weht lind.

Laß mein Haupt an deines lehnen,
Rühr die Harfe, holdes Kind!
Lieblich wie Gesang von Schwänen
Klagt ihr Ton im Abendwind . . .
Laß mein Haupt an deines lehnen,
Rühr die Harfe, holdes Kind!

Mignon: die – was ihre Nachwirkung betrifft – vielleicht bedeutsamste Figur eines deutschen Romans, das ›Harfenmädchen‹ aus Goethes Roman *Wilhelm Meisters Lehrjahre*.

Zages Hoffen, süßes Wähnen
Schwellt die Seele mir gelind;
Banges, langverhaltnes Sehnen
Löst sich; Quellen rieseln lind . . .
Ach, ich weiß nicht, ob es Tränen,
Oder ob es Lieder sind.

Trauer

1.

Ein unbezwingbar dunkler Hang
Läßt oft durch dornverschlungne Pfade
Mich einsam schweifen tagelang
Am schilfumsäumten Seegestade.

Rings Wald und Moor. Wie schwül die Luft!
Die Wildnis hier, wie abgelegen!
Gleich einer dunkelgrünen Gruft
Gähnt schweigend mir der See entgegen.

Ein Wasserhuhn huscht scheu empor
Und duckt sich wieder unterm Schilfe:
Gedehnt und klagend tönt vom Moor
Ein Laut oft, wie ein Ruf um Hilfe.

Ein Geier schwebt mit schrillem Pfiff
Hoch über meinem Haupt im Blauen . . .
Am Strande liegt ein leckes Schiff,
Wie eine Leiche anzuschauen.

Und fernher, kalt und feierlich,
Starrt das Gebirg mit seinen Gletschern;
Es spiegelt in den Wellen sich,
Die ums versunkne Pfahldorf plätschern.

2.

Schon ein Mal in der Sommerzeit
Hab ich in meinen Jugendjahren,
Von seiner wilden Einsamkeit
Durchschauert, diesen See befahren.

Ich starrte träumerisch am Bug
Ins Bodenlose; doch am Ruder,
Aufrecht, den schlanken Kahn im Flug
Hinjagend, stand mein jüngrer Bruder.

Ein Jüngling, ganz nach meiner Wahl,
Mit starkem Wollen, kühnem Streben;
Mein eigen Leben tausendmal
Hätt' ich für seines hingegeben.

Wie stand er da, ein Bild der Kraft!
Und mußte doch, von plumpen Händen
Des rohen Zufalls hingerafft,
So früh, so jäh und ruhmlos enden!

Euch hab ich oft in meinem Gram
Beneidet, deren fromm Empfinden
Das, was der Tod hienieden nahm,
Im Jenseits wieder hofft zu finden.

Ihr lebt im schönen Wahne fort . . .
Euch ward ein Trost . . . Ich kenne keinen,
Als an dem menschenleersten Ort
Den liebsten Toten zu beweinen.

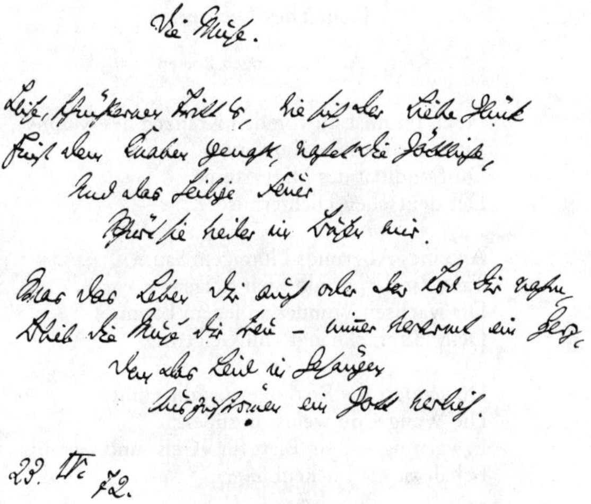

Die Muse.

Leise, schüchternen Tritts, wie sich der Liebe Glück
Einst dem Knaben genaht, nahet die Göttliche,
Und das heilige Feuer
Schürt sie wieder im Busen mir.

Was das Leben dir auch oder der Tod dir nahm,
Blieb die Muse dir treu – nimmer verarmt ein Herz,
Dem das Leid in Gesängen
Auszuströmen ein Gott verlieh.

23. VI. 72.

Die Muse

Leise, schüchternen Tritts, wie sich der Liebe Glück
Einst dem Knaben genaht, nahet die Göttliche,
Und das heilige Feuer
Schürt sie wieder im Busen mir.

Was das Leben dir auch oder der Tod dir nahm,
Blieb die Muse dir treu – nimmer verarmt ein Herz,
Dem das Leid in Gesängen
Auszuströmen ein Gott verlieh.

Deutsches Dichterlos

An einen jungen Poeten

Noch träumst du von den Kränzen des Ruhms
Einer glänzenden Karriere,
Du Kandidat des Märtyrtums
Der deutschen Dichtermisere.

An eines Abgrunds blumigem Saum
Tänzelst du harmlos den Reigen;
Dir wachsen Wunder an jedem Baum,
Dein Himmel hängt voll Geigen.

Du sendest die Erstlinge aus; dir glüht
Die Wange; du weinst in süßer
Erwartung . . . ein Blatt für »Geist und Gemüt«
Behält sie als Lückenbüßer.

Du ladest dich bei den Göttern zu Gast
Und erhebst dich übers Gesindel
In kühnem Begeisterungsflug; dich erfaßt
Der bekannte Unsterblichkeitsschwindel.

So schwärmst du . . . Jahre gehn herum;
Du erschienst, in Goldschnitt gebunden,
So wirksam verlegt, daß das Publikum
Dich nimmermehr gefunden.

Doch ja; man bittet dich dort und hier
Zum Tee . . . Du vernimmst ein Gewimmer;
Es wispert mit oder ohne Klavier
Deine Verse ein Frauenzimmer.

Der Hofrat gähnt . . . Der Bankier ruft:
»Nicht übel!« Die Gattin: »Wahrhaft

Beautyful!« Doch der Weihrauchduft
Ist mehr berauschend als nahrhaft.

Und wenn die Weihrauchwolken verwehn
Und der Beifall hysterischer Frauen,
Dann wirst du allmählich Dinge sehn,
Die dich nur mäßig erbauen.

Du hoffst noch immer; indes mit der Zeit
Die Schwingen den Dienst versagen;
Du fühlst eine seltsame Nüchternheit
Im Kopf und besonders – im Magen.

Wohl kann man als Intrigant mit List
Noch deutsche Höfchen umlungern;
Doch wenn du wirklich ein Dichter bist,
Dann wirst du auch wirklich verhungern.

Zwar, wie es verschiedene Pflanzen hat
Im deutschen Dichtergarten,
So gibt es, bist du lebenssatt,
Auch verschiedene Todesarten.

Und wenn du gestorben – was immer dein Teil:
Not, Selbstmord, Gemütsvergiftung –
Dein Bildnis bringt das Organ des Herrn Keil,
Dich begräbt die Schillerstiftung.

Organ des Herrn Keil: die 1853 gegründete *Gartenlaube*.
Schillerstiftung: 1855–59 erfolgter Zusammenschluß deutscher Autoren zur öffentlichen Vertretung von Standesinteressen. In § 2 der Satzung heißt es, die Stiftung habe den Zweck, »deutsche Schriftsteller und Schriftstellerinnen, welche für die Nationalliteratur [...] verdienstlich gewirkt, vorzugsweise solche, die sich dichterischer Formen bedient haben, dadurch zu ehren, daß sie ihnen oder ihren nächst angehörigen Hinterlassenen, in Fällen über sie verhängter schwerer Lebenssorge, Hilfe und Beistand darbietet«.

Und schlüge noch das teutsche Herz
Des alten Ludwig von Bayern,
Du würdest in Marmor oder in Erz
Deine Auferstehung feiern.

Herr Ludewig und sein Künstlertraum,
Sie wurden beide zu Staube;
Die Jungfer Marlitt beherrscht den Raum
In den Spalten der Gartenlaube.

Und befaßt sich die Schillerstiftung nicht mehr
Mit deutschen Dichterschatten,
Dann lebt noch ein Rezensentenheer . . .
Das wird dich sicher bestatten.

So sicher: Kein Hahn wird nach dir schrein,
Es schweigen alle Trompeten . . .
Du brauchst deshalb nicht in den »Verein
Für prunklose Bestattung« zu treten.

Ludwig von Bayern: König Ludwig I. baute in München die Ruhmeshalle (1843–53) mit 80 Marmorbüsten verdienter Bayern und in der Nähe von Regensburg die Walhalla (1830–41) mit Marmorbüsten verdienter Deutscher.
Marlitt: Eugenie M. (1825–87); als sie ihren Beruf als Sängerin aufgeben mußte, wurde sie zunächst Gesellschafterin der Fürstin Schwarzburg-Sondershausen, dann freie Schriftstellerin; ihre Romane erschienen meist in der *Gartenlaube*; da sie sehr erfolgreich waren, ist es noch immer üblich, die besonders an Frauenproblemen interessierte und durchaus liberal argumentierende Marlitt einfach als triviale Schreiberin abzutun.

Feudaler Jammer

Tempora mutantur.

Hans Rechberg trank ennetbirgischen Wein,
War munter und guter Dinge;
Er sprach zu Thomas von Falkenstein:
»Du schlägst eine gute Klinge!

Du schlägst eine Klinge . . . im ganzen Land
Kann keiner mit dir sich messen,
Und dennoch verlorst du unter der Hand
Die Schlösser, so du besessen!«

Doch dieser sprach in jähem Grimm
Und stürzte seinen Humpen:
»Beim heiligen Georg! die Zeit ist schlimm . . .
Und niemand mag mir pumpen.

Vom Stegreif lebt sich's auch nur schlecht,
Wir brauchen Taft und Zindel,
Und frech vom Leder zieht der Knecht
Und das schnöde Krämergesindel.

Die Zeit ist schlimm . . . mir vergeht der Geschmack
Am Wegelagern und Balgen . . .
Ich wollte, das Bauern- und Bürgerpack,
Es hinge am höchsten Galgen.

Kein fröhlicher Krieg ist mehr im Land,
Kein Geschäft mehr hinter der Hecke . . .
Ich glaube, es wachsen unserm Stand
Über den Kopf die Pfeffersäcke!«

ennetbirgischen Wein: von *ennet* ›jenseits‹.
Zindel: auch »Zendel«, ein leichter Seidenstoff.

Und Rechberg sprach: »Fast hast du recht,
Die Not der Zeit ist bitter!
Doch bleibt das Volk stets ein dienstbar Geschlecht,
Wir bleiben stets Grafen und Ritter.

Und wie es zu allen Zeiten geschah,
Geschieht es zu allen Zeiten:
Die Klugheit der einen ist dazu da,
Auf der Dummheit der andern zu reiten.

Laß Schätze sie häufen und pflügen das Land,
Laß sie schaffen und sammeln wie Bienen! . . .
Wir leben als privilegierter Stand
Nur um so muntrer aus ihnen.

Laß ihnen die Mühsal, laß ihnen den Schmutz,
Laß sie knacken die härteren Nüsse
Des Daseins! . . . uns bleiben der adlige Trutz
Und die feineren Lebensgenüsse!

Und wenn man das Volk nicht zu ködern mehr weiß,
Dann wird das Haar geschoren:
Wir machen als Pfaffen die Hölle ihm heiß
Und ziehn ihm das Fell über die Ohren!«

Auf Gegenseitigkeit

Wir leben in einer praktischen Zeit,
Und alles treibt sich gewerblich;
Vermittelst Gegenseitigkeit
Wird jeder Lump unsterblich.

Drum, wenn du meinem Stern vertraust,
So wollen wir uns vereinen.
Wofern du meinen Juden haust,
So hau ich auch den deinen.

Wenn du recht emsig darüber streichst,
So ähnelt dem Golde das Messing,
Und wenn du mich mit Goethe vergleichst,
Vergleich ich dich mit Lessing.

An einen Freund

Ich kenne diese reisigen Berserker,
Die die Arena unsrer Zeit betreten,
Die Menschheit zu erlösen, als Athleten,
Aus dem Bestehenden, dem großen Kerker.

Es haben diese Zukunfts-Feuerwerker
Ein Schlagwort oder zwei stets als Raketen;
Der aber ist der erste der Propheten,
Dem das Organ der Stimme etwas stärker.

Nur schweigende Verachtung sei die Brüstung,
Die ehrne, dieses Volks dich zu erwehren;
Sogar ihr Haß lohnt nicht sich der Entrüstung.

Doch wolle ja nicht selbst dich drum entehren
Und deinen Geist in blanker Waffenrüstung
Gar wider eine gute Sache kehren.

Berserker: von altnord. *berserkr* ›Bärenfell‹; mit Fellen bekleideter Krieger der nordischen Sage, der mit dem Fell die Kraft des Tieres annimmt und sich als ekstatischer Kämpfer in den Dienst des Gottes Odin stellt; im neueren Sprachgebrauch ein ziellos um sich schlagender Mensch.

Das hat am Volk, das man so oft gepriesen,
Zuweilen ernstlich mich verzweifeln lassen,
Daß, wie mir scheint, die Mündigkeit der Massen,
Noch die Geschichte keiner Zeit bewiesen.

Und wenig Heil erwart ich nur von diesen,
Die mit selbsüchtigem Zweck den untern Klassen
Den Weihrauch streuend stets auf Markt und Gassen
In ihre Jerichoposaunen bliesen.

Es muß ein fest Vertrauen zu dem Lichte
In meiner Brust sein, daß ich, solche Schreier
Von Profession seit je im Angesichte,

Daß ich doch unentwegt, trotz der Geschichte,
Trotz dem Gesindel dieser Weltbefreier
Die Blicke gläubig auf die Zukunft richte.

Unsre Zeitrichtung

Nicht, daß ich dies Bestreben nicht erfasse,
Des Stoffs sich, der Materie zu bedienen;
Schon brach der Geist mit Dampf und Eisenschienen
Der Bildung und der Freiheit eine Gasse.

Nur das Extrem der Zeit ist's, das ich hasse!
Die Menschheit ward, so hat mir oft geschienen,
Zu einem ungeheuern Schwarm von Bienen.
Utilität! das ist der Ruf der Masse.

Unsre Zeitrichtung: das Gedicht ist eine Kontrafaktur von Georg Herweghs »Der Freiheit eine Gasse!« aus den *Gedichten eines Lebendigen* (1841): »Ihr Deutschen ebnet Berg und Tal / Für Eure Feuerwagen, / Man sieht auf Straßen ohne Zahl / Euch durch die Länder jagen; / Auch dieser Dampf ist Opferdampf – / Glaubt nicht, daß ich ihn hasse – / Doch bahnet erst in Streit und Kampf / Der Freiheit eine Gasse!«

So durch ein Leben, das den Tieren eigen,
Erwerb, Krieg, Kinderzeugung und so weiter,
Bringt ihr das Edelste in euch zum Schweigen,

Wenn nicht, wie euch die heitern Griechen zeigen,
Auch euch das Schöne wird zur Himmelsleiter,
Drauf Götter zu den Menschen niedersteigen.

Mein ganzes Leben war ein reges Fechten!
Gern säh' ich einst den Völkermorgen tagen
Und habe stets trotz Freund und Feind getragen
Der Freiheit Fahne hoch in meiner Rechten.

Doch keinen Lorbeer mag ich jenen flechten,
Die Uniformen für des Herzens Schlagen
Zuschneiden und zur Ebne abzutragen
Das Große und Erhabene gedächten.

In edlem Streben mag an allem Hohen
Sich gern mein Aug und meine Seele weiden,
Doch widerstrebt mein Sinn dem Niedern, Rohen,

Und jene Haufen such ich stets zu meiden,
Wo Zwerge sich gebärden wie Heroen,
Und wo sich Buben mit dem Purpur kleiden.

Selbstkritik

Einst spann ich aus Systemen, aus konfusen,
Das bißchen Wolle am Gelehrtenrocken,
Bis mich die Zeit mit ihren Sturmesglocken
Erkennen ließ den Gott in meinem Busen.

Das Herz belauscht ich unter schlichten Blusen.
Ich ließ mich gern von Lenz und Blütenflocken
Und vom Sirenensang des Ruhmes locken
Und hing berauscht am Nacken holder Musen.

Ein weites Feld lag meinem Streben offen:
Ich rang nach Schönheit, Anmut, Formenreinheit;
Groß war mein Mut, zu groß vielleicht mein Hoffen.

Zwar ich erhob mich über die Gemeinheit;
Doch fehlt mir, der ich reich an Plan und Stoffen,
Die wahre Kunstvollendung, Maß und Einheit.

Lang irrt' ich in gefährlicher Verblendung:
Freiheit in allem! rief ich stets entschlossen,
Indes die Ströme meiner Seele flossen
In ungebundner üppiger Verschwendung.

Denn spät erst wurde jene Kunstvollendung,
Das Ebenmaß der Griechen, mir erschlossen,
In das sich ihr erhabner Geist ergossen;
Da, wenn auch spät, erkannt ich meine Sendung.

Zwar ward mir's schwer, als selbst aus ihren Betten
Die Zeit austrat, aus regellosen Tönen
Mich in den Schoß der reinen Kunst zu retten.

Auch jetzt noch ist dem Kampf und Waffendröhnen
Mein Ohr nicht taub; jedoch mit Blumenketten
Hält mich umwunden das Gesetz des Schönen.

Zuruf

Was tatest du, so muß ein Freund dich fragen,
Mit dem dir reichlich zuerteilten Pfunde?
Was tatest du, was schufst du bis zur Stunde,
Um stets die Welt des Undanks anzuklagen?

Wähnst du vielleicht dich quitt und abgetragen
Die Schuld, die jegliches Talent im Grunde
Der Welt entrichten soll, weil eine Wunde
Dir hie und da ein Bube hat geschlagen?

Auf, wecke neu den Mut, den halb verlornen,
Und gib uns, was in schlummerlosen Nächten
Dir aufgeblüht, die Rosen samt den Dornen!

Dir ward ja, daß du rangest nach dem Rechten,
Als günstig Zeichen nur, dich anzuspornen,
Des Pöbels Feindschaft und der Haß der Schlechten.

Nach Süden

Wie haß ich diesen kalt vernünft'gen Norden,
Wo triste Menschen nur sich um mich reihen,
Die neidisch mein Talent mir nie verzeihen,
Und die mir meine schönsten Träume morden!

Die Poesie mit ihren Glutakkorden,
Nie wird sie ganz mich hier zum Dichter weihen,
Hier, wo der Lorbeer nimmer kann gedeihen,
Wo keine Hoffnung je mir wahr geworden.

Und wenn sie alle Würden auf mich lüden,
Ich möchte nicht bei diesen Menschen weilen,
Die meine Seele bis zum Tod ermüden.

Der letzte Zweifel muß sich nun zerteilen,
Ob ich ein Dichter sei; drum auf, nach Süden!
Dies stete Heimweh meiner Brust zu heilen.

Auf Emanuel Geibel

Ganz kennst du unsre Zeit, doch fremd der Spaltung
Der wogenden Partein und ihrem Toben
Hast du gewendet deinen Blick nach oben
In selbstbewußter, priesterlicher Haltung.

Ein schönes Bild harmonischer Entfaltung
Hast du uns, Unvergänglicher, gewoben
Und einmal noch auf ihren Thron gehoben
Die Kunst durch formvollendete Gestaltung.

Das Lied ist dir wie wenigen gelungen;
Die ernste Weisheit auch ward dir gegeben;
Du hobst den goldnen Schatz der Nibelungen.

Nicht einer Zeit, die rasselt, gilt das Streben
Des Dichters, der für alle Zeit besungen
Das, was unendlich ist im Menschenleben.

Auf Emanuel Geibel: Charakteristisch für das Selbstverständnis und das Auftreten Geibels ist, daß in München das – falsche – Gerücht aufkommen konnte, zwischen Geibel und der Künstlervereinigung »Die Zwanglosen« sei es zum Streit gekommen, weil Geibel verlangt habe, daß sich die Kollegen bei seinem Eintreten von den Plätzen erheben.
Schatz der Nibelungen: Geibels Drama *Brunhild. Eine Tragödie aus der Nibelungensage* erschien 1857, das Gedicht entstand etwa zur gleichen Zeit.

Im sichern Hafen land ich nie;
Mich selber überwand ich nie;
Des Lebens Wechsel sucht ich auf,
Doch seinen Reiz empfand ich nie;
Mein Herzblut rieselt hin im Lied,
Dies wunde Herz verband ich nie.
Wohl hab ich oft geklagt, jedoch
Mein herbstes Weh gestand ich nie:
Die Schönheit, die ich früh geliebt,
Die göttliche, umwand ich nie;
Da wollt ich folgen der Vernunft,
Doch ihren Wink verstand ich nie;
Wie viel ich in der Welt erstrebt,
Den Stein der Weisen fand ich nie.

Sonnenuntergang

O wie träumt es sich süß am myrtenumbuschten Gestade,
Wenn in das leuchtende Meer scheidend die Sonne sich taucht!
Feierlich schweigt die Natur; kaum lispeln die Silberoliven,
Leise, mit würdigem Ernst, neigen die Pinien das Haupt.
Hie und da nur erklingt eintönig die Weise des Fischers,
Der des kristallenen Golfs riesigen Spiegel durchfurcht.
Heiliger Frieden umwohnt wie der Seligen Inseln dies Eden;
Auch in der eigenen Brust wiegt er den Kummer in Schlaf.
Bilder der Heimat ziehn an der Seele vorüber; mit Liebe
Denk ich der Freunde und fast möcht ich den Feinden verzeihn.
Was sie auch Schlimmes gewollt, mir wandte sich alles zum Guten;
Bittre Erfahrungen selbst stärken und läutern das Herz.

Sonnenuntergang: entstanden am 13.1.1871.

Einst, wenn schon lange des Neids unlautere Quellen versiegt sind,
Geb ich der Heimat dafür Ströme von Wohllaut zurück.
Denn die Gabe des Worts zur lieblichen Frucht des Gesanges
Hast du dem Fremdling indes, südliche Sonne, gereift.
Ha, wie scheidest du dort, verklärt nur vom eigenen Lichte,
Königlich groß noch im Tod, segenverbreitend Gestirn!
Stolz und geräuschlos wie du zu verbluten im Dienste der Menschheit
Und zu verzichten auf Dank, ist ein erhabenes Los.
Selbst auf das niedre Gewölk, das neidisch den Pfad dir umdunkelt,
Wirfst du den Abglanz noch, während du siegend versinkst.
Rosige Segel ziehn fernhin, und gehüllt in den Purpur,
Den es von dir sich geborgt, schlummert das ewige Meer.

HERMANN LINGG

Zweifel

Kann zwei Seelen je so ganz
Einigen die höchste Liebe,
Daß in ihrem vollen Glanz
Nicht ein Hauch von Schatten bliebe?

Nah am dunklen Firmament
Scheinen sich die schönen Sterne,
Doch ein Himmelsabgrund trennt
Ihre schwarze Weltenferne.

Gottesbraut

Deinem Haupt entsank die Locke;
Eingesegnet, wie die Glocke,
Die nur Gott ertönt, bist nun auch du;
Wie ihr Klang nur Andacht kündet,
Gleich der Kerze, am Altar entzündet,
Streb' auch du hinfort dem Himmel zu!

Deine Lippen sind verboten;
Deine Blicke wie des Toten,
Den sein Heiland nur zum Leben weckt.
Weh dem Sünder, weh dem Tempelschänder,
Der den Schneeglanz deiner Bußgewänder
Mit verwegner Hand befleckt!

Aus dem Weltmeer ist dein Herz gerettet,
Doch das Ufer ist kein Inselland,
Wo die Rebe sich um Ulmen kettet;
Nur Entsagung wächst an diesem Strand;
Nur das Kreuz am Fels der Einsamkeit
Ist dir Rettung, Heil und Sicherheit.

Mondmythus

Ich sah heut früh im Brunnen tief
Zwei Liebende allein,
Die schöne Morgenröte schlief
Beim bleichen Mondenschein.
Sie küßten sich von Herzen
Mit lichtem Purpurmund,
Ein wellenheimlich Scherzen
War um die Morgenstund!

»Schlüpf' schnell in deine goldnen Schuh',
O rosenfingrig Kind,
Des Himmels Tore gehen zu,
Geh heim, geh heim geschwind!«
Voll Angst blickt in die Höhe
Das holde Morgenrot;
Da sieht es oben, wehe!
Den bleichen Liebling tot! –

Maikäfers Ende

Er starb, obwohl er von Natur
Epikuräer war, mit Stoizismus –
In einem Bad, im Regen, und zwar nur
An einem ganz gelinden Trismus;
Denn seine Zeit war um, er hatte
Im Grunde ganz vollkommen recht.
Der Zauber war hinweg vom Blütenblatte;
Er machte Raum dem kleineren Geschlecht.

Ich hab' sein Todbett aufgefunden
Und ihn beneidet einige Zeit
Ob seines Hingangs in den besten Stunden,
Mittags – in Wonnetrunkenheit.
Es hätte Blüten noch genug gegeben,
Doch ging er wie Apicius vom Leben,
Noch als er eine Million besaß,
Und starb – aus Überdruß am Übermaß.

Er wurde nicht zuvor in Staub getreten,
Er hing an seinem Blütenast
Erstarrt, und wie beim inbrunstvollen Beten
Ein Indier, der ein hölzern Bild umfaßt.
Es hätt' ihn eine Federmesser-Guillotine
Enthaupten können, aber nein!
Es sollte noch im Tode seine Miene
So heiter wie zuvor im Leben sein.

Epikuräer: jemand, der sich auf die Lehre Epikurs beruft, daß das Glück des Lebens in einem maßvollen und bescheidenen Genuß zu finden ist.
Stoizismus: Gleichmut; nach der Lehre der Stoa, die oberste moralische Maxime sei es, Gefühlsregungen und Neigungen zu bekämpfen, weil sie die vernünftige Einsicht behindern.
Trismus: Mundsperre durch einen Krampf der Kaumuskeln.
Apicius: Caelius A., ein Römer der frühen Kaiserzeit, »reich und verschwenderisch« (Tacitus, *Annalen* IV,1); er soll sich umgebracht haben, als sein Vermögen nur noch zweieinhalb Millionen Sesterzen betrug.

Fürbitte

Gedenke, daß du Schuldner bist
Der Armen, die nichts haben,
Und deren Recht gleich deinem ist
An allen Erdengaben.
Wenn jemals noch zu dir des Lebens
Gesegnet goldne Ströme gehn,
Laß nicht auf deinen Tisch vergebens
Den Hungrigen durchs Fenster sehn;
Verscheuche nicht die wilde Taube,
Laß hinter dir noch Ähren stehn,
Und nimm dem Weinstock nicht die letzte Traube.

Pästum

Brütend liegt der Mittag über
Pästums öder Fiebergegend,
Schwüle Nebel niederlegend,
Selbst die Sonne schimmert trüber,
Und die alte Stadt Poseidons,
Stumm und einsam liegt sie da,
Ein zerstörtes Sodoma.

Auf zerbrochnen Steinkolossen
Umgestürzter Architrave
Blühen Kaktus und Agave,
Um die alten Mauern sprossen
Rote Blumen und Akanthus;
Duftig wuchern drüberhin
Thymian und Rosmarin.

Pästum: griechisch-römische Ruinenstadt in Kampanien mit drei ungewöhnlich gut erhaltenen dorischen Tempeln des 6./5. Jh.s v. Chr.; im 18. Jh. wiederentdeckt und im 19. Jh. häufig besucht.

Nur ein gelber Tempelriese
Trägt noch seine Quaderbalken,
Um den Giebel fliegen Falken,
Epheu rankt sich um die Friese;
Und die Natter und die Eidechs
Sonnt sich an der Tempelwand,
Wo geflammt der Opferbrand.

Ungebrochen stehn die schlanken
Dorersäulen; ein Jahrtausend
Sahen sie vorüberbrausend;
Throne stürzten, Völker sanken;
Über ihre Marmorhäupter
Wie durchs Meer, dem sie geweiht,
Weht ein Hauch der Ewigkeit.

Elefantenwanderung

Wolken wie die Midgardschlange recken sich am dunklen Himmel,
Auf die weiße Winterdecke blickt Arktur im Sterngewimmel,
Die bereiften Bäume strecken Äste aus, die nie mehr blühen,
Dürr wie Totenfinger, riesig wie Geweih von Elenkühen. –
Älter noch als Elen lebten einst im Norden Elefanten,
Als noch auf die Polregionen heiße Sommertage brannten;
Denn die Sonne ging nicht unter, und der Erde voller Feuer,
Ihr entsproßten Riesenbäume, kühne Pflanzenungeheuer,
Bunte giganteske Schlangen hingen an den hohen Ästen

Midgardschlange: In den religiösen Vorstellungen der Germanen liegt in der Mitte der Welt das Reich der Menschen, Midgard, umgeben von der Midgardschlange; unterhalb liegt Hel, die Unterwelt, darüber das Land der Götter, Asgard. Umfaßt werden alle Bereiche von der Weltesche Yggdrasil.
Arktur: hellster Stern im Sternbild des Bootes.
Elenkühen: Elchen.

Oder wanden ihre Leiber in den glühenden Morästen;
Weißer Elefanten Herden lagerten am Rand der Quelle
Oder grasten oder trabten durch den Wald in
Windesschnelle.
Und Jahrtausende vergingen dem Geschlecht der
Mastodonte.
Aber eines Tages wurd' es dunkel an dem Horizonte,
Und aus einer grauen Wolke fielen Flocken, kalte Flocken;
Elefant und Mammut standen voll Erstaunen und
erschrocken,
Denn es starb das Grün der Palmen vor dem raschen Überfalle,
Und die Blumenkronen welkten vor dem stürmenden
Kristalle;
Da verlor das Aug' der Schlange viel von seinem ersten Feuer;
Vor dem kleinen Feinde bebten all die großen Ungeheuer.
Noch erhoben ihre Rüssel wie zum Kampf die Elefanten,
Wie Posaunen gegen Himmel hochentrüstete Tubanten,
Stampften auf den Schnee, den Gegner, mit den Füßen, mit
den plumpen.
Doch vergebens, er erstarrte und ward Eis in harten Klumpen.
Nun zur Flucht gewendet eilten Herd' an Herde weite Reisen
Nach dem Süd', dem Frost entfliehend, aus des Nordens
Wendekreisen
Über himmelhohe Berge, den Verfolger hart im Rücken,
Immer fliehend vor dem Eise, das den Flieh'nden baute
Brücken.
Viele mußten auf dem Schlachtfeld ihre Zähne liegen lassen;
Doch vor deren reiner Weiße mußte selbst der Feind
erblassen,
Selbst der Schnee kann nicht an Reinheit das Gebein der
Mammutleichen,
Nicht den Elefantenknochen, nicht das Elfenbein erreichen.

Mastodonte: ausgestorbene etwa elefantengroße Rüsseltiere des Jungtertiär, deren Schneidezähne als Stoßzähne ausgebildet waren.

Eismeer und Südsee

Im höchsten Nordmeer liegt ein Schiff, an Schollen Eises festgeschraubt,
Die Mannschaft auf dem Decke schläft, der Schnee liegt über ihrem Haupt;
Wie gellend auch der Nordwind pfeift, die Segel hängen eisumstarrt;
Kein Mast und keine Planke stöhnt, kein Tau und auch kein Ruder knarrt.

Doch jede Nacht das Nordlicht scheint und leuchtet in den weißen Tod,
Die hohlen Augen glühen hell, die bleichen Wangen werden rot;
Es malen sich ins Segeltuch Eisblumen, riesig, tropengroß,
Kristallne Blüten, geisterhaft, kalt, unbewegt und düftelos.

Vom dunklen Eisgebirge sehn gewalt'ge Schatten schwarz herab,
Wie von der Urwelt Tieren, die versteint hier ruhn im Felsengrab,
Und gleich als gährte jetzt noch tief, tief unterm Schnee die Feuerkraft,
So rollt ein tiefer Donner oft, daß weit das Eis in Schluchten klafft.

Und in der Südsee liegt ein Schiff, das liegt so still und unbewegt,
Ins windstill blaue Meer hinein wie in ein offnes Grab gelegt;
Vor Leichen ist der Bord bemannt, die sehn so hohl und ausgebrannt,
Als hätten ihre Mumien die Katakomben ausgesandt.

Die Sandbank ward zum faulen Sumpf und aus dem Sumpfe wächst hervor
Ein üppig wuchernd Pflanzenreich von Seetang, Schimmel, Moos und Rohr,
Verfaulend liegt das Fahrzeug da, aus jeder lecken Spalte faßt
Ein Grünes Wurzel und erhebt sich rankend bis empor zum Mast.

Von grünem Laubdach ist bedeckt das Haupt der Toten fort und fort,
Und Blumen blühn aus ihrem Mund, als sprächen sie das Lebenswort;
Statt Wimpeln weht das lange Schilf, und wo die Schiffslatern' gebrannt,
Fliegt nachts ein grüner Glühwurm auf und leuchtet wie ein Diamant.

Mexiko

Auf Tempeln Mexikos glüht im Versinken
Die Sonne noch, was zaudert sie so lange?
Sie lauscht der Priester blutigem Gesange
Zum Opferfest beim Schall der hellen Zinken.

Auf die Gefangnen scheint sie. Federn winken
Von ihrem Haupt, man hat mit goldner Spange,
Mit Blumen sie geschmückt zum letzten Gange;
Jetzt nahn sie, wo die Todesmesser blinken.

Wild jauchzt das Volk – des Opferaltars Kerzen
Glühn höher auf, man hält die blut'gen Herzen
Der Sonne hin, was zaudert sie noch immer?

Des Cortez Schiffe sieht sie längs der Hügel
Tabascos nahn, der Waffen heller Schimmer
Blitzt durch der Segel weiße Racheflügel.

Mittagszauber

Vor Wonne zitternd hat die Mittagsschwüle
Auf Tal und Höh' in Stille sich gebreitet,
Man hört nur, wie der Specht im Tannicht scheitet,
Und wie durchs Tobel rauscht die Sägemühle.

Und schneller fließt der Bach, als such' er Kühle,
Die Blume schaut ihm durstig nach und spreitet
Die Blätter sehnend aus, und trunken gleitet
Der Schmetterling vom seidnen Blütenpfühle.

Am Ufer sucht der Fährmann sich im Nachen
Aus Weidenlaub ein Sonnendach zu zimmern,
Und sieht ins Wasser, was die Wolken machen.

Jetzt ist die Zeit, wo oft im Schilf ein Wimmern
Den Fischer weckt; der Jäger hört ein Lachen,
Und golden sieht der Hirt die Felsen schimmern.

Cortez: Hernando C. (1485–1547), eroberte das Aztekenreich in Mexiko für Spanien.
Tabascos: Tabasco, mexikanischer Staat am Golf von Capeche.
Tobel: schluchtartiges Tal, das periodisch von einem Wildbach durchflossen wird.

Elegie beim Tode Sr. Maj. des Königs Maximilian II. von Bayern

Schmerzlich bebt ein Wort durch aller Herzen:
»Ach, der beste König ist nicht mehr!«
Eine Nacht voll düstrer Trauerkerzen
Senkt sich auf die Erde dumpf und schwer.

Welch ein edles Herz hat ausgeschlagen!
Reinste Güte, höchster Edelmut.
Nicht vergessen wird in allen Tagen,
Wie du milde warst, gerecht und gut!

Sechzehn Jahre, seit dein Szepter waltet,
Wie ein Kranz von goldnen Ähren blühn
Ihre Segnungen dem Land, entfaltet
Deiner weisen Sorge treu Bemühn.

Wer erkühnt sich, Gottes Plan zu wissen?
Der so früh dem schönsten Erdenband
Vor des Lebens Abend dich entrissen,
Einen Vater unserm Vaterland.

Zu dem Lohn der ew'gen Krone trugen
Herr, dich König Maximilian,
Märtyrer und Ritter! Engel schlugen
Ihre Flügel um dich himmelan.

Ruhe in des Weltenfriedens Schoße!
In des Volkes Herzen lebst du fort,
Der du, wie Theodorich der Große,
Recht gewahrt und deutscher Ehre Wort.

Elegie … Bayern: In einer Anthologie sollte wenigstens ein Gedicht dieser Art nicht fehlen; es zeigt, welchen gereimten Schwachsinn Lingg in Gelegenheitsgedichten produzierte und dann auch noch aufhebenswert fand.

Wenn ans Höchste, was die Welt bewundert,
Opfernd seine Hand der Tod gelegt,
Und erkennt ein Volk und ein Jahrhundert,
Was ein heilig Königsherz bewegt:

Dann, wie auch die Schicksalswaage schwanke,
Tieferschüttert unter Sturm und Krieg,
Über allem strahlt dann ein Gedanke:
Reinem Willen blüht der höchste Sieg.

Bauernkrieg

Acht und Bann
Über den Bauersmann
Sprachen die Herrn im Land herum,
Schickten zu allen Burgen und Höfen,
Allen Fürsten und Bischöfen. –
Hilf uns Evangelium!

Krieg denn, Krieg!
Roter Hahn flieg!
Flieg über die Schlösser all!
Schwing die Flügel und krähe!
Niemand ackre, niemand säe,
Öd sei Scheuer, Hof und Stall.

Sengt und brennt,
Was ihr könnt!
Kehrt den Pflug dem Himmel zu;
Mähet, Mähder; sichelt, Schnitter,
Mähet Pfaffen, sichelt Ritter!
Unser Banner ist ein Schuh!

Werft den Schuh,
Dem Himmel zu!
Haben die Väter den Leib verkauft,
Wurden wir drum leibeigne Knechte?
Andre Zeiten, andre Rechte –
Mit Blut sei's umgetauft!

Der euch sät,
Den habt ihr verschmäht,
Ihr Herrn und Fürsten überreich.
Aufruhr trägt darum die Erde,
Auf daß alles wieder werde
Ihr, der armen Erde, gleich!

Äolsharfe

Geheimnisvoller Klang,
Für Geister der Luft besaitet,
Von keines Menschen Gesang,
Von Stürmen nur begleitet.

In deinen Tiefen sind
Die Melodien der Sterne, –
So ruft ein weinend Kind
Der Mutter in die Ferne.

Laute der Trösterin Einsamkeit!
So ziehen über Fluten Schwäne,
So wiegt in Träume der Seligkeit
Die schmerzenstillende Träne.

Schuh: Der Bundschuh, die traditionelle Fußbekleidung der Bauern, war das Feldzeichen und dann auch der Name der aufständischen süddeutschen Bauern im 15. und 16. Jahrhundert.
Äolsharfe: ein in der freien Luft aufgehängtes Instrument, das im Wind zum Klingen kommt. Vgl. auch Mörikes Gedicht »An eine Äolsharfe«.

Eilwagenfahrt

O das ist eine schwarze, wilde Nacht!
Wieviel Uhr ist es jetzt? Ich denk', halb vier Uhr.
Wo sind wir, Kondukteur? Er schweigt, man lacht,
Ein alter Geistlicher ist aufgewacht
Und hält das Ohr an seine Repetieruhr.

Und welch ein Sturm! Schlecht, sauer war der Wein
Und teuer, schlecht auch sah es mit der Kost aus.
Dort, Herr, kommt bald die Eisenbahn herein,
Dann steht er auch mit seiner Zech' allein,
Und aus ist's mit dem Stall und mit dem Posthaus.

Das Holz ist umgehauen und gesägt,
Ich fahr's Euch vor die Haustür. Welch ein Schneewind!
Puh! wie es über die Laternen fegt!
Halt, Postillon, den Radschuh eingelegt!
Fahr' zu! Kreuzdonnerwetter in die Gähwind.

Fahr' hot! Hölldonnerwettersapperment,
Fahr' hot! Den Sattelgaul, die alte Mähr' hau!
Daß hier zu Land das Volk nur Fluchen kennt!
Jawohl, mein Herr, wer sind Sie? Ich? Agent.
He da! Was gibt's? Es brennt in Unterscheerau.

Man hört kaum läuten vor dem Sturm. Ich wohn' –
Sehn sie die Glut! Wie kam es aus? Wahrscheinlich
Aus Unvorsichtigkeit. – Fort, Postillon! –
Und im Galopp geht's durch die Gassen. – Schon
Am untern Tor? Sonst scheint das Städtchen reinlich.

Hierauf wird alles wieder schwarz und stumm.
Gepäck wär' nun, brummt in den Bart der Eisbär,

Gähwind: Schneewehe.

Der alte Kondukteur, und sieht sich um,
Denn hinter ihm, der Schnaps, ist doch nicht dumm –
Ja, wahr ist's, ein Kotelette und fünfzehn Preißbeer'.

Was anders sah noch nie ein Passagier
Für seinen Gulden, acht und zwölf macht zwanzig,
Nun, mir ist's recht. Herr Kondukteur, ist hier
Schon Hochgebirg? Wann gibt es endlich Bier!
Wer ist das Fräulein? Die? Die ist aus Danzig.

Und wer fährt sonst noch mit? Noch ein Franzos.
Man hört kein Wort von ihm als Brisak, Breisak,
Was ist er wohl? Ein alter Virtuos,
Und allen Teufel hat er auf dem Schoß,
Filzschuh, Wildschur und einen Riesenreis'sack.

Blas, Postillon! Der Hausknecht hört nicht wohl!
Umspann'! Der Alte, dem sein Waden einschlief,
Reibt sich den Knöchel. Oh, der hustet hohl!
Sechs Passagiere. Herr, ist Ihnen wohl?
Einsteigen! Mutter! August! Da herein schlief!

Halt! schnauzt es wieder, alle Pässe her,
Denn auf der Post der Herr Stadtkommissär
Will wissen, wer heut' nacht hier durchpassiert ist,
Das liest er dann den andern Gästen vor
Und freut sich hoch, indes hält man am Tor
Den Wagen auf, bis jeder Paß visiert ist.

Bahnwärterlos

O Freund, werd' ja kein Wärter
An einer Eisenbahn,
Denn dieses Los ist härter
Als jeder andre Plan.

Ein solcher steht da draußen
Und wartet früh und spat,
Und hört er etwas sausen,
So stellt er sich gerad'.

Man kann von ihm wohl sagen,
Er geh' nur auf den Pfiff,
Er salutiert die Wagen
Und hat die Hand am Griff.

Er muß telegraphieren
Und unter Eis und Schnee
Im Winter schier erfrieren,
Beim Schaufeln auf der Höh'.

Viel besser geht's dem Schürer,
Der wärmt sich doch die Hand,
Am besten hat's der Führer
Bei seinem hohen Stand.

Nun ja, man kann's erwarten!
Das Glück kommt nach und nach,
Für jetzt blüht mir ein Garten,
Kein Fleckchen liegt mir brach.

Da pfleg' ich manche Stunde
Zu meinem Zeitvertreib
Die Blumen der Rotunde,
Ich und mein junges Weib.

Da pflanz' ich meine Rüben,
Und mancher fährt vorbei
Und denkt sich, der da drüben
Versteht doch mancherlei.

Und *ich* denk: He du, bremse!
Mein Wechsel zieht so viel
Als einer an der Themse,
Wir kommen all' ans Ziel.

Die Büste der Bacchantin

Wein umlaubte mein Gemach
Und mein dämmernd Haus Zypressen –
Wer erweckt mich? Wer besprach
Mein lethäisches Vergessen?

Wer ich war, eh' diesem Stein
Meine Form verlieh zu leben?
Seligkeiten waren mein
Und mir ganz und rein gegeben.

Lieblich war die Nacht und warm,
Und wir schwangen uns im Tanze
Mit der Winzer frohem Schwarm,
Bei des Mondes vollem Glanze.

Auf dem Felsen tanzten wir
Und am Eingang zu der Grotte,

Die Büste der Bacchantin: Hornstein erzählt in seinen *Memoiren* (S. 108) von den Diskussionen im Kreis der Krokodile: »Der glänzendste Erfolg, der mir erinnerlich, war Linggs schönes Gedicht ›Die Büste der Bacchantin‹.«
lethäisches Vergessen: Lethe ist der Strom des Vergessens, der überfahren werden muß beim Weg der Seele in die Unterwelt.

Kränze windend ihr zur Zier
Vor dem weinumlaubten Gotte:

Siehe, noch im Marmor lacht
Meine Lippe, wenn ich denke
An die wonnevolle Nacht,
An die schönen Weihgeschenke.

Als der Morgen graute, lag
Tot, von meinem Speer durchstochen,
Mein Geliebter, und mein Tag
Und mein Herz mit ihm gebrochen.

Du, du riefst mich wieder wach,
Hast mir Lebenshauch gegeben,
Lieben wirst du mich und ach!
Mehr als alle, die da leben.

Sterblicher, ein kühner Tausch!
Dich verlangte, mich zu küssen;
Ewig wirst du nun den Rausch
Meiner Seele teilen müssen.

Meine schöne Trauer soll
Immerfort dein Herz erfüllen
Und mit Tränen wonnevoll
Noch dein herbstes Los verhüllen.

Am Telegrafen

Ich schritt, die Nacht war schon genaht,
So vor mich hin, vertieft in Träume,
Da klang vom Telegrafendraht
Ein Tönen durch die luftigen Räume.

Vom Zug der Abendluft bewegt,
Durchbebte ein melodisch Klingen
Den Leiter, der die Funken hegt,
Der Worte blitzesschnelle Schwingen.

Ha! dacht' ich, spielt so meisterlich
Der Nordwind seine Riesenharfe?
Denn meilenweit erstrecken sich
Die Saiten, die er rührt, der scharfe.

Auf Fittichen des Lichts, zugleich
Mit Noten und Musikbegleitung,
Fliegt durch der Melodien Reich
Der Börsenkurs in seine Zeitung.

Doch in des Markts verworrnen Chor,
Ins Pfeilgezisch der Staatskunst fallen
Auch Stimmen ein, die an das Ohr
Wie Ruf des Weltgeschicks erschallen.

Denn wenn in Glut und Aschengrab
Der Menschen Wohnung stürzt zusammen,
So dröhnt es am metallnen Stab
Und ruft um Hülfe durch die Flammen.

Es tönt von naher Wassernot
Mit Warnungsruf die Luft durchjagend,
Es ruft zu Krankenbett und Tod
Wie mit in Trauertönen klagend.

Zum frohen Gruß von Fest und Mahl
Erbebt es, wie, wenn angeklungen,
Noch lange nachhallt ein Pokal,
Zum Hochruf froh emporgeschwungen.

Und saust es nicht wie Waffenschall,
Wenn von des Krieges Donnerrollen
Die Flügelboten im Metall
Beschwingte Kunde bringen sollen?

Wenn einst das Licht durch Berg und Flut
Zum fernsten Punkt der Länderkarte
Dem Geist und sich die Dienste tut
Von Sternenwart' zu Sternenwarte,

Dann ist sein Flug zwar nur ein Gang,
Verglichen mit dem Licht dort oben,
Doch zu der Sphären Weltgesang
Ein Sprachrohr mehr im Sturmestoben.

Die Römerstraße

Man spricht im Dorf noch oft von ihr,
Der alten, drauß' im tiefen Walde,
Sie zeige sich noch dort und hier,
Am Feldweg und am Saum der Halde.

Sie zieht herauf und steigt hinab,
Es weidet über ihr die Herde;
An ihrer Seite manches Grab,
So liegt sie drunten in der Erde.

Es führt ob ihr dahin der Steg;
Der Pflüger mit dem Jochgespanne
Geht über ihrem Grund hinweg,
Und Wurzeln schlägt auf ihr die Tanne.

Der Römer hat sie einst gebaut
Und ihr den Ruhm, die Pflicht, die Trauer,
Der Gräber Urnen anvertraut
Und seines Namens ew'ge Dauer.

Und heut', aus ferner Zeiten Nacht
Bewegt es mich wie nahes Wehen,
Ein Lichtstrahl, wie von selbst, erwacht,
Ein Augenblick wie Geistersehen.

Mir ist, Kohorten schreiten dort
Gepanzert nach dem Lagerwalle,
Es tönt des Kriegstribunen Wort
Vom Turm her zu der Tuba Schalle.

Und eine Villa glänzt am Strom,
Wo Kähne landen, Sklaven lärmen;
Der Herr des Hauses seufzt nach Rom,
Nach Tibur und nach Bajäs Thermen.

Zur Gruftkapelle draußen wallt,
Mit Trauerspenden ihrem Sohne
Das Grab zu schmücken, die Gestalt
Der tiefverschleierten Matrone.

Der Prätor naht, vom Volk umringt;
Liktoren ziehn, behelmte Reiter –
Und wie sich Bild mit Bild verschlingt,
Am Tag traumwandelnd schreit' ich weiter.

Da plötzlich ruft ein Laut mich wach,
Ein Erzgedröhn auf nahen Gleisen –
Ich steh' am Kreuzweg; hier durchbrach
Den Römerpfad der Pfad von Eisen.

Kohorten: Kohorte, Teil der römischen Legion.
Bajäs: Bajä, luxuriöse römische Badestadt in Unteritalien.
Liktoren: Amtsdiener im antiken Rom, die mit Reisigbündeln, den Fasces als Zeichen der Macht, vor den hohen Staatsbeamten herschreiten.
Pfad von Eisen: Eisenbahn.

Und donnernd rollt der Wagenzug
Vorbei den alten Meilensteinen,
Wie Blitz des Zeus und Geisterflug,
Der Erde Völker zu vereinen.

Einem jungen amerikanischen Dichter

Voran! laßt eure Banner wehen,
Ihr Dichter aus der neuen Welt,
Die Poesie laßt auferstehen,
Dort wo das Beil den Urwald fällt,
Es werden euch die Flammenrosse
Der Eisenbahnen – Melodie,
Und auf der neuen Welt entsprosse
Auch eine neue Poesie! –

Sind von der roten Männer Sagen
Die großen Ströme nicht belebt,
Um die aus kaum vergangnen Tagen
Der Weltgeschichte Flug noch schwebt?
Es brach der alten Welt Kolosse
Der Geist, der ihnen Leben lieh,
Auf eurer neuen Welt entsprosse
Auch eine neue Poesie!

Als Angebind' an eurer Wiege
Ward euer, was jahrhundertlang
Die Menschheit nur durch blut'ge Siege
Auf mühevollem Weg errang.
Der jüngsten Ära Zeitgenosse,
Blüh' eure Dichtkunst, groß wie sie,
Und in der neuen Welt entsprosse
Auch eine neue Poesie!

Werft ab den Fluch der alten Sünde,
Das wüste Joch der Sklaverei,
Vernunft verwirft durch tausend Gründe,
Daß Mensch dem Menschen Teufel sei!
Nehmt eure tödlichen Geschosse
Zur Hand nur gegen Despotie,
Und in der neuen Welt entsprosse
Auch eine neue Poesie!

Schiller am Seziertisch

In einem Saale der Anatomie
Saß Schiller, der Arzt, allein bei den Leichen,
Er träumte von Göttern und Poesie
Und tauchte vertieft an einer der bleichen
Zerstückten Gestalten das scharfe Skalpell
In den ausgestorbenen Lebensquell.

»Um nichts zu lernen, als daß wir um nichts
Voraus sind dem Wurme – um nichts, als besser
Zur Qual der Empfindung verdammt.« – Er spricht's,
Er schleudert von sich hinweg das Messer
Und sinnt, in die Hände gestützt das Haupt:
»Du hattest ein Glück, du hast geglaubt.

Du gingst durch eine blühende Welt,
Solang das Vertrauen zum Idealen
Die zuversichtliche Seele geschwellt,
Und lauter sahst du die Freude dir strahlen,
Du glaubtest die Liebe und ehrtest den Schmerz
Und das heilige blutende Menschenherz.

Auf einmal kam Nacht und Dunkelheit,
Im Busen dir bebte das heilige Feuer,
Und aus den düstern Fluten der Zeit
Erhob den Rachen ein Ungeheuer,
Die grinsende Selbstsucht, die alles verschlingt,
Und du sahst dich von scheußlichen Larven umringt.

Du sahst, wie der Neid mit Dornen besät
Die Wege des Edlen zu rühmlichen Taten
Und wie sich die schale Gemeinheit bläht,
Die Unschuld vergiftet, die Treue verraten,
Die Härte des Starken, den Jammer, die Not –
Und alles zuletzt vernichtet vom Tod.

Da wandelte Grausen und Furcht dich an,
Du fühltest den alten Mut dich verlassen,
Dein Glaube von früher erschien dir als Wahn,
Und du möchtest dich selber nun fliehn und hassen;
Doch mußt du hindurch, und gefröre dir auch
Zu verzweifeltem Spott der lebendige Hauch.

Blick weiter, dring' vor und ringe dich fort!
Erkenn' im tief'ren Zusammenhange
Die Dinge der Welt und bewahre das Wort
Und bleib' dir getreu und dem hohen Drange,
Dann bilde Gestalten, Prometheus gleich,
An Schönheit und stolzen Gedanken reich.

So sei es, dir schwör' ich's!« Er faßte die Hand
Des Toten und rief: »Beim Zellengewebe!
Nicht länger mehr will ich – nimm hier das Pfand –
Ins Handwerk dir pfuschen, Verwesung! Es lebe
Das Leben! Auf zum Champagner! Fahr' hin
Subordination und Medizin!«

Verdammen muß die Menschheit das Verbrechen,
Wofür denn hätte sie sich aufgerichtet
Aus roher Wildheit und die Nacht gelichtet?
Was darf ihr tief Gefühl für Recht bestechen?

Oft wagt's selbst nicht das Mitleid fürzusprechen,
Da selbst die Gnade auf sich selbst verzichtet,
Doch wer hat euch berechtigt und verpflichtet,
Den Mord durch einen grausern Mord zu rächen?

O fragt euch, wie es wohl um euch bestünde,
Hätt' euch erzogen in der gleichen dumpfen
Gemeinschaft euer Los mit Schmach und Sünde?

Halt ein, Sonett! Du wirst kein Richtbeil stumpfen,
Doch »Heil und Sieg der Menschlichkeit« verkünde
Im voraus schon zu künftigen Triumphen!

Du weißt, das heitre Himmelsblau dort oben,
Ein Schleier ist es nur, dahinter lauert
Das tiefe Schwarz, in dem das Weltall trauert
Um jeden Lichtstrahl, der in nichts zerstoben.

Die Hand des Wissens hat ihn weggehoben,
Den schönen Trug, doch unsre Seele schauert
Vor jener Nacht, die alles überdauert,
Sie fühlt sich bang von ihrem Graun umwoben.

Mit *deinem* Schleier, Kind, dem himmelblauen,
Verhält sich's anders, der verhüllt gerade
Dein schön'res Augenblau, dem darf man trauen.

Zum Himmel blickend, denk' ich oft: Wie schade,
Er lügt! Jedoch in deinen Blick zu schauen,
Versöhnt mich wieder, und ich schenk' ihm Gnade.

Hermann Lingg. Zeichnung von Paul Heyse. 1871

Schon Linggs erster Gedichtband von 1854 enthielt epische Fragmente. Lingg berichtet über die mehr als zehnjährige Arbeit an der »Völkerwanderung« (3 Bde., Stuttgart 1866 bis 1868, 2., veränd. Aufl., Stuttgart 1892), diese sei »entstanden, wie durch den Zusammenfluß mehrerer Quellen und Bäche ein größerer Stromlauf entsteht. Ich hatte längst vorher einzelne Begebenheiten aus der Zeit der Völkerwanderung in kleineren Gedichten, als Erzählung, als Ballade, als dramatische Scene behandelt, ehe der Gedanke in mir erwachte, diese Bruchstücke zu vervollständigen, in ein Ganzes unter eine leitende Idee zusammenzufassen und in einheitlichem Versmaß zu verbinden.« (Karl Emil Franzos, »Die Geschichte des Erstlingswerks«, Berlin 1894, S. 11 f.) Leitende Idee sollte »der Sturz einer Weltdespotie durch germanische Kraft und Freiheitslust« sein. Als vereinheitlichende Form wählte Lingg die Stanze. Die historischen Grundlagen fand er in Edward Gibbons »Geschichte des Verfalls und Untergangs des römischen Weltreichs«, aber auch bei antiken Schriftstellern wie Claudianus, Jordanes, Paulus Diaconus. Er reiste eigens nach Rom und Ravenna, um die Topographie zu studieren.

Die komplizierten geschichtlichen Vorgänge werden folgendermaßen auf die drei Bände verteilt: Bd. 1: Die germanischen Völker verlassen ihre ursprünglichen Wohnsitze und drängen in Richtung Rom. Bd. 2: Rom wird dreimal erobert, das Weströmische Reich löst sich auf. Bd. 3: Neue germanische Reiche entstehen.

Die Handlung umfaßt einen Zeitraum von rund 200 Jahren. Verfolgt wird ein Weg, der von Rußland über den Balkan, Italien, Spanien nach Afrika geht; eine Vielzahl von Helden und Völkern taucht auf. Lingg betrachtete das Werk als sein wichtigstes, die Kritik lehnte es von Beginn an ab wegen Linggs »mangelnder Compositionsgabe« (Hamerling). Es gelingen viele glänzende Einzelbilder, »jedes Bild wird mit detailtrunkenem Fanatismus ausgemalt, so daß eine imaginäre Galerie von Geschichtsgemälden entsteht, die das von der Malerei der Epoche Geleistete übertrumpft. Aber diese nur gedachte Historienmalerei stürzt schließlich, Bild um Bild, zusammen in ausweglosem Dunkel. Was sich als Epos gab, war nichts als ein magischer Akt.« (Just.)

Die Völkerwanderung

Die Goten an der Donau

Wo sich den nordgepeitschten Wellenschlägen
Das Hochland Asiens entgegensträubt,
Wo trüb, als müsse sie's noch erst erwägen,
In ihre Bahn die Sonne tritt, bestäubt
Von Schneeglanz blinkt ihr Licht herab in schrägen
Und matten Strahlen dort, wie schlafbetäubt,
Und leuchtet nur der Steppe öden Heiden,
Worauf die Horden ihre Herde weiden.

Dort haust ein rauh Geschlecht, dort, wo der Wagen
Des Himmels strahlt, Furcht flößet schon der Blick
Des Kindes ein, das Haupt ruht hochgetragen
Auf breiten Schultern, stark ist das Genick;
Die Nasen sind wie ins Gesicht geschlagen,
Die Wange breit und narbig; mit Geschick
Weiß, kaum der Brust entwöhnt, sich auf den Rücken
Der Rosse schon das zarte Kind zu bücken.

Ein Teil des Stamms ist immerfort zu Pferde,
Die übrige Bevölk'rung hält zu Haus,
Beschäftigt mit Bebauung ihrer Erde;
Aus kleinen Augen schaun sie kaum heraus,
Doch in Ertragung äußerster Beschwerde
Ist diesem Volk kein anderes voraus;
Sie haben, denn sie achten auch nicht Wunden,
Nicht Panzer und nicht Helme umgebunden.

Und wandernd einst durch jene weiten Strecken
Erschien beim Lager des Nomadenstamms,
Gefolgt von Mäusen, Raupen und Heuschrecken,
Ein großer Hirt in einem grauen Wams.
Er hatte nichts, den hagern Leib zu decken,
Als um sich her die Felle eines Lamms,
Die Mäus' und Raupen trieb er, immer suchend
Und drängend, geißelnd vor sich her und fluchend.

In seinen hohlen Blicken lag ein tiefer
Und ekelhafter Gram, ein grauer Bart
Hing lang und wirr vom abgedorrten Kiefer;
Um seine Schultern saß nach Jägerart
Ein Tierfell, doch zerfetzt, voll Ungeziefer,
Und wie sein Scheitel grau und dünnbehaart;
Um seine Lenden bei der Ledertasche
Hing wie bei Pilgern eine Kürbisflasche.

Indem er Dorne zog aus seinen Füßen
Und seine Herde rings die Flur zerfraß,
Sprach er zum Volk umher: »Ich soll euch grüßen,
Ich bin der Hunger, habt mich!« und er saß
Vor ihre Zelte hin und brach die süßen
Und kleinen Blumen, sprechend: »Seht das Gras,
Die Wurzel, die dem Boden ich entrissen,
Dünkt meinem Gaumen noch ein Leckerbissen.

Ich wohne bald am unfruchtbaren Meere,
Bald, wo taglang am toten Dromedar
Die Schakals nagen in der Menschenleere,
Wo nie der Sand ein Sonnenkind gebar,
Auch mach' ich oft mit einem Siegesheere
Vor aller Welt mein Dasein offenbar,
Und lass' in Städten, die sich täglich füllen,
Die Menschen wütend durch die Straße brüllen.

Zu euch jetzt! Wandert aus von euren Sitzen!
Zieht aus und fort, von mir hinausgeschreckt.
Durch ferne Länder sollt ihr niederblitzen
Wie Hagel, der die Saaten niederstreckt –
Und wie ein Wolkenbruch in Felsenritzen
Versiegt und in die Tiefen sich versteckt,
So sollt auch ihr im großen Völkerbrunnen
Versiegen gehn. Und jetzt von hinnen, Hunnen!«

Er sprach's, da ward von unzählbaren Nagern
Die Heide bald ein ödes Heidegrab;
Der Hunne sah die Herde täglich magern;
Nach Westen wies des Königs Wanderstab;
Und also zogen sie aus ihren Lagern
Vom Steppenhochland Asiens herab
Und wälzten, Volk um Volk in sich begrabend,
Verheerend sich von Morgen gegen Abend.

Sie kommen, wie das Herbstlaub von den Ästen,
Das aufgehäuft im Sturm von dannen fliegt,
Am Tanais und wo in den Morästen
Des schwarzen Meers der große Strom versiegt,
Entfliehn den nie gesehnen Schreckensgästen,
Teils unterjocht und teils noch unbesiegt,
Nach Süd und West sich rastlos fortbewegend,
Die namenlosen Stämme jener Gegend.

So muß es sein, wenn in den Tropenzonen
Durch Urwaldnacht ein plötzlich Feuer leckt;
Im Flug ergreift's die höchsten Gipfelkronen,
Aus Höhlen, die kein Lichtstrahl noch entdeckt,
Fliehn alle Tiere, die den Forst bewohnen;
Der Adler, von dem neuen Tag erschreckt,
Verläßt sein Nest am tausendjährigen Stamme
Und rauscht empor, ein Phönix aus der Flamme.

Zu Boden stürzen uralt dunkle Rüstern,
Die Äste fliegen prasselnd auf, es blitzt
Aus Säulen Rauches, die den Himmel düstern;
Es kocht der See, Fels, Sumpf und Erde schwitzt;
Die Steppenrosse mit weit offnen Nüstern,
Die Mähnen hoch, die Adern aufgeschlitzt,
Fliehn fort und fort, verfolgt vom Feuerstrudel,
Und ihnen nach die Antilopenrudel. –

Es war zu einer mitternächt'gen Stunde,
Als Hermanrich, der Gotenfürst, erfuhr
Von einem Hirten, daß ein Volk wie Hunde
Gestaltet, anzög' auf des Ebers Spur;
Er selbst lag krank im Zelt an schwerer Wunde,
Getroffen von der Brüder Racheschwur
Um Schwanhild ihre Schwester; ihrer dachte
Der König jetzt, und seine Reu' erwachte.

»Schwer ist mein Herz bedrückt, denn nicht mit Milde
Hab' ich geherrscht, mein Zorn war niemals gut,
Weil sie mir untreu war, ließ ich Schwanhilde
Zerreißen von der wilden Pferde Wut.
Doch tönen soll's am eich'nen Heeresschilde,
Erwachen soll der alte Schlachtenmut! –«
Auf seinen Speer gestützt mit seinen Söhnen
Erhob er sich und ließ den Schild ertönen.

»Statt Wodans mußt' ich an den Eichen sehen
Des Kreuzes Bild; jetzt ruf ich, es entflamm'
Der Krieger Brust und laß nicht untergehen
Mit mir zugleich mein Volk und meinen Stamm
Und lasse nicht den Fluch an uns geschehen,
Durch den zugrunde ging Rehabeam.«
So sprach der Greis und führte seine Starken
Dem Feind entgegen an des Landes Marken.

Geschlagen wurden nun die großen Schlachten,
Von denen längst verstummt die Sage mied,
Den Taten, die die Helden dort vollbrachten,
Den Ruhm zu wahren und den Preis im Lied. –«
Nur Adler sahn, die bei den Leichen wachten,
Wie Hermanrich, der Gotenheld, verschied
Am Runenstein, von seinem Blut befeuchtet,
Auf Leichenhügeln, bleich vom Mond beleuchtet.

Eroberung Roms

Zu Rom indes, da kaum die Schwingen regte
Der junge Tag, ritt ein Gesandtschaftszug
Entlang den Gräbern vor der Stadt, bewegte
Zum Lager Alarichs sich hin und frug:
»Was suchst du hier vor Rom?« Er aber legte
Die Hand ans Schwert und sprach: »Dies sagt genug,
Ihr könnt in eurer Stadt mich weiter fragen.«
»Wohlan denn«, riefen sie, »so magst du's wagen.

Zehntausend kampfgeübte Römer spähen
Von jenen Mauern aus und treffen gut,
Das ganze Volk wird unter Waffen stehen!«
Doch Alarich rief aus: »Euch fehlt der Mut,
Was hilft die Anzahl? Leichter ist zu mähen,
Je dichter steht das Gras; ihr zahlt's mit Blut,
Wenn ihr nicht willig seid, für euer Leben
Uns alles Gold, das ihr besitzt, zu geben.«

»Wie?« fragen ihn die Römer mit Erbleichen,
»Was willst du denn uns übrig lassen, sprich!« –
»Das Leben! noch zu viel für Euresgleichen!
Der Ostermorgen war es, da Ihr mich
Heimtückisch überfielt, ich schwur's den Leichen,
Euch heimzusuchen, kennt ihr Alarich?
Erstürmen werd' ich Eure Stadt, den Dornen
Sie lassend, und mein Pferd darüber spornen.«

[. . .]

Wie wenn im Spätherbst oft ein Flug von Schwalben,
Vom Winter überrascht und ungewohnt
Des Frostes, bang umhersucht allenthalben,
Wo noch ein Raum sie vor der Kälte schont;
So schrak jetzt Rom zusammen, sonst von Salben
Und Kränzen duftend, sah sich jetzt entthront
Sein üppiges Geschlecht mit einemmale,
Und vor ihm stund die Not, die winterkahle.

In feiger Ohnmacht schon zu tief versunken,
Erkannten sie noch all ihr Elend nicht,
Und weit entfernt, daß noch erglomm ein Funken
Von Tatkraft, von Bewußtsein einer Pflicht,
Erstarrten sie vielmehr und sahn, wie trunken,
Das unfehlbar sie treffende Gericht,
Und sahn es, im Gefolge Tod und Ketten,
Unfähig aber, sich davor zu retten.

Sie sannen nur noch, wie sie die Genüsse
Erschöpfen könnten bis zur Neige Schaum,
Sie saßen Rat und faßten nicht Beschlüsse,
Sie schrien um Waffen, aber wie im Traum;
Sie schrieen, daß man Opfer bringen müsse,
Und selbst bis in der Keller tiefsten Raum
Vergruben sie, anstatt dafür zu streiten,
Ihr Erz und Gold und alle Kostbarkeiten.

Und um vom Eignen ja nichts beizusteuern,
So gaben sich die Reichen, bar der Scham,
Als arm aus, unter eidlichem Beteuern;
Dagegen aus dem letzten Tempel nahm
Ihr Geiz die Statuen, gab sie den Feuern
Und schmolz sie ein, bis daß zusammenkam
Die Summe Geld, die sie hierauf den Goten
Für Schonung ihrer Stadt als Lösung boten.

»Und gut, ich will die Zeit der Angst euch kürzen«,
Sprach Alarich, »es werden mit dem Tag
Dreihundert Goten ihre Schilde stürzen,
Dann nahet Euch, erfüllet Lag' an Lag'
Mit Silber, Seide, Gold und mit Gewürzen,
Was jedes Schildes Höhlung fassen mag,
Dazu gebt noch ein Zehnteil Eures Gutes
Als Sühngeld des vergoßnen Gotenblutes.«

Zuweilen wird bei heftigen Gewittern,
Nachdem ein jäher Blitz herniederfuhr,
Auf einmal alles still, und kaum ein Zittern
Bewegt die Bäume noch, doch täuscht das nur,
Und bald tritt mit erneuertem Erbittern
Des Donners Wut in seine alte Spur,
Und Schlag auf Schlag, mit doppelt stärkern Flammen,
Schmilzt Blitz auf Blitz und Glut auf Glut zusammen.

So sah sich das Verhängnis weiter wälzen,
Und, zwar auf kurze Frist, sich Rom befreit,
Erkauft mit Seide, Gold und reichen Pelzen,
Doch half's ihm nichts, den Stolz der alten Zeit,
Den Schatz der alten Tempel einzuschmelzen,
Sogar das alte Bild der Tapferkeit,
Es sah beschämt und statt mit Lust, mit Trauern
Die Goten weiterziehn von seinen Mauern. –

Am Weiher im Walde

Der Föhren alte Stämme ragen
In Lüfte stolz und schaun zugleich
Sich spiegelnd in der Welle Reich.
Sie möchten wohl die Tiefe fragen:
Wann kommt die Nacht? Doch gibt der Grund,
Der dunkle, kein Geheimnis kund.

Wer sagt es mir, wann kommen werde
Auch meine Nacht? Schon ist es spät,
Und nah ist die, die nichts verrät.
Wie gern, o dunkler Pfad der Erde,
Begänn' ich nochmals meine Bahn,
Mit neuer Rüstung angetan!

Im Abenddämmern

In den Sonnenuntergang
Tönt von Herden ein Geläute,
Blumen blühn den Weg entlang,
Bunt wie festgeschmückte Bräute.

Distelköpfchen, Knöterich,
Kleine Lilien, goldne Sterne
Strecken aus dem Schilfe sich,
Und der See rauscht in der Ferne.

Kinderstimmen werden laut
Vor der Hütte brauner Schwelle,
Durch die dunklen Tannen schaut
Eines Herdes Feuerstelle.

Wetterleuchten

Längs der dunklen Berge fährt
Wetterleuchten durch die Nacht,
Ein gezücktes Racheschwert,
Eine stumme Geisterschlacht.

Recht und Freiheit blühen kaum
Auf Momente nur der Welt,
Von der Dichtung schönem Traum
Wird sie flüchtig nur erhellt.

Gutes müßte siegreich sein,
Hielt' Gerechtigkeit ihr Wort –
Ist sie nur ein Flammenschein,
Wie das Wetterleuchten dort?

Zwielicht

Wie düster, wie in Sterbgewanden
Im Dämmergrau die Berge stehn!
So dunkel sind und unverstanden,
Die tiefer als die andern sehn.
Die Menge fährt nur hocherschrocken
Aus ihrem Alltagstaumel auf,
Wenn plötzlich ihr gerät ins Stocken
Der Dinge hergebrachter Lauf.
Dann ist der Schleier weggerissen,
Der ihr die Tiefen barg, erwacht
Ein unbekanntes Weltgewissen,
Das sie vor sich erbeben macht.
Sie merkt, wofür sie sich entflammte,
Wie leer das war und wie gering,
Wie ungerecht sie oft verdammte,
Wie blindlings Strafen sie verhing.

Zu fern ist uns die Hand der Mächte,
Die unsres Schicksals Knoten flicht,
Und wer die Lösung auch erbrächte,
Sie ließ' ihm Dulden nur zur Pflicht.

Doch, ew'ges Schicksal, wem ein Ahnen
Von deiner Größe sich enthüllt,
Der sieht dich in Kometenbahnen,
Und, wie im Sturze von Titanen,
Im kleinsten Lebenskreis erfüllt!

Am Fenster

Eine Mücke, weiß gekleidet,
Will hinaus durchs Fensterglas,
Ist mein Zimmer ihr entleidet?
  Sucht sie draußen was?
Achtet sie so hoch die Ehre,
Daß sie dort ein Frosch verzehre?

Daß ein Spätzlein sie verspeise,
Daß sie in der Spinne Netz
Sich verirr' auf ihrer Reise?
  Laut Naturgesetz
Zappelt sie, vor Lust zum Sterben,
In ihr eigenes Verderben.

Aber von dem gleichen Drange
Ist die ganze Welt erfüllt;
Nach dem eignen Untergange,
  Vor sich selbst verhüllt,
Drängt sich Groß und Klein auf Erden,
Alles will vernichtet werden.

Nach dem Rächer, nach dem Falle
Schreit der Stolz, das blinde Glück,
Die zu große Macht weist alle
  Mäßigung zurück,
Nur durch Härte will sie siegen,
Und so bricht, was nicht zu biegen.

Wissensdurst mit wächsernen Flügeln
Stürzt sich in die Sonnenbahn,
Ehrfurcht schürt zu Feuerhügeln
   Selbst den Holzstoß an,
Um die Liebe schlägt zusammen
Ihre Glut in Todesflammen.

ADOLF FRIEDRICH VON SCHACK

Ein halbes Jahrhundert

Erinnerungen und Aufzeichnungen

Platen

[Platen] war unter allen lebenden Dichtern derjenige, der den größten Eindruck auf mich gemacht. Seine »Verhängnisvolle Gabel« wußte ich schon als Knabe fast auswendig. Später rissen mich besonders seine Polenlieder und viele der Oden hin. Es war keineswegs besonders die formale Seite, die mich so sehr für ihn einnahm. Noch heute bin ich nicht mit der Richtung einverstanden, die er in dieser Hinsicht eingeschlagen. Was die kunstvollen antiken Versmaße und die strenge Metrik der Alten, die er bei uns einführen wollte, anlangt, so glaube ich, daß hierdurch dem Genius unserer Sprache Zwang angetan wird. Und was die vermeintliche Reinheit der Reime betrifft, so scheint mir Platen hierin auf etwas Unerreichbares ausgegangen zu sein, da wegen der in allen Teilen Deutschlands wechselnden Aussprache, namentlich der überaus verschiedenen Dehnung und Schärfung der Vokale, sich nur wenige Worte so miteinander reimen lassen, daß sie gleichmäßig für die Hannoveraner, wie für die Schwaben, Bayern und Österreicher einen vollen Gleichklang besitzen. Aus diesem Grunde hat Platen selbst auch die gesuchte Reinheit keineswegs erreicht. Mich dünkt aber ferner sein hierauf gerichtetes Streben deshalb ein verfehltes gewesen zu sein, weil es notwendig, namentlich in größeren Gedichten, zu einer häufigen, nachteilig wirkenden Wiederholung der nämlichen Reime führen muß und weil der Kreis des Ausdruckes dadurch in einer für die Poesie höchst nachteiligen Weise beengt wird. Dies ist bei Platen nur deshalb nicht eingetreten,

»Verhängnisvolle Gabel«: In Platens erstem, 1826 publiziertem Lustspiel *Die verhängnisvolle Gabel* wird nach dem Vorbild des Aristophanes das zeitgenössische Schicksalsdrama verspottet, darüber hinaus die politische Repression der zwanziger Jahre angeklagt.

weil er verhältnismäßig nur wenige gereimte Verse, nie ein größeres Epos in solchen geschrieben hat. Was mich bei seinen Dichtungen so fesselte und bis heute noch fesselt, war und ist nicht die Vollkommenheit seiner metrischen Gebilde, sondern der edle und hohe Geist, der Schwung des Gedankens, der in allen seinen Werken waltet. Wenn er von vielen kalt genannt wird, so vermag ich dies durchaus nicht zu finden. Seine Gedichte haben mich vielmehr mein ganzes Leben hindurch mit inniger, nachhaltiger Wärme erfüllt, weit mehr als diejenigen so mancher anderen Lyriker, welche die Gunst des großen Publikums in viel höherem Grade genießen.

Humboldt und Schelling

Dem Fluch, Gesellschaften zu besuchen, der mich schon in Frankfurt verfolgt hatte, konnte ich in Berlin noch weniger entgehen. Das Glück wollte, daß ich gleich nach meiner Ankunft daselbst bei einem Hofdiner neben *Alexander von Humboldt* zu sitzen kam, wobei mir derselbe zeigte, daß er mir sein altes Wohlwollen bewahrte. Fortan hatte ich das Privilegium, bei dem großen Manne jedesmal auf meine Karte hin Zutritt zu erhalten; besonders unschätzbar aber war es mir, in Soiréen und auf Bällen, wo ich sonst auf die Alltagsunterhaltung angewiesen gewesen wäre, einen Hort an ihm zu finden. Die Geistesfrische Humboldts, der damals schon sein achtzigstes Jahr überschritten hatte, war wirklich staunenerregend. Er versicherte, während seines ganzen Lebens in keiner Nacht länger geschlafen zu haben als drei Stunden, hielt auch mehr Schlaf nur für eine schlechte Angewohnheit, worin ich ihm nicht beipflichten kann, weil alle meine Versuche, seine Lehre auch für mich ins Werk zu setzen, das Resul-

Alexander von Humboldt: 1769–1859; erforscht zwischen 1799 und 1804 Lateinamerika und verfaßt in den folgenden Jahren einen dreißigbändigen Ergebnisbericht *Voyage aux régions équinoxiales du nouveau continent* (1805–34). Seit 1827 lebte er, unterbrochen durch eine Reise nach Rußland, in Berlin.

tat gezeigt haben, daß mir sieben Stunden Schlaf nötig sind. Ich fand den greisen Gelehrten oft noch um ein, selbst zwei Uhr in der Nacht auf den Bällen, und er sagte, wenn er nun nach Hause komme, arbeite er noch einige Stunden. Im Grunde sei das die einzige Zeit, die er ruhig seinen Studien widmen könne, indem der Tag für ihn durch Briefschreiben und Empfang von Fremden in Anspruch genommen werde. Da die meisten Besucher großer Routs oder Bälle nicht in der Stimmung sind, sich in eine ernstere Unterhaltung einzulassen, Humboldt aber solche besonders liebte, war es ihm sehr willkommen, wenn ich mich in einer Ecke der von Menschengewühl erfüllten Säle zu ihm gesellte. Unter den Klängen der rauschenden Tanzmusik, die ihn nicht im mindesten zu affizieren schien, und inmitten des Tumultes der umherwogenden Gäste erzählte er mir dann von seinen Reisen in Amerika und entwarf die farbenreichsten Schilderungen von den Wasserfällen des Orinoko, wie von der Aussicht, deren er von den Gipfeln des Cotopaxi und Chimborasso genossen hatte. Daß die neue Welt fortan eine große Rolle in meiner Phantasie gespielt und daß meine früher mehr nach dem Orient und nach Indien gerichtete Sehnsucht sich nun auch nach Westen wandte, ist besonders seinen Erzählungen zuzuschreiben. Auch über naturwissenschaftliche Themata sprach er gern, wobei ich ihm nicht immer genügend folgen konnte. Allein seltsam war es, wie er dann von den ernstesten Gegenständen abspringen und seiner Rede eine ganz andere Direktion geben konnte, indem er sich in höchst scharfer und sarkastischer Weise über Richtungen im Staatswesen und in der Politik, die er für verderblich hielt, sowie über manche Persönlichkeiten äußerte. Nach meinen eigenen Ansichten konnte ich ihm darin fast immer recht geben; denn es war

Routs: Abendgesellschaften.
Orinoko: drittgrößter Strom von Südamerika.
Cotopaxi: ständig rauchender Andenvulkan in Ecuador (5897 m).
Chimborasso: höchster Berg in Ecuador (6267 m), von Humboldt bis zur Höhe von 5400 m bestiegen.

namentlich die reaktionäre Strömung, der sein Haß galt; es waren die nur mit oberflächlicher Bildung ausgerüsteten, aber durch Protektion zu hohen Stellungen beförderten Männer, die er geißelte. Allein wunderbar schien es mir, daß Humboldt seine derartigen Äußerungen selbst über Personen, die bei Hofe in höchster Gunst standen, so ungeniert tat und sie sogar an der königlichen Tafel den neben ihm Sitzenden ins Ohr flüsterte. Vor allem hörte ich ihn mehrmals auf sehr witzige Weise sein Mißfallen über solche äußern, die er als Pietisten, Betbrüder oder »Gesangbuchverfasser« bezeichnete. Gerne erzählte Humboldt auch Anekdoten und tat es mit einer trockenen Miene, durch die sie um so unwiderstehlicher wirkten.

Wenn Humboldt trotz seiner achtzig Jahre sich noch geistiger und körperlicher Frische erfreute, so machte ein anderer hochberühmter Mann, den ich einige Male bei den Hoffesten antraf, den Eindruck einer Ruine. Es war *Joseph von Schelling*. Die Zeit, wo sich eine Schar begeisterter Schüler und Anhänger um ihn gedrängt hatte, lag längst hinter ihm. Nicht leicht mehr glaubte jemand von seinem Munde und aus seinen Schriften neue ungeahnte Aufschlüsse über das Wesen der Dinge zu erhalten. Wenn es Hegel durch den Tod erspart worden war, noch Zeuge des Sturzes seines Lehrgebäudes zu sein, so hatte Schelling das in bezug auf das seinige erleben müssen, ja, er hatte selbst Hand zur Niederreißung desselben angelegt und es durch eine neue Philosophie des positiven Glaubens ersetzt. Da sich mit spekulativen Zauberstäben von der Art, wie er sie führte, alles aus allem machen läßt, erregte dieses Kunststück bei der ernüchterten Zeit keine Bewunderung, machte ihn vielmehr zur Zielscheibe zahlreicher Angriffe. In den Jahren, als ich mich viel mit Philosophie beschäftigte, hatte ich manche von seinen Werken gelesen und, obgleich ich mich bald überzeugt, daß keine Erkenntnis

Joseph von Schelling: Friedrich Wilhelm Joseph von S. (1775–1854), Professor in Jena und Würzburg, 1806–41 in München, ab 1841 als Nachfolger Hegels in Berlin. 1846 stellte er seine Vorlesungen, die niemand mehr hören wollte, ein.

aus ihnen zu schöpfen sei, doch Gefallen an der phantasievollen Darstellung in manchen von ihnen gefunden. So ergriff ich freudig die Gelegenheit, mit dem berühmten Manne bekannt zu werden. Er stand in den großen Gesellschaften fast immer einzeln und schweigend da, und so war es ihm sichtlich angenehm, jemand zu finden, mit dem er sich unterhalten konnte. Er zeigte sich dabei so freundlich gegen mich, daß ich davon Veranlassung nahm, ihn in seiner Wohnung zu besuchen. Im Gespräch war er schlicht und ohne Prätension, und es ward mir zuerst schwer zu glauben, dies sei der nämliche Mann, der das Buch von der Weltseele geschrieben. Von Philosophie zu sprechen, vermied er sichtlich, und es kam mir der Gedanke, es sei ihm in seinen letzten Lebensjahren klar geworden, daß seine beiden Systeme nur Hirngespinste gewesen, daß er mit seiner Spekulation sich in einem Opiumrausche befunden habe. Mit dieser Annahme stimmte auch sein trübsinniges Wesen. In der Tat, daß ein Mann von so anerkannt trefflichem Charakter wissentlich Hokuspokus getrieben, seinen Lesern und Zuhörern absichtlich ein Blendwerk vorgegaukelt hätte, läßt sich nicht denken, wie mir dies auch bei Hegel, obgleich Schopenhauer ihm plumpen Charlatanismus schuld gibt, ausgeschlossen zu sein scheint. Beide haben, wie die mittelalterlichen Scholastiker, unter dem Banne einer geistigen Influenza, einer jener Epidemien gestanden, welche schon so oft die Köpfe der Menschen verwirrt und umnebelt haben. Es muß etwas Furchtbares sein, aus einem solchen Rausche zu erwachen, und nun einzusehen, wie die Arbeit eines ganzen Lebens nicht nur vergeblich gewesen ist, sondern auch unsägliches Unheil gestiftet hat.

das Buch von der Weltseele: Von der Weltseele (1798), eines der entscheidenden Bücher Schellings.

Napoleon III.

Von Bagnères ging die Fahrt nach Pau, wo vor dem alten Schlosse der Herrscher von Béarn sich ein prächtiges Panorama der Pyrenäen ausbreitet, hinter dem mir selbst die Aussicht auf die Alpen von der Terrasse zu Bern zurück zu bleiben scheint. Biarritz fand ich im Lauf der fast dreißig Jahre, seit ich zuerst dort gewesen, wunderbar verwandelt. Damals ein einfaches Fischerdorf, hatte es sich in einen eleganten Badeort umgestaltet, und überall auf den Höhen und Klippen, die auf das schäumende Meer hinausschauten, prangten glänzende Gasthöfe und Landhäuser. Seitdem Napoleon III. und seine Gemahlin Eugenie den Ort zu ihrem Sommersitz gewählt hatten, war derselbe zum Sammelpunkt der eleganten Pariser Welt geworden, und ebenso strömten vornehme Spanier zahlreich dorthin, um einen huldvollen Blick ihrer kaiserlichen Landsmännin zu erhaschen. Der Großherzog wurde nach vorhergehender Meldung vom Kaiser zu einem Diner in die Villa Eugenie geladen und seine Begleiter mit ihm. Bei der Tafel ward mir der Platz neben dem noch im Knabenalter stehenden Prinzen Lulu angewiesen. Mit dem etwa Zehnjährigen konnte natürlich keine eigentliche Konversation geführt werden; doch richtete er von Zeit zu Zeit huldvolle Worte an mich, welche zeigten, wie zeitig er auf ein für einen Imperator geziemendes würdevolles und doch zugleich verbindliches Wesen dressiert worden war. Ich habe den damals allgemein für den Thronerben Frankreichs angesehenen Prinzen später, als er so vielen französischen Königssöhnen in die Verbannung nachgefolgt war, in Florenz und etwa ein Jahr vor seinem unglücklichen Tode in Stockholm wiedergesehen. Um zu dem Diner zurückzukehren, so wandte sich die Kaiserin Eugenie, welche neben dem Großherzog saß, über Tafel mehrmals an mich, da sie gehört

Biarritz: Badeort am Golf von Biskaya, durch Kaiserin Eugenie zum mondänen Seebad geworden.
Lulu: Louis, der Sohn Napoleons III. und Thronfolger, geb. 1865.

hatte, daß ich viel in Spanien gewesen wäre und auch ihre Mutter, die Gräfin Montijo, kenne. Sie sprach mit Entzücken von Granada, wo sie einen Teil ihrer Jugend verlebt, und schien sich zu freuen, als ich sagte, ich hielte Granada mit seiner Umgebung für den schönsten Punkt in Europa. Die Kaiserin, obschon nicht mehr in der ersten Blüte der Jahre stehend, zeigte doch noch Spuren von Reizen. Da ich letztere aber in überschwenglicher Weise hatte preisen hören, war ich dennoch gelinde enttäuscht. Wo wirklich hohe Schönheit vorhanden gewesen, da zeigt sich diese auch noch, wenn die Jugend vorüber, und ich meine, unter den Spanierinnen manche Frauen von schon vorgerücktem Alter gesehen zu haben, die schöner waren, als die gefeierte Eugenie. Für Kaiserinnen und Königinnen ist es eben leichter, in den Ruf außerordentlicher Schönheit zu kommen, als für andere Erdentöchter. Napoleon III. selbst, der nur durch seinen Sohn von mir getrennt saß, war auffallend schweigsam und in sich versunken. Man hätte glauben können, er brüte über einen neuen Staatsstreich. Nach Tische, als man sich in den Garten der Villa begab, schien er aufzutauen. Zuerst sah ich ihn, lange, lebhafte Gespräche führend, mit dem Großherzog umherwandern; später trat er plötzlich an mich, der ich mit den Herren seiner Umgebung redete, heran und gab das Zeichen, daß ich ihn auf einem Gange begleiten sollte. Ich war nicht so gewöhnt, mit Kaisern zu reden, daß ich mich einer gewissen Befangenheit hätte erwehren können, als ich mich so an der Seite des Mannes sah, der damals nahezu als der allmächtige Herrscher von Europa betrachtet wurde. Meine Verlegenheit wich jedoch schnell, als er mit wirklicher Bonhommie das Wort nahm und zuerst, was freilich nur Höflichkeitsphrasen waren, mich zu überreden suchte, den Großherzog zu einem

Staatsstreich: Charles Louis Napoleon Bonaparte, der Neffe Napoleons, wurde am 10. Dezember 1848 zum Präsidenten der Zweiten französischen Republik gewählt; schon vor dem Ende seiner Amtszeit löste er am 2. Dezember 1851 das Parlament auf und ließ sich für zehn Jahre diktatorische Befugnisse übertragen. Die Kaiserproklamation erfolgte am 2. Dezember 1852.

längeren Verweilen in Biarritz zu veranlassen, da es in dieser Jahreszeit keinen schöneren Aufenthalt gebe. Er fuhr dann fort: Ihm selbst gefalle diese ländliche Zurückgezogenheit überaus, er sei hier weniger von Staatsangelegenheiten erdrückt und beschäftige sich in solcher Muße eifrig mit Lektüre, besonders von historischen Werken. So lese er nun die Geschichte Attilas von Thierry; diese interessiere ihn sehr; aber es habe sich ihm während des Lesens der beängstigende Gedanke aufgedrängt, daß auch unsere ganze europäische Kultur durch einen neuen Einfall von Barbaren zugrunde gehen könne. Ob ich das für möglich hielte? Ich erwiderte, jene Verheerungszüge der Hunnen und Goten hätten sicher nicht stattfinden können, wenn das römische Reich in der späteren Kaiserzeit nicht heillos desorganisiert gewesen wäre. Gegenwärtig aber würden solche wilden Völkerstämme nichts gegen die militärische Macht vermögen, von welcher die europäischen Staaten umgeben seien. Napoleon erwiderte: »Da haben Sie freilich recht; zunächst haben wir keine Katastrophe zu befürchten; aber wird es möglich sein, auf die Dauer so bis an die Zähne bewaffnet dazustehen? Werden die Völker die ihnen zu diesem Zwecke aufzubürdenden Lasten tragen können? Ach, es ist traurig, zu denken, daß die Zivilisation so durch Zerstörungswerkzeuge geschützt werden muß, daß wir Millionen, die weit besser verwendet werden könnten, für Mordinstrumente ausgeben müssen! – Und doch ist dies nötig, nicht nur zur Abwehr der neuen Hunnen, sondern auch wegen des Zwiespaltes, der Eifersucht und der nationalen Antipathien, die zwischen den verschiedenen Staaten und Völkern walten. Wenn *ein* Herrscher entwaffnen wollte, so würde sicher bald einer der anderen über ihn herfallen. Ich verabscheue den Krieg von ganzem Herzen und muß mir leider doch sagen, daß wir noch sehr fern von einer Periode des ewigen Friedens sind.« Als er dies gesprochen, trat ein Adjutant mit einer Meldung zu ihm heran, und so

Geschichte Attilas: Amédée Simon Dominique Thierry, *Histoire d'Attila et de ses successeurs, jusqu'à l'établissement des Hongrois en Europe*, Paris 1856.

wurde das Gespräch abgebrochen. Ich war höchlich erstaunt über die Worte des Kaisers und konnte kaum glauben, daß sie aus dem Munde desselben Mannes gekommen, den Victor Hugo, in seinem »Napoléon le petit«, als den nichtswürdigsten Tyrannen dem Hasse der Welt preisgegeben. Der Eindruck, den der Beherrscher von Frankreich in seiner Erscheinung wie in seinen Reden auf mich machte, war durchaus kein ungünstiger und keineswegs der eines finstern, tückischen Despoten. Das Bild des letzteren hatte ich früher in dem König Ferdinand von Neapel gesehen; aber Napoleon stellte sich mir, soviel sich nach dem Gesichtsausdruck und den Worten urteilen läßt, als ein ganz anderer dar. In der leidenschaftlichen Aufregung, welche fünf Jahre später durch den französisch-deutschen Krieg hervorgerufen wurde, trat dieser erste Eindruck völlig zurück, und ich hatte nur Haß und Abscheu für den Urheber des Krieges. Nachdem indes jene Erregung gewichen, hat sich bei mir nach einer ruhigeren Betrachtung die Überzeugung festgestellt, daß Napoleon III., ungleich seinem Oheim, kein eigentlich böser Charakter gewesen ist, sondern sich nur durch die Umstände zu seinen schlimmen Handlungen hat fortreißen lassen. Er litt von vornherein unter dem Fluche, ein Abenteurer zu sein, und hieraus unter Mitwirkung der Verhältnisse, deren nahezu willenloses Werkzeug er wurde, entsprangen die weiteren Konsequenzen seines Handelns. Nachdem er, wie sein Sohn und seine Gattin, die eine Hauptursache zu dem Kriege gegeben, von einem schweren Gerichte getroffen worden, ist in mir jener Haß gewichen, um so mehr, als der Untergang, ebenso wie die ganze Episode des zweiten Kaiserreichs in der Geschichte nicht als ein großartiges Heldengedicht, sondern als eine Art von Satyrdrama fortleben wird.

Napoléon le petit: Victor Hugo, *Napoléon le Petit*, London/Brüssel 1852 (*Napoleon der Kleine*, aus dem Französischen übers. von H. J. K. Savoye, Gera [Kanitz] 1852). Victor Hugo war 1848 Präsidentschaftskandidat, mußte aber, obwohl Mitglied der Académie française, 1851 als Gegner Napoleons ins Exil, Rückkehr erst 1870.

Im Libanon

Einen weiteren Ausflug, der wohl vierzehn Tage dauerte, unternahm ich in den Libanon. Das freie Leben zu Roß mit der Nachtrast unter den Zelten lockte mich, es vor der Abreise nach dem Abendlande noch einmal zu genießen, und so begab ich mich mit mehreren Arabern und einem Führer, der für alles Nötige zu sorgen hatte, auf den Ritt. Es liegt für mich ein unsäglicher Reiz darin, mich so von der gewohnten Lebensweise loszureißen, alle Gedanken, die mich sonst erfüllen und mir oft den Schlaf rauben, hinter mir zu lassen und mit Söhnen der Natur umherzuschweifen, als wäre ich einer von den Ihrigen. Auch hebt sich meine wankende Gesundheit sichtlich, sobald ich nur einige Tage und Nächte die freie Luft des Himmels trinke. Meine jungen Araber waren Zutrauen erweckende wackere Leute, und es machte mir Freude, sie ihre Rosse tummeln, im Wettstreit aneinander vorüberjagen und ihre Lanzen schwenken zu sehen. Ihre Mäßigkeit war erstaunlich; Maisbrot, Wasser und einige Früchte bildeten ihre einzige Nahrung, und dabei blühten sie in herrlichster Gesundheit des Geistes wie Körpers. Wenn ich das sah und dann meine von dem Führer Abdallah bereitete Mahlzeit hielt, die nach europäischen Begriffen zwar manches zu wünschen übrig ließ, aber doch noch einigen für das Leben überflüssigen Luxus darbot, schämte ich mich fast, ein solcher Sklave der Gewohnheit zu sein und in deren Dienst nur die Siechheit des Lebens, die Erschlaffung der Seelenkräfte zu fördern. Wenn am Abend mein Zelt in einem Tal oder an einem Bergabhang aufgeschlagen wurde und ich mich auf meine Matte hinstreckte – wie schnell sank der Schlaf auf mich nieder, wie sanft und träumelos ruhte ich die Nacht hindurch, bis mich Abdallah noch vor Tagesanbruch weckte und ich mit einem Gefühl von Kräftigung und Stärke, wie ich es im Abendlande nie empfunden, mich in der frischen Morgenluft in den Sattel schwang! Indem ich ein solches neues Leben durch alle meine Adern rinnen fühlte, dachte ich oft, unsere ganze europäische Kultur sei nur eine Verirrung, und wünschte mir, unter einem Zelt, fern vom Qualm der Städte, die Welt erblickt zu haben, keinen Trank zu kennen, als den aus einer Zisterne oder Bergquelle, dem Sinnen und Brüten über die Rätsel des Daseins, allen jenen Gedanken, die rastlos die Welt durchirren, um zuletzt ermattet die Flügel sinken zu lassen, von jeher fremd geblieben zu sein. Die Gegend, welche ich durchzog, begünstigte ebenso wie die Menschen, die mich umgaben, diese Stimmung. Der Libanon zeigt demjenigen, welcher schon andere Hochgebirge bereist hat, eben keine überraschenden Naturschönheiten und muß hinter den Alpen wie Pyrenäen darin zurückstehen. Indes – spielte mir meine Phantasie einen Streich, oder haben auch andere das nämliche empfunden? – mir schien auf ihm noch ein Widerglanz des frühen Erdenmorgens zu liegen. Wenn die Sonne seine Gipfel rötete und der Wind der Frühe die Äste der Zedern bewegte, glaubte ich einen Hauch aus der ersten Zeit der Menschheit einzuatmen. Ich dachte, die Sorgen und Leiden, die später das Haupt der Erdbewohner zum Boden herabgebeugt, seien nie in diese Täler eingezogen, und empfand eine wahre Sehnsucht, mir hier eine neue Heimat zu gründen. Die Notwendigkeit, in das Abendland zurückzukehren, der Gedanke an einen mir äußerlich aufgedrungenen Beruf, in dessen Sklavenfron ich wiederum treten sollte, vermehrte noch dies Verlangen, und ich sann einige Tage lang ernstlich über Pläne, es zu befriedigen. Nur für den Augenblick zu leben, auf meinem wackern Rosse, das ich in kurzer Zeit liebgewonnen, über die Höhen und durch die Schluchten hinzusprengen, mit meinen Arabern ihre einfache Mahlzeit zu teilen, nichts mehr von Europa zu hören und dem fruchtlosen Wissensdrang, dem wirren Geistesstreben, das mich so lange gequält, zu entrinnen, dünkte mich ein Glück, wie ich mir kein höheres wünschen könnte. – Doch wie wunderbar ist der Mensch! Nachdem ich eine Zeitlang solchen Plänen nachgehangen, erschien mir das, was ich noch eben lebhaft begehrt, wieder als etwas, das mir nie zu genügen vermöchte, ja mir auf die Dauer unerträglich werden müßte; ich bekannte mir, wie ich nicht in das erste Knabenalter zurückkehren könne, so könne ich mich auch von dem geistigen Leben Europas nicht losreißen. Selbst ein nie befriedigtes Ringen nach Erkenntnis, das mit einer Ermattung der Seelenkräfte endige, sei besser, als ein Verzichtleisten auf dieselbe; wenn ich auch im Kampf mit den ungünstigen Verhältnissen zugrunde gehen sollte, bevor ich das Ziel meines Strebens erreicht, so müsse ich ihn doch aufnehmen. Fände ich den Weg in den Garten Eden und wäre es mir möglich gemacht, dort in der Stille und Sorglosigkeit des ersten Menschenpaares zu wohnen, es würde mich doch bald wieder aus ihm forttreiben; ich würde das Mühen und Arbeiten in einer deutschen Studierstube, das rastlose Sinnen über die Geschicke der Menschheit, das mit meinem Wesen unauflöslich verknüpft ist, der Ruhe selbst in der herrlichsten Natur vorziehen. Schön waren die im Libanon verbrachten Tage; es war gut, daß ich in seiner Bergluft meine Kräfte stählte, daß ich, unter seinen Zedern ruhend, während meine Blicke über seine Kuppen hinschweiften, neue Bilder in mich aufnahm. Aber nie hätte mir dort der bloße Umgang mit der Außenwelt und der Verkehr mit Menschen, die meinem tieferen Innern fremd, auf die Dauer Befriedigung bieten können. Oft, selbst in Momenten des Entzückens, habe ich auf meiner Orientreise empfunden, wie vieles ich in dieser Zeit entbehrte. Nur in der Heimat finde ich, was ich für meine Studien bedarf: die Bibliotheken mit ihren Schätzen an Büchern und Manuskripten, die Quellen des Wissens, die auf unseren Universitäten fließen. Selbst wenn ich auf meinen Streifereien durch entlegene Gegenden immer eine Kiste mit Büchern mit mir führen wollte, ich würde jeden Tag bald dies, bald jenes vermissen. Und wie oft habe ich schon jetzt, seit mich mein Wandertrieb in die hiesigen Länder geführt, es schmerzlich vermißt, daß ich niemanden hatte, gegen den ich das aussprechen konnte, was meine ganze Seele erfüllte. Auch der Genuß des Schönsten vermag mich nicht zu befriedigen, wenn ich ihn allein für mich haben soll. – Also zurück nach dem Abendlande, mit dem ich durch so viele Fasern verwachsen bin, daß ich fern von ihm wie eine ihrem Boden entrissene Pflanze verdorren müßte!

Daß auch der Libanon nicht das Paradies des Friedens ist, als welches er mir zuerst erschien, erfuhr ich bald, da ich von den steten Kämpfen hörte, welche die verschiedene Religionen bekennenden Bewohner desselben miteinander führen. Es gibt keinen traurigeren Gedanken, als daß die Religion, welche die Menschen zu einem höheren Zweck vereinigen und himmlische Segnung über die Erde verbreiten sollte, überall Zwietracht stiftet und das hauptsächlichste Hindernis des friedlichen Verkehrs zwischen Volk und Volk, ja die Quelle ewigen Haders und Blutvergießens ist. Kein Glaube kann so toll und abgeschmackt sein, daß er nicht Anhänger fände. Diejenigen, denen derselbe von Kindheit an eingeimpft wird, halten es für Frevel, ihn nur zu prüfen, und hassen alle solche, die nicht von dem gleichen Irrwahn beherrscht werden. Das Seltsamste dabei ist, daß die Bekenner von völlig verschiedenen Glaubenslehren einander noch nicht so schroff gegenüberstehen wie die verschiedenen Sekten der nämlichen Religion, und ferner, daß die letzteren oft toleranter gegen den völligen Freigeist sind als gegen einander. Ludwig XIV. äußerte einmal gegen einen seiner Vertrauten, er habe einen Hofgeistlichen in Verdacht, heimlich Protestant zu sein. Der Vertraute erwiderte darauf: »Sire! Es steht noch viel schlimmer: Er ist ein Atheist.« Worauf dann der König beruhigt sagte: »Oh, das schadet nichts; dann ist alles gut.« – So sollen auch die im Libanon häufigen Maroniten, eine durch einen orientalischen Bischof gegründete christliche Glaubenspartei, allen anderen Christen todfeind sein. Das hindert sie freilich nicht, auch mit den Drusen in beständigem Hader zu

Maroniten: syrische Christen, im frühen Mittelalter von den Arabern in den Libanon abgedrängt; seit dem Konzil von Florenz (1445) einzige geschlossen mit Rom unierte orientalische Kirche.

Drusen: pseudoislamische Sekte, die sich zu dem Fatimidenherrscher Hakem-

leben. Die letzteren hängen einer ganz eigenen Superstition nach, die kaum noch etwas mit dem Muhammedanismus gemein hat. Der Fundamentalsatz ihres Glaubens ist, der ägyptische Chalif Hakem-bi-amr Allah sei eine Inkarnation Gottes gewesen und werde dereinst auf Erden wiederkehren. Wegen dieses Hirngespinstes halten sie sich für berechtigt, gegen solche, die abweichende Meinungen hegen, mit Feuer und Schwert zu wüten. Man würde daher nicht ungefährdet im Libanon reisen können, wenn den Fremden nicht das Gastrecht schützte.

Das neue Jahrhundert

Noch bevor am Himmel dämmernd deine Morgenröte steigt,
Hat sich von der Last der Jahre müd' ins Grab mein Haupt geneigt;
Doch der Lerche gleich, die, eh' sie sich den Osten röten sieht,
Schon dem Tag entgegenjubelt, flattre dir voran mein Lied,
Glorreich herrliches Jahrhundert, das im königlichen Flug
Reigenführend du dahinschwebst vor der Menschheit Siegeszug!
Ja, Vollender du von allem, was wir hoffend nur geahnt,
Dem die Weisen und die Helden jeder Zeit den Weg gebahnt,
Vor dem Blick mir weicht der Schleier, der noch vor der Zukunft ruht,
Und wie ferne Alpengipfel in des Frühlichts Purpurglut
Seh' ich dich und seh' die andern, die dir folgen, hellbesonnt
Himmelauf die Scheitel heben an der Zeiten Horizont.
Weit vor mir in Segensfülle mit der Ernten wogendem Gold,
Mit den üpp'gen Rebgeländen, liegt das Erdgefild entrollt,

bi-amr Allah (gest. 1021) bekennt, der auf geheimnisvolle Weise verschwunden sein und wiederkehren soll.

Und von Überfluß für alle strotzt der mütterliche Herd.
Längst, des blut'gen Werkes müde, ward zur Sichel jedes Schwert,
Und mit flatternden Standarten auf der Freiheit Siegesfeld
Wallen rings heran die Völker zu dem Bundesfest der Welt.
Der geweihte Born des Wissens, der für wen'ge sonst nur quoll,
Nun in breitem Strom durch alle Länder fließt er reich und voll,
Und harmonisch alle Herzen stimmt der Dichtung Orpheuslied,
Und die Kunst, der ew'ge Frühling, der in Farb' und Marmor blüht.
Durch gesprengte Felsen, über schwindlige Klüfte hingespannt,
Schlingt um alle Erdenzonen sich der ehr'nen Gleise Band,
Drauf vom Dampf, dem schnaubenden Renner, den er in sein Joch geschirrt,
Hin von Pol zu Pol mit Sturmes Flug der Mensch getragen wird.
Er, der einst auf Eichenpfählen, in der Seen Grund gerammt,
Dem Geschick, dem grausen, fluchte, das zum Dasein ihn verdammt,
Nun der Elemente Meister, Herrscher über Zeit und Raum,
Herrlich sich erfüllen sieht er alter Seher Wundertraum,
Segelt durch den höchsten Äther hin auf luftbeschwingtem Kahn,
Taucht durch blauer Wogen Zwielicht in den tiefsten Ozean.
Ihm gehorcht der Blitz als Sklave; in das grenzenlose All
Trägt den Blick ihm Frauenhofer auf den Flügeln von Kristall;

Frauenhofer: Joseph von Fraunhofer (1787–1826), Glastechniker, der mittels neuer Verfahren Linsen für astronomische Fernrohre in bisher nicht gekannter Güte herstellte. Seine physikalischen Arbeiten halfen der Wellentheorie des Lichts endgültig zum Durchbruch; ihm gelang die erste absolute Wellenlängenmessung von Spektrallinien.

Durch den Sternennebel dringend, der als Lichtstrom
niederträuft,
Sieht er neue Firmamente tief im funkelnden Raum gehäuft,
Und hinüber und herüber auf dem strahlenschnellen Weg
Mit Bewohnern fremder Welten führt er Zeichen-
Zwiegespräch.
Aber hehrer noch als droben, wo sich Sonn' an Sonne reiht,
Unergründlich in der Seele ruht ihm die Unendlichkeit.
Wie aus weitentlegnen Himmeln, nie durchforscht vom
Seherohr,
Steigen der Gedanken große Sternenbilder ihm empor.
Fernhin schweift sein Adlerauge, jenseits dieses engen Jetzt,
Vom Beginn der Erdendinge bis zum dämmernden Zuletzt;
Nicht fortan im Unermess'nen steht er ratlos und verwaist,
Über alle Räume breitet herrlich leuchtend sich sein Geist,
Und, im Leben wie im Tod sich seiner Ewigkeit bewußt,
Jeglichem Geschick entgegen trägt er frei und kühn die Brust.
So, wenn welk von vielen Jahren seines Daseins Blüte sinkt,
Schreckt ihn nicht des letzten Mahners Kommen, der zur
Abfahrt winkt.
Gleich dem meervertrauten Schiffer, dem das Herz voll
Hoffnung schlägt,
Wenn hinweg zu fernen Inseln seinen Kiel die Woge trägt,
Dieser Erde Küsten läßt er, während sanft in seinem Boot
Ihn dahin zu neuen Ufern führt der freundliche Pilot.

Mittagsruhe bei Magnesia

Da lagern um des Brunnens kühle Flut
Die wegemüden Karawanen;
Sanft über ihnen bricht die Sonnenglut
Zum Schatten sich im Laube der Platanen,
Und rings, entbürdet von der Waren Last,
Genießt Kamel und Roß der Mittagsrast.

Umher der turbanhäupt'gen Wand'rer viel,
Die Rauch aus Wasserpfeifen blasen;
Vom fernen Tigris der und der vom Nil,
Der aus des Sudan innersten Oasen;
Kurz nur ihr Rasten; wenn sie wieder gehn,
Wird ihre Spur der Wüstenwind verwehn.

Und du, den wilder Drang von Land zu Land
Hinjagt mit ruhelosem Schritte,
Einsam, verlassen hier und unbekannt
In all der fremden Männer Mitte!
Nicht einer ahnt den Trieb, der nie gestillt,
Sich immer neu gebärend, dich erfüllt.

O diese Welt so groß, du selbst so klein,
Und doch dein Wünschen, Ringen, Streben
Noch unermeßlicher als sie! Halt ein,
Zu eng dafür sind Zeit und Raum und Leben!
Wir alle, die wir kommen, die wir gehn,
Wie bald wird unsern Staub der Wind verwehn!

Magnesia: M. am Mäander, berühmtes ionisches Artemisheiligtum; 1891–94 von Carl Humann ausgegraben.

Einst und jetzt

Nur eine von jenen Nächten,
Nur eine gebt mir zurück!
Wie klopfte mein Herz beim sinkenden Tag
Entgegen dem kommenden Glück!
Sobald Orion, der leuchtende, glomm
Am Saum der Zypressenschlucht,
Glitt leicht auf plätschernden Wellen
Mein Boot in die Uferbucht.

Hernieder streckte der Ölbaum
Die Äste mir über die Flut;
Aufflatterte scheu bei meinem Nahn
Der Hänfling von seiner Brut,
Und rasch von Zweigen zu Zweigen empor
Klomm ich im dunkelnden Grün,
Bis wo der Balkon hellblinkend
Durchs Blätterdickicht schien.

Ein Licht, am Gitter flimmernd,
Ein rauschendes Nachtgewand,
Von Locken umwallt eine weiße Gestalt,
Und eine winkende Hand,
Und ein Augenpaar, so tief, so klar –
Oh, als ich es leuchten sah,
Bleich schien mit allen Sternen
Des Südens Himmel mir da.

Doch weh! Was wollen die Bilder
Aus Tagen, die längst entflohn?
Verwelkt die Blüten des Frühlings nun,
Behäuft mit Schnee der Balkon!
Der Winter schüttelt vor meiner Tür
Die eisigen Locken im Wind
Und deutet höhnend auf Wonnen,
Die lange begraben sind.

Sommerschwüle

Auf den Feldern dumpfe Schwüle
Und verhüllter Sonnenbrand;
Durstend schmettert die Zikade,
Langsam nur mit trägem Rade
Wirft die wasserarme Mühle
Einzle Tropfen an den Strand.

Wetterschwere Lüfte brüten
Überm regungslosen See;
Tiefre Klagelaute schallen
Aus der Brust der Nachtigallen,
In den Kelchen, in den Blüten
Duftet ein geheimes Weh.

Fiebernd schmachtet, schlummertrunken,
Aber schlaflos doch, die Flur;
Unstät zucken Flammenblitze
Um der Wetterstangen Spitze;
In ihr finstres Selbst versunken
Liegt die träumende Natur.

Komm, Gewittersturm, entlade
Den verhaltnen Erdenschmerz;
Deinem Donner, deinem Regen
Lechzt, was Leben hat, entgegen,
Durstend schmettert die Zikade,
Aber durst'ger ist mein Herz!

Maiwonne

Denkst du der Stunde, als zu zweien
Wir saßen unter duft'gen Maien
Im Brautgemache der Natur?
Als Lippe wir an Lippe drückten,
Indessen über den Beglückten
Der Frühling im Triumphzug fuhr?

Die Wipfel bog er uns zu Häupten,
Hernieder von den Zweigen stäubten
Die Blüten unter seinem Hauch;
Ihm tönte in den Laubenhallen
Das Feierlied der Nachtigallen,
Ihm quoll der Düfte Opferrauch.

Der Himmel jauchzte in Gewittern,
Durch alle Räume ging ein Zittern
Der Liebe und der Werdelust;
Allein die große Jubelfeier
Verstummte vor der Wonne zweier,
Die selig ruhten Brust an Brust.

O Stunde, ewig unvergessen!
Das weite Weltall mögt ihr messen,
Bis wo in Schwindel zagt der Blick,
Doch wenn zwei Wesen ihre Seelen
Im ersten heil'gen Kuß vermählen,
Wo ist ein Maß für solches Glück?

Sie beben stumm und freudetrunken,
Die Erde scheint um sie versunken,
Hinweggeschwunden Raum und Zeit,
Und von der Welt ist nichts geblieben
Als nur zwei Herzen, die sich lieben,
Allein in der Unendlichkeit.

Die Schwalbe

Weh nun, da den Bäumen der herbstliche Wind
Abschüttelt das Laub, das falbe,
Weh dir, der die Schwingen gebrochen sind,
Du arme verlassene Schwalbe!
Voll Trauer blickst du von deinem Dach
Dem Zug der Gespielen, dem scheidenden, nach.

Sie ziehen hinweg in den herrlichen Süd,
Sie lassen die krankende Schwester
Und suchen im Frühling, der ewig blüht,
Die myrthenbeschatteten Nester
Und spotten am griechischen Tempelsims
Des rauhen, des nordischen Wintergrimms.

Bald streifen sie nun mit dem Flügelschlag
Des Mittelmeers blauende Wellen
Und schwingen sich auf mit dem leuchtenden Tag
In die Ätherhöhen, die hellen;
Du aber, Verwaiste, in einsamem Weh
Sinkst sterbend dahin auf die Felder voll Schnee!

»Durch alle Wetter« (1870) ist ein komisches Epos in Stanzen über die Abenteuer eines Gesandtschafts-Attachés (das war Schack sehr gegen seinen Willen einst selbst) und einer Opernsängerin. Sie sind verliebt und ohne festes Ziel unterwegs. Über Baden-Baden kommen sie nach London. Bevor sie gemeinsam nach Neapel weiterreisen können, werden sie durch eine Intrige des Impresarios der Sängerin getrennt. Die Frau singt in Amerika und reist durch das ganze Land in Begleitung eines jungen Mannes, der ihretwegen alles aufgibt, um ihr – am Schluß sogar in Frauenkleidern – zu folgen.

Eindrucksvoll ist die Reise auf der Pazifikbahn geschildert; es gibt einen großen Waldbrand, einen Überfall von Indianern, einen Aufenthalt im Urwald, ehe man nach Neapel zurück kann, um den Geliebten zu suchen. Der seinerseits ist inzwischen italienischen Räubern in die Hände gefallen und nur durch die Liebe der Tochter des Räuberhauptmanns gerettet worden. Ein Lustspielschluß wird möglich, weil die Räubertochter und der jugendliche Verehrer sich rasch verlieben und so der Doppelhochzeit nichts im Wege steht.

Eine banale Handlung aus der Gegenwart, die kein Motiv des Kolportageromans ausläßt. Die Realitäten der modernen Technik werden anders als bei den meisten Literaten des 19. Jahrhunderts als gegeben hingenommen. Die Darbietung des Stoffes in virtuos beherrschten Stanzen gibt dem banalen Stoff eine vielfältige ironische Brechung.

Durch alle Wetter

Die letzten Töne des Konzerts verklingen;
Amalie will den Liedersaal verlassen,
Doch jubelnd, wilden Ungestüms umringen
Die Hörer sie, und durch die dichten Massen
Versperrt ist ihr der Weg; man will sie zwingen,
Im festlichen Triumphe durch die Gassen
New-Yorks zu ziehn; auf Schultern fortgetragen,
Mit Mühe nur erreicht sie einen Wagen.

Durch Glanz der Lichter, die, von Wand zu Wand
Der Häuser hingereiht, das Auge blenden,
Folgt John ihr nach, gleich wie an sie gebannt,
Indes bei Jubelrufen, die nicht enden,
Das Volk, das neu die Rosse ausgespannt,
Vor ihr Hotel sie fährt und Blumenspenden

Von allen Seiten auf sie niederregnen;
Doch ihren Blicken bebt er zu begegnen.

Stand nimmt er unter einer Hausarkade
Vor dem Balkone, den im Transparent
Ihr Name schmückt; und dort wie ein Nomade
Arabiens, der nicht Bett noch Wohnung kennt,
Die Nacht verbringt er. Als die Serenade
Schon längst verhallt ist und kein Licht mehr brennt,
Nach dem Balkone mit verliebter Miene
Noch starrt der bleiche Zögling der Marine.

Am nächsten Tag traf ihn die Schreckenskunde,
Schon morgen wieder werde sein Idol
Von dannen ziehn. Noch in derselben Stunde
Schwur er, zu folgen ihr als seinem Pol.
Von Haus her blieben ihm noch ein'ge Pfunde;
Was also konnt' ans Meer ihn fesseln wohl?
Nach des Examens zweifelhafter Ehre
War ihm vergällt die nautische Karriere.

Wir wollen hoffen, daß zu seinem Besten
Er den Entschluß gefaßt und nicht aus Spleen;
Und auf nun! laßt uns in den fernen Westen
Mit Mr. Ritson und den Sängern ziehn!
Ein Ruf, um mitzuwirken dort bei Festen,
Erging aus Kalifornien an ihn,
Und auch Amalie verspricht, sie wolle
Im Goldland singen die und jene Rolle.

Glaubt nicht, sie werde untreu schon dem Plan,
Zu ihrem Viktor bald zurückzureisen;
Doch lockend ist für sie die junge Bahn,
Der Riesenbau, der wie ein Gurt von Eisen
Den stillen und den Atlas-Ozean
Zusammenschlingt mit seinen ehrnen Gleisen.

Wie kann sie, eh' sie zwischen beiden Meeren
Die Wunderfahrt gemacht, zur Heimat kehren?

Kommt ihr von drüben all, die krankheitbleich
Ihr schmachtet in der Städte Lazarethen!
Und ihr, die ihr, an Stumpfsinn immer gleich,
Das Ohr vor Moses schließt und den Propheten!
Schaut dieses Werk, das aus dem Märchenreich
Der Traumwelt in die Wirklichkeit getreten,
Und Ihr selbst müßt von den erhabnen Zielen,
Die diese Zeit erstrebt, die Ahnung fühlen.

Das Größte nenn' ich es, was dies Jahrtausend
Geboren hat, was Menschen je ersannen.
In Wildnissen, wo, gleich den Wölfen hausend,
Rothäute lauern, Wohner der Savannen,
Durch des gesprengten Urwalds Nächte brausend,
Zieht nun auf Bogen, die sich luftig spannen,
Hin über Riesensee und Strom und Sumpf,
Nach Westen zu die Menschheit im Triumph.

Durch Täler windet sich der ehrne Pfad,
Die, seit des ersten Schöpfungsmorgens Tau
Auf sie gefallen, nie ein Fuß betrat;
Empor, empor dann in das Ätherblau,
Die Adler auf dem höchsten Felsengrat
Aus ihren Nestern scheuchend, klimmt der Bau,
Und von dem Donner stürzender Lawinen
Auf Schwindelhöhen zittern oft die Schienen.

Wie klein die alte Welt mit ihrem Kalpe,
Dem letzten Thule und den Atlassäulen!

Kalpe: im Altertum Name des Felsens von Gibraltar, der mit dem gegenüberliegenden Mons Abyla auf der afrikanischen Küste (heute bei Ceuta) die »Säulen des Herkules« bildete.

Zum Maulwurfshügel neben einer Alpe
Wird, was sie schuf, vor diesem Werk. Beim Heulen
Blutgier'ger Wilden, die, der Weißen Skalpe
Zum Schmuck begehrend, sie mit Schleuderbeilen
Und Tomahawks bedrohten, wißt, vollbrachten
Es Söhne unsrer Zeit im Graun der Schlachten.

Sie fielen hingerafft von dem Geschicke,
Zu Tausenden, und über all die Leichen,
Die durch der Inder Wut, des Fiebers Tücke
Gemordet sanken, fliegen nun die Speichen
Der Räder hin auf der Gigantenbrücke,
Die sich von Welt zu Welt bis zu den Reichen
Des märchenhaften Eldorado spannt –
Dort hemmt sie nur des stillen Meeres Strand.

Und wie auf Säulen, Bogen, Eisenpfosten
Von Ozean zu Ozean sie springt,
Schafft sie aufs neu für uns den fernsten Osten
Zum Westen um; vom alten China bringt
Sie uns, von Japan und von Siam Posten;
Ja von Zipangos goldnen Dächern dringt
Und Fabelländern, fern im Meer verloren,
Durch sie die Kunde neu zu unsern Ohren.

Abfährt der Zug, die Wagen all mit Betten
Gerüstet und geschmückt mit rotem Samte;
Auf ihm sehn wir die Helden, die Soubretten,
Buffos und Heldinnen, kurz das gesamte
Sangpersonal; auch unsern Exkadetten.
Der sich, erlöst von dem Marineamte,
Doch im Besitz von hundert Pfunden Sterling,
Frei fühlt, wie in der Himmelsluft der Sperling.

Zipangos: Zipangu, im späten Mittelalter der in Europa übliche Name für Japan.

Nicht in Amaliens Nähe wagt der Junge,
Der schüchterne, sich hin; ach! gut genug
Weiß er, den Dienst ihm weigern wird die Zunge;
Doch hält auch nur minutenlang der Zug,
Hinunter schwingt er sich im schnellen Sprunge
Und wirft zur Angebeteten im Flug
Den Blick hinüber; oft bei diesem Treiben
Läuft er Gefahr, vom Zug zurückzubleiben.

Für ihn nicht da sind all' die Wunderszenen,
Die auf der Fahrt, Bild dicht an Bild gedrängt,
Vorüberziehn; nicht Wald und Strom, an denen
Amaliens Auge mit Entzücken hängt.
O welche Schau, wenn grause Schlünde gähnen,
Wenn hin durch Tunnelnacht das Dampfroß sprengt,
Und vor ihr dann in grenzenlosen Weiten
Des Mississippi Fluten sich verbreiten.

Hoch über den Gewässern braust auf Bogen
Der Zug von dannen; und, ein strömend Meer,
Das Wälder wälzt auf seinen mächt'gen Wogen,
Zieht unter ihm der Riesenfluß daher,
Und grüne Inseln siehst du wie Pirogen
Auf seiner Flut sich schaukeln, blütenschwer,
Und tausendfach, wie sie um Klippen schwellen,
Rauscht es und ruft und murmelt in den Wellen.

Dann Waldnacht, wo Geranke der Lianen
Von Zweig zu Zweig sich schwingt, von Ast zu Ast,
Und, wenn ein Stamm, entwurzelt von Orkanen,
Zu stürzen droht, im Sinken ihn erfaßt
Und über himmelhohen Baumtitanen
Ein Kuppeldach dem grünenden Palast
Des Sommers baut, aus dem im ewig feuchten
Tauschimmer goldne Blumensterne leuchten.

Hinrollt der Zug in diesem Hippodrome,
Dem mächtigen, von dunkeln Rebenschlingen
Und Epheu überwölbten Waldesdome;
Doch fort und fort mit der Natur zu ringen
Noch hat der Mensch und mit dem Pflanzenstrome,
Den, um sein Werk von neuem zu bezwingen,
Sie wuchernd niedergießt; bei Nacht und Tag
Tönt längs der Gleise drum der Äxte Schlag.

Sieh' auf dem Wege, welche Menschenmassen!
In atemloser Hast um einen Halt
Flehn sie; aufnimmt der Zug die Todesblassen.
Was ist geschehn? Es brennt, es brennt der Wald,
Die Hütten, die sie kurz zuvor verlassen,
Sind Asche schon. Ja, in den Lüften ballt
Sich dichter Rauch, gefegt von Wirbelwinden,
In dem der Sonne blut'ge Strahlen schwinden.

Hinweg, hinweg! Heran schon auf dem schweren
Luftstrome wallt ein schwüler Brandgeruch,
Der fast das Atmen hemmt. In wilden Heeren,
Aus Dickicht aufgestört und Sumpf und Bruch,
Sieh! brechen zott'ge Bisons, Eber, Bären
Durch das Gestrüppe, und, mit irrem Flug
Umsonst die Nester suchend, drin sie wohnen,
Durchflattern Vögel scheu die Wipfelkronen.

Heran schon wälzt sich schwefelgelb und rot
Die Glut, und Rauch und weh'nde Asche mischen
Sich mit dem Feuer; dann von neuem loht
Die Brunst noch mächtiger; der Flammen Zischen,
Der Tiere Brüllen in der Todesnot
Vernimmt man nah und näher und dazwischen
Der Bäume Sturz, wie sie zusammenkrachen
Und höher noch den lohen Brand entfachen.

Hippodrome: Hippodrom, Pferderennbahn.

Nur fort! nur fort! Ersticken muß ein jeder,
Sobald den Zug erreicht der glüh'nde Hauch.
Mit Hast des Sturmes rollen fort die Räder,
Doch knisternd sprühn die Funken hin von Strauch
Zu Strauch und aufwärts in das Haar der Zeder,
Die hoch emporflammt; dicht verhüllt der Rauch
Den ganzen Wald; nur noch die höchsten Eichen
Schaun draus hervor. Voran, voran, ihr Speichen!

Ist Rettung noch? – Mit atemlosem Zittern
Starrt vorwärts jeder wie im Schreckenskrampf.
Der Wind bestreut mit glüh'nder Äste Splittern
Die Schienen, qualmend weht heran der Dampf –
Doch nein! nun glaubt man rein're Luft zu wittern,
Voran! voran nur! siegreich ist der Kampf;
Das Leben aller hing an einem Halm,
Doch fernhin nun verweht der Feuerqualm.

Nur Vögelschwärme, Adler, Falken, Geier,
Dem Brand entfliehend, ziehn noch mit Gekrächz
Dem Zuge nach, es weicht der Nebelschleier,
Der Überhang des rankenden Geflechts
Wird lichter stets, und jeder atmet freier,
Als sich der Wald zerteilt und links und rechts
Sich die Prärie bis fern zum Horizont
Endlos entrollt, vom goldnen Licht besonnt.

Ein unermess'ner grüner Ozean,
Hinflutend, schwellend mit dem ries'gen Grase!
Fast in dem Wiesenmeer versinkt die Bahn;
Buntschimmernd, wie Rubine, wie Topase
Aufleuchten Blumen auf dem Wellenplan,
Und eine Insel, eine Baum-Oase,
Hebt hier und da sich aus dem grünen Schwalle,
Als ob sie schwimmend auf und nieder walle.

Lang rollt der Zug schon hin durch die Prärie,
Da tönt das Zeichen plötzlich, ihn zu hemmen,
Und von Gewaffneten ein Haufe, sieh,
Nimmt in den Wagen Platz: »Von wilden Stämmen,
Rothäuten, welche tollkühn, wie noch nie,
Rings die Savannengegend überschwemmen,
Glaubt man die Bahn bedroht, und diese Inder
Verfolgen wir, die argen Steppenkinder.«

So kündeten und schon mit den Musketen,
Bereit zum Schießen, waren die Soldaten
In Reihen an die Fenster hingetreten;
Allein kein Ziel für ihre Heldentaten
Gewahrten sie; es kam, soviel sie spähten,
Kein Feind in Sicht, und der Gefahr entraten
Schon glaubt sich jeder; da auf einmal schrill
Erschallt ein Pfeifen und der Zug hält still.

Als in die Ferne, die im Dufte schwamm,
Der Führer spähte, hatt' er schon zum Glücke
Gewahrt, daß quer ein Wall, ein breiter Damm,
Hin auf den Weg gewälzt war. Ja durch Tücke
Der Wilden liegen Bäume, Stamm an Stamm,
Hoch vor dem Zug getürmt und Eisenstücke;
Zur Seite aber rings auf den Gefilden
Sieht man die Spur von Mord und Brand der Wilden.

Ein Haufen Schuttes, liegt das Haus der Wächter,
Aus dem die Feuersbrunst noch qualmend leckt;
Und ihre Leichen, ihrer Weiber, Töchter,
Sind blutend auf den Boden hingestreckt.
Bei jeder haben die entmenschten Schlächter
Zum Hohn den Kopf auf einen Pfahl gesteckt,
Und von den Häuptern, die getrennt vom Rumpfe,
Forttrugen sie die Skalpe im Triumphe.

Noch starren alle, halbgelähmt von Grausen,
Die Opfer an, die hier geschlachtet worden;
Da horch! Von Kriegsgebrüll, von Lanzensausen
Ertönt die Luft! Sie sind's, die roten Horden,
Die in der Steppe raubtierähnlich hausen!
Aus Grasverstecken, voll Begier nach Morden,
Auftauchen sie mit Keulen, Schleudern, Büchsen,
Zahllos, als ob sie aus dem Boden wüchsen.

Die Sängerinnen werfen von den Sitzen
Sich auf den Boden unter Weh und Ach;
In Ohnmacht fällt, statt tapfer sie zu schützen,
Der Basso, der doch sonst im Heldenfach
So viel Bravour entwickelt; Mr. Ritson
Bebt espengleich; er ist so nervenschwach!
Nur Sorge für Frisur und Wangenschminke
Verhindert, daß er auch zu Boden sinke.

John, schnell gefaßt, daß er Amalie schütze,
Stürzt nach ihr hin, das Schießgewehr im Arm;
Kühn als ihr Ritter dicht vor ihrem Sitze
Nimmt er den Stand, indes der wilde Schwarm
Sich näher wälzt; nicht in des Kampfes Hitze
Spürt er, daß schon durch einen Streifschuß warm
Das Blut von seiner Wange niederrinnt;
Er denkt an sie nur, für sich selber blind.

Von hier wie dort der Feuerrohre Krachen,
Dazu der Wilden grausiges Geheule,
Wie sie mit Sang des Kampfes Wut entfachen
Und Streitaxt schwingen, Schleuderbeil und Keule;
Nicht Menschen, Teufel eher oder Drachen
Glaubt man zu schaun, geballt zum wirren Knäule;
John aber, heißen Mut in jeder Ader,
Tut Schuß auf Schuß mit seinem Hinterlader.

Ihm helfen brav mit ihren Flintenläufen
Die andern Schützen; Feuer! tönt es, Feuer!
Indessen die Waggons vom Blute träufen,
Hoch sieht man schon die roten Ungeheuer
Als Leichen auf dem Schlachtgefild sich häufen,
Und Wunderwerke tut Amaliens treuer
Verteidiger, ein Ritter ohne Tadel,
Dank dem Gewehr mit der berühmten Nadel.

Zuletzt, – so rüstig wehrte sich, so wacker
Das Häuflein Weißer, – sinkt der Wilden Mut;
Bisweilen mit erlöschendem Geflacker
Flammt einmal auf noch ihre Kampfeswut,
Allein sie sehn den großen Totenacker
Umher, sie fühlen, wie ihr eignes Blut
In Strömen fließt, und, ihren Götzen fluchend,
Fortstürzen sie, in Flucht die Rettung suchend.

Gerettet sahn sich so die Schwerbedrohten.
Was blieb? Sie eilten, nahebei im Schatten
Gewalt'ger Sykomoren ihre Toten,
Der Schlacht unsel'ge Opfer, zu bestatten.
Dann galt's, die Stämme all, die jene roten
Barbaren auf den Weg geschleudert hatten,
Hinwegzuwälzen; fast verging ein Tag,
Eh wieder frei die Bahn vor ihnen lag.

Zustieß den Sängerinnen nichts zum Glücke,
Nur ihre Locken finden sie zerzaust;
Allein gen Himmel hebt, des Schicksals Tücke
Anklagend, Ritson die geballte Faust,
Denn ach! ein Tomahawk hat die Perücke,
Indes er über ihn dahingesaust,

Sykomoren: Sykomore, Maulbeerfeigenbaum, in Ägypten und im östlichen Afrika vorkommend; aus dem fast nicht verrottenden Holz stellte man im alten Ägypten die Särge her.

Ihm weggenommen, und mit kahlem Haupte
Zieht weiter nun der Lebensmut-Beraubte.

Amalie, aus ohnmachtgleichem Schrecken
Erwacht, beginnt indes sich zu besinnen
Und sieht, aufblickend, ihrem jungen, kecken
Beschützer Tropfen Bluts vom Antlitz rinnen;
Nach ihm, auf daß sie Dank ihm biete, strecken
Sich ihre Arme aus, und von tief innen
Aus ihres Herzens Herzen kommt der Ton:
Dank! tausend Dank – doch wie erstarrt steht John.

Die Wunde, um zu sehen, ob auch tief sie
Gedrungen sei, befühlt sie mit der Hand.
»Nur leicht geritzt! Gott Lob!« voll Freude rief sie,
»Allein auf kurz ist nötig ein Verband.«
John war zu Sinn, als ob den Vollmachtbrief sie
Zum Glück ihm reichte; regungslos noch stand
Der junge Held; zuletzt, wie sie befahl,
Legt' er das Haupt auf ihren Reiseshawl.

Hin über ihn, ihn sorglich zu verbinden,
Dann beugt sie sich und schlingt ihr weißes Tuch
Um seine Stirne; seine Sinne schwinden
Fühlt er beinah, als ihm der Atemzug
Die Stirn berührt; sein Denken und Empfinden,
So will ihm scheinen, hat nicht Macht genug,
Die Seligkeit des Augenblicks zu fassen;
Auf einmal sieht Amalie ihn erblassen.

Sie glaubt, weil's kalt ihm von der Stirne rinnt,
Gefährdet sei er durch den Blutverlust,
Und ruft nach außen: Helft doch! helft geschwind!
Da – eh'r nicht ward sie dessen sich bewußt –
Spürt sie, daß auf der Fahrt sie wieder sind,
Und lüftet Johns Gewänder auf der Brust,

Und legt, zu seiner Pflege treu beflissen,
In den Waggon ihn rückwärts auf das Kissen.

Nicht kommt ihr der Gedanke nur von fern,
Daß solch ein Milchgesicht, ein wahrer Knabe,
Auf sie als seines Lebens hohen Stern
In Liebesglut den Blick gerichtet habe.
Er unterdes auf seinem Ruhbett gern
So vor ihr liegen möcht' er bis zum Grabe
Und ihre süße Gegenwart empfinden;
Säh' er empor, er müßte ja erblinden.

Er fühlt durch die geschloss'nen Augenlider
Ein unergründlich tiefes Ätherblau,
Das auf ihm ruht; erquickend zu ihm nieder
Wallt es und rinnt und strömt wie Himmelstau;
Ihm ist, als kniet' in Andacht betend wieder
Er vor dem Bilde unsrer lieben Frau,
Zu dem an seines Vaterhauses Schwelle
Er oft als Kind gefleht in der Kapelle.

Das etwa 200 Seiten umfassende Epos »Nächte des Orients« (1874) eröffnet die »Gesammelten Werke«, es war Schack offenbar in besonderer Weise wichtig. Der Held der Erzählung erhält durch einen seltsamen Geschichtswanderer, Hadschi Ali, die Möglichkeit, sich in beliebige Stationen der Vergangenheit zurückzuversetzen, weg aus der düsteren Stimmung angesichts des Vatikanischen Konzils (1869). Zu Beginn geht er in die Vorzeit und findet sich bedroht von wilden Urtieren und vom Krachen der Erdrinde. Er versetzt sich in die großen Jahre Athens, in die Zeit des Perikles, und erlebt sie erschreckt aus der Sicht eines Sklaven. Als mittelalterlicher Ritter sieht er das Morden der Kreuzzüge. Als reicher

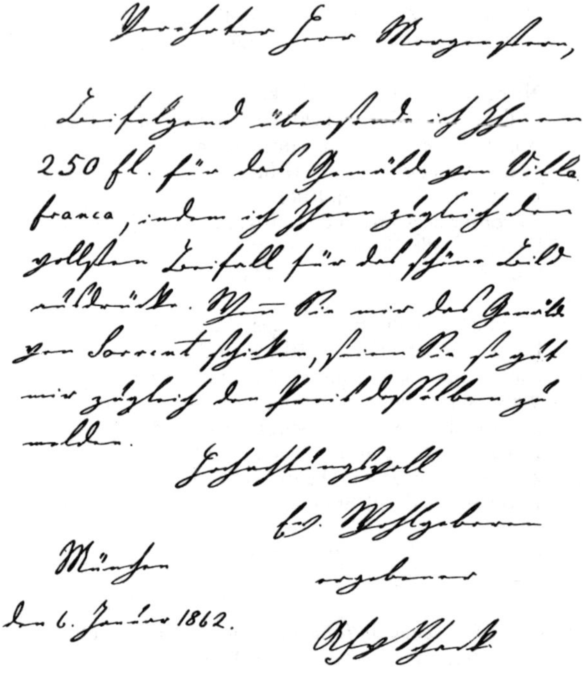

Verehrter Herr Morgenstern,

Beifolgend übersende ich Ihnen 250 fl. für das Gemälde von Villafranca, indem ich Ihnen zugleich den vollsten Beifall für das schöne Bild ausdrücke. Wenn Sie mir das Gemälde von Sorrent schicken, so seien Sie so gut mir zugleich den Preis desselben zu melden.

Hochachtungsvoll

Ew. Wohlgeboren

ergebener

A. F. Schack

München

den 6. Januar 1862.

Brief Schacks an den Maler Carl Morgenstern vom 6. Januar 1862 mit der Abrechnung eines Bilderkaufs

junger Mann, aufgewachsen »im Palast der Ahnen auf dem Monte Mario« in den hellen Tagen der römischen Renaissance Leos X., kann er nicht verhindern, daß die geliebte Frau als Hexe verbrannt wird. Erst als ihm der geheimnisvolle Führer die eigenen Erlebnisse erzählt, begreift er das Geheimnis der Geschichte: »Aufwärts, ja aufwärts geht der Menschheit Gang / Ob sich ihr Pfad auch krümmt und windet.« (S. 177.) Schack hat den Grundgedanken seiner Dichtung im Nachwort so formuliert: »Der Mensch [. . .] hat sich [. . .] im Laufe unzählbarer Jahrtausende allmählich aus tierischer Roheit erhoben und steigt zu immer höherer Entwicklung auf; nicht in der Vergangenheit liegt das goldene Zeitalter, sondern in der Zukunft.«

Geheimer Fixpunkt des frei historisierenden Verfügens über die Vergangenheit ist die Gründung des Deutschen Reiches: »Mein Deutschland! Schütze du mit mächt'gem Schild / Freiheit und Recht, und schwinge hoch die Fahne, / Wenn es den Kampf mit altverjährtem Wahne / Für unsre höchsten Götter gilt!« (S. 205.) Nur das Vertrauen in die Gegenwart erlaubt den Weg in die Fernen der Geschichte und umgekehrt: Das Erlebnis der Vergangenheit erst zeigt die Bedeutung des politischen Geschehens. Dennoch bleibt die Behauptung einer »höheren Entwicklung« in der Geschichte willkürlich, weder aus den flutenden Bildern der Vergangenheit noch aus den Vorgängen der Tagespolitik ableitbar. Dichtung wird zur vergeblichen Beschwörung des Vertrauens in die Geschichte.

Nächte des Orients

Für Schlaf zu tief
War ich erregt, und fast wie Fieberkranken
Ging mir der Puls; noch einmal in Gedanken
Macht' ich die Irrfahrt durch die fernen Zeiten
Und Länder von geträumten Herrlichkeiten,
Von denen keine meinen Wunsch gestillt.
Dann vor die Seele wieder trat das Bild
Des Abendlandes mir, dem ich entflohen,
Und immer höhern Glanzes strahlte
Vor mir der ferne Weltteil auf; ich malte
Ihn mir im Geist mit allem Hohen
Und Herrlichen, was er umschließt,
Wie dort allein die Saat des Schönen
In tausend duft'gen Blumen sprießt,
Nur dort in Farben und in Tönen,
Im Stein, zum Götterbild gestaltet,
Der Künste Frühling sich entfaltet.
»Wär' ich doch nie geflohen aus den Banden,
Mit denen mich die Heimat sanft umschlang!
Was fand ich in den Sonnenaufgangs-Landen
Für meines Herzens heißen Drang?
Mag reich mit tausendfachen Blüten
Sie auch umwuchern die Natur,
Ein träges Träumen ist, ein dumpfes Brüten
Das Leben ihrer Söhne nur,
Ein stetes Kleben an den Schollen;
Was jeder für sein ärmlich Dasein braucht,
Dahin nur geht sein Streben und sein Wollen.
Wie anders nicht, wie herrlich und erlaucht
Mit deinem Ringen, deinem Wissensdürsten,
Mit deinem Mühen um der Menschheit Glück,
Europa, stehst du da vor meinem Blick!
Was sind vor deinen Geistesfürsten
Die Welterobrer all und die Despoten,

Die über Trümmerhaufen, über Toten
Auftürmten ihrer Herrschaft Bau?
Oh! auf das Tageslicht, das grelle,
Des Orients und seine ew'ge Helle
Mit Wonne grüß' ich deines Himmels Grau
Und deine Nächte, wo in stiller Zelle
Der einsam grübelnde Gedanke wacht!
Da holt aus tief verborgnem Schacht
Der Denker ungeahnte Weisheitsschätze
Und gibt dem Weltall die Gesetze,
Nach denen es hin durch den Himmel kreist,
Und zählt die Jahrmillionenzahl
Dem fernsten Fixstern vor, in der sein Strahl
Hernieder bis zur Erde reist;
Da zeigt der eine, wie der Raum, die Zeit
Nur Schatten sind, die in die Ewigkeit
Hinaus der Geist des Menschen wirft, da reißt
Ein anderer die Götter alten Wahns
Aus ihren Himmeln auf die Erde,
Auf daß statt des zerriss'nen Weltenplans
Ein neuer nun der Menschheit Leitstern werde.

Und oh! die Banianenhaine
Kaschmirs mit ihren Lotosteichen,
Mit ihrem Sternensilberscheine
Und goldnen Sonnenglanze, wie erbleichen,
Europa, sie vor deinen Sälen,
Wo leuchtend Bild sich reiht an Bild
Und von den Tizianen, Raffaelen
Der Schönheit Zauber auf uns niederquillt!
Wie stumm und öde gleich dem Totenreiche
Erscheint das ganze weite Asien mir,
Wenn deinem kleinsten Stübchen ich's vergleiche,
In dem von Mozarts Tönen das Klavier

Banianenhaine: Baniane, Feigenart.

Erzittert und in Andachtstille
Die Seele den Akkorden lauscht
Und trunken in der Wunderfülle
Der Melodien sich berauscht.«

In Unrast so oft trat ich aus dem Zelte
Und spähte nach dem Himmelsrand,
Ob bald den Osten nicht ein Schein erhellte.
Der erste Lufthauch, der ein Segel schwellte,
Heimtragen sollt' er mich ins Abendland,
Gelobt' ich mir. »O Wahn, der mich befangen,
Daß ich in ferne Länder mich verbannt,
Ja gar in Zeiten, längst vergangen,
Gejagt von ruhelosem Seelenfieber,
Die Abenteuerfahrt gemacht.
Ein Jahr der unsern ist fortan mir lieber
Als ein Jahrhundert von zuvor,
Denn auf der Welt lag eine große Nacht,
Bevor sich der Erkenntnis Tor
Vor ihr erschloß und jene Riesengeister,
Die Führer zu der Menschheit Siegen,
Wie Sterne auf am Himmel stiegen,
Eh Galilei, Kepler, Newton
Und Humboldt, mein erhabner Meister,
Die Schleier hoben, die auf allem ruhten.
Erst seit der Blick, getragen von dem starken
Sehrohr, den fernsten Himmelsraum durcheilt
Und sich der Nebel an der Schöpfung Marken
In neue Riesenwelten ihm zerteilt,
Da erst hinschwanden jene Wahngestalten,
Die Götter auf geträumtem Sternenthron,
Die Volk mit Volk in Haß gespalten,
Da erst hob kühn dem Erdensohn
Die Geistesschwinge sich, frei von den Banden,
Die sie jahrtausendlang umwanden.
Heil mir, daß ich der Vorzeit finstern Tagen

Entronnen bin; ich denke noch mit Zagen
An all' die Wehen, all' die Schrecken,
Durch die ich hingeirrt – wohl heut' auch ruht
Noch auf des Menschen Stirn ein Flecken
Von Eigensucht und Haß und Blut,
Doch von den schlimmsten hat er sich gereinigt;
Nicht mehr den einen macht die Glaubenswut
Zum Henker, der den andern peinigt,
Nicht mehr in dumpfer Sklaverei
Läßt er die Brüder elend schmachten,
Indes er selber jubelt: Ich bin frei;
Und, hat auch noch dem Werk der Schlachten
Nicht ganz entsagt das irrende Geschlecht,
Setzt hier und dort auch noch die Macht dem Recht
Die Ferse übermütig auf den Nacken,
Doch bald geläutert von den letzten Schlacken
Der wilden Vorzeit wird die Menschheit sein,
Denn mächtig weht so wie noch nie
Ein reiner Geistesodem hin durch sie.« – – –

Da plötzlich glomm's wie morgenroter Schein
In meiner Seele auf; erhellend fiel
Ein Strahl auf das, was ich erlebt, zurück,
Und mehr und mehr vom Anfang bis zum Ziel
Trat alles klar vor meinen Blick.
»Kann ich noch zweifeln? meine Flucht
In ferne Zeit war nicht vergebens;
Was, brütend ob den Rätseln dieses Lebens,
Ich lange sehnsuchtsvoll gesucht,
Das Licht in unsrer Erdenfinsternis
Ich fand's auf meiner Wanderfahrt;
Denn meinem Geiste als gewiß
Hat sich das eine offenbart:
Aufwärts, ja aufwärts geht der Menschheit Gang;
Ob sich ihr Pfad auch krümmt und windet,
Und ob er auch jahrhundertlang

In dunkle Abgrundtiefen schwindet,
Nach oben wieder reißt sie doch ihr Drang.
Wie sie der niedern Tiergestaltung
Mit Mühe eben sich entrang,
Wie Stamm mit Stamm in ew'ger Spaltung
Mit Wesen Wesen sich bestritt,
Erlebt hab' ich es selber mit.
Ich sah, wie dann die Wilden, Rohen,
Auf Pfähle in die Seen geflohen,
Sich sammelten am Herd der Hütte,
Und wie inmitten jenes Wellenfriedens
Sich mit der Kunst des Eisenschmiedens
Entfaltete der erste Keim der Sitte.
So nach und nach entwich der Urzeit Grauen,
Und wie verwandelt sah ich jenes wilde
Geschlecht auf Griechenlands Gefilde
Der Schönheit ew'ge Tempel bauen,
Wie herrlich sich in marmornen Gestalten,
Im Liede der Rhapsoden und Tragöden
Der Künste Blütenflor entfalten! –
Wohl schwand sie hin, die große Welt der Alten,
Verwandelt ward in traur'ge Öden
Das edle Hellas, als der Stürme Wut
Verheerend einbrach auf die Erde,
Und halb erlöschend nur auf ihrem Herde
Noch flackerte der Bildung heil'ge Glut;
Doch rang nicht aus der dunkeln Zeit
Der Geist sich neu empor zum Licht?
Hat nicht im göttlichen Gesicht
Hoch über Wahn und Glaubensstreit
Sich Meister Eckhard aufgeschwungen?
Verschloß nicht Wolfram in sein Weltgedicht,

Meister Eckhard: M. Eckhart (um 1260 – vor 1328), Dominikaner, einer der großen Mystiker des Mittelalters.
Wolfram: W. von Eschenbach (um 1170 – um 1220), Verf. des *Parzival* (1200–10).

Erwin in seines Münsters Dämmerungen
Ein göttliches Mysterium,
Das selbst sie nicht gedeutet, andachtstumm,
Auf daß es erst Geschlechtern künft'ger Jahre
Herrlich und herrlicher sich offenbare?
Selbst jene wilden Fahrten gegen Osten –
Ob auch mein Herz von Graun noch bebt,
Denk' ich was bei dem Auszug ich erlebt –
Reich sind die Früchte, die aus ihnen sproßten;
Zu Boden zwischen Volk und Volke sanken,
Vom Sturm des Kampfs gestürzt, die Schranken,
Und freier, fröhlicher zu wogen
Begann das Leben; bunt wie Regenbogen
Drang eine Fülle farbiger Gebilde
Durchs offne Tor des Orients,
Und der Provence sonnige Gefilde
Und Katalonien und Florenz
Erschimmerten wie Edelsteine
In jenes Glanzes Widerscheine.
Wie endlich seit den Tagen ew'gen Ruhms,
Als neu die große Welt des Altertums
Vom Grab erstand, schwang sich mit mächt'gen Flügelschlägen
Der Menschheit Genius dem Licht entgegen!
Vom Blutstrom, der in Frankreich rann,
Bespritzt wohl wurde sein Gefieder,
Allein in reinem Lichtglanz wieder
Hebt er die Schwingen himmelan,
Um höher nun von Sieg zu Siegen
Und immer höher aufzufliegen;
Und jene Geistesgüter all, die hehren,
Unsterblichen, die er auf seinem Pfad
Durch die Jahrtausende errungen hat,

Erwin: E. von Steinbach (um 1244 – 1318), Leiter der Straßburger Münsterbauhütte.

Der Dichtung Blüten und der Weisheit Lehren,
Die Kunstgebilde, die ein Feuer
Vom Himmel mit Prometheusglut durchrinnt,
Der Preis von Leid und Weh war nicht zu teuer,
Um welchen sie erstritten sind!«

Indes ich's dachte, hellen Glanzes wallte
Der Morgen durch der Zeltwand Spalte.
Ich trat hinaus, und aus des Frührots Urne,
Sieh! eben quoll der junge Tag
In goldner Flut, daß nach und nach
Luft, Erde, Meer und das azurne
Himmelsgewölb in einem Lichtglanz schwammen.
Ich sah das Felsenhaupt des Sipylus,
Geküßt vom ersten Sonnenstrahlenkuß,
Zu meinen Häupten glorreich flammen;
Da, noch geblendet von dem Glanz,
Gewahrt' ich, wie im weißen Lichtgewand
Ein Fremdling mir zur Seite stand –
Doch nein! Er war es, nur verwandelt ganz,
Ali, mein Führer und Begleiter.
Verjüngt um viele Jahre däuchten
Mir alle seine Züge; heiter
Und wie verklärt sah ich sein Auge leuchten,
Indem er sprach: »Es ist genug;
Hinweg werf' ich die Hülle, die ich trug,
Seit ich in jenem Tempel dir erschienen,
Um dir als Führer auf der Fahrt zu dienen.
Verstrickt in des Gedankens Labyrinth
Und an der Zeit, der Zukunft blind
Verzweifelnd fand ich dich, den Wahnbefangnen;
In eitlem Traume dem Vergangnen,
Wie du es sahst im Spiegelbild der Sage,

Sipylus: Sipylos, antiker Name eines Teils des Tmolusgebirges in Kleinasien, berühmt durch ein Felsrelief der Kybele.

War deine Seele zugekehrt,
Und deine Sehnsucht, früh're Tage
Selbst zu durchleben, hab' ich dir gewährt;
Doch nicht im Schleier, den die Dichtung spinnt,
Nein, so wie sie gewesen sind
Und wie auf allen schweres Weh gelastet,
Dir zeigt' ich sie. *Nur die Erkenntnis fruchtet,*
Die unter Kampf und Widerspruch
Tief in der eignen Seele reift.
Drum, während wir umhergestreift,
Durch meine Reden noch den Bruch
In deiner Seele sucht' ich zu verschärfen
Und lud dich ein, dich einzig dem Genuß
Des Augenblickes in den Arm zu werfen,
Da doch bis an der Zeiten Schluß
Elend, ein ew'ges Einerlei
Von Schuld und Weh des Menschen Leben sei.
Wird dieser Fremdling unter all den Schrecken –
Dacht' ich dabei – und in der Nacht des Bösen
Den Strahl doch, der nach oben führt, entdecken,
Auch meine Zweifel müssen dann sich lösen.
Denn ich gesteh's, auch mich, obgleich schon lang
Allmählich dämmernd auf dem Erdengang
Das Licht sich meinen Blicken aufgetan,
Mich selbst befiel noch oft ein Schwanken,
Und wieder rissen finstere Gedanken
In Abgrundtiefen mich, wo sich die Bahn
In ausgangslose Schlucht verlor.
In meiner Blindheit dann, ich Tor,
Für sinnlos, ohne Zweck und Frucht,
Hielt ich dies ganze Erdentreiben,
Für weise, wer sein Herzweh zu betäuben
In Lust und Lärm des Tages sucht.
Erst jetzt, da ich mit dir im Geist
Die Weltzeitalter neu durchreist,
Hat sich die Wahrheit voll und ganz

Mir aufgeschlossen, und so hell fortan
In meiner Seele strahlen wird ihr Glanz,
Daß keine Wolke mehr ihn trüben kann. –
Heil dir auch, daß, indes von Land zu Landen
Ich dich geleitet durch der Zeiten Nacht,
Du der Versuchung widerstanden,
Daß aus dem Abgrund der Geschichte,
Aus des Gedankens tiefem Schacht
Du der Erkenntnis Schatz dir mitgebracht!
Sie leuchte, die dich heimgeführt zum Lichte,
Dir immer herrlicher und reiner! –
[...]«

Nächte des Orients

Nachwort

Der Gebrauch, poetische Werke mit Vor- oder Nachwort in Prosa zu begleiten, ist mehr bei Franzosen und Engländern als bei uns üblich, allein es gibt Fälle, in denen auch der deutsche Dichter wohl tun wird, ihn zur Anwendung zu bringen. Ein solcher Fall liegt bei dieser neuen Auflage der Nächte des Orients für mich vor. Obgleich ich bemüht gewesen bin, die Intention meines Gedichtes mit aller möglichen Klarheit auszusprechen, ist dieselbe doch, durch Übersehen einiger für den Zusammenhang des Ganzen wichtiger Stellen, hier und da verkannt worden. Ich erlaube mir deshalb die folgenden Bemerkungen.

Der Grundgedanke der Dichtung läßt sich kurz so zusammenfassen: Der Mensch ist nicht von einem ursprünglich reinen und glücklichen Zustande später entartet, hat sich vielmehr im Laufe unzählbarer Jahrtausende allmählich aus tierischer Rohheit erhoben und steigt zu immer höherer Entwicklung auf; nicht in der Vergangenheit liegt das goldene Zeital-

ter, sondern in der Zukunft. Der Dichter ist anfänglich mißmutig seiner Zeit abgewendet, von Sehnsucht nach vergangenen Perioden der Geschichte erfüllt. Ein alter Magier, den er im Orient trifft, versetzt ihn auf seinen Wunsch in die Zeiten zurück, die er sich als glücklichere ausgemalt hat, und zeigt ihm dieselben so, wie sie in Wahrheit gewesen. Diesem Magier, welcher selbst die Jahrtausende durchwandert hat, ist unter allen erlebten Schrecknissen dennoch die Ahnung aufgegangen, daß die Menschheit sich nach und nach von niederen Stufen zu höheren emporringe; aber er schwankt und zweifelt noch und will nun am Dichter erproben, zu welcher Überzeugung derselbe auf seiner Reise durch die Weltalter gelangen werde. Um ganz sicher zu gehen, läßt er ihn nicht allein in jeder Epoche der Vergangenheit schweres Weh erleben, sondern fügt auch noch Kommentare hinzu, welche alles in noch schwärzeren Farben schildern und förmlich Weltverzweiflung predigen; er meint, wenn der Dichter trotzdem den Glauben an ein Fortschreiten der Menschheit gewinne, so müsse dieser um so tiefer begründet sein und zugleich finde dann seine Ahnung eine um so zweifellosere Bestätigung. Der bittere Hohn, den er über alles ergießt, ist also teils Resultat der eigenen finsteren Weltanschauung, aus der er sich emporzuarbeiten begonnen hat, die ihn aber momentan immer wieder in ihr Dunkel hinabreißt, teils in seiner Übertreibung eine Maske, die er dem Dichter gegenüber annimmt. [...]
Gleich nach des Magiers Auftreten zeigt sich dessen Doppelnatur; er ist je nach der gerade vorwaltenden Seelenstimmung bald der an allem verzweifelnde Spötter, bald der begeisterte, von hohen Gedanken und Hoffnungen erfüllte Seher:

> Allmählich war von seinem ersten Hohn
> Die letzte Spur selbst im Gespräch entflohn,
> Und manchmal blickt' er mich so feierlich,
> So ernst an, daß mich Ehrfurcht überschlich;
> Ja, wenn in seine meine Augen sahn,
> Glaubt' ich, ins Grenzenlose aufgetan,

Den unergründlich tiefen, blauen
Sternhimmel einer Neumondnacht zu schauen.
Ein groß Geheimnis schien in seinen Zügen
Wie auf dem Angesicht der Sphinx zu liegen,
Die, halb versunken in den weh'nden Sand,
Des Weltalls Rätsel auf den hohen Brauen,
Hinaus ins Unermessne starrt.

In dieser ernsten und gehobenen Seelenstimmung, die sich zu Anfang des zwölften Abschnittes noch gesteigert hat, wird er in den Momenten, wo er sich unbelauscht glaubt, später zu wiederholten Malen vom Dichter überrascht; aber erst am Schlusse, als Letzterem das als Überzeugung aufgegangen ist, was ihm nur Ahnung gewesen und oft wieder von Zweifeln erstickt worden war, tritt er in völlig verklärter Gestalt als Prophet einer hohen Zukunft auf. Alle die angeführten Stellen und noch viele andere, welche die spätere Wendung erklären und vorbereiten, muß man übersehen haben, um zu sagen, der Magier trete mit sich selbst in Widerspruch.
Nicht besser begründet ist die Behauptung, die Weltanschauung in der ersten Hälfte des Gedichtes sei pessimistisch, in der zweiten optimistisch. Es wird mit diesen Worten, wie mit so vielen anderen, ein arger Mißbrauch getrieben. Pessimismus ist die Lehre, die Nicht-Existenz der Welt sei ihrer Existenz vorzuziehen, weil sie ihrer Natur nach für alle Zeiten in überwiegendem Maße, wo nicht ausschließlich, ein Wohnplatz des Elends, Frevels und alles Bösen sein werde; der Optimismus dagegen erklärt unsere Welt für die beste unter allen möglichen. Man kann nun den Jammer, welcher durch alles Leben und durch die ganze Geschichte bis auf den heutigen Tag geht, erkennen und lebhaft empfinden, ohne deshalb der ersten dieser beiden Lehren zuzustimmen; aber wenn man auf Grund der neuesten Naturwissenschaft annimmt, daß der Mensch, der sich im Laufe von Jahrhunderttausenden aus den untersten Formen des animalischen Lebens emporgerungen, auch noch einer höheren Entwicklung entgegengehe und daß

dann, wie das Böse so auch das Leiden auf der Welt sich mindern werde; wenn man gegen das viele Gute und Schöne, das doch inmitten alles Weltelends schon zutage gekommen ist, das Auge nicht verschließt und in ihm die Keime zu einer noch reicheren Ernte für die Zukunft erblickt, so bekennt man sich dadurch noch nicht zu der Leibnitzschen These, die Voltaire so köstlich verspottet hat. In der Schilderung aller Weltperioden, welche in meinem Gedichte vorgeführt werden, sind nun freilich die düsteren Schatten, die auf ihnen lagen, hervorgehoben, und sie werden durch die absichtlich übertreibenden Glossen des Magiers noch schwärzer; allein volles Dunkel ruht nur auf der ersten, bereits in die zweite fällt ein Lichtstrahl, der dann mehr und mehr wächst, indem der Griechenland gewidmete Abschnitt eine weit höhere Kulturepoche vorführt als der vorhergehende. Später wird dies noch ausdrücklich hervorgehoben:

Sind von der Menschheit frühsten Lebensstunden,
Als sie, der Tierheit kaum entwunden,
Der ersten Sprache Laut gestammelt,
Bis zu dem Tag, als in der Wasser Mitte
Sie um die ersten Herde sich gesammelt,
Nicht unermeßlich groß die Schritte,
Die sie getan hat? Sah ich nicht schon dort,
Als jener Jüngling, jene Jungfrau kühn
Dem Hasse trotzten und dem Mord,
In ihr der Liebe Himmelsfeuer glühn?
Und weiter aus der Finsternis
Der Stein- und Erzzeit, oh! wie riß
Sie durch den grau'nden Morgen der Geschichte
Sich hoch und höher stets empor zum Lichte,
Bis hell der Tag aufstieg am Horizonte,
Und auf dem Alburs, auf dem Sinai,
Des Himalaya heiterm Gipfel sie
Im klaren Geistesstrahl sich sonnte?
Ja hat vom Himmel nicht ein Genius

Die Lippen ihr gelöst mit sanftem Kuß,
Daß sie des Veda Hymnen singen konnte?
Wie erst beflügelte sich ihre Sohle,
Als sie von Asiens Gestade
Westwärts hinschritt die Wogenpfade
Und, von der Künste Aureole
Umleuchtet, von der Weisheit Glanz,
Auf den Gefilden Griechenlands
Nun herrlich dastand wie noch nie zuvor!

Goethe, der ebenso große Weise wie Dichter, hat gesagt: Die Welt geht vorwärts, aber spiralförmig. Von der Wahrheit dieses Ausspruchs überzeugt, habe ich nicht versucht, einen *stetigen* Fortschritt der Menschheit nachzuweisen, welcher Versuch durch einen Vergleich des Mittelalters mit dem Zeitalter des Perikles sicher vereitelt worden wäre, vielmehr den Goetheschen Satz so umschrieben:

Aufwärts geht der Menschheit Gang;
Ob sich ihr Pfad auch krümmt und windet,
Ja ob er auch jahrhundertlang
In dunkle Abgrundtiefen schwindet,
Nach oben wieder reißt sie doch ihr Drang.

Aber wie auch das Mittelalter die geistigen Güter der Welt gemehrt und somit zu ihrem Fortschritt beigetragen, das wird an mehreren Stellen des achten Abschnitts angedeutet, nachher weiter ausgeführt. Daran schließt sich die mächtig aufsteigende Bewegung seit dem 16. Jahrhundert; sie erfüllt die Seele des Magiers mit hohen Hoffnungen und, obgleich er sie zeitweise rückläufig werden sieht, glaubt er doch zu gewahren, wie sie sich später, namentlich in unserem Jahrhundert, hoch und höher erhebt. Als er sich dann durch den Dichter, der wie er die Zeitalter durchwandert hat, in dieser Auffassung bestärkt sieht, ergießt er sich in die Prophezeiung einer glorreichen Weltperiode, an deren Eingangspforten wir erst stehen.

Dies, kurz und prosaisch ausgesprochen, die leitende Idee der »Nächte des Orients«. Es springt in die Augen, daß die Feier des deutschen Reiches am Schlusse zu der äußeren Einfassung des Gedichtes, der Reisebeschreibung, gehört und hier das lichte Gegenstück zu dem düsteren Anfang bildet; wie die Fahrt in den Orient unter den trüben Eindrücken des Vatikanischen Konzils beginnt, so schließt sie mit der Kunde von dem größten weltgeschichtlichen Ereignis dieses Jahrhunderts. Die Perspektive in die Zukunft, welche der Magier kurz zuvor eröffnet hat, ist so unermeßlich viel weiter, daß man nur mittels des seltsamsten Mißverständnisses annehmen könnte, ich sähe in der politischen Wiedergeburt Deutschlands, so glücklich ich mich auch preise, sie erlebt zu haben, das Endziel der weltgeschichtlichen Entwicklung.

Übersetzungen

EMANUEL GEIBEL / ADOLF FRIEDRICH VON SCHACK

Aus: Romanzero der Spanier und Portugiesen

Die gefangene Mohrin

Tiefauf seufzt Granadas König,
Seufzt um Antequera tief;
Nicht, weil er die Stadt verloren,
Da ihm eine beßre blieb,
Nein, um einer Jungfrau willen,
Die man dort gefangen hielt.
Blond von Haaren war das Mädchen,
Wunderholden Angesichts
Und von zarter Jugend; siebzehn
Jahre zählte sie noch nicht.
Schon von klein auf hat der König
Sich erzogen dieses Kind,
Das er mehr liebt als sein Auge,
Und, seit es gefangen ist,
Seufzt er so in tiefem Kummer,
Der das Herz ihm brechen will:
»Lindaraja meiner Seele!
Mehr mir als das Leben lieb!
Durch den Hauptmann der Alhambra
Sandt' ich Brief dir über Brief!
Süße Worte, wie die tiefste
Seele sie mich sagen hieß,
Ja, mein Herz, das liebeswunde
Selbst, gab ich dem Boten mit;
Doch nie bracht' er andre Antwort,
Als daß du mir nimmer schriebst.
Almeria, das berühmte,
Gäb' ich gerne für dich hin!
Denn was sind mir alle Güter,

Da mein Herz in Banden liegt?
Und wenn das nicht, dich zu lösen,
Ausreicht, geh' ich selber hin,
Selber hin nach Antequera,
Wo in Haft, du, Holde, bist:
Gern die Kette will ich tragen,
Schau' ich nur dein Angesicht.«

FRIEDRICH BODENSTEDT

Michail Lermontow

Die Gaben des Terek

Schäumt der Terek zwischen steilen
Felsen, wild, in Zornesglühn;
Seine Klagen – Sturmesheulen,
Seine Tränen – Funkensprühn.

Aber stiller zu den Füßen
Des Gebirgs, die Steppe her
Fließt er, und mit Schmeichelgrüßen
Murmelt er zum Kaspimeer:

»Meeresgreis, tu meinen Wogen
Gastlich deine Pforten auf!
Weiten Wegs komm' ich gezogen,
Suche Ruh nach langem Lauf.
Bin ein Sproß kasbek'schen Thrones,
Großgesäugt an Wolkenbrust,
Ewig gen des Erdensohnes
Fremde Macht voll Kampfeslust.

Brach bei *Darijel* viel Steine
Aus der engen Bergschlucht los,
Schwemmte sie, zum Spiel für deine
Kinder, her in meinem Schoß.«

Doch das Meer, am Ufer dorten
Lehnt es wie in Schlafesruh, –
Und aufs neu', mit Schmeichelworten
Flüstert ihm der Terek zu:

»Sieh', ein Weihgeschenk dir reiche
Ich, des Blut im Kampfe floß:
Eines jungen Kriegers Leiche,
Der *Kabarda* Heldensproß!

Kostbar ist sein Stahlgeschmeide,
Und in goldner Schrift daran
Zieren rings den Saum vom Kleide
Heil'ge Sprüche des Koran.
Zuckten wild die Augenlider,
Krampfhaft sich die Lippe schloß,
Und von seinem Schnurrbart nieder,
Dick und rot, ein Blutstrom floß.
Klar sein Auge, doch gefährlich,
Alter, tiefer Feindschaft voll.
Von dem Kopf zum Nacken, spärlich,
Schwarzen Haars ein Büschel quoll.«

Doch in seinen Ufern schweigend
Liegt das Meer in kalter Ruh –
Und, aufs neu' sich zu ihm neigend,
Flüstert ihm der Terek zu:

»Meeresgreis, noch eine Gabe
Biet' ich dir, von seltner Art!
Drum vor allen andern habe
Ich zuletzt sie aufbewahrt.

Einer Bergkosakin Leiche,
Jung, voll Schönheit wunderbar:
Um die Schulter her, die bleiche,
Fließt das lange, blonde Haar.
Wie so trüb die Züge scheinen,
Wie so sanft das Auge ruht!
Von der Brust, aus einer kleinen
Wunde, quillt das rote Blut.
Und von den Kosakensöhnen
Im Grebenschen Reiterheer,
Um den Tod der jungen Schönen
Klagt selbst nicht der eine mehr.

Hat sich auf sein Roß geschwungen,
Ritt hinaus durch Nacht und Graus,
Haucht' im Kampf, vom Dolch durchdrungen
Des *Tschetschen*, sein Leben aus.«

Und es schwieg der Strom, der wilde;
Aber schneeweiß angehaucht,
Feucht, ein wundersam Gebilde
Aus den dunklen Fluten taucht.

Bei dem Blick, gleich Ungewittern
Hebt das Meer die mächt'ge Flut,
Dunkelblaue Augen zittern
In der Leidenschaften Glut.

Rauschend hoch vor Lust und Liebe
Breitet es die Arme aus,
Nimmt den Strom im Wellgetriebe
Gastlich auf in seinem Haus.

EMANUEL GEIBEL / HEINRICH LEUTHOLD

Gedichte von Victor Hugo

Sultan Achmet

Zu Juana sprach, der Schönen,
Die da lacht in Silbertönen,
Sultan Achmet halb im Scherz:
Meine Krone, süßes Leben,
Würd' ich für Medina geben,
Und Medina für dein Herz.

»Hoher Sultan, laß dich taufen!
Um geringern Preis erkaufen
Wirst du nimmer meine Gunst.
Einen blinden Heiden stündlich
Zu liebkosen wäre sündlich,
Und mich schreckt der Hölle Brunst!«

Wohl, so schwör' ich's bei den reinen
Perlen, die verdunkelt scheinen
Neben solcher Schultern Glanz,
Daß ich dein Gebot vollführe,
Wenn ich deines Nackens Schnüre
Nehmen darf zum Rosenkranz.

Die Favorite

Genug, o Jüdin, deinetwegen
Entvölkert' ich mein Fraungemach;
Nun laß zum Mitleid dich bewegen,
Es folge deines Fächers Schlägen
Nicht stets ein Schlag des Beiles nach.

Laß endlich ab, Geliebte, schone
Der Schar, die dich nicht ärmer macht!
Zum Schleier gab ich dir die Krone;
Was flehst du nun mit Schmeicheltone
Um ihren Tod noch jede Nacht?

Wenn du liebkosend mein Verlangen
Mit deiner Lippen Balsam stillst,
Verrät die Glut auf deinen Wangen,
Dein trunkner Blick, dein heiß Umfangen
Nur, daß du neue Opfer willst.

Ha, eifersüchtigste der Frauen!
Du Herz von Stahl und doch so schön!
Halt ein! Wann hat man auf den Auen
Der Rose wegen je die blauen
Harmlosen Blumen sterben sehn?

Dein bin ich. Kannst du mehr begehren?
Wenn sanft dein Haupt an meinem ruht,
Was gilt dir's, daß nach gleichen Ehren
Umsonst sich hundert Fraun verzehren
In Seufzern ungestillter Glut?

Laß immer in verwaister Zelle
Sie dich beneiden, Sultanin!
Sieh sie vorbeiziehn, wie die Welle,
Und nimm die Welt, die sonnenhelle,
Mein Leben, meinen Thron dahin.

Nimm hin mein Volk, mach's zu dem deinen,
Nimm Stambul, das am Meer sich sonnt!
Mit Kuppeln prangt's und Palmenhainen
Und seine tausend Spitzen scheinen
Ein Mastenwald am Horizont.

Die Spahis nimm! Das Blachfeld fliegen
Im Scharlachturban sie entlang.
Schau, wie sie mit behendem Wiegen
Im Sattel sich vorüberbiegen,
Wie Ruderer auf ihrer Bank!

Balsora, Trapezunt, das hehre,
Nimm hin und Zyperns alten Ruhm,
Nimm Mosul mit dem Weltverkehre
Und Fez, das Goldstaub schickt zum Meere,
Und das betürmte Erzerum.

Nimm Smyrna's Markt, wo an die neuen
Paläste blau der Hafen stößt,
Den Ganges, den die Witwen scheuen,
Die Donau, deren Wogendräuen
Sich friedlich in fünf Ströme löst.

Was schaust du auf Zirkassiens Schönen,
Damanhurs Lilien neidisch hin?
Was auf die Mohrin, die mit Stöhnen
Nach Liebe lechzt in fremden Tönen,
Wie eine junge Tigerin?

Nie lockt ein Schwanenhals mich wieder,
Ein Busen nie von Ebenholz.
Nicht weiß, nicht braun sind deine Glieder,
Doch scheint's, es schmolz auf dich hernieder
Ein Tropfe flüss'gen Sonnengolds.

Besprich denn, grimmste der Sirenen,
Den Gluthauch, der mein Beet entlaubt!
Erstick' im Glanz dein blutig Sehnen,
Daß nicht mit jeder deiner Tränen
Zu Boden fall' ein Frauenhaupt.

Beschau' den Golf von deinen Zinnen,
Und bade dich in Ambraflut;
Doch laß dies eifersücht'ge Sinnen! –
Dem Sultan stehen Sultaninnen,
Dem Dolche stehen Perlen gut.

Aus »Napoleons Heimkehr«

1840

Sire, du kommst dereinst in deine Stadt gezogen,
Kommst ohne Sturmgeläut, Parteiwut, Schlacht und Streit,
Acht schwarze Rosse ziehn dich durch den Siegesbogen
Im kaiserlichen Kleid.

Durch jenes selbe Tor, aus dem sie dich verstoßen,
Kehrst du mit Pomp, o Herr, zurück dann in dein Reich,
An Würd' und Herrlichkeit der Kronen Karl dem Großen,
An Ruhm dem Cäsar gleich.

Leuchtfeuer läßt Paris von hundert Türmen wallen,
Und seine Stimmen all versammelt es im Chor;
Geläut und Trommelschlag, Posaun' und Pauke schallen,
Ein Preisgesang, empor.

Hinsinkt aufs Knie das Volk vor deinem Siegeswagen,
Hinsinkt das Heer, das dir so oft gefolgt zur Schlacht;
Doch nicken kannst du nicht, kannst nicht, wie vormals, sagen:
»Das habt ihr gut gemacht!«

Ein mächt'ger Jubelsturm und doch vom Schmerz gedämpfet,
Ein Ruf der Liebe, der aus tiefster Seele bricht,

Erfüllt die Stadt, doch du, der du ihn dir erkämpfet,
Mein Held, du hörst ihn nicht.

Und stumm, mit grauem Haar, die bärt'gen Grenadiere,
Um deiner Rosse Spur zu küssen, nahn sie dicht;
Wen sollte solche Treu nicht rühren? Doch, o Sire,
Dein Auge sieht sie nicht.

Denn während um dich her, Gewalt'ger ohne Gleichen,
Der Ehrfurcht späten Zoll dir huldigend zu weihn,
Paris, Frankreich, die Welt sich fromm die Hände reichen,
Wirst du entschlummert sein.

Du wirst entschlummert sein, voll Majestät die Brauen,
Zu jenem dunkeln Schlaf traumschwer und wunderbar,
Den Barbarossa nun im Stuhl aus Stein gehauen
Schläft sechsmal hundert Jahr.

An die Geliebte

Weil mir dein voller Kelch die heißen Lippen kühlte,
Weil meine bleiche Stirn in deiner Hand geruht,
Weil ich den süßen Hauch von deiner Seele fühlte,
Der wie ein Weihrauch ist in dunkler Lüfte Flut;

Weil mir's gegeben ward, von dir die süßen Laute
Zu hören, drin das Herz sich aufschließt bis zum Grund,
Weil deine Träne sanft auf meine Wimper taute,
Weil ich mein Lächeln sah erblühn auf deinem Mund;

Weil auf mein Haupt ein Strahl in wundervollem Glanze
Von deinem Sterne fiel, der sein Gewölk durchbrach,
Weil ich ein Rosenblatt, aus deiner Tage Kranze
Entrissen, sinken sah in meines Lebens Bach:

So sprech' ich unverzagt zu den entflieh'nden Lenzen:
Zieht hin, zieht immer hin! Nicht altert dies Gemüt.
Wie Schatten schwindet fort mit euern welken Kränzen!
In mir ist eine Kraft, die unvergänglich blüht.

Die Schale, die mich labt, ist stets zum Rand gefüllet,
Und nie zertrümmert sie der Flügelschlag der Zeit.
Mehr Feuer hat mein Geist, als ihr in Aschen hüllet,
Mehr Liebe hat mein Herz, als ihr Vergessenheit.

Die Salzsäule

Als jenes Römervolk hinsiechte hoffnungslos –
Karthago ahnte schon, auch dir werd' einst sein Los,
  Du stolze Roma, widerfahren –
Als jene Welt versank, welk, morsch und todesmatt,
Jedweder Größe bar und bis zum Ekel satt
  All ihrer Laster und Cäsaren,

Als sie, wie Tyrus, fault' in Prunk und Überdruß,
Ein Haufe Sklaven nur, die ihres Meisters Fuß
  Im Nacken spürten ohne Fluchen,
Und wein- und blutberauscht, gleichgültigen Gesichts,
Auf Cato Tigellin, auf ein Gestirn das Nichts,
  Auf Riesen folgen sahn Eunuchen:

Ein gräßlich Schauspiel war's. Wer gut, entfloh dem Kreis;
Der Magier sann umsonst, der bleiche Sehergreis,
  Der Zukunft Vorhang zu zerklüften;
Dreihundert Jahre lang, mit raunendem Getos
Grollt' über diesem Pfuhl der Sünde schlummerlos
  Ein Donnern in den hohen Lüften;

Neid, Hoffart, Üppigkeit, im hohlen Blick die Pest,
Gier, Habsucht, Trägheit, Wut umtanzten dort das Fest,
  Das Leichenfest mit Hohngelächter;
Und dräuend im Gewölk, vom Wetterschein verklärt,
Sah man Erzengel ziehn mit breitem Flammenschwert,
  Sieben verhängnisvolle Wächter.

Die Muse Juvenals hielt dieser Zeit des Falls
Den Spiegel vor und ward zur Säule drauf von Salz.
  Ihr seht sie in der Wüste stehen,
Einsam – kein Schatten rings, kein Brunnen, keine Trift!
Nur auf der düstern Stirn steht ihr geprägt die Schrift:
  »Dafür, daß Sodom ich gesehen!«

EMANUEL GEIBEL / PAUL HEYSE

Aus: Spanisches Liederbuch

Es zankt mit Juanilla
Ihre Schwester Miguela
Und saget ihr Worte,
Die schwer sie betrüben:

»Im Kinderrock gestern
Noch gingest du, Kleine;
Heut gehst du geputzter
Als andere Mädchen.
Du freust dich an Seufzern,
Singst immer nur Klagen,
Stehst auf mit dem Frührot
Und legst dich beim Hahnruf.
Und gar bei der Arbeit
Woran magst du denken?
Denn starrend aufs Muster

Verwirrst du die Stiche;
Auch sagt man, du machest
Verliebte Gebärden.
Wart'! Wüßt' es die Mutter,
Das gäbe was Schönes!
Sie schlösse die Fenster,
Die Türen mit Riegeln,
Und nimmer erlaubte
Sie mehr, daß wir tanzten;
Sie ließe die Muhme
Zur Kirch' uns begleiten,
Daß mit den Gespielen
Wir nimmermehr schwatzten;
Und gäb' es ein Volksfest,
Sie riefe die Wärtrin.
Die müßte dann achten
Auf unsere Blicke
Und sehn, wer zum Fenster
Die Augen erhöbe,
Und wer von uns beiden
Den Kopf nach ihm drehte.
Für *deine* Gelüste
Hätt' ich dann zu leiden,
Und es büßte die Unschuld,
Was die schlimmen begangen.«

»Ach, Schwester Miguela,
Wie falsch du vermutest!
Du sinnst auf mein Leiden,
Doch rätst du es nimmer.
Den Pedro de Juan,
Der nun ins Gebirg ging,
Wohl hatt' ich ihn gerne
Und neigte mich zu ihm;
Doch da er sich jetzt mir
Veränderlich zeiget,

So denk' ich nicht länger
Der falschen Versichrung.
Falsch nenn' ich mit Recht sie;
Denn wer der Geliebten
Freiwillig davongeht,
Ist wert nicht der Liebe.«

Und scherzend versetzte
Miguela der Schwester:
»Drum flehe zum Himmel,
Daß Pedro nicht heimkehrt.
Wo Lieb' in dem Herzen
So teuer erkauft ist,
Da ruht sie nicht eher,
Als bis auch das Herz ruht.
Mit den wachsenden Jahren
Würde wachsen dein Kummer,
Und willst du's nicht glauben,
So höre dies Liedchen:
Liebst du schon in Kinderschuhn:
Bist du groß, was willst du tun?

Hast du dich der Lieb' ergeben
Schon so jung: in Jahr und Wochen
Wirst ihr wen'ger widerstreben,
Als dein eignes Herz versprochen.
Wenn so früh schon Herz und Leben
Unter ihrem Scepter ruhn:
Bist du groß, was willst du tun?

Hat dich Liebe schon beseelet,
Da du kaum gelernt zu gehen:
Wirst in Qual und Trauer stehen,
Wenn dir einst ein Liebster fehlet.
Und so magst du selber sehen,
Was du wirst erwachsen tun,
Liebst du schon in Kinderschuhn.«

PAUL HEYSE

Aus: Italienisches Liederbuch

Barkarole

Venezianisch

O Fischer auf den Wogen,
Fidelin,
Rudre zum Fischen her!
Mit der Barke, mit der schönen,
Fährt der Fischer übers Meer.
Fidelin, lin, la.

Was soll ich Euch denn fischen?
Fidelin,
Mein Ringlein fiel ins Meer.
Mit der Barke, mit der schönen,
Fährt der Fischer übers Meer.
Fidelin, lin, la.

Ich gebe dir hundert Scudi,
Fidelin,
Und diese Börse schwer;
Mit der Barke, mit der schönen,
Fährt der Fischer übers Meer.
Fidelin, lin, la.

Ich mag nicht hundert Scudi,
Fidelin,
Noch Eure Börse schwer;
Mit der Barke, mit der schönen,
Fährt der Fischer übers Meer.
Fidelin, lin, la.

Barcarola.

(Canzon Veneziana.)

Nur einen Kuß der Liebe,
Fidelin,
Nur das ist mein Begehr.
Mit der Barke, mit der schönen,
Fährt der Fischer übers Meer.
Fidelin, lin, la.

Der Vatermord

Ovada

– Tunietta, o du Schöne,
Hältst du nicht Hochzeit bald?
Viva l'amur!

– Wie soll ich Hochzeit halten,
Da mir ein Liebster fehlt?

– Ermorde deinen Vater,
Dann werden wir Mann und Frau.

Tunietta geht ins Zimmer,
Ihren Vater bringt sie um.

Heimkehren ihre Brüder:
– Wo ging Papa nur hin?

– Papa ging aus zu jagen,
Nahm seine Windhund mit.

Die Brüder gehn ins Zimmer,
Die Hunde finden sie da.

– Tunietta, o du Schöne,
Der Richter schickt nach dir.

– Was soll ich beim Herrn Richter?
Ich hab' da nichts zu tun.

– Er schickt Euch fort nach Frankreich,
Daß Ihr dort singen lernt.

– Wie soll ich denn nach Frankreich?
Ich weiß nicht Weg noch Steg.

– Eures Vaters graues Rößlein,
Das trägt Euch sicher hin.

Als sie gen Frankreich kommen,
Sehn sie den Galgen stehn.

– O Brüder, meine Brüder,
Was ist das für ein Ding?

– Das Ding da ist der Galgen,
Da sollt Ihr hoch hinan.

Da sie erstieg den Galgen,
Hub sie zu singen an.

Mit ihrem süßen Singen
Stahl sie des Henkers Herz.

– Tunietta, o du Schöne,
Willst du mein Weibchen sein?

– Eh ich den Henker nehme,
Soll's an den Hals mir gehn!
  Viva l'amur!

Anhang

Zu den Autoren

EMANUEL GEIBEL

(17.10.1815 Lübeck – 6.4.1884 ebd.)

Geibel war die beherrschende Figur unter den Krokodilen, der »Dichterpapst«, wie man ihn respektvoll und zugleich abwehrend nannte. Bei den Soireen am Hof saß er zur Rechten des Königs; bei den Zusammenkünften der Krokodile führte er das erste Wort. Er verkörperte jene »Anmaßung«, die »eingeborene« Poeten den »berufenen« vorwarfen. Aber Geibel hatte Grund zu kräftigem Selbstbewußtsein. Er galt als der bedeutendste Lyriker seiner Zeit. Der König verlieh ihm den Maximiliansorden und den persönlichen Adel und gab ihm, was den literarischen Bereich betraf, das Vorschlagsrecht für weitere Ordensritter. Die eigentliche Bedeutung des Münchner Kreises war mit seinem Weggang vorbei. Auch wenn Geibel heute selbst der Literaturwissenschaft abhanden gekommen ist – ohne Zweifel gehört er zu den charakteristischen Gestalten in der Literaturgeschichte des 19. Jahrhunderts.
Geibel stammt aus einem Lübecker Pfarrhaus. Er versuchte es in Bonn zunächst auch mit der Theologie, wechselte aber schon bald die Universität und die Interessen. Als Student in Berlin hatte er das Glück, Anschluß an das geistige und gesellschaftliche Leben zu finden. Das Haus der Bettina von Arnim öffnete sich ihm, ebenso das des Kunsthistorikers Franz Kugler. So erhielt er Zugang zur Poetenvereinigung »Der Tunnel über der Spree« und damit zu allen, die dort verkehrten. Schon 1834 vermittelte Chamisso die Publikation eines ersten Gedichts.
Bettina von Arnim empfahl den vielversprechenden jungen Mann nach Athen, die philologischen Studien wurden nie abgeschlossen. Auf die bloße Zusage hin, noch eine Dissertation nachzureichen, promovierte die Universität Jena ihn

zum Doktor der Philosophie. Die politisch aufgeregte Zeit von 1838 bis 1840 verbrachte Geibel mit seinem Freund Ernst Curtius in Athen im Haus des russischen Gesandten, Fürst Katakazis. Ohne großes eigenes Zutun wurde so einer jungen Generation des 19. Jahrhunderts geschenkt, wovon Winckelmann, Goethe, Hölderlin nur träumen konnten.
Geibel genoß den »glücklichen Himmel, der sich über diesem Land ausbreitet«, und entzog sich zunehmend dem »dumpfen Vegetationsleben« der Brotarbeit. Er lebte von augenblicklichen Stimmungen, deren Wechsel vor allem die tägliche Lektüre bestimmte; vergeblich suchte Freund Curtius ihm beizubringen, nur ein angestrengtes Tagewerk und genaue Planung seien produktiv. Doch die Zahl der Gedichte, die zum Teil auf Wanderungen in Attika entstanden, wuchs, ebenso mehrten sich die im engen Austausch mit Curtius entstehenden griechischen und lateinischen Übersetzungen. 1840 erschienen gemeinsam verfaßte *Klassische Studien* und ein erstes Bändchen *Gedichte*, das sich nach Anfangsschwierigkeiten überraschend gut verkaufte. Es wurde eines der erfolgreichsten Bücher der deutschen Literatur; bei Geibels Tod legte man die soeben erschienene 100. Auflage aufs Grab.
Doch mit der Rückkehr nach Lübeck 1840 begannen zunächst schwierige Jahre. Geibel mußte seinen Lebensunterhalt sichern. Ihn schauderte, wenn er sich das Naheliegende vorstellte, das Regelmaß eines Lehreralltags im Lübekker Gymnasium. Ebenso unerträglich fand er den Gedanken, »von der Feder existieren zu wollen und schreiben zu müssen«. So überließ er sich der »höheren Fügung« und vertraute dem Glück, das »vom Himmel fällt«. Ratlos sahen die ordentlichen Leute seiner Vaterstadt zu – so die Beschreibung eines Zeitgenossen –, wie er »mit langem welligem Haar, mit französischem Knebelbarte und buntem, im Winde flatterndem Halstuche, im schwarz samtenen Schnürrock und mit rotem Fez ein Lied trällernd durch die Straßen ging«.
Doch das Glück kam. Der hessische Kammerherr Karl Otto von der Malsburg lud Geibel ein, die spanischen Bücher sei-

ner Bibliothek in Schloß Escheberg zu ordnen. Geibel verbrachte dort ein für ihn anregendes und auch literarisch fruchtbares Jahr. Und er traf den Ton der Zeit. Seine 1841 erschienenen *Zeitstimmen* lehnten die politische Lyrik des Jungen Deutschland entschieden ab. Im Februar 1842 schrieb Geibel ein Gedicht »An Georg Herwegh«, das scharf gegen dessen *Gedichte eines Lebendigen* (1841) polemisierte; man zeigte Geibels Verse dem preußischen König Friedrich Wilhelm IV. Freunde halfen – ganz ohne Zutun Geibels – nach, und zu Weihnachten 1842 kam ein Brief aus Berlin: der König von Preußen beabsichtige, ihm »zur ungehemmten Fortsetzung seiner poetischen Laufbahn« lebenslang ein Jahresgehalt von 300 Talern zu zahlen.

Die folgenden Jahre verbrachte Geibel auf Reisen quer durch Deutschland. Er wurde berühmt. Wo immer er auftauchte, riß man sich um ihn. Er verkehrte auch an den Höfen und in den Schlössern des Adels nicht unterwürfig. Sein Beitrag zum geselligen Leben bestand im Vorlesen, im Improvisieren, im klugen Gespräch. Unterbrochen wurde das Wanderleben durch Aufenthalte in Lübeck, die vor allem der literarischen Produktion dienten. 1844 erschien die Tragödie *König Roderich*, 1848 die Lyriksammlung *Juniuslieder*. Doch dann gab es eine Krise. Geibel hatte das Wanderleben satt. Er wollte sich nicht immer nur hoffnungslos verlieben. Er suchte ein festes Unterkommen. Die Produktion stockte.

Wieder half »der Himmel«. Im November 1851 verlobte er sich mit der schönen Lübecker Apothekertochter Amanda Trummer. Im Jahr 1852 traf die Einladung von Maximilian II. ein, Geibel möge sich auf immer in München niederlassen, wobei er nur im Winter in der Stadt sein brauche, den Sommer könne er verbringen, wo er wolle. Geibel war nicht nur im numerischen Sinn der erste jener Dichter, die der König in den folgenden Jahren an seinen Hof zog. Er empfahl sich durch politische Zuverlässigkeit ebenso wie durch die Unerbittlichkeit in allen Fragen der literarischen Form. Und daß seine Lyrik an fast alle damals bekannten Lyriker erinnerte, wie der Geibel schon aus gemeinsamen Athener Tagen sehr gewogene Graf Schack feststellte, sprach nicht gegen, sondern für ihn, weil es die Weite seines poetischen Horizonts zeigte. Am 8. März wurde Geibel vom König in Privataudienz empfangen. Am 17. Mai erhielt er die bayerische Staatsbürgerschaft und die Ernennung zum Professor für Literatur. Mit 36 Jahren hatte er den Gipfel seines Poetenlebens erreicht.

Obwohl Geibel die »besondere Zuneigung des Königs gewann« (Riehl, »König Maximilian II. von Baiern«, S. 8); obwohl die offiziellen Verpflichtungen locker gehandhabt wurden – in seinen Münchner Jahren von 1852 bis 1868 hielt Geibel offenbar nur fünf Vorlesungen an der Universität, deren Professor er war – gab es von Beginn an Schwierigkeiten. Geibel verstand die Mentalität und vor allem den Humor der Bayern nicht. Beim Begrüßungsabend, den die Gesellschaft »Die Zwanglosen« im Dezember 1852 veranstaltete, kam es fast zum Eklat wegen eines mit bajuwarischen Bosheiten gespickten Begrüßungsgedichts, über das sich Geibels Freunde köstlich amüsierten. Dazu kamen gesundheitliche Probleme. Und im Herbst 1854 erkrankte Amanda Geibel bei der Geburt eines Mädchens und starb am 21. November 1855 nach einjährigem Krankenlager. Geibel trug schwer daran. Nur mühsam fand er aus dem Schmerz zu einem neuen poetischen Durchbruch in dem Band *Neue Gedichte*.

Erst nach vielen Versuchen konnte Heyse Geibel dazu gewinnen, sich dem engeren Zusammenschluß der nach München berufenen Dichter nicht zu entziehen und einen Kreis neben den Symposien des Königs einzurichten. Dann aber spielte Geibel wenigstens zeitweise den »Häuptling« (Heyse) und gab auch 1862 das *Münchner Dichterbuch* heraus, mit dem man sich als Gruppe in der Öffentlichkeit vorstellen wollte. Er selbst schätzte in diesen Jahren vor allem die Verbindung mit dem Münchner Theater, denn sein eigentlicher Ehrgeiz war der Erfolg als Bühnenautor – noch immer galt die große

Tragödie als höchste Gattung der Dichtkunst. Ein *Albigenser*-Projekt begleitete ihn schon seit seiner Berliner Zeit. *König Roderich* (1844) wurde zwar in Weimar aufgeführt, der Erfolg blieb mäßig. *Brunhild* (1857) erzielte örtlichen Beifall nach der Aufführung in München. *Sophonisbe* (1868) erhielt sogar den Schillerpreis. Wirklich überzeugen konnte Geibel mit keinem dieser Stücke (ebensowenig wie jene vielen, die sich in der zweiten Hälfte des 19. Jahrhunderts vergeblich um die »große Tragödie« bemühten). Lediglich das Lustspiel *Meister Andrea* (1855) hielt sich etwas länger auf den Bühnen.
Seit Beginn der sechziger Jahre orientierte sich Geibel immer stärker nach Lübeck, wo seine Tochter aufwuchs. Nach dem Tod von König Maximilian 1864 verband ihn nichts mehr mit München. Zwar bekamen die Poeten von König Ludwig II. ihre Pensionen bestätigt, auch wenn sie es ablehnten, darum zu bitten und zu begründen, für welche Leistungen sie das Geld bekämen. Doch Geibel nahm schon 1865 eine eigene Wohnung in Lübeck, um wieder mit der Tochter zusammenziehen zu können, und kam nur noch zu kurzen Aufenthalten nach München. Es scheint, als habe er den endgültigen Bruch bewußt inszeniert. Im Sommer 1868 gab es Bemühungen am preußischen Hof, Geibel durch einen Ehrensold von München unabhängig zu machen. Am 13. September 1868 fand König Wilhelm von Preußen bei einem Frühstück in Lübeck ein mit Eichen- und Lorbeerblättern geziertes und mit den norddeutschen Farben eingerahmtes Gedicht vor, das ihn als künftigen deutschen Kaiser begrüßte. Geibel bestritt nicht, der Verfasser zu sein. Die Wirkung war absehbar. Bayerische Zeitungen reagierten empört. Am 14. Oktober strich Ludwig II. Geibels Gehalt. Am 29. Oktober wurde er von seiner Professur und von seinen Verpflichtungen als Kapitular des Maximiliansordens entbunden. Am gleichen Tag verzichtete auch Heyse demonstrativ auf weitere Zahlungen aus der Kabinettskasse. Der öffentliche Bruch zwischen jener Dichterschule, die König

Maximilian in München hatte begründen wollen, und der bayerischen Krone war vollzogen.
Als gefeierter Großdichter kam Geibel nach Lübeck zurück, er verspürte – auch aus gesundheitlichen Gründen – keine Lust mehr, irgendwo Professor zu werden und Vorlesungen halten zu müssen, wie man sich dies am preußischen Hof zunächst dachte. Auch die lyrische Produktion nahm ab. Schon am 9. März 1868 schrieb Geibel an Oskar Horn: »Sie verlangen Gedichte; aber der lyrische Quell fließt bei mir allmählich sparsamer« (Bayerische Staatsbibliothek). Die in den nächsten Jahren entstandenen Gedichtbände brachten keine neuen Töne mehr. Lediglich der nationaldeutsche Akzent, den es bei Geibel schon seit 1840 gab, trat nach 1870 deutlicher hervor. Wenn einer, dann war er es, dem der Titel »Sänger des Reiches« mit Recht zukam. Seine Lyrik gab den Ton an, in dem Jüngere, wie etwa Arno Holz, zu schreiben begannen. Er selbst sah seine Stellung in sorgsam stilisierter Bescheidenheit, die insgesamt historisch richtig sein dürfte; als man ihn mit Goethe verglich, protestierte er: »Ich bin anspruchsvoll genug, hinter keinem der lebenden Dichter zurückstehen zu wollen, aber das ist eine Sache, die mir nicht zukommt. Goethe stand als bahnbrechender Genius am Anfang einer glänzenden Epoche, in frischester Ursprünglichkeit und die verschiedensten Tonarten lediglich aus eigener Fülle schöpfend; ich bin der letzte einer langen Reihe bedeutender Lyriker, der, wenn auch bei eigentümlich gefärbter Individualität, doch nur die Töne seiner Vorgänger noch einmal in gediegenster und durchgebildetster Form zusammenfaßt. Zu unseren großen Meistern verhalte ich mich nicht anders, wie etwa Mendelssohn zu Mozart und Beethoven, und darf daher zufrieden sein, wenn mir gleich jenem nur dies und das gelungen ist, was auch neben und nach den Werken der Heroen ein unbefangenes Gemüt noch anzusprechen vermag.« (Zit. nach: Mendheim, »Emanuel Geibel«, S. 81.)

Literaturhinweise

Gedichte. Berlin 1840.
Klassische Studien. Bonn 1840. [Zusammen mit E. Curtius.]
Zeitstimmen. Zwölf Gedichte. Lübeck 1841.
Volkslieder und Romanzen der Spanier im Versmaß des Originals verdeutscht. Berlin 1843.
König Roderich. Eine Tragödie in fünf Aufzügen. Stuttgart/Tübingen 1844.
Ein Ruf von der Trave. Lübeck 1845.
König Sigurds Brautfahrt. Eine nordische Sage. Berlin 1846.
Zwölf Sonette für Schleswig-Holstein. Lübeck 1846.
Juniuslieder. Stuttgart/Tübingen 1848.
Spanisches Liederbuch. Übers. und hrsg. von E. G. und Paul Heyse. Berlin 1852.
Meister Andrea. Lustspiel in zwei Aufzügen. Stuttgart 1855.
Neue Gedichte. Stuttgart/Augsburg 1856.
Brunhild. Eine Tragödie aus der Nibelungensage. Stuttgart/Augsburg 1857.
Romanzero der Spanier und Portugiesen. Übers. von E. G. und Adolph Friedrich von Schack. Stuttgart 1860.
Die Loreley. Hannover 1861.
Ein Münchner Dichterbuch. Hrsg. von E. G. Stuttgart 1862.
Fünf Bücher französischer Lyrik. Vom Zeitalter der Revolution bis auf unsere Tage. Übers. von E. G. und Heinrich Leuthold. Stuttgart 1862.
Gedichte und Gedenkblätter. Stuttgart 1864.
Sophonisbe. Tragödie in fünf Aufzügen. Stuttgart 1868.
Heroldsrufe. Ältere und neuere Zeitgedichte. Stuttgart 1871.
Classisches Liederbuch. Griechen und Römer in deutscher Nachbildung. Berlin 1875.
Spätherbstblätter. Stuttgart 1877.

Gesammelte Werke. 8 Bde. Stuttgart 1883–84.
Werke. Kritisch durchges. und erl. Ausgabe. Hrsg. von Wolfgang Stammler. 3 Bde. Leipzig [1920].

Jugendbriefe. Bonn – Berlin – Griechenland. Hrsg. von Emil Ferdinand Fehling. Berlin 1909.
Der Briefwechsel von E. G. und Paul Heyse. Hrsg. von Erich Petzet. München 1922.

E. G. und Karl Goedeke. Briefwechsel. Hrsg. von Gustav Struck. Lübeck 1939.
Briefe an Karl Freiherrn von der Malsburg und Mitglieder seiner Familie. Hrsg. von Albert Duncker. Berlin 1885.
Briefe an Henriette Nölting 1838–1855. Hrsg. von Hans S. Reiss und Herbert Wegener. Lübeck 1963.
Schoof, Wilhelm: Neun unveröffentlichte Briefe Dingelstedts an Geibel. In: Börsenblatt für den Deutschen Buchhandel. Frankfurter Ausgabe. 21 (1965) S. 2231–34.
– Briefwechsel zwischen Schücking und Geibel. In: Westfälische Zeitschrift 116 (1966) 137–143.

Trippenbach, Max: Verzeichnis aller selbständigen Schriften über Geibel und der hervorragenden Aufsätze und Kritiken aus Literaturgeschichten, Zeitschriften und Zeitungen. In: E. G. Ein Gedenkbuch. Hrsg. von Arno Holz. Berlin/Leipzig 1884. S. 255–266.

Buk, Hermann: E. G. und das neugriechische Volkslied. In: Byzantinisch-Neugriechische Jahrbücher 4 (1923) S. 301–327.
Carrière, Moritz: Lebensbilder. Leipzig 1890. S. 403–428.
Curtius, Ernst: Erinnerungen an E. G. Berlin 1915.
Deecke, Wilhelm: Aus meinen Erinnerungen an E. G. Weimar 1885.
Gaedertz, Karl Theodor: E. G. Sänger der Liebe, Herold des Reiches. Ein deutsches Dichterleben. Leipzig 1897.
Goedeke, Karl: E. G. Erster [einziger] Teil. Stuttgart 1869.
Gsteiger, Manfred: Poesie und Kritik. Betrachtungen über Literatur. Bern/München 1967. S. 42–46 »Der Epigone«.
Helbling, A[lfred]: E. G. und die Münchner Dichterschule. Programm Aarau 1912.
Hinck, Walter: Epigonendichtung und Nationalidee. Zur Lyrik E. G.s. In: Zeitschrift für deutsche Philologie 85 (1966) S. 267–284. Wiederabgedr. in: W. H.: Von Heine zu Brecht. Lyrik im Geschichtsprozeß. Frankfurt a. M. 1978. (Suhrkamp Taschenbuch. 481.) S. 60–82 und 144–146.
Holz, Arno (Hrsg.): E. G. Ein Gedenkbuch. Berlin/Leipzig 1884.
Killy, Walther: Mein Pferd für'n gutes Bild. Heine und Geibel. In: W. K.: Wandlungen des lyrischen Bildes. Göttingen 1967, S. 94 bis 115.
Kleibömer, Georg: E. G. Sein Leben und Schaffen, volkstümlich dargestellt. Gotha 1910.
Koch, Max: E. G. In: ADB. Bd. 49. Leipzig 1904. S. 265–274.
Kohut, Adolph: E. G. als Mensch und Dichter. Berlin 1915.

Leimbach, Carl: E. G.s Leben, Werke und Bedeutung für das deutsche Volk. 2., verm. und neubearb. Aufl. von Max Trippenbach. Wolfenbüttel 1894.

Litzmann, Carl Conrad Theodor: E. G. Aus Erinnerungen, Briefen und Tagebüchern. Berlin 1887.

Löbner, Heinrich: E. G. Eine literarische Studie. Brandenburg 1884.

Maync, Harry: E. G. In: Deutsche Rundschau 142 (1915) S. 31–57.

Mendheim, Max: E. G. Leipzig [1915]. (Dichter-Biographien. 19.)

Nietzki, Max: E. G. und das Griechentum. Programm Stettin 1914.

Petzet, Christian: Die Blütezeit der deutschen politischen Lyrik von 1840 bis 1850. München 1903.

Pradels, M. D.: E. G. und die französische Lyrik. Münster 1905.

Scherer, Wilhelm: Rede auf Geibel. In: Deutsche Rundschau 40 (1884) S. 36–48.

Schneider, Heinrich: Die freundschaftliche Begegnung Heinrich Leutholds und E. G.s im Münchener Dichterkreis. Lübeck 1961.

– E. G.s Briefnachlaß in der Lübecker Stadtbibliothek als Quelle zur deutschen Literaturgeschichte. In: Zentralblatt für Bibliothekswesen 47 (1930) S. 435–453.

Schwering, Julius: Ein Kampf für Mörike. Mit Benutzung ungedruckter Briefe E. G.s. In: Süddeutsche Monatshefte 7 (1910) S. 555–568.

Sonntag, Adalbero: Geibel als Dramatiker. Diss. Wien 1922. [Handschr.]

Stichternath, Friedrich: E. G.s Lyrik, auf ihre deutschen Vorbilder geprüft. Münster 1911.

Strackerjan, Karl: Geibel und die Romantiker. Oldenburg 1882.

Thomas, Robert: Geibel und die Antike. Ein Beitrag zur Geschichte des Klassizismus. Programm Regensburg 1914.

Volkenborn, Heinrich: E. G. als Übersetzer und Nachahmer englischer Dichtungen. Münster 1910.

Wegener, Herbert: Die Geibel-Sammlung der Stadtbibliothek. In: Lübeckische Blätter 93 (1957) S. 126–130.

Weigle, Johannes: E.G.s Jugendlyrik. Diss. Marburg 1910.

PAUL HEYSE

(15.3.1830 Berlin – 2.4.1914 München)

Heyses Lebensjahre sind fast identisch mit der Zeit zwischen dem Tod Goethes und dem Beginn des Ersten Weltkriegs; zwischen dem Ende des klassischen Zeitalters der deutschen Literatur, mit dem viele das Ende der Kunst schlechthin gekommen sahen, und der seit August 1914 einsetzenden Agonie des bürgerlichen Zeitalters, als eine prosperierende Welt an den eigenen Widersprüchen zerbrach und die Schrekken des 20. Jahrhunderts freisetzte. Schon früh sah man im guten wie im schlechten Sinn Heyse als den Exponenten dieser Epoche an. Drastisch-unverschämt erklärte Conrad Alberti 1889 in der Zeitschrift *Die Gesellschaft*: »Paul Heyse ist [...] die plastische Verkörperung der ganzen sittlichen Verkommenheit der deutschen Bourgeoisie, welcher die Gemeinheit, die Lüsternheit, die Frechheit, die Schamlosigkeit als das Ideal der Schönheit gilt. Heyse lesen, heißt ein Mensch ohne Geschmack sein – Heyse bewundern, heißt ein Lump sein.« Angesichts solcher Angriffe schrieb Theodor Fontane am 9. März 1890 in einem Glückwunschbrief zum 60. Geburtstag an Heyse: »Die Tatsache, daß Du 30 Jahre lang an der Tete standest, so ausgesprochen, daß Du Deiner literarischen Epoche sehr wahrscheinlich den Namen geben wirst, diese Tatsache kann durch keinen Radaubruder aus der Deutschen Literaturgeschichte gestrichen werden.«

Fontane schrieb dies zu einer Zeit, als viele junge Autoren gerade ihn, Fontane, als neue Leitfigur sehen wollten. Dagegen hatte der Widerspruch gegen die von Heyse herausgegebene zweite Anthologie der Krokodile der jungen Generation die Zunge gelöst. Auf das in Stuttgart 1882 erschienene *Neue Münchner Dichterbuch* folgte 1884 in Berlin die Sammlung *Moderne Dichtercharaktere*, die schon im Titel angab, was man bei Heyse vermißte. Heyse litt unter den Angriffen. Sein (schlecht geratener) polemischer Roman *Merlin* (1892) ist die Geschichte eines dramatischen Autors, der in der Auseinandersetzung mit dem Naturalismus untergeht, dabei aber die Gegner gründlich entlarvt. Heyses eigener Nachruhm hat die Angriffe der Naturalisten nicht überlebt, auch wenn diese als literarische Außenseiter seine öffentliche Stellung zunächst nicht erschüttern konnten. 1910 erhielt er auf Vorschlag von Franz Muncker den Nobelpreis für Literatur. Inzwischen erwähnen die meisten Literaturgeschichten Heyse nur noch am Rande. In Benno von Wieses Sammelband *Deutsche Dichter des 19. Jahrhunderts* (2. Aufl., Berlin 1979) kommt er ebensowenig vor wie Emanuel Geibel. Richard M. Meyers Urteil von 1902, Heyse sei ein »mikroskopisches Abbild all [!] jener Tendenzen, die seine Zeit bewegten«, ist sicher nicht haltbar, dennoch hat Heyse, was Glanz wie Beschränktheit der bürgerlichen Literatur des 19. Jahrhunderts betrifft, »eine kulturhistorische Wichtigkeit wie kaum ein zweiter Autor dieser Epoche«; diese zweite Hälfte von Meyers Satz bleibt auch heute gültig.

Heyse stammt aus dem Berliner Bildungsbürgertum. Sein Vater Karl Heyse (1797–1855) war Professor der klassischen Philologie und der allgemeinen Sprachwissenschaft. Über die Mutter war er mit der Familie Mendelssohn-Bartholdy verwandt. Noch als Schüler lernte er 1846 Emanuel Geibel kennen, der ihn in den »Tunnel über der Spree« einführte. Die Poetenfreundschaft sollte fürs Leben andauern. Geibel war es auch, der den jungen Mann rechtzeitig zur Ordnung rief, als dieser sich im März 1848 allzu intensiv für die Berliner Freiheitskämpfer interessierte. Heyse wirkte im Umgang elegant, er war vielseitig gebildet und ein hervorragender Plauderer, ein beliebter »Mittelpunkt der Unterhaltung« (Fontane). Schon 1852 schloß er sein Romanistikstudium – anders als Geibel und Bodenstedt – ordentlich mit der Promotion ab. Dann verlobte er sich mit Franz Kuglers schöner Tochter und reiste mit einem preußischen Stipendium nach Italien, um provençalische Handschriften zu studieren. Weil er ohne Erlaubnis im Vatikan Manuskripte exzerpierte, warf man ihn aus der Bibliothek, und so lernte er statt alter Folianten jenes

Italien kennen und lieben, in dem später viele seiner Gedichte und Novellen spielen und dessen Literatur er so meisterhaft übersetzte (auf seine alten Tage besaß er am Gardasee einen zweiten Wohnsitz). Seit Herbst 1853 plante er notgedrungen, sich in Berlin zu habilitieren, doch schon im März 1854 erhielt er auf Vermittlung Geibels die Einladung nach München. Heyse war zu diesem Zeitpunkt 24 Jahre alt, glücklich verheiratet und galt, ohne daß er nennenswerte Talentproben hätte vorlegen müssen, als »kommender Mann«. Er erhielt von König Maximilian ein Gehalt von 1000 Talern jährlich und hatte keine andere Verpflichtung als die, zu schreiben, was er wollte, und an den königlichen Symposien teilzunehmen (Vorlesungen an der Universität hat Heyse nie gehalten). In einem Brief Fontanes vom 18. Juni 1854 heißt es unter Anspielung auf den Altphilologen Friedrich Thiersch, der noch der älteren, seit 1807 nach München berufenen Generation norddeutscher Gelehrter angehörte:

Du sitzt nun an der Quelle
Des besten bayrischen Biersch,
Du hast eine gute Stelle
Und siehst den Professor Thiersch,
Du hast eine wahre Perle
Von Frau, und ein nobles Quartier –
Ach, mehrere arme Kerle
Möchten tauschen mit Dir

Heyse war der einzige unter den norddeutschen Autoren, der – ähnlich wie bei den Naturwissenschaftlern Justus Liebig – sich auf Dauer in München niederließ und auch dort heimisch wurde. Nach dem Tod seiner ersten Frau heiratete er eine Münchnerin. 1874 bezog er standesgemäß in der Luisenstraße eine nach eigenen Vorstellungen umgebaute Villa im Stil gründerzeitlicher Neo-Renaissance, in der man alle traf, die sich in München zur geistigen und gesellschaftlichen Elite zählten und in der viele durchreisende Fremde vorsprachen, um den berühmten Dichter zu sehen. »Heyse, in seiner lange

bewahrten Jugendlichkeit selber noch ein schöner und gewinnend liebenswürdiger Mann, herrschte widerspruchslos in der Gesellschaft wie in der Literatur, wo sich sein Einfluß bis in die Schreibart herunter bemerkbar machte«, erzählt Isolde Kurz, und sie fährt fort: »ganz wundervoll war sein Auftreten bei gesellschaftlichen Empfängen; ich dachte oft, daß hinter dem Dichter eigentlich ein hoher Diplomat stecke, und wahrlich, wenn solche nicht angelernte, sondern aus dem Innersten fließende Würde und Höflichkeit in Deutschland eine verbreitetere wäre, so stände es besser um das Ansehen der Deutschen in der Welt.« (*Aus meinem Jugendland*, Stuttgart 1918, S. 354 und 358.)
Eines ist Heyse freilich nie geworden: ein »Hofpoet«, der sich von der Obrigkeit, die ihn bezahlte, die eigene Meinung hätte abkaufen lassen. Nach dem Eklat um die Pension Geibels im Jahr 1868 verzichtete auch Heyse demonstrativ auf weitere Zahlungen. 1887 trat er unter Protest aus dem Kapitel des Maximiliansordens aus, als Prinzregent Luitpold Ludwig Anzengruber den ihm vom Kapitel zuerkannten Maximiliansorden verweigerte (Ignaz von Döllinger und Franz von Lenbach ließen sich besänftigen und blieben). 1896 erklärte er der preußischen Regierung, er stünde nie wieder für die Jury zur Verfügung, die den Schillerpreis vergeben sollte, als Wilhelm II. die Preisverleihung an Ludwig Fulda verhinderte. Und ein neues Interesse auch unter den Literaten, die ihn bisher bekämpft hatten, erregte er, als 1901 die preußische Zensur sein (auch heute schwer erträgliches) Drama *Maria von Magdala* verbot und als deutlich wurde, daß inzwischen ein Gerhart Hauptmann »so blümerant schlechte Verse säuselt, wie Heyse es nie getan hätte« (Otto Julius Bierbaum). Heyse setzte sich immer und unermüdlich für Kollegen ein, die weniger erfolgreich waren. Als einer der ersten unter den namhaften deutschen Autoren dachte er dabei nicht nur an persönliche Zuwendungen, sondern eine Art gewerkschaftlichen Zusammenschluß, um die Werke besser zu vermarkten. Vor allem dank seiner Bemühung ent-

stand 1871 die »Deutsche Genossenschaft dramatischer Autoren und Componisten«, die die Rechtsansprüche ihrer Mitglieder gegenüber den Bühnen vertreten sollte. Heyse gehörte aber auch zum Gründungskomitee der Münchner Sektion der Deutschen Schillerstiftung. Der 1881 gegründete Münchner Journalisten- und Schriftsteller-Verein berief ihn zum Ehrenmitglied.

Heyse wußte das unwahrscheinliche Glück seiner frühen Jahre durch unermüdliche und sorgfältige Arbeit zu nutzen – in diesem Punkt ist er den kapitalistischen Aufsteigern des 19. Jahrhunderts durchaus verwandt. Eine schier endlose Reihe von Dramen, Romanen, Novellen, Gedichten und Übersetzungen machte ihn zum bürgerlichen Großschriftsteller. Die Ausgabe der *Gesammelten Werke* (1902–12) umfaßt nicht weniger als 42 Bände. Es ist nur konsequent, wenn innerhalb dieses Riesenwerks von rund 150 Novellen, 8 Romanen, über 60 Dramen, mehreren Gedichtbänden und mehreren Bänden an Übersetzungen die Kategorie »Entwicklung« keine Rolle spielt. Heyse arbeitete in stets gleichbleibender sprachlicher Sorgfalt, die kaum individuelle Prägung hat, seine stets gleichbleibenden Themen aus.

Sein Denken kreist – und das bedeutet von Beginn an eine wichtige Einschränkung der Möglichkeiten als Dramatiker und Romancier – vor allem um das Problem der Liebe und der Leidenschaft, das heißt, daß er sich kaum für die gesellschaftlichen und historischen Dimensionen seiner Figuren interessiert. Seltsamerweise hat dieser Autor, der in seinen Übersetzungen so entschieden für die genauere Kenntnis der italienischen Literatur in Deutschland eintrat, kaum eine Zeile über das zeitgenössische Italien hinterlassen, das er lange genug bereiste; Heyse ist schon als Tourist unterwegs, der Schönheiten sehen, aber nicht eine fremde Wirklichkeit studieren will. Dem entspricht, daß es in seinen Novellen keine Konflikte gibt als jene des eigenen Herzens. In seiner berühmt gewordenen Novellentheorie verlangte er, daß die Novelle einen scharf umgrenzten bedeutenden Einzelfall bis zum

Ende, d. h. bis zu einer klaren Lösung abhandeln solle – bedeutend in diesem Sinn schienen aber nur die Probleme der aus eigener Verantwortung handelnden Person; dabei hatte auch die einzelne Geschichte ihr je besonderes individuelles Merkmal zu bekommen, ein möglichst auffälliges, dem Leser sich nachdrücklich einprägendes Erzählmoment, einen »Falken«, wie Heyse in Anlehnung an eine Novelle Boccaccios sagt.

Auffällig ist aber nun ein seltsam »unbürgerliches« Moment in Heyses Erzählen, denn fast immer besteht die freie Entscheidung seiner Figuren in der Entscheidung gegen die von ihnen erwartete gesellschaftliche Rolle. Die vielen schönen Frauenfiguren Heyses – seine Männergestalten sind ohnehin meist schwächer – variieren im Grunde nur einen einzigen Typus, den der »Laurella« in der frühen und vielleicht gelungensten Novelle *L'Arrabiata*: Laurella wehrt sich zunächst entschieden gegen die Liebe, dann aber sucht sie entschlossen und ohne Rücksicht auf ihre Umgebung den Geliebten in seiner Hütte auf. Viktor Klemperer hat von diesem Typus die schöne Formel gefunden, sie nehme »nur von ihrem eigenen Herzen Ordre«. Es hat seinen Grund, daß man Heyse eine lockere Moral vorwarf und ihn als »unsittlichen Schriftsteller« denunzierte. Er hält eine Form der Autonomie für möglich, die weder seine christlichen noch naturalistischen Kritiker akzeptieren mochten.

Doch bleibt dieser Hinweis auf die Freiheit nie Heyses letztes Wort. Immer nämlich bindet er »eine leidenschaftliche Hingabe, die nicht auf ewige Treue rechnet« (so in der Novelle *Die Stickerin von Treviso*), sofort wieder in den richtigen Rahmen ein. Enttäuscht stellt Klemperer fest: »Das Ende der Heyseschen Novellen heißt immer nur sühnender Tod oder kirchlicher Segen, ein tapferes Durchhalten ist nicht zu finden.« Das Sich-Einrichten in der bürgerlichen Sicherheit hindert Heyse freilich nicht an der Spontaneität des Beobachtens, am Notieren der individuellen Wahrnehmung, an überraschenden Einblicken in die Untiefen menschlicher Natur, wie sie immer wieder in den Novellen und Gedichtbänden zu finden sind. Gerade dies ermöglicht auch heute im Werk Heyses gelegentlich noch überraschendes Lesevergnügen.

Literaturhinweise

Der Jungbrunnen. Märchen eines fahrenden Schülers. Berlin 1850.
Francesca von Rimini. Tragödie in fünf Akten. Berlin 1850.
Spanisches Liederbuch. Übers. und hrsg. von Emanuel Geibel und P. H. Berlin 1852.
Meleager. Tragödie in drei Akten. Berlin 1854.
Die Pfälzer in Irland. Trauerspiel in fünf Akten. [Bühnenmskr.] 1854.
Novellen. 1. Sammlung. Berlin 1855.
Neue Novellen. 2. Sammlung. Stuttgart 1858.
Vier neue Novellen. 3. Sammlung. Berlin 1859.
Die Sabinerinnen. Tragödie in fünf Akten. Berlin 1859.
Italienisches Liederbuch. Eine Sammlung italienischer Volkslieder. Übers. von P. H. Berlin 1860.
Ludwig der Bayer. Schauspiel in fünf Akten. Berlin 1862.
Neue Novellen. 4. Sammlung. Berlin 1862.
Elisabeth Charlotte. Schauspiel in fünf Akten. Berlin 1864.
Gesammelte Novellen in Versen. Berlin 1864.
Meraner Novellen. 5. Sammlung. Berlin 1864.
Hadrian. Tragödie in fünf Akten. Berlin 1865.
Fünf neue Novellen. 6. Sammlung. Berlin 1866.
Novellen und Terzinen. 7. Sammlung. Berlin 1867.
Kolberg. Historisches Schauspiel in fünf Akten. Berlin 1868.
Moralische Novellen. 8. Sammlung. Berlin 1869.
Ein neues Novellenbuch. 9. Sammlung. Berlin 1871.
Deutscher Novellenschatz. Hrsg. von P. H. und Hermann Kurz. 24 Bde. München 1871–76.
Gedichte. Berlin 1872.
Novellenschatz des Auslandes. Hrsg. von P. H. und Hermann Kurz. 14 Bde. München 1872–75.
Kinder der Welt. Roman. 3 Bde. Berlin 1873.
Ehre um Ehre. Schauspiel in fünf Akten. Berlin 1875.
Neue Novellen. 10. Sammlung. Berlin 1875.

Im Paradiese. Roman. 3 Bde. Berlin 1875.
Elfride. Trauerspiel in fünf Akten. Berlin 1877.
Graf Königsmark. Trauerspiel in fünf Akten. Berlin 1877.
Giacomo Leopardi: Werke. Übers. von P. H. 2 Bde. Berlin 1878.
Neue moralische Novellen. 11. Sammlung. Berlin 1878.
Das Ding an sich und andere Novellen. 12. Sammlung. Berlin 1879.
Verse aus Italien. Skizzen, Briefe und Tagebuchblätter. Berlin 1880.
Frau von F. und römische Novellen. 13. Sammlung. Berlin 1881.
Die Weiber von Schorndorff. Historisches Schauspiel in vier Akten. Berlin 1881.
Neues Münchner Dichterbuch. Hrsg. von P. H. Stuttgart 1882.
Troubadour-Novellen. 14. Sammlung. Berlin 1882.
Alkibiades. Tragödie in drei Akten. Berlin 1883.
Buch der Freundschaft. Novellen. 16. Sammlung. Berlin 1883.
Don Juans Ende. Trauerspiel in fünf Akten. Berlin 1883.
Das Recht des Stärkeren. Schauspiel in drei Akten. Berlin 1883.
Unvergeßbare Worte und andere Novellen. 15. Sammlung. Berlin 1883.
Buch der Freundschaft. Neue Folge. Novellen. 17. Sammlung. Berlin 1884.
Neuer deutscher Novellenschatz. Hrsg. von P. H. und Ludwig Laistner. 24 Bde. München 1884–88.
Die Hochzeit auf dem Aventin. Trauerspiel in fünf Akten. Berlin 1886.
Himmlische und irdische Liebe. Novellen. 18. Sammlung. Berlin 1886.
Der Roman der Stiftsdame. Eine Lebensgeschichte. Berlin 1887.
Die Weisheit Salomos. Schauspiel in fünf Akten. Berlin 1887.
Italienische Dichter seit der Mitte des 18. Jahrhunderts. Übers. und Studien. 5 Bde. Berlin 1889–1905.
Weltuntergang. Volksschauspiel in fünf Akten. Berlin 1889.
Ein überflüssiger Mensch. Schauspiel in vier Akten. Berlin 1890.
Merlin. Roman in sieben Büchern. 3 Bde. Berlin 1892.
Über allen Gipfeln. Roman. Berlin 1895.
Die Fornarina. Trauerspiel in fünf Akten. Leipzig 1896.
Neue Gedichte und Jugendlieder. Berlin 1897.
Das Rätsel des Lebens und andere Charakterbilder. Berlin 1897.
Der Bucklige von Schiras. Komödie in vier Akten. Berlin 1898.
Neue Märchen. Berlin 1899.
Maria von Magdala. Drama in fünf Akten. Berlin 1899.
Das literarische München. 25 Porträtskizzen. München 1899.

Jugenderinnerungen und Bekenntnisse. Berlin 1900.
Das verschleierte Bild zu Sais. Drama in drei Akten. Stuttgart 1901.
Ninon und andere Novellen. Stuttgart 1902.
Novellen vom Gardasee. Stuttgart 1902.
Moralische Unmöglichkeiten und andere Novellen. Stuttgart 1903.
Ein Wintertagebuch. Gardone 1901–1902. Stuttgart 1903.
Mythen und Mysterien. Dramatische Dichtungen. Stuttgart 1904.
Ein Canadier. Drama in drei Akten. Stuttgart 1905.
Die törichten Jungfrauen. Lustspiel in drei Akten. Stuttgart 1905.
Crone Stäudlin. Roman. Stuttgart 1905.
Victoria Regia und andere Novellen. Stuttgart 1906.
Gegen den Strom. Eine weltliche Klostergeschichte. Stuttgart 1907.
Menschen und Schicksale. Charakterbilder. Stuttgart 1908.
Die Geburt der Venus. Roman. Stuttgart 1909.
Helldunkles Leben. Novellen. Stuttgart 1909.
Plaudereien eines alten Freundespaares. Stuttgart 1912.
Drei italienische Lustspiele aus der Zeit der Renaissance. Übers. von P. H. Jena 1914.
Letzte Novellen. Stuttgart 1914.
Italienische Volksmärchen. Übers. von P. H. München 1914.

Dramatische Dichtungen. 38 Bde. Berlin/Stuttgart 1864–1905.
Gesammelte Werke. 38 Bde. Berlin/Stuttgart 1872–1914.
Gesammelte Werke. 42 Bde. Stuttgart 1902–12.
Gesammelte Werke. 15 Bde. Stuttgart 1924.

Die Reise nach dem Glück. Eine Auswahl aus dem Werk. Ausw. und Nachw. von Gerhard Mauz. Stuttgart 1959.
L'Arrabiata. Das Mädchen von Treppi. Hrsg. von Karl Pörnbacher. Stuttgart 1969 [u. ö.]. (Reclams Universal-Bibliothek. 8301.)
Novellen. Mit einer Einl. von Manfred Schunicht. New York / London 1970.
Werke. Mit einem Essay von Theodor Fontane. Hrsg. von Bernhard Knick [u. a.]. 2 Bde. Frankfurt 1980.
Die Kaiserin von Spinetta und andere Liebesgeschichten. Hrsg. von Bernd Jentzsch. Freiburg 1981.

Der Briefwechsel zwischen Theodor Fontane und P. H. Hrsg. von Gotthard Erler. Berlin 1972.
Emilie Fontane und P. H. Briefe um Fontane. Hrsg. und erl. von Joachim Krueger. In: Fontane Blätter 5 (1982/83) S. 280–286.

Der Briefwechsel von Emanuel Geibel und P. H. Hrsg. von Erich Petzet. München 1922.

Helmetag, Charles Hugh: P. H.-Bibliographie. Sekundärliteratur 1968–1978. In: Aus dem Antiquariat (1980) H. 3, S. A 116–A 120. (Beilage zum Börsenblatt für den Deutschen Buchhandel. Frankfurter Ausgabe. Nr. 28. 28.3.1980.)

Martin, Werner (Hrsg.): P. H. Eine Bibliographie seiner Werke. Mit einer Einführung von Norbert Miller. Hildesheim / New York 1978.

Bontemps, Suzanne: Stilkritische Betrachtungen an P. H.s Dramensprache. Diss. Hamburg 1969.

Brandes, Georg: P. H. In: Moderne Geister. Literarische Bildnisse aus dem neunzehnten Jahrhundert. Frankfurt a. M. 1882. S. 1 bis 64.

– P. H. In: G. B.: Menschen und Werke aus neuerer europäischer Literatur. Leipzig ^{2}1897. S. 122–174.

Brasch, Heinz: Das Tragische bei P. H. Diss. Jena 1922.

Broekmann, Kathi: Sprache und Stil in Heyses italienischen Novellen. Die Beziehungen der Novellenform Heyses zu der des Boccaccio. Diss. Köln 1923.

Damerau, Erika: P. H.s Dichterbegriff. Diss. Frankfurt a. M. 1932.

Davidis, Michael: Der Verlag von Wilhelm Hertz. Beiträge zu einer Geschichte der Literaturvermittlung im 19. Jahrhundert, insbesondere zur Verlagsgeschichte der Werke von P. H., Th. Fontane und G. Keller. In: Archiv für Geschichte des Buchwesens 22 (1981) Sp. 1253–1590.

Farinelli, Artur: P. H. München 1913.

Ferrari, Leonilde: P. H. und die literarischen Strömungen seiner Zeit. Diss. Bonn 1939.

Fester, Richard: P. H. und Italien. In: Deutsche Rundschau 142 (1910) S. 324–332.

Fischoeder, Karl: P. H.s Novellen in Versen. Diss. München 1923.

Fontane, Theodor: Ein Liebling der Musen. In: Die Gartenlaube. 1867. Nr. 36. S. 564–568.

Friedrich, Gerhard: Theodor Fontanes Kritik an P. H. und seinen Dramen. In: Fontane aus heutiger Sicht. Hrsg. von Hugo Aust. München 1980. S. 81–117.

Hammer, Friedrich: Die Idee der Persönlichkeit bei P. H. Diss. Tübingen 1935.

Hay, Gerhard: Theodor Fontane an Wilhelm Hertz. Ein Nachtrag

zur Briefedition. In: Jahrbuch der deutschen Schillergesellschaft 25 (1981) S. 97–103.
Helmetag, Charles Hugh: Love and the Social Morality in the Novellen of P. H. Diss. Princeton University 1968.
Hofmiller, Joseph: Heyse, der Dichter. In: Süddeutsche Monatshefte. 1910. S. 333–340.
Ian, Annemarie von: Die zeitgenössische Kritik an P. H. 1850–1914. Diss. München 1965.
Jonas, Gisela: P. H.s Beitrag zur Rezeption russischer Novellen in Deutschland. In: Zeitschrift für Slawistik 16 (1971) S. 235–243.
– P. H.s Beziehungen zur russischen und tschechischen Literatur. Ebd. 13 (1968) S. 440–448.
Kemmerich, Gustav: P. H. als Romanschriftsteller. Diss. Kiel 1928.
Klemperer, Viktor: P. H. Berlin 1907. (Moderne Geister. 4.)
Kraus, Otto: P. H.s Novellen und Romane. Frankfurt a. M. 1888.
Krausnick: P. H. und der Münchener Dichterkreis. Bonn 1974.
Kropp, Ingeborg: P. H. und die bildende Kunst. Diss. Berlin 1952. [Masch.]
Locicero, Donald: P. H.s Falkentheorie. In: Modern Language Notes 82 (1967) S. 434–439.
Mehring, Franz: Ehrenschulden. Trauerspiel von P. H. In: F. M.: Aufsätze zur deutschen Literatur von Hebbel bis Schweichel. Berlin 1961. S. 106–107.
Meyer, Kurt: Die Novellen P. H.s und Thomas Manns. Eine vergleichende Stiluntersuchung. Diss. Leipzig 1933.
Moisy, Sigrid von (Hrsg.): P. H. Münchner Dichterfürst im bürgerlichen Zeitalter. München 1981. (Ausstellungskatalog der Bayerischen Staatsbibliothek.)
Petzet, Erich: P. H. als Dramatiker. Stuttgart 1904.
– P. H. Ein deutscher Lyriker. Leipzig 1914.
Plank, Edith: Italien bei P. H., R. Voss und I. Kurz. Diss. Wien 1949. [Masch.]
Plotke, Georg J.: P. H.s epische und novellistische Anfänge. Diss. München 1914.
Quadt, Max: Die Entwicklung von P. H.s Novellentechnik. Diss. Tübingen 1924.
Raff, Helene: P. H. Bielefeld 1911.
– P. H. Stuttgart 1910.
Rehm, Walter: Burckhardtiana. P. H. und Jacob Burckhardt. In: Basler Zeitschrift für Geschichte und Altertumskunde 61 (1961) S. 131–143.

Schimöller, Heinrich: P. H. als Lyriker. Eine psychologisch-ästhetische Studie. Diss. Münster 1923.
Schmidt, Traugott: Theodor Storm und P. H. Irrwege des Ruhms. In: Schriften der Theodor-Storm-Gesellschaft 15 (1966) S. 9–32.
Schunicht, Manfred: Die Novellentheorie und Novellendichtung P. H.s. Diss. Münster 1957.
– Der ›Falke‹ am Wendepunkt. Zu den Novellentheorien Tiecks und H.s. In: Germanisch-romanische Monatsschrift. N. F. 10 (1960) S. 44–65.
Spiero, Heinrich: P. H. Der Dichter und sein Werk. Stuttgart 1910.
Spies, Bernhard: Der Luxus der Moral. Eine Studie zu P. H.s Novellenwerk. In: Literatur für Leser. 1982. S. 146–163.
Stern, Adolf: P. H. In: A. S.: Studien zur Literatur der Gegenwart. N. F. Dresden/Leipzig 1904. S. 65–127.
Striedeck, Werner: P. H. in der Kritik der »Gesellschaft«. In: Germanic Review 19 (1944) S. 197–221.
Walkhoff, Monika: Der Briefwechsel zwischen P. H. und Hermann Kurz in den Jahren 1869–1873 aus Anlaß der Herausgabe des »Deutschen Novellenschatzes«. Diss. München 1967.
Weiß, Hermine: Der »Deutsche Novellenschatz«, hrsg. von P. H. und Hermann Kurz. Diss. Wien 1950.
Zincke, Paul: P. H.s Novellentechnik. Karlsruhe [1927].

FRIEDRICH BODENSTEDT

(22.4.1819 Peine – 18.4.1892 Wiesbaden)

Bodenstedt stammte aus beengten Verhältnissen in Peine – das Land sei dort sehr flach, heißt es vielsagend in den *Erinnerungen aus meinem Leben* von 1890. Weder Eltern noch Lehrer hatten Verständnis für seine poetischen Anwandlungen. Mit 13 Jahren schickte man den Jungen in eine Kaufmannslehre nach Hannover. Doch sein Ehrgeiz war es, Sprachen zu lernen, zuerst Französisch, dann Englisch. Für kurze Zeit immatrikulierte er sich in Göttingen – wie er zu dem später geführten Doktortitel kam, ist unklar. Die Autobiographie hat, was die Zeit der Ausbildung betrifft, eine bemerkenswerte Lücke. Über eine befreundete Familie fand er Kontakt nach Rußland. Einundzwanzigjährig reiste er nach Moskau, legte rasch ein Examen ab und wurde Privatlehrer im Haus eines russischen Fürsten, wo er »die vornehme Welt Rußlands in allen Spielarten und allen Licht- und Schattenseiten kennenlernte«. Im Herbst 1843 wechselte er als Gymnasiallehrer nach Tiflis, gelockt von den Versprechen, er würde wegen der vielen Festwochen im Winter und wegen der Hitze im Sommer die Hälfte des Jahres frei haben. Er erlebte die Kämpfe der Russen mit den Bergvölkern des Kaukasus aus nächster Nähe, reiste in Georgien und Armenien umher. Im Herbst 1845 kam er auf abenteuerlichen Wegen nach Deutschland zurück und begann ein unruhiges Wanderleben. Zwischen Bremen und Triest arbeitete er für unterschiedliche Zeitungen; er hielt sich wochenlang als Gast auf Adelssitzen auf und bekam Kontakt zum Hof in Gotha. Eine feste Anstellung entwickelte sich aus all dem nicht, was um so bedenklicher war, als Bodenstedt inzwischen geheiratet hatte und seine Familie wuchs. Bereits 1850 erschien sein wohl wichtigstes Buch, der Reisebericht *Tausend und ein Tag im Orient*. Eingestreut in die Erzählungen aus Rußland waren Gedichte, angeblich die Übersetzungen jener Lieder, die Bodenstedts georgischer Sprachlehrer in Tiflis Mirza Schaffy (jeweils auf der letzten Silbe zu betonen) in seine Lektionen einstreute. Mit sicherem Gespür für die Bedürfnisse des Publikums schlug der Verleger schon ein Jahr nach dem Erscheinen des Bandes vor, eine Sonderausgabe der Gedichte zu veranstalten. Sie erschien 1851 unter dem Titel *Die Lieder des Mirza Schaffy* und gehörte in den nächsten Jahrzehnten zur Weltliteratur als eines der erfolgreichsten deutschen Bücher überhaupt. Bereits 1861 erschien die 10. Auflage, 1871 die 38., 1881 die 102., 1891 die 137., 1901 die 159., die Auflage von 1917 trägt den Vermerk 263.–264. Tausend. Es entstand eine bis heute nicht genau erfaßte Zahl von Übersetzungen zum Beispiel ins Hebräische, Holländische, Englische, Italienische, Polnische, Serbische. Bodenstedt gehörte zu den am meisten vertonten deutschen Autoren. Allgemein hielt man die Gedichte für Übersetzungen, und Bodenstedt hütete sich, das Geheimnis aufzuklären. Erst 1872 bekannte er, daß die ganze Sammlung von ihm stamme – der an Hafis und Goethes Suleika erinnernde Name der angedichteten Geliebten »Edlitam« ist nur der rückwärts gelesene Name seiner Frau Mathilde. Der für Bodenstedt wichtigste Leser von *Tausend und ein Tag im Orient* war kein Geringerer als Maximilian II., der den Band seit 1853 immer mit sich führte – Bodenstedt behauptete später, der König habe viele Gedichte auswendig gekonnt. Als Maximilian nach Autoren suchte, die er nach München einladen konnte, schlug ihm Dönniges zwei vor: Geibel und Bodenstedt. Alles was sie bisher geschrieben hatten, deutete auf politische Zuverlässigkeit hin. Geibel kam in erster Linie als Lyriker, Bodenstedt als Reiseschriftsteller und Übersetzer. Geibel erhielt eine Professur für deutsche, Bodenstedt für slawische Philologie. Im Unterschied zu Geibel hatte sich Bodenstedt für die akademische Stellung auch qualifiziert. Schon in Moskau begann er, russische Autoren zu übersetzen. 1845 publizierte er einen Band ukrainischer Volkslieder, 1852 erschienen die Werke Lermontows, 1854–55 die Werke Puschkins. Weitere wichtige Übersetzungen folgten in den nächsten Jahren.

Der Ruf nach München war das Ende schwieriger Wanderjahre. Bodenstedt gefiel dem König und wurde regelmäßig zu den Symposien eingeladen. Er durfte auch an der großen Reise teilnehmen, die der König im Sommer 1858 vom Bodensee nach Berchtesgaden unternahm; nach Maximilians Tod publizierte er darüber einen ausführlichen Bericht, *Eines Königs Reise* (1872). In München konnte Bodenstedt sich einen großbürgerlichen Wohnstil leisten. Sein Haus wurde, wie Hermann Lingg erzählt, »ein Sammelpunkt von Celebritäten; kein bedeutender Fremder kam nach München, der nicht bei ihm Einkehr hielt [...] hier begegneten sich die ausgezeichnetsten Gelehrten, Künstler und Dichter.« Aber diese Lebensweise mußte finanziert werden, und so war Bodenstedt zu fortwährender fleißiger Produktion gezwungen. Geibel und Heyse mochten nicht, was da entstand, und brachten im Lauf der Jahre auch den König gegen Bodenstedt auf. Zum öffentlichen Eklat kam es, als Geibel im November 1862 den König bewog, Bodenstedt den Maximilians-Orden zu verweigern, den dieser auf Vorschlag des Ordenskapitels erhalten sollte. Bodenstedt konnte sich nach dem Tod des Königs nur noch wenige Jahre in München halten. Seit dem Ende der fünfziger Jahre hatte er sein Arbeitsgebiet und seine Professur gewechselt, zur slawischen trat die englische Philologie, besonders das Interesse für Shakespeare und seine Zeit. Für kurze Zeit nahm er auch eine Stelle als Dramaturg am Münchner Hoftheater an. Doch war er froh, als er 1867 München verlassen konnte. Der Herzog von Meiningen ernannte ihn zum Intendanten seines Hoftheaters – das war noch vor der Zeit, in der »die Meininger« das deutsche Theater entscheidend veränderten – und erhob ihn in den Adelsstand. Doch Bodenstedt wurde die innere Unruhe nicht mehr los. Nach kurzer Zeit überwarf er sich mit dem Herzog, zog in die Nähe von Altona, dann nach Dresden, nach Hannover, nach Berlin. Selbst als er 1878 seinen Wohnsitz auf Dauer nach Wiesbaden verlegte, wechselte er in einer Art »Umzugsfieber« (Ludwig Fränkel) noch mehrmals innerhalb der Stadt die

Wohnung. Immer blieb er in Geldverlegenheit, mußte deshalb fortwährend weiter produzieren. Weitere Übersetzungen entstanden, und die Breite des Arbeitsgebietes ist erstaunlich: Sie reicht von der persischen Literatur des Hafis und des Omar Chajjâm über Shakespeare bis zur zeitgenössischen russischen Literatur – Turgenjew verdankt seine Wirkung in Deutschland wesentlich den Übersetzungen Bodenstedts, den wir ohne Übertreibung als einen der bedeutendsten deutschen Übersetzer bezeichnen können. Dennoch blieb sein Schaffen – es entstanden nun auch Romane in großer Zahl – im Schatten des einen erfolgreichen Buches. Auch der 1874 nachgeschobene Band *Aus dem Nachlasse des Mirza Schaffy*, gedruckt in einer wunderschönen orientalisierenden Ausgabe mit farbigem Buchschmuck auf jeder Seite, erreichte bis zu Bodenstedts Tod im Jahr 1892 noch einmal 17 Auflagen. Doch zu diesem Zeitpunkt war das Ansehen solcher Literatur der fünfziger Jahre unter den literarisch Gebildeten längst vorbei. Junge Autoren wie Arno Holz reagierten auf Bodenstedt nur noch grob beleidigend.

Bodenstedts Bücher mögen als eine typische Fluchtliteratur der Zeit nach der gescheiterten Revolution von 1848 erscheinen. Die von der Politik enttäuschte deutsche Bourgeoisie zieht sich ins Private zurück, kultiviert ihr kleines Glück. Wer dafür hübsche Gedanken anbot und überdies nicht sonderlich anstrengte, war der Mann der Stunde. Bodenstedt konnte so ungemein populär werden, weil seine Lieder – im Unterschied zu ihren persischen Vorbildern – ganz unmystische und wenig reflektierte Aufforderungen zur Lebensfreude sind. Sie bilden damit ein kräftiges Gegengewicht gegen den Obskurantismus der damals modischen Neuromantik. Robert Prutz rühmte an ihnen die »bacchische Heiterkeit und den unzerstörbaren Gleichmut«, der aber keineswegs gleichgültig sei gegen Gemeinheit, Niedrigkeit und Heuchelei. Bodenstedt selbst beruft sich auf Goethe, wenn er die Grundintention seines Dichtens so beschreibt: »Die wahre Poesie kündigt sich dadurch an, daß sie als ein weltliches Evangelium durch innere Heiterkeit, durch äußeres Behagen uns von den irdischen Lasten zu befreien weiß, die auf uns drücken.«

Literaturhinweise

I. I. Koslow, A. Puschkin, M. Lermontow. Eine Sammlung aus ihren Gedichten. Aus dem Russischen. Leipzig 1843.
Die poetische Ukraine. Eine Sammlung kleinrussischer Volkslieder ins Deutsche übertragen. Stuttgart 1845.
Die Völker des Kaukasus und ihre Freiheitskämpfe gegen die Russen. Ein Beitrag zur neuesten Geschichte des Orients. Frankfurt a. M. 1848.
Tausend und ein Tag im Orient. 2 Bde. Berlin 1849–50.
Die Einführung des Christentums in Armenien. Berlin 1850.
Die Lieder des Mirza Schaffy, mit einem Prolog. Berlin 1851.
Gedichte. Bremen 1852.
Michail Lermontow: Poetischer Nachlaß. Zum erstenmal in den Versmaßen der Urschrift aus dem Russischen übers., mit Einl. und erl. Anh. vers. Berlin 1852.
Ada, die Lesghierin. Ein Gedicht. Berlin 1853.
Alexander Puschkin: Poetische Werke. Aus dem Russischen übers. 3 Bde. Berlin 1854–55.
Demetrius. Historische Tragödie in fünf Aufzügen. Berlin 1856.
Aus der Heimat und Fremde. 1. Neue Gedichte. 2. Altes und Neues. Berlin 1857–59.
Shakespeares Zeitgenossen und ihre Werke. In Charakteristiken und Übersetzungen. 3 Bde. Berlin 1858–60.
König Autharis Brautfahrt. Dramatisches Gedicht in drei Aufzügen. Berlin 1860.
Aus Ost und West. Sechs Vorlesungen. Berlin 1861.
Epische Dichtungen. Berlin 1862.
William Shakespeare: Sonette. Übers. von F. B. Berlin 1862.
Ernst Bleibtreu. Roman. Berlin 1863.
Kleinere Erzählungen. München 1863.
Iwan Turgenjew: Erzählungen. Übers. von F. B. 2 Bde. München 1864–65.
William Shakespeare: König Lear. Übers. von F. B. Berlin 1865.
Neun Kriegslieder. Bielefeld 1870.

Zeitgedichte. Berlin 1870.
Aus deutschen Gauen. Roman. 2 Bde. Jena 1871.
Vom Hofe Elisabeths und Jakobs. Roman. 2 Bde. Jena 1871.
Das Herrenhaus im Eschenwalde. Ein Roman. 3 Bde. Jena 1872.
Aus dem Nachlasse Mirza Schaffys. Neues Liederbuch. Berlin 1874.
Shakespeares Frauencharaktere. Berlin 1875.
Alexander in Korinth. Schauspiel in drei Akten. Hannover 1876.
Einkehr und Umschau. Neueste Dichtungen. Jena 1876.
Der Sänger von Schiras. Hafisische Lieder verdeutscht. Berlin 1877.
Aus meinem Leben. Erinnerungsblätter. Bd. 1: Eines Königs Reise. Erinnerungsblätter an König Max. Leipzig 1879.
Gräfin Helene. Novelle. Stuttgart 1880.
Die Lieder und Sprüche des Omar Chajjâm, verdeutscht. Breslau 1881.
Aus Morgenland und Abendland. Neue Gedichte und Sprüche. Leipzig 1882.
Vom Atlantischen zum Stillen Ozean. Leipzig 1882.
Neues Leben. Gedichte und Sprüche. Breslau 1886.
Die letzten Falkenburger. Roman. Berlin 1887.
Eine Mönchsliebe. Das Mädchen von Liebenstein. Berlin 1887.
Lady Penelope. Erzählung. Berlin 1887.
Sakuntala. Dichtung in fünf Gesängen. Leipzig 1887.
Erinnerungen aus meinem Leben. 2 Bde. Berlin 1888–90.
Feona. Ein Mißverständnis. Zwei Erzählungen. Berlin 1889.
Priuthina. Hugo und Hulda. Zwei Erzählungen. Berlin 1889.
Die Zigeunerherberge. Die feindlichen Nachbarn. Zwei Erzählungen. Berlin 1889.
Theodora. Ein Sang aus dem Harzwald. Leipzig 1891.

Gesammelte Schriften. 12 Bde. Berlin 1865–69.
Erzählungen und Romane. 7 Bde. Jena 1871–72.

Chehabi, Issa: F. B.s Verdeutschung der Hafisischen Lieder. Diss. Köln 1967.
Cyzevskyj, D.: Zu den Übersetzungen F. B.s. In: Zeitschrift für slawische Philologie 19 (1947) S. 368–371.
Dukmeyer, Friedrich: Die Einführung Lermontows in Deutschland und des Dichters Persönlichkeit. Die Russenfreunde Varnhagen von Ense und B. Berlin 1925.
Engelmann, Karl: F. v. B. Ein Dichterleben. Gräfelfing 1958.
Fränkel, Ludwig: F. B. in: ADB. Bd. 47. Leipzig 1903. S. 44–67.

Gregor, Rudolf: F. B. als Vermittler russischer Literatur in Deutschland. Unter besonderer Berücksichtigung der Dichtung Lermontows. Diss. Leipzig 1965. [Masch.]

– F. B.s Beitrag zum deutschen Lermontowbild im 19. Jahrhundert. In: Zeitschrift für Slawistik 14 (1969) S. 224–232.

Heinrich, Gerta: F. B.s Bemühungen um Shakespeares Zeitgenossen und seine Zeit. Diss. Wien 1951. [Masch.]

Heydt, Alfred von der: F. B. in Amerika und sein Buch »Vom Atlantischen zum Stillen Ozean«. Diss. Cornell University 1948.

Leppla, Rupprecht: F. v. B. In: Nassauische Lebensbilder. Bd. 6. Wiesbaden 1961. S. 215–237.

Losskyi, Ihor: F. B. und die Ukraine. In: Germanoslavica. Vierteljahrsschrift für die Erforschung der germanisch-slawischen Kulturbeziehungen 3 (1935) S. 392–401.

Mundhenk, Johannes: F. B. und Mirza Schaffy in der aserbeidschanischen Literaturwissenschaft. Hamburg 1971.

Rappich, Horst: F. B.s literarische Beziehung zu Rußland. In: Zeitschrift für Slawistik 8 (1963) S. 582–594.

– F. B. und sein Verhältnis zu Rußland. Unter besonderer Berücksichtigung seiner literarischen Beziehungen zu I. S. Aksakow und I. S. Turgenjew. Diss. Berlin 1963. [Masch.]

– F. B., ein Bahnbrecher für die Kenntnis Rußlands in Deutschland. In: Wissenschaftliche Zeitschrift der Humboldt-Universität zu Berlin. Gesellschafts- und sprachwissenschaftliche Reihe 12 (1963) S. 697–703.

– F. B.s Bedeutung als Vermittler russischen Kulturgutes in Deutschland. In: Forschungen und Fortschritte 37 (1963) S. 280–283.

– Bemerkungen über I. S. Turgenjews und F. B.s Beziehungen zu Shakespeare und zur Deutschen Shakespeare-Gesellschaft. In: Zeitschrift für Anglistik und Amerikanistik 11 (1963) S. 386–393.

– Zum Verhältnis F. B.s und I. S. Turgenjews zu Shakespeare und zur Deutschen Shakespeare-Gesellschaft. In: Zeitschrift für Slawistik 9 (1964) S. 37–44.

Reichert, Klaus: Deutschland ist nicht Hamlet. Bemerkungen zur Hamlet-Übersetzung von F. B. In: Der deutsche Shakespeare. Theater unserer Zeit. Bd. 7. Basel 1965. S. 95–101.

Reychman, Jan: F. B. i Tadeusz Łada-Zabłocki. In: Acta philologica 4 (1972) S. 133–156. [Mit deutscher Zusammenfassung.]

Schenk, Gustav: F. B. Ein Dichterleben in seinen Briefen 1850–92. Berlin 1893.

Stern, Adolf: Studien zur Literatur der Gegenwart. Dresden/Leipzig 1895. S. 71–88.

Sundermeyer, Kurt: B. und die Lieder des Mirza Schaffy. Diss. Kiel 1932.

WILHELM HERTZ

(24.9.1835 Stuttgart – 7.1.1902 München)

Wilhelm Hertz war kein »Berufener«. Er kam 1858 aus freien Stücken nach München, um dort Karriere zu machen – eben dies ist ihm in erstaunlicher Weise geglückt.
Nach dem frühen Tod des Vaters – die Mutter starb bei der Geburt – wuchs er im Haus der Großmutter auf. Er arbeitete, da sein Vater Landschaftsgärtner gewesen war, nach dem Abschluß der Realschule zunächst als Praktikant in der Landwirtschaft. Während der Gymnasialzeit in Stuttgart und der Studienzeit in Tübingen begann er nach dem Vorbild seiner schwäbischen Landsleute zu schreiben. Gustav Pfizer und Ludwig Uhland, »dem er in seiner Doppelnatur des Dichters und Gelehrten vielleicht am verwandtesten war« (Raff), gehörten zu seinen Lehrern. 1857 suchte er erstmals in München auf sich aufmerksam zu machen. Zu einem von König Maximilian II. ausgeschriebenen Dramenwettbewerb sandte er seinen *Ezzelin* ein und erhielt eine lobende Anerkennung (der Preis selbst ging an Heyse für seine *Sabinerinnen*). Die philologischen Studien schloß Hertz 1858 mit der Promotion in Tübingen ab. Das Thema verwies schon auf die späteren poetischen Arbeiten und lautete: *Die epischen Dichtungen der Engländer im Mittelalter*. Im gleichen Jahr ging er nach München, wo Hans Hopfen und Julius Grosse ihn im Kreis der Krokodile einführten. Am 9. Dezember 1858 wurde er als Mitglied aufgenommen. Bald darauf erschien durch die Vermittlung von Friedrich Hebbel bei Hoffmann und Campe ein erster Gedichtband. Nach kurzer Militärzeit und einer Englandreise wohnte Hertz seit 1861 ständig in München – ein Beispiel, wie sehr der steigende Reiz der Stadt als kulturelles Zentrum Fremde anzog. 1862 habilitierte er sich mit einer Arbeit über den Werwolf. 1869, nachdem ein kleines Erbe aufgebraucht war, das ihn bisher ernährte, wurde er rechtzeitig applizierter Professor an der Technischen Hochschule, 1878 ordentlicher Professor. 1885 wählte man ihn zum außer-

ordentlichen Mitglied der Königlich Bayerischen Akademie der Wissenschaften, 1890 zum ordentlichen Mitglied. 1892 erhielt er den Maximiliansorden, 1898 den mit dem persönlichen Adel verknüpften Bayerischen Verdienstorden. Seit 1873 war er mit einer Deutschrussin aus Odessa, Katharina Cubasch, »in einer ungemein harmonischen Ehe« (Isolde Kurz) verheiratet. Auch seine Frau trat als Schriftstellerin auf und publizierte zwei Spruchsammlungen *Worte der Weisen aus allen Völkern und Zeiten*, Stuttgart 1886, und *Buch der Minne*, Stuttgart 1889. Hertz verbrachte sein Leben bald in München, bald in einem Sommerhaus am Starnberger See, das ihm ein Freund geschenkt hatte. Er starb nach kurzer Krankheit am 7. Januar 1902.
Hertz' wissenschaftliches Hauptwerk sollte ein Buch über Aristoteles im Mittelalter werden. Die fertigen Abschnitte, die sich im Grenzbereich »zwischen Mythologie, Etymologie, Literaturgeschichte und Kulturgeschichte« bewegen, hat nach Hertz' Tod sein Schüler Friedrich von der Leyen zusammengestellt, ergänzt durch Materialien aus einer rund 80 Kästen umfassenden Masse von Kollektaneen (heute in der Staatsbibliothek in München). Wichtiger war Hertz als Übersetzer und Kommentator mittelhochdeutscher und altfranzösischer Dichtung. Ihm kam es dabei nicht auf Worttreue und philologische Exaktheit an, sondern auf leichte Lesbarkeit. Eine »freie, aber pietätvolle Bearbeitung« sollte »den Gebildeten von heute einen möglichst frischen und reinen Eindruck des alten Gedichts gewähren«. Trotz der popularisierenden Tendenz glaubte er die Grenzen der strengen Wissenschaft nicht zu sprengen. Er wollte eine wirkliche Vermittlung der Texte gemäß einer entscheidenden Tendenz des Zeitalters: In der Begegnung mit der nationalen Vergangenheit suchte ein ortlos gewordenes Bürgertum nach der eigenen Identität.
Es war nur ein kleiner Schritt von solcher Neubearbeitung zur eigenen Neufassung mittelalterlicher Stoffe. Fast ungeschieden gehen wissenschaftliches und poetisches Werk

ineinander über. Kein einziges seiner zwischen 1859 und 1881 entstehenden Versepen beruht auf eigener Erfindung. Auch das berühmt gewordene Kleinepos *Bruder Rausch* (1881), eine der letzten wichtigen Leistungen aus dem Kreis der Krokodile, in dem Hertz zur vollen Meisterschaft ironischer Versbehandlung findet, folgt einer alten Vorlage.

Das lyrische Werk blieb schmal. Hertz erweiterte die etwa 50 Gedichte umfassende Sammlung von 1858 in der Ausgabe letzter Hand von 1900 nur um 33 weitere Texte, wobei er das verbliebene Corpus um etwa ein Drittel kürzte und zum Teil stark veränderte. Themen sind Situationen des eigenen Lebens, am Beginn meist unglückliche Liebe, später mehren sich agnostische Stimmungen; Resignation angesichts der Vergänglichkeit allen Lebens. (Diese Verbindung von bürgerlicher Glückssicherheit und metaphysischer Resignation bei den Autoren, die um 1860 in die deutsche Literatur eingreifen, wäre einmal besonders zu untersuchen.) Originell ist der kräftige erotische Einschlag mancher Gedichte. Hertz ist da weit unbedenklicher als die meisten anderen Münchner (die schönsten Gedichte dieser Art stammen freilich schon aus der Studentenzeit). Neben bekenntnishafter Lyrik steht eine Reihe von Balladen, wobei Hertz nur einmal einen antiken Stoff behandelt, sonst bleibt er auch hier im Bereich seines Fachgebiets, der altnordischen und altdeutschen Sage.

Im »Epilog« der Gedichte spricht Hertz dankbar von seinem »reichen Glück«, und sein Biograph Richard Weltrich berichtet: »Mit einer Bestimmtheit, wie man sie in solchem Falle bei Männern gereiften Alters höchst selten trifft, hat er mir einmal in einem philosophischen Gespräch auf die Frage, ob er sich glücklich nenne, mit ›ja‹ geantwortet.« Heyse nannte ihn einen »stolzen Zecher an des Lebens Tische«. Adolf Stern charakterisiert ihn als »kläräugig, weltfroh, schwungreich und maßvoll, mit glücklichem Gleichgewicht der Sinne und der Seele«. Niemand hat bis heute am Recht solcher Formulierungen gezweifelt. Hertz erhob sich nicht nur durch eigenen Fleiß aus bescheidenen Verhältnissen zum Gelehrten-Adel seiner Zeit, die Kunst bot ihm auch Antrieb und Anleitung, das eigene Leben gleichzeitig reflektiert und genußvoll einzurichten, offen für jedes geistvolle Spiel und jede Erfahrung der Sinne. Das Werk und die Biographie von Wilhelm Hertz zeigen, was in der Mitte des 19. Jahrhunderts mit Hilfe der Kunst und der auf ihr aufbauenden Wissenschaft möglich war.

Literaturhinweise

Der poetische Nachlaß befindet sich im Deutschen Literaturarchiv in Marbach a. N., der wissenschaftliche Nachlaß in der Bayerischen Staatsbibliothek München.

Ezzelin da Romano. [Ungedruckte Tragödie, 1857; Handschrift in Marbach.]

Die epischen Dichtungen der Engländer im Mittelalter. Diss. Tübingen 1858.

Gedichte. Hamburg 1859.

Lanzelot und Ginevra. Ein episches Gedicht in zehn Gesängen. Hamburg 1860.

Das Rolandslied. Übers. von W. H. Stuttgart 1861.

Marie de France: Poetische Erzählungen nach altbretonischen Liebes-Sagen. Stuttgart 1862.

Der Werwolf. Beitrag zur Sagengeschichte. Stuttgart 1862.

Hugdietrichs Brautfahrt. Ein episches Gedicht. Stuttgart 1863. [Erstdr. in: Ein Münchner Dichterbuch. Stuttgart 1862. S. 1–48.)

Aucassin und Nicolette. Altfranzösischer Roman aus dem 13. Jahrhundert. Wien 1864.

Heinrich von Schwaben. Eine deutsche Kaisersage. Stuttgart 1867.

Deutsche Sagen im Elsaß. Stuttgart 1872.

Gottfried von Straßburg: Tristan und Isolde. Neu bearb. und nach den altfranzösischen Tristanfragmenten des Trouvère Thomas erg. Stuttgart 1877.

Bruder Rausch. Ein Klostermärchen. Stuttgart 1882.

Das Spielmannsbuch. Eine Sammlung von Novellen in Versen aus dem 12. und 13. Jahrhundert. Stuttgart 1886.

Aristoteles in den Alexanderdichtungen des Mittelalters. München 1890.
Die Sage vom Giftmädchen. München 1893.
Wolfram von Eschenbach: Parzival. Neu bearb. Stuttgart 1898.

Gesammelte Dichtungen. Stuttgart 1900.
Gesammelte Abhandlungen. Hrsg. von Friedrich von der Leyen. Stuttgart/Berlin 1905.
Aus Dichtung und Sage. Vorträge und Aufsätze. Hrsg. von Karl Vollmoeller. Stuttgart/Berlin 1907.

Kobell, Luise von: Münchner Porträts. München 1897. S. 164–184.
Müller, Erich: W. H. als Epiker. Diss. München 1922. [Masch.]
Raff, Helene: Erinnerungen an W. H. In: Die Gesellschaft 18 (1902) S. 219–231.
– W. H. In: Die Nation 15 (1897/98) S. 19–24.
Stern, Adolf: Studien zur Literatur der Gegenwart. N. F. Dresden/Leipzig 1904. S. 129–140.
Stutterheim, Kurt: W. H. als Lyriker. Diss. Tübingen 1913.
Weltrich, Richard: W. H. Zu seinem Andenken. Zwei literaturgeschichtliche und ästhetisch-kritische Abhandlungen. Stuttgart/Berlin 1902.

HEINRICH LEUTHOLD

(9.8.1827 Wetzikon bei Zürich – 1.7.1879 Burghölzli bei Zürich)

Bei Heinrich Leuthold wird deutlich, daß die Autoren des Münchner Kreises beinahe einen repräsentativen Querschnitt der Gesellschaft bilden. Graf Schack, der auf keine eigene Arbeit angewiesen war, und der Proletensohn Leuthold, der nicht aus der Armut herauskam, trafen sich zwar nicht in persönlichem Verständnis oder gar in privater Freundschaft, aber doch poetisch in einem Kult der Schönheit, in der Verehrung der Form. Nur hatte es Leuthold entschieden schwerer als die anderen, ein Dasein zu gestalten, das dem poetischen Anspruch gerecht wurde. Er blieb erfolglos im Leben wie in der Dichtung.

Leuthold stammte aus verworrenen Verhältnissen. Der Vater starb im Armenhaus. Die Mutter verdiente nach der Trennung von ihrem gewalttätigen und trunksüchtigen Mann als wandernde Hausiererin den Unterhalt der Familie. Ein Bruder kam bei einer Schlägerei um. Ein anderer Bruder ging, reichlich Schulden hinterlassend, als Söldner nach Java, später nach Mexiko. Leuthold selbst studierte, ohne Abitur gemacht zu haben, seit 1847 Jura, brachte es aber zu keinem Abschluß. Er lernte 1850 in seiner Züricher Studentenzeit eine Dame aus angesehenem Hause, Caroline Trufford, kennen; sie hatten eine Tochter miteinander, lebten und reisten viele Jahre zusammen, wobei offenbar Frau Trufford und deren Bruder den Lebensunterhalt bestritten. Zu einer dauerhaften Verbindung kam es nicht. In den fünfziger Jahren bewarb Leuthold sich mehrmals um kleine Stellen am Gericht und in der Regierung von Zürich, der Mißerfolg führte zur bitteren Verachtung der Heimat. Als er 1857 nach einem längeren Italienaufenthalt in die Schweiz zurückkehrte, stand er vor dem Nichts. Die einzige Chance schien, die Juristerei aufzugeben und sich nun ganz seinem eigentlichen Interesse zuzuwenden. Jacob Burckhardt und Wilhelm Wackernagel verwiesen ihn dorthin, wo er am ehesten als Dichter Erfolg

haben konnte, nach München. Mit einer Empfehlung Burckhardts an Geibel kam er dort an.
Der Empfang übertraf alle Erwartungen. Leuthold machte, so die Erinnerung Heyses, »sofort Aufsehen durch einige seiner Gedichte von jener hohen Formvollendung, die ihn als einen leidenschaftlichen Platenverehrer ankündigte. Nicht minder erregte er unsere Aufmerksamkeit durch die schneidende Kritik, die pessimistische Grundstimmung seines Geistes, so daß wir der Meinung waren, eine höchst werthvolle Acquisition an ihm gemacht zu haben« (Heyse, *Jugenderinnerungen und Bekenntnisse*, S. 221). Heyse publizierte 1858 eine erste kleine Gedichtsammlung in seinem Literaturblatt und las auch einzelne Gedichte dem König vor, der sie zwar lobte, Leuthold aber offenbar nicht an den Hof lud. Jemand wie ihn machten auch ein paar gute Gedichte noch nicht hoffähig. So verdiente er seinen Lebensunterhalt als Journalist. Er war Redakteur bei der *Süddeutschen Zeitung*, für kurze Zeit auch bei der *Stuttgarter Zeitung*. Doch für einen Journalisten war er zu skrupelhaft, denn er feilte endlos an der sprachlichen Gestalt seiner Texte. Außerdem war er zu wenig an regelmäßiger Arbeit interessiert, und die Fähigkeit zu verbindlichem Umgang mit Menschen fehlte ihm ohnedies. Das Ende der Zeitungsarbeit war eine fristlose Entlassung im Jahr 1865.
Erstaunlich, wie wenig sich in der Münchner Atmosphäre von den vielen dichterischen Plänen Leutholds realisieren ließ. Zwar erschienen 1862 als ein Gemeinschaftswerk mit Geibel *Fünf Bücher französischer Lyrik*, und Geibel nahm auch 13 Gedichte in das *Münchner Dichterbuch* (1862) auf, doch in beiden Fällen korrigierte er kräftig in Leutholds Texten herum, um sie den eigenen Vorstellungen anzupassen – es ist wohl nur durch Leutholds Abhängigkeitsgefühl erklärbar, daß er das hinnahm. Seit etwa 1865 war ein starker körperlicher Verfall zu beobachten, begleitet von zunehmendem Alkoholismus. Leuthold fühlte sich »wirr und geistig abgestorben«, die poetische Produktion stagnierte fast völlig. Die

seriösen Poeten schämten sich seiner, denn er – seiner Größe wegen eine auffällige Erscheinung – pflegte in späten Nachmittagsstunden in betrunkenem Zustand in Kneipen oder auch im Hofbräuhaus seine Verse zu deklamieren. 1866 kam es zum Bruch mit dem Krokodil wegen eines Spottgedichts, das angeblich von Leuthold stammte. Höhnisch rief das Witzblatt *Miau* am 26. Dezember 1866 den aus München wieder abziehenden »Berufenen« nach: »Ist's wahr? und werden wirklich sie / Versehen nun mit Reisepässen, / Die fast zu lange schon am Tisch / Der königlichen Gunst gesessen? / Und wird sie wirklich aufgehoben, / Die Tafel mit den lekkern Gaben, / Den köstlichen – vom Mark des Landes? [...] / Wir wünschen wohl gespeist zu haben!«
Das vergebliche Liebeswerben um die Baronin Hedemann, die Geliebte des späteren Reichskanzlers Fürst Hohenlohe, führte um 1870 zu einem poetischen Aufflackern. Wie viele Autoren der Zeit versuchte Leuthold sich am historischen Epos. Eine *Penthesilea* wurde begonnen; ein Bruchstück über die Sempacher Schlacht; das Fragment eines *Hannibal*. Es sind Leutholds einzige Ansätze zu größeren Dichtungen, keine kam über hektische Anfänge hinaus. Die geistige Verwirrung nahm zu. 1877 war der Zusammenbruch unverkennbar. Freunde brachten ihn in die Irrenanstalt Burghölzli bei Zürich. Jakob Bächtold erzählt von der Einlieferung: »Als ihn die Wärter am Tor packten, stieß er einen markerschütternden schaurig gellenden Schrei aus«. Leuthold erlebte noch die von Bächtold betreute erste Ausgabe seiner Gedichte, eine »sparsame Auslese aus den Handschriften«. Er starb im Juli 1879.
Es war eine ganze Reihe von Anläufen nötig, ehe Gottfried Bohnenblust aus den in sehr schlechtem Zustand befindlichen Manuskripten mit ihren zahlreichen Varianten 1914 eine brauchbare Ausgabe vorlegen konnte. Eine Würdigung von Leutholds dichterischem Rang fehlt bis heute. Allzu selbstverständlich nahm man das Urteil über das verfehlte Leben zur Basis des Urteils über sein Werk. Ob nicht in der Unmög-

lichkeit, die Formkunst fortzusetzen, Entscheidendes über den Charakter dieser Literatur erscheint, wurde nie gefragt. Die Meinungen gehen weit auseinander. Für Conrad Ferdinand Meyer war 1875 Leuthold »der talentvollste der Schweizer Lyriker«, und es ließen sich zahlreiche Äußerungen sammeln, in denen Leuthold als der interessanteste Lyriker der Epoche gilt. Ganz anders der ehemalige Freund und Förderer Paul Heyse, dem sich auch eine Autorität wie Emil Ermatinger anschloß: Leuthold habe nur Plagiate hervorgebracht; alles sei irgendwo abgeschaut; es habe ihm eben an »tieferem seelischen Gehalt gefehlt« (Heyse, *Jugenderinnerungen und Bekenntnisse*, S. 221). Eine ernsthafte Diskussion über den Wert oder Unwert der Lyrik dieses Proletensohns hat bis heute nicht begonnen.

Literaturhinweise

Gedichte. Hrsg. von Jakob Bächtold. Frauenfeld 1878.

Gesammelte Dichtungen in drei Bänden. Eingel. und nach den Handschriften hrsg. von Gottfried Bohnenblust. Frauenfeld 1914.

Gedichte. Hrsg. von Max Mendheim. Leipzig 1910.
Der schwermütige Musikant. Vorw. von Hermann Hesse. Hrsg. von Carl Seelig. Wien 1922.
Ausgewählte Gedichte. Hrsg. von Adolf Guggenbühl und Karl Hafner. Zürich 1942.

Bächtold, Jakob: Aus H. L.s Nachlaß. In: Nord und Süd 13 (1880) S. 387–401.
Betz, Louis P.: Studien zur vergleichenden Literaturgeschichte der neueren Zeit. Frankfurt a. M. 1902. S. 122–135.
Bruggisser, August: Heimat- und Weltgefühl in der schweizerischen Lyrik von Haller bis C. F. Meyer. Diss. Freiburg [Schweiz] 1945.
Ermatinger, Emil: H. L. Ein Beitrag zur Psychologie des Künstlers. In: Schweizerisches Jahrbuch 1 (1906) S. 57–96.
– H. L. und Gottfried Keller. Mit ungedruckten Briefen Kellers. In: Süddeutsche Monatshefte 7 (1910) S. 290–314.

Ermatinger, Emil: Dichtung und Geistesleben der deutschen Schweiz. München 1933. S. 653–657.
Ernst, Adolf Wilhelm: H. L. Ein Dichterportrait. Hamburg 1891.
Ganghofer, Ludwig: Lebenslauf eines Optimisten. Stuttgart 1911. [Über H. L. S. 19 ff.]
Günther, Werner: Dichter der neueren Schweiz. Bd. 1. Bern/München 1963. S. 154–180.
Hoffmann, Karl Emil: Das Leben H. L.s. Mit Gedichten, Aufsätzen, Aussprüchen und Briefen des Dichters. In: Neujahrsblatt der Lesegesellschaft Wädenswil für 1935. Basel 1935.
Keller, Gottfried: Gedichte von H. L. In: G. K.: Sämtliche Werke. Bern 1948. Bd. 22. S. 208–211.
Knellwolf, Arnold: Das Schweizer-Dichter-Dreigestirn Keller – Meyer – Leuthold. Lugano 1909.
Korrodi, Eduard: Ein Kapitel Schweizerlyrik. H. L.s Gedichte. In: Süddeutsche Monatshefte 7 (1910) S. 382–394.
Lauchenauer, Eduard: H. L.s Leben. Diss. Zürich 1922.
Müller, Karl Alexander von: Leutholds Penthesilea. In: Deutsche Beiträge zur geistigen Überlieferung 4 (1950) S. 338–345. Wiederabgedr. in: Neue Schweizer Rundschau. N. F. 18 (1950/51) S. 603–611.
Plüß, Margaretha: Leutholds Lyrik und ihre Vorbilder. Diss. Bern 1908.
Saitschik, Robert: Meister der Schweizerischen Dichtung des neunzehnten Jahrhunderts. Frauenfeld 1894. S. 320–378.
Schneider, Heinrich: Die freundschaftliche Begegnung H. L.s und Emanuel Geibels im Münchener Dichterkreis. Lübeck 1961.
Spitteler, Carl: Gedichte von H. L. In: C. S.: Gesammelte Werke. Bd. 7. Zürich 1947. S. 465–468.
Stern, Martin: Zu Lenaus Wirkung in der Schweiz. Gottfried Keller und H. L. In: Lenau-Forum 11 (1979) S. 19–28.
Weber, Werner: H. L. und die Heimat. In: Neue literarische Welt 3 (1952) Nr. 19. S. 10.
Zimmermann, Walter: Der Dichter H. L. Straßburg 1918.

HERMANN LINGG

(22.1.1820 in Lindau – 18.6.1905 München)

Emanuel Geibel war es, der Hermann Lingg für den Literaturbetrieb entdeckte. Endlich konnte er, das in München angefeindete »Nordlicht«, einen echten Süddeutschen vorweisen, der seinen strengen Ansprüchen genügte. Und so erschien 1854 mit einem Vorwort Geibels ein Band *Gedichte*, der den aus Lindau stammenden Lingg mit einem Schlag berühmt machte.

Als Geibel eingriff, lebte Lingg »mit dem wilden Gleichmuth der Verzweiflung zwischen den kahlen Wänden eines armen Häuschens, weit draußen vor der als ungemein kunstsinnig verschrieenen Stadt München« (Hopfen, S. 117). Der Anwaltssohn hatte in Kempten das Gymnasium besucht und von 1837–43 in München, Berlin, Prag und Freiburg Medizin studiert. Mit dem Dr. med. schloß er das Studium ab. Von 1846–49 diente er in der bayerischen Armee, die eine bessere Versorgung versprach als die freie Praxis. Doch während der Revolutionswirren brach er gesundheitlich zusammen. Freundliche Äußerungen über einzelne Revolutionäre exponierten ihn; er hatte vage Sympathien, ohne eine klare Stellung zu beziehen (so wie er später Verständnis zeigte für die Lage der Proletarier, ohne irgendwie Partei zu ergreifen), doch das genügte, ihn in einen regelrechten Verfolgungswahn zu treiben. Er desertierte, ging freiwillig in eine Nervenheilanstalt, wo ihm »dasselbe Zimmer angewiesen wurde, das einst Lenau inne gehabt hatte« (Lingg, *Meine Lebensreise*, S. 70). Zum Glück fand er einen verständigen Arzt, der ihn bald wieder entließ. So versuchte er, auf einem einst seinem Großvater gehörenden Gut, das er als eigentliche Heimat betrachtete, sich selbst zu heilen. Als ihm die Rückkehr auf seinen Posten als Militärarzt verweigert wurde, zog er als Schriftsteller nach München. Endlich konnte seine Jugendliebe zu ihm ziehen, ein einfaches Mädchen vom Land, gegen das seine Familie so erbittert opponiert hatte, daß sie sogar die

Entmündigung plante. Doch seine Lage blieb schwierig. Das Stuttgarter *Morgenblatt* hatte zwar früher einmal ein paar Gedichte gedruckt, doch jetzt wollte niemand sie haben.
Nach dem Eingriff Geibels änderte sich alles. Der König empfing ihn. »Schon der Gang in den Audienzsaal hob mein Selbstgefühl mächtig [...] ich war in eine neue Welt getreten, in eine Welt voll Glanzes und stolzer Anregung« (Lingg, *Meine Lebensreise*, S. 99 f). Lingg erhielt ein regelmäßiges Gehalt, das »jeder Bedrängnis mich enthob und eine sorgenfreie Existenz mir sicherte« (ebd., S. 101). Seine Gedichte machten den etwas sonderlichen pensionierten jungen Armeearzt zum geachteten Bürger. »Seit meine Gedichte mehr und mehr bekannt wurden, kam ich in Kreise der höheren Gesellschaft« (ebd., S. 107), erzählte er in naivem Stolz. Aber er verlor auch jetzt nicht den Kontakt zu den einfachen Leuten. Er hatte zwar mit einem Gedichtlein vom Krokodil zu Singapur den Münchner Dichtern ihren Vereinsnamen gegeben und kam regelmäßig zu den Sitzungen, auch wenn er sich mit Geibel und Heyse nicht immer vertrug. Doch anschließend suchte er andere Gesellschaft, zum Beispiel in dem Wirtshaus »Beim Sturm«, wo man jene Leute finden konnte, die anders als er den Sprung in die höhere Gesellschaft nicht geschafft hatten, jene schiffbrüchig gewordenen, die trotz ungewöhnlicher Bildung aus einem kümmerlichen Dasein nicht herauskamen. »Noch ein Glas Bier beim Sturm getrunken« kehrt wie ein Refrain im Tagebuch wieder (Port, S. 199). Linggs »stilles und anspruchsloses, träumerisches und weltabgewandtes Wesen« bewirkte, daß viele ihn achteten und verehrten. So konnte er auch über den Tod Maximilians hinaus seine Stellung in München behaupten. Ludwig II. verlieh ihm 1874 den Maximiliansorden und erhöhte die von seinem Vater ausgesetzte Jahresrente; er wurde Ehrenbürger von München und Lindau und erhielt 1890 den persönlichen Adel.
All das konnte geschehen, weil er regelmäßig in großer Fülle publizierte. Zeitweilig schrieb er fast täglich ein Gedicht.

Seine Themen liegen geographisch und zeitlich im Extremen, im Himalaja und am Nordpol, in der Urwelt, auf dem Kometen. Er wurde ein überall gesuchter Prologschreiber. Dreißig Jahre lang fand kaum eine bedeutende Erinnerungsfeier, ein Kriegervereinstag oder eine Denkmalsenthüllung statt, zu der nicht Lingg einen Festprolog schrieb, und er verteidigte es unter Berufung auf Pindar ausdrücklich, daß er solche Tagesschriftstellerei unter seine gesammelten Gedichte aufnahm. Neben mehreren Gedichtbänden erschienen etwa 20 Dramen und Novellen. Ihm selbst am wichtigsten war das Epos *Die Völkerwanderung*, das seit 1866 in drei Bänden erschien und das er als den »Anfang einer großen, nationalen sich immer weiter entwickelnden Helden- und Volksdichtung« ansah (Tagebuchnotiz vom 22.6.1865).
Lingg blieb auch im Kreis der Krokodile ein Einzelgänger, der kaum Anregungen aufnahm. Schon Freunde und Zeitgenossen behaupteten, er habe trotz der Fülle seiner Werke keine Entwicklung gemacht. Er sei »ein rastloses Talent ohne das Correktiv der Selbstkritik« (Hopfen, S. 114). Geibel hoffte, Lingg würde für die *Völkerwanderung* »keinen Verleger finden, der ihm zu diesem Selbstmorde behilflich ist« (*Der Briefwechsel von Emanuel Geibel und Paul Heyse*, S. 175). Heyse behauptete gar 1873, Lingg habe nicht »ein einziges genießbares Werk seit den Gedichten in die Welt geschickt« (ebd., S. 241).
Bemerkenswert ist freilich die Achtung, die Lingg in der folgenden Generation noch immer genoß, während die übrigen »Krokodile«, vor allem Paul Heyse, extremer Polemik ausgesetzt waren. Das Vorwort der Anthologie *Moderne Dichtercharaktere* (1885), die erstmals Proben einer neuen Art von Dichtung vorlegen wollte, nahm Lingg nachdrücklich von allen Angriffen aus. In respektvollen Briefen (Originale in der Bayerischen Staatsbibliothek) baten Julius Hart, Michael Georg Conrad und Hermann Conradi um Mitarbeit in ihren Zeitschriften. Wenn Geibel bei Lingg »Dunkelheiten, Inkorrektheiten, Seltsamkeiten« rügt (*Der Briefwechsel von Ema-*

nuel Geibel und Paul Heyse, S. 147), so verweist er gerade auf jene eigenartigen Töne, die Lingg gelungen sind und mit denen er niemands Epigone ist. Die Verbindung reicht bis zum Expressionismus. Keinem Geringeren als Georg Heym hat man wiederholt nachgesagt, eine ganze Reihe seiner Gedichte könnte auch bei Lingg stehen – gibt es da geschichtliche Linien, die dichter sind, als man das im Augenblick sieht, und die genauer erforscht werden sollten?

Literaturhinweise

Gedichte. Hrsg. von Emanuel Geibel. Stuttgart 1854.
Die Walküren. Dramatisches Gedicht. München 1864.
Catilina. Trauerspiel in fünf Akten. München 1864.
Die Völkerwanderung. 3 Bde. Stuttgart 1865–68.
Gedichte. Zweiter Band. Stuttgart 1868.
Vaterländische Balladen und Gesänge. München 1869.
Gedichte. Dritter Band. Stuttgart 1870.
Zeitgedichte. Berlin 1870.
Violante. Trauerspiel in fünf Aufzügen. Stuttgart 1871.
Dunkle Gewalten. Epische Dichtungen. Stuttgart 1872.
Die Besiegung der Cholera. Ein Satyrdrama mit Vorspiel. München 1873 [?].
Der Doge Candiano. Drama in fünf Akten. Stuttgart 1873.
Berthold Schwarz. Dramatische Dichtung. Stuttgart 1874.
Macalda. Stuttgart 1877.
Schlußsteine. Neue Gedichte. Berlin 1878.
Byzantinische Novellen. Berlin 1881.
Von Wald und See. Novellen. Berlin 1883.
Högnis letzte Heerfahrt. Nordische Szene nach einer Sage der Edda. München 1884.
Lyrisches. Neue Gedichte. Wien/Teschen 1885.
Clythia. Eine Szene aus Pompeji. München 1887.
Die Frauen Salonas. Tragödie mit Chor in einem Akte. München 1887.
Jahresringe. Neue Gedichte. Stuttgart 1889.
Furchen. Neue Novellen. Stuttgart 1889.

Die Völkerwanderung. Epos. 3 Bde. 2., veränd. Aufl. Stuttgart 1892.
Dramatische Dichtungen. 2 Bde. Stuttgart 1897–99.
Corsar und Doge. Trauerspiel in drei Aufzügen. München 1898.
Der Herr des Feuers. Dramatisches Gedicht in drei Akten. München [1898].
Meine Lebensreise. Autobiographie. Berlin/Leipzig 1899.
Schlußrhythmen und neueste Gedichte. Stuttgart 1901.

Ausgewählte Gedichte. Hrsg. von Paul Heyse. Stuttgart/Berlin 1905.
Hochsommer. Die schönsten Gedichte und Lieder. Ausgew. und eingel. von Ferdinand Eckert. Lindau 1948.

Hopfen, Hans: Streitfragen und Erinnerungen. Stuttgart 1876. S. 112–127.
Kobell, Luise von: Münchner Porträts. München 1897. S. 140–163.
Knote, Walter: H. L. und seine lyrische Dichtung. Diss. Würzburg 1936.
Kreller, Rupert: Die Völkerwanderung H. L.s und das Gesetz der epischen Einheit. München 1900.
Rothärmel, Hubert: Die Völkerwanderung H. L. Diss. München 1925.
Pfaff, Emil: H. L. als epischer Dichter. Diss. Gießen 1925.
Port, Frieda: H. L. Eine Lebensgeschichte. München 1912.
Sonntag, Arnulf: H. L. als Lyriker. München 1908.
Zschiesche, Manfred: H. L. Eine Erscheinung des deutschen Spätklassizismus. Mit besonderer Berücksichtigung seiner Dramen. Diss. Breslau 1940.

ADOLF FRIEDRICH VON SCHACK

(2.8.1815 Brüsewitz bei Schwerin – 14.4.1894 Rom)

Der Baron, später Graf von Schack vertritt das adelige Element im Kreis der bürgerlichen Künstler, und sein Werk macht gleichzeitig aufmerksam, wie gering ansonsten im 19. Jahrhundert der Beitrag der gesellschaftlich privilegierten Kreise zur deutschen Geistesgeschichte ist.

Schack war der Sohn eines Großgrundbesitzers, der als Jurist im Dienst des Großherzogtums Mecklenburg tätig war. Die Schule des Philanthropins in Halle vermochte den vielseitig interessierten Jungen nicht mehr zu prägen. Da er für eine militärische Karriere körperlich nicht geeignet erschien, sollte er gegen seinen Willen Jurist werden; er machte Staatsexamen und trat 1838 beim Kammergericht in Berlin sein Referendariat an. Seit der Kindheit fühlte er sich im Elternhaus mißverstanden – die persönliche Einsamkeit blieb sein Schicksal. In Berlin konnte er sich aber endlich dem widmen, was ihn interessierte, er studierte Geschichte und orientalische Sprachen, Persisch, Arabisch, Sanskrit. Schon nach dem Abitur gab es eine erste Italienreise. Als er 1839 gesundheitshalber Urlaub aus dem preußischen Staatsdienst nahm – die Verpflichtung, täglich viele Stunden Protokolle zu schreiben, rieb ihn auf –, ging er wieder in den Mittelmeerraum nach Italien, Sizilien, Ägypten, Syrien, in die Türkei, nach Griechenland (seit gemeinsamen Tagen in Athen datiert die Freundschaft mit Emanuel Geibel, den Schack schon von Berlin her kannte), daran schloß sich ein Aufenthalt von eineinhalb Jahren in Spanien an, zum Schluß folgte England. Mit der Rückkehr von dieser Reise war für Schack gleichzeitig der preußische Staatsdienst beendet. Zunächst begleitete er 1849 seinen neunzehnjährigen Landesherrn, Großherzog Friedrich Franz von Mecklenburg-Schwerin, auf eine Orientreise. Dann ging er als Attaché der mecklenburgischen Gesandtschaft nach Frankfurt, später als Geschäftsträger nach Berlin, nahm auch noch für Mecklenburg an den Unionsverhand-

lungen in Erfurt teil. Doch nach dem Tod seines Vaters verließ er den diplomatischen Dienst. Er nannte sich Legationsrat a. D., erhielt den Titel eines mecklenburgischen Kammerherrn und begann ein Leben auf Reisen.
Solche Reisen waren abenteuerlich genug, und Schack konnte spannend erzählen. Im April 1839 flüchtete er nach einer Schiffskollision unter Verlust seines Gepäcks und seiner Effekten im Schlafrock auf ein fremdes Schiff, rettete nur den mit Gold gefüllten Ledergürtel und einen Kreditbrief von Rothschild, aber er hat dennoch große Sorgen: »Je mehr wir uns der Insel [Malta] näherten, um so weniger konnten wir ein Gefühl der Beklemmung bei dem Gedanken unterdrücken, daß wir uns in so lächerlichem und abenteuerlichem Kostüm den Blicken der eleganten britischen Damenwelt beim Landen präsentieren sollten.« (Schack, *Ein halbes Jahrhundert*, Bd. 2, S. 172.) Gefährlicher diese Szene: Durch Zufall kann Schack im Frühjahr 1870 in Athen an einem schon verabredeten Ausflug nach Marathon nicht teilnehmen. »Die Reisegruppe wurde auf dem Heimwege von Marathon von einer starken Räuberbande überfallen und in die Nordgebirge hinweggeschleppt.« Statt des verlangten Lösegelds schickt die Regierung Soldaten. »Hiermit war das Schicksal der Gefangenen besiegelt; die Räuber brachten sie bei der ersten Annäherung der Soldaten um, und hätte ich ihren Ausflug mitgemacht, so würden meine Gebeine jetzt gleich den ihrigen in den Schluchten der thessalischen Berge modern.« (Ebd., S. 104.) Schack suchte allerdings nicht Abenteuer, wenn er Europa nach allen Richtungen durchquerte und immer wieder in die Länder um das Mittelmeer zurückkam. Er beobachtete die Menschen und zwar nicht nur die Großen der Zeit, die er auf prägnante Weise schilderte, sondern auch einfache Leute: »Auf dem Dampfschiffe, das uns von Port Said nach dem heiligen Lande führte, machte ich Bekanntschaft mit einem uralten Mönch, dessen langwallender weißer Bart und von Runzeln tief gefurchte Stirn ihn hätten für

Ahasver gelten lassen können. Er war ein Spanier von Geburt, aber schon vor siebenzig Jahren nach Südamerika gekommen, wo er in einem Franziskanerkloster der Republik Columbia seitdem gelebt. Jetzt mehr als neunzig Jahre alt, hatte er den Pilgerstab ergriffen, um die Sehnsucht seines Lebens zu erfüllen und die heiligen Stätten von Jerusalem zu begrüßen, wo er sich auch zu Grabe zu betten dachte.« (Ebd., S. 127.) Schacks Werk ist voll von kleinen Studien dieser Art, in denen er Städte, Bauwerke, Landschaften in ihrer Eigenart festhält. Oft genug muß er später feststellen, wie Dinge, die er früher noch gesehen und geliebt hat, der rüden Abrißmentalität des 19. Jahrhunderts zum Opfer fielen.

Schacks eigentliches Ziel aber waren Museen, Bibliotheken, Archive. Er wollte nicht nur seinen Liebhabereien leben, er stellte an sich höchste Anforderungen. Das geschichtlich gewordene Schöne sollte wissenschaftlich erarbeitet und dargestellt werden. So dienten die Reisen vor allem einer ausgedehnten Quellenforschung für große historische Werke über die *Geschichte der dramatischen Literatur und Kunst in Spanien* (1845–46), über *Poesie und Kunst der Araber in Spanien und Sizilien* (1865), über die *Geschichte der Normannen in Sizilien* (1889). Eine ähnliche Arbeit war auch für England geplant, vor ihr erschienen jedoch nur einige Bruchstücke *Die englischen Dramatiker vor, neben und nach Shakespeare* (1893), denn Schacks Aufmerksamkeit gehörte eindeutig dem Mittelmeerraum und dem Osten.

Ein anderer Bereich, in dem Schacks eminente Neugier auf die Welt fruchtbar wurde, sind seine Übersetzungen. Er ist einer der bedeutendsten deutschen Übersetzer orientalischer Literatur. Manche seiner Leistungen sind bis heute nicht überholt. So erschienen *Heldensagen und epische Dichtungen von Firdusi* (1851–52), *Stimmen vom Ganges* (1857); zusammen mit Geibel übersetzte er den *Romanzero der Spanier und Portugiesen* (1860); die dreibändige Sammlung *Orient und Okzident* (1890) enthält persische, portugiesische und indi-

sche Texte; den Abschluß bildet die *Anthologie abendländischer und morgenländischer Dichtungen* (1893).
Erst spät begann Schack, auch die eigenen poetischen Versuche zu publizieren. Die meisten seiner Erstlingswerke hat er in vornehmer Zurückhaltung vernichtet. Neben kleinen Veröffentlichungen in Zeitschriften erhielt Geibel für das *Münchener Dichterbuch* einige Gedichte aus früheren Jahren. Erst nach dem Druck der *Gedichte* (1866) gab Schack, inzwischen über 50 Jahre alt, in rascher Folge heraus, was bisher entstanden war. Genau genommen sind auch diese Werke ›Reiseliteratur‹. Schack berichtet, daß er unterwegs immer sein Schreibzeug griffbereit hatte und mit Bleistift aufschrieb, was ihm »die Muse« eingab. Im Vorwort des Versepos *Lothar* (1872) erzählt er: »Ich schrieb ihn zum größten Teil angesichts der Gegenden, durch welche ich meinen Helden führe, unter den Palmen und Zelten Syriens und auf dem Dache des lateinischen Klosters von Jerusalem, an den Ufern des Guadalquivir und auf der herrlichen, über dem Abgrund hängenden Alameda von Ronda, auf einer Nilbarke und inmitten der ungeheuren Trümmer von Theben.« Unter solchen Umständen entstanden vier Lyrikbände, fünf Versepen, einige kleinere Epen, eine ganze Serie von Dramen und Lustspielen, drei Essaybände und die dreibändige Autobiographie *Ein halbes Jahrhundert* (1888).
Im Sommer 1854 versuchte Maximilian II., Schack nach München zu ziehen, doch dieser zögerte. Er war mißtrauisch gegen die Atmosphäre der Höfe und wollte sich in jeder Richtung seine Freiheit wahren. Erst als er den König persönlich kennen und als überaus gebildeten Mann, der ihn »freundlich, ja herzlich« empfing, schätzen lernte, war er bereit, in München eine Wohnung zu nehmen, wo er sich meist im Frühjahr und im Herbst aufhielt, während er den Rest des Jahres unterwegs war. Er besuchte regelmäßig die Symposien des Königs – Friedrich Pecht behauptete, er war »der einzige Adelige am ganzen Hof, der ein wahres Interesse für Kunst besaß«. Von den Sitzungen der Krokodile hielt er sich,

obwohl er als Mitglied galt, meist fern. Die Brüderlichkeit des Biertischs war ihm ein Greuel. Statt dessen suchte er die private Freundschaft. Schack erscheint auf spröde Weise sympathisch. Er war ein einsamer Junggeselle; nur nebenbei, als sei das indezent, deutet er einmal in seinen Erinnerungen an, daß eine frühe Liebesgeschichte tragisch mit dem Tod des Mädchens abbrach. Im Grunde fand er sich nie mit der persönlichen Einsamkeit ab; deshalb seine dauernden Reisen; deshalb auch die Verletztheit, mit der er reagierte, als sich niemand »für seine künstlerische Produktion sonderlich zu erwärmen« vermochte (so noch einmal Friedrich Pecht) und als die Bühnen seine Theaterstücke ablehnten. Er verbitterte, aber auch da blieb er vornehm. Eindrucksvoll die Stelle der Erinnerungen, wo er feststellt, die letzten Jahrzehnte hätten »überwiegend Trübsale gebracht«, aber er beschließt, »Schweigen über sie zu wahren«; statt dessen widmet er jedem der inzwischen gestorbenen Freunde ein paar bewegende Worte: den Malern Bonaventura Genelli und Moritz von Schwind, Dönniges, Liebig, Ludwig von der Tann, vor allem Geibel.

In der Münchner Zeit entstand seit 1859 Schacks großartigstes und bleibendes Werk, seine Kunstsammlung, in der er Kopien alter Meister und Werke zeitgenössischer Künstler vereinte. Es wurde behauptet, er habe die Notlage junger Künstler ausgenützt, etwa wenn er Hans von Marées und Franz Lenbach für wenig Geld in Italien und Spanien Bilder kopieren ließ. Insgesamt dürfte das Urteil der zeitgenössischen Beobachterin Rosalie Braun-Artaria richtig sein, die einwendet, man solle »nicht vergessen, daß Lenbach damals ein unbekannter junger Anfänger in sehr ärmlichen Verhältnissen war, für den die Verbindung mit Schack ein großes Glück bedeutete [...] Eine ähnliche Rettung waren Schacks Aufträge auch für Feuerbach und Böcklin. Beide waren vorher hart von Geldnot bedrängt, beiden wurde dadurch wesentlich geholfen. Feuerbach besonders würde ohne Schack in verzweifelte Lage geraten sein, wie heftig er sich auch jederzeit über des Herrn Barons Verständnislosigkeit und Bevormundung empörte [. . .] Daß es ihm mit verhältnismäßig kleinen Mitteln gelang, in den Jahrzehnten, während deren durch Ludwigs II. Teilnahmlosigkeit die Neue Pinakothek nur wenig Zuwachs erhielt, eine solche Fülle herrlicher Kunstwerke zu erwerben, das war wohl sein großes Glück, aber auch das Verdienst seiner edeln Gesinnung, die sich der bedrängten Künstler annahm, ehe er ahnen konnte, welcher Nachruhm ihm selbst daraus erwachsen würde.« (*Von berühmten Zeitgenossen*, S. 77–79.)

Literaturhinweise

Geschichte der dramatischen Literatur und Kunst in Spanien. 3 Bde. Berlin 1845–46.
Spanisches Theater. Hrsg. von A. F. v. S. 2 Bde. Frankfurt 1845.
Firdusi: Heldensagen. Zum ersten Male metrisch aus dem Persischen übers., nebst einer Einl. über das iranische Epos. Berlin 1851.
Firdusi: Epische Dichtungen. Aus dem Persischen. 2 Bde. Berlin 1853.
Nalodaya. Stuttgart 1857.
Stimmen vom Ganges. Eine Sammlung indischer Sagen. Berlin 1857.
Romanzero der Spanier und Portugiesen. Übers. von Emanuel Geibel und A. F. v. S. Stuttgart 1860.
Poesie und Kunst der Araber in Spanien und Sizilien. 2 Bde. Berlin 1865.
Gedichte. Berlin 1867.
Episoden. Erzählende Dichtungen. Berlin 1869.
Durch alle Wetter. Roman in Versen. Berlin 1870.
Lothar. Ein Gedicht in zehn Gesängen. Berlin 1872.
Die Pisaner. Trauerspiel in fünf Akten. Berlin 1872.
Der Kaiserbote. Cancan. Zwei politische Lustspiele. Leipzig 1873.
Nächte des Orients oder Die Weltalter. Stuttgart 1874.
Ebenbürtig. Roman in Versen. Stuttgart 1876.
Dramatische Dichtungen [Timandra. Atlantis]. 2 Bde. Stuttgart 1879.

Weihgesänge. Stuttgart 1879.
Die Plejaden. Ein Gedicht in zehn Gesängen. Stuttgart 1881.
Meine Gemäldesammlung. Stuttgart 1882.
Gaston. Trauerspiel. Stuttgart 1883.
Tag- und Nachtstücke. Stuttgart 1884.
Memnon. Eine Mythe. Stuttgart 1885.
Walpurga. Der Johanniter. Zwei Tragödien. Stuttgart 1885.
Aus zwei Welten. Erzählungen und Bilder. Stuttgart 1887.
Ein halbes Jahrhundert. Erinnerungen und Aufzeichnungen. 3 Bde. Stuttgart/Leipzig 1888.
Geschichte der Normannen in Sizilien. 2 Bde. Stuttgart 1889.
Pandora. Vermischte Schriften. Stuttgart 1890.
Orient und Okzident. 3 Bde. Stuttgart 1890.
Iris. Erzählungen und Dichtungen. Stuttgart 1891.
Lustspiele. Stuttgart 1891.
Joseph Mazzini und die italienische Einheit. Stuttgart 1891.
Mosaik. Vermischte Schriften. Stuttgart 1891.
Weltmorgen. Ein Gedicht. Stuttgart 1891.
Sirius. Ein Mysterium. Stuttgart 1892.
Das Jahr Eintausend. Dramatisches Gedicht. Stuttgart 1892.
Anthologie abendländischer und morgenländischer Dichtungen in deutschen Nachbildungen. 2 Bde. Stuttgart 1893.
Perspektiven. Vermischte Schriften. 2 Bde. Stuttgart 1894.
Episteln und Elegien. Stuttgart 1894.

Nachgelassene Dichtungen. Hrsg. von Georg Winkler. Stuttgart 1896.

Gesammelte Werke. 6 Bde. Stuttgart 1883.

Arndt, Johanna: Das kulturgeschichtliche Epos bei A. F. v. S., Heinrich Hart, Josef Pape. Diss. Königsberg 1928.
Azmi, Melâhat: Graf A. F. v. S. und der Orient. Diss. Berlin 1934.
Brenning, Emil: Graf A. F. v. S. Bremen 1885.
Brinkmann Scheihing, Beatriz: Spanische Romanzen in der Übersetzung von Diez, Geibel und von Schack. Analyse und Vergleich. Marburg 1975.
Caeiro, Olivo: O Conde Adolfo Frederico de Schack no seu interesse pela cultura portuguesa. Paris 1978.
Hart, Heinrich und Julius: Kritische Waffengänge. H. 5: Graf Schack als Dichter. Leipzig 1883.

Josephi, Walter: A. F. v. S. und Anselm Feuerbach. In: Mecklenburgische Jahrbücher 103 (1939) S. 85–166.
Jürgens, A.: A. F. v. S. – Dichter, Historiker, Mäzen. In: Die Hilfe 49 (1943) S. 238–243.
Koch, Max: A. F. v. S. In: ADB. Bd. 55. Leipzig 1910. S. 158–163.
Krause, Paul: Die Balladen und Epen des Grafen A. F. v. S. Diss. Breslau 1915.
Nemitz, Fritz: Graf Schack als Lyriker. Diss. Rostock 1921. [Masch.]
Newby, Edward J.: The prose essays and autobiography of A. F. v. S. Diss. University of North Carolina 1963.
Rogge, Friedrich Wilhelm: A. F. v. S. Eine literarische Skizze. Berlin 1883.
Schoen, Otto: Gehalt und Gestalt im dramatischen Schaffen des Grafen A. F. v. S. Breslau 1938.
Stautner, Dora Johanna: Farbige Weltschau in Natur und Geschichte als konstitutives Element im Werk des Grafen A. F. v. S. Wuppertal-Elberfeld 1935.
Walter, Erich: A. F. v. S. als Übersetzer. Leipzig 1907.
Weigt, Alexander: A. F. v. S. als Dramatiker. Diss. Breslau 1921. [Masch.]
Zabel, Eugen: Graf A. F. v. S. Bremen 1885.

Zu den Übersetzungen

Wenigstens in knappen Beispielen ist im gegebenen Rahmen auch auf die Übersetzungen der Krokodile zu verweisen, denn aus fremden Sprachen zu übersetzen, gehört für sie zum integralen Bestandteil literarischer Arbeit. (Aus diesem Grund wurden die Titel der übersetzten Werke in den einzelnen Bibliographien belassen, weil jedes Œuvre gerade aus der Verbindung von Eigenproduktion und Übersetzung entsteht. Eine selbständige Liste enthält das unten genannte Werk von Véronique de la Giroday.)
Alle Autoren hatten längst zu übersetzen begonnen, bevor sie nach München kamen. Geibel und Ernst Curtius verkehrten in Athen im Haus von Professor Brandis, der der griechischen Königin Amalie (König Otto I. war der Bruder von Maximilian II.) wissenschaftliche Vorträge hielt, damit sie ihr Land kennenlernen konnte; um Beispiele für diese Vorträge zu liefern, aus didaktischen Zwecken also, entstanden die *Klassischen Studien* (1840). Bodenstedt hatte es so eilig mit der Publikation seiner ersten Übersetzungen aus dem Russischen (Koslow, Puschkin, Lermontow), daß er wenig später den Band wieder zurückzog, als er sein Geschäft besser verstand; seine umfassende Vermittlung russischer Literatur, die er in den folgenden Jahrzehnten unternahm, wird von neueren Untersuchungen, die vor allem in der DDR entstanden, als »bahnbrechend« bezeichnet. Bei dem Romanisten Paul Heyse ist die Verbindung mit Italien nicht nur gelehrtes Geschäft, sondern eine Art Wahlverwandtschaft. Durch lange Aufenthalte in Italien beherrschte er Italienisch ebenso wie seine Muttersprache, und er unternahm es, in umfassenden Arbeiten *Italienische Dichter seit der Mitte des 18. Jahrhunderts*, also die gesamte neuere lyrische Produktion Italiens in Deutschland zugänglich zu machen (der bedeutendste Platz kommt dabei wohl den »Canti« von Leopardi zu, einer Literatur also, die von ihren Inhalten her den Dichtungen Heyses selbst so fern wie möglich ist). Leuthold und Geibel zusammen publizierten *Fünf Bücher französischer Lyrik vom Zeitalter der Revolution bis auf unsere Tage* (1862) – der Untertitel zeigt die Absicht: nicht beliebige Einzelübersetzungen waren geplant, sondern eine zusammenfassende Darstellung der Entwicklung französischer Lyrik. Gleich zwei Unternehmen galten der spanischen Literatur. Geibel und Heyse boten 1852 ein *Spanisches Liederbuch*, Geibel und Schack, der seinerseits Volkslieder nicht schätzte, ergänzten es durch *Romanzero der Spanier und Portugiesen* (1880), wobei Schack in der

Vermittlung portugiesischer Texte Pionierarbeit leistete, denn mit der Ausnahme von August Wilhelm Schlegels *Blumensträuße italiänischer, spanischer und portugiesischer Poesie* (1804) hatte es bisher kaum portugiesische Literatur in Deutschland gegeben. Das Bemühen um englische Literatur wurde vor allem ein Ringen um Shakespeare. Zwar gab es in der Mitte des 19. Jahrhunderts schon eine ganze Reihe von Gesamtübertragungen, aber das bürgerliche Publikum brauchte Übersetzungen, die der eigenen Sprache und den eigenen Vorstellungen entsprachen. Franz Dingelstedt und wiederum Bodenstedt trugen dazu bei, solche Übersetzungen sowohl der Dramen als der Sonette zu liefern. Die gewaltigste und bis heute nicht überholte Übersetzungsleistung lieferte Graf Schack mit seinen Übersetzungen persischer Literatur. Zwischen 1839 und 1851 erschienen in 60000 Doppelversen die Werke des Firdusi, des persischen Nationaldichters (um 940–1020). Zu ergänzen wäre diese Liste durch den Hinweis auf Schacks *Stimmen vom Ganges* (1857, erweitert 1877), die bisher noch nicht bekannte indische Texte boten, auf Schacks *Poesie und Kunst der Araber in Spanien und Sicilien* (1865) und *Strophen des Omar Chijam* (1878; Omar Chayyam war ein persischer Epigrammatiker und Gelehrter, der von etwa 1045 bis 1122 lebte), auf Bodenstedts *Der Sänger von Schiras. Hafisische Lieder verdeutscht* (1877) und noch einmal *Die Lieder und Sprüche des Omar Chajjam* (1881), auf Wilhelm Hertz' Neubearbeitung mittelhochdeutscher und altfranzösischer Epen. Die bei Giroday vollständig dargebotene Liste ist ein erstaunliches Stück ›Weltliteratur‹, das die Münchner Dichter dem deutschen Publikum verfügbar machten.

Das Leitmotiv dieser gesamten Übersetzungstätigkeit ist schon sehr früh bei Geibel zu entdecken. Aus Athen schrieb er am 11. April 1840 an seine Mutter über die soeben erschienenen *Klassischen Studien*: »Es sollte mich freuen, wenn es Vater gefiele [...]. Wenn die Stockphilologen es ja irgendwo der Beachtung wert halten, so schlagen sie es gewiß tot, weil zu wenig Erudition darin ist, und manche poetische Freiheit.« Die besondere Empfehlung des Werks an den Pastor Geibel ist mehr als eine artige Verbeugung vor dem Vater; sie gibt zugleich das Zielpublikum an. Entscheidend für die Übersetzungen ist nicht die philologische Genauigkeit, sondern die Vermittlung der fremden Texte an das Bildungsbürgertum. Von der Wissenschaft wurden sowohl Bodenstedts englische als Schacks persische Übersetzungen kritisiert, weil es in ihnen nicht um Exaktheit im Sinn der Philologen, sondern um das freie Nachbilden der Schönheit fremder

Kunstwerke in einer angemessenen deutschen Sprache ging. Auch der Literaturprofessor Wilhelm Hertz suchte als Übersetzer die mittelalterlichen Epen so einzurichten, daß sie, wie mancher verächtlich sagte, »populär« wurden, das heißt für ein großes Publikum erreichbar waren. Eine gelegentliche Bemerkung des Grafen Schack zeigt, welchen Stellenwert die Vermittlungsarbeit hatte: »Man preist oft die Blüte der orientalischen Studien in unserer Zeit, und es ist nicht zu leugnen, daß sich viele tüchtige Kräfte denselben mit Eifer widmen. Leider jedoch geschieht viel zu wenig, um die Kenntnis der morgenländischen Literatur in weitere Kreise zu verbreiten; vielmehr betreiben die meisten unserer Orientalisten ihr Fach als eine Art von Geheimwissenschaft.« (Schack, *Ein halbes Jahrhundert*, Stuttgart/Leipzig 1888, Bd. 3, S. 194.)

Um solche »Kenntnis« fremder Literaturen zu verbreiten, genügte es nicht, nur einzelne Texte zu liefern. Die Übersetzungen weiteten sich zu ganzen Literaturgeschichten, wie Heyse dies mit der italienischen Literatur plante; zu Epochendarstellungen, wie in Bodenstedts *Shakespeare und seine Zeitgenossen*; oder wie beim Grafen Schack zum Gesamtbild einer ganzen Kultur wie in *Poesie und Kunst der Araber in Spanien und Sicilien*.

Geibel, Bodenstedt, Heyse, Schack wurden nicht nur ihrer eigenen Werke, sondern auch ihrer Übersetzungen wegen nach München geholt, eine gewisse kosmopolitische Haltung erscheint somit als Voraussetzung der Berufung. Bei ihnen gibt es gelegentlich – wie auch in unseren Texten belegt – eine entschiedene deutschnationale Haltung, bei Geibel erreicht sie Töne, die unangenehm berühren können. Solche Deutschtümelei entspricht einer weit verbreiteten Haltung im Bürgertum des 19. Jahrhunderts. Sie wird bei den Krokodilen aber ergänzt durch einen fraglosen Kosmopolitismus. Julius Grosse bestätigt: »Die Tendenz war [...] eine im weitesten Sinne kosmopolitische, ethnographische, romantische im Sinne des homerischen Helden, der viele Länder, Völker und Städte gesehen« (Grosse, *Ursachen und Wirkungen*, Braunschweig 1896, S. 265). Noch bis in den Münchner Naturalismus ist zu beobachten, daß hier die nationalen Akzente vor allem eine Aufforderung an die Deutschen sind, sich ihrer selbst, der eigenen Möglichkeiten und der eigenen Maßstäbe bewußt zu werden, verbunden mit einer achtungsvollen, oft auch Vorbilder suchenden Neugier auf fremde Kulturen. Mit solcher Neugier freilich lagen die Münchner Dichter weniger im Trend der Zeit. Viele der Übersetzungen waren buchhändlerisch eine Enttäuschung (so sehr manche auch »wegen der Küche«, das heißt um zusätzliche

Einnahmen zu erzielen, unternommen wurden. Heyses groß geplante und parallel zu dem ungemein erfolgreichen *Deutschen Novellenschatz* (1871–76) konzipierte Sammlung *Novellenschatz des Auslandes* (1872–75) mußte zum Beispiel wegen mangelnden Publikumsinteresses eingestellt werden.
Eine der schönsten Erklärungen für das Interesse des Münchner Dichterkreises an fremden Literaturen steht bei Friedrich Bodenstedt – sie allein könnte Grund dafür sein, den Krokodilen auch heute noch ein freundliches Wohlwollen zu sichern: »Durch ihre Lieder sieht man den Völkern ins Herz und lernt das bessere von ihnen schätzen und lieben. Man erkennt, daß ein inneres Band sie alle gleichmäßig umschlingt und zueinander hinzieht. Und je mehr solche Erkenntnis wächst und sich verbreitet, desto mehr werden sie einsehen lernen, daß sie mehr Grund haben, einander zu lieben als zu hassen« (Bodenstedt: *Aus Ost und West*, Berlin 1861, S. 43).

Literaturhinweis

Giroday, Véronique de la: Die Übersetzertätigkeit des Münchner Dichterkreises. Wiesbaden 1978.

Verzeichnis der Texte und Druckvorlagen

Die Texte der vorliegenden Ausgabe folgen den verzeichneten Druckvorlagen. Orthographie und Interpunktion wurden bei Wahrung des Lautstandes und der sprachlichen Eigenart behutsam dem heutigen Gebrauch angeglichen. Ergänzungen des Herausgebers sind in eckigen Klammern gesetzt, Auslassungen ebenfalls durch eckige Klammern gekennzeichnet. – Vom Herausgeber formulierte Textüberschriften stehen in eckigen Klammern.

Dokumente

Texte

Emanuel Geibel

Gedichte. Berlin: Duncker, 1840. (1) S. 7 f. (2) S. 16. (3) S. 24 f. (4) S. 53. (5) S. 116–118. (6) S. 125. (7) S. 177 f. (8) S. 181 f. (9) S. 187 f.

Gedichte. 3., verm. Aufl. Berlin: Duncker, 1844. (10) S. 46. (11) S. 88f. (12) S. 144. (13) S. 193. (14) S. 195. (15) Ebd.

Zeitstimmen. 2., verm. Aufl. Lübeck: Asschenfeldt, 1843. (16) S. 53.

Zwölf Sonette. Lübeck: Asschenfeldt, 1846. (17) S. 14.

Juniuslieder. Stuttgart/Tübingen: Cotta, 1848. (18) S. 17. (19)

S. 23 f. (20) S. 79–81. (21) S. 72 f. (22) S. 119. (23) S. 214. (24) Ebd. (25) Ebd. (26) S. 220. (27) Ebd. (28) S. 221.

Neue Gedichte. Stuttgart/Augsburg: Cotta, 1856. (29) S. 55 f. (30) S. 165. (31) S. 187–193. (32) S. 194–197.

Brunhild. Eine Tragödie aus der Nibelungensage. Stuttgart/Augsburg: Cotta, 1857. (33) S. 29–35, 62–70.

Heroldsrufe. Ältere und neuere Zeitgedichte. Stuttgart: Cotta, 1871. (34) S. 186–188. (35) S. 199–202.

Spätherbstblätter. 2. Aufl. Stuttgart: Cotta, 1877. (36) S. 43 f. (37) S. 142. (38) S. 143. (39) S. 144.

Paul Heyse

Der Briefwechsel von Emanuel Geibel und Paul Heyse. Hrsg. von Erich Petzet. München: Lehmanns, 1922. (1) S. 1–4. (2) S. 4–6.
Gedichte. Berlin: Hertz, 1872. (3) S. 17. (4) S. 21. (5) S. 23. (6) S. 26. (7) S. 27 f. (8) S. 30–36. (9) S. 43. (10) S. 54. (11) S. 54 f. (12) S. 55. (13) S. 56 f. (14) S. 185–187, 191.
Novellen. Berlin: Hertz, 1855. (15) S. 71–88.
Kolberg. Historisches Schauspiel in fünf Akten. Berlin: Hertz, 1868. (16) S. 53–62.
Neue Gedichte und Jugendlieder. Berlin: Hertz, 1897. (17) S. 6. (18) S. 120–123. (19) S. 111–114. (20) S. 247.
Ein Wintertagebuch (Gardone 1901–1902). Stuttgart/Berlin: Cotta Nachf., 1903. (21) S. 12. (22) S. 37. (23) S. 50 f. (24) S. 79–81. (25) S. 103. (26) S. 104 f.
Merlin. Roman in sieben Büchern. 3 Bde. Berlin: Hertz, 1892. (27) Bd. 1. S. 86–91, 210–215, 247 f., 275 f., Bd. 2. S. 119–125, 191–195.

Friedrich Bodenstedt

Tausend und ein Tag im Orient. Berlin: Decker, 1850. (1a) S. IX–XVI. (1b) S. 40–42. (1c) S. 52–54. (1d) S. 95–102. (1e) S. 129 f. (1 f) S. 182–184. (1g) S. 192–195.
Eines Königs Reise. Erinnerungsblätter an König Max. Leipzig: Albrecht, 1879. (2a) S. 42–47. (2b) S. 52–55.

Gedichte. 2. Aufl. Bremen: Schlodtmann, 1853. (3) S. 123. (4) S. 127. (5) S. 192–194. (6) S. 283 f. (7) S. 319 f.

Wilhelm Hertz

Gedichte. Hamburg: Hoffmann und Campe, 1859. (1) S. 3 f. (2) S. 41. (3) S. 51 f. (4) S. 93–96. (5) S. 123 f. (6) S. 125–127. (7) S. 151–156. (8) S. 170–176.
Hugdietrichs Brautfahrt. Ein episches Gedicht. Stuttgart: Kröner, 1863. (9) S. 29–37, 54–58.
Bruder Rausch. Ein Klostermärchen. Stuttgart: Kröner, 1882. (10) S. 49–59.

Heinrich Leuthold

Gesammelte Dichtungen in drei Bänden. Hrsg. von Gottfried Bohnenblust. Bd. 1: Gedichte. Frauenfeld: Huber, 1914. (1) S. 22 f. (2) S. 30. (3) S. 32. (4) S. 52 f. (5) S. 92 f. (6) S. 110 f. (7) S. 121–123. (8) S. 131 f. (9) S. 133. (10) S. 161. (11) S. 161 f. (12) S. 162. (13) S. 163. (14) S. 163 f. (15) S. 164. (16) S. 165. (17) S. 172. (18) S. 178 f. (19) S. 221. (20) S. 274–276.

Hermann Lingg

Gedichte. 7. Aufl. Stuttgart: Cotta, 1871. (1) S. 81. (2) S. 97. (3) S. 106. (4) S. 108 f. (5) S. 152. (6) S. 200 f. (7) S. 227 f. (8) S. 229 f. (9) S. 250. (10) S. 257. (11) S. 293.
Gedichte. Zweiter Band. Stuttgart: Cotta, 1868. (12) S. 56 f. (13) S. 130. (14) S. 227–229. (15) S. 230 f. (16) S. 260 f. (17) S. 365–367. (18) S. 368–370.
Gedichte. Dritter Band. Stuttgart: Cotta, 1870. (19) S. 46 f. (20) S. 57–59. (21) S. 269. (22) S. 279.
Die Völkerwanderung. Epische Dichtung. Erstes Buch. Stuttgart: Cotta, 1866. (23a) S. 41–47. (23b) S. 306–308.
Schlußrhythmen und Neueste Gedichte. Stuttgart: Cotta Nachf., 1901. (24) S. 42. (25) S. 54. (26) S. 71. (27) S. 84 f. (28) S. 210.

Adolf Friedrich von Schack

Ein halbes Jahrhundert. Erinnerungen und Aufzeichnungen. 3 Bde. Stuttgart/Leipzig: Deutsche Verlags-Anstalt, 1888. (1a) Bd. 1. S. 24–26. (1b) Bd. 1. S. 314–319. (1c) Bd. 2. S. 62–66. (1d) Bd. 2. S. 226–231.
Gedichte. Berlin: Hertz, 1867. (2) S. 8–10. (3) S. 21 f. (4) S. 90 f. (5) S. 120 f. (6) S. 161 f. (7) S. 163.
Durch alle Wetter. Roman in Versen. Berlin: Hertz, 1870. (8) S. 106–120.

Nächte des Orients oder Die Weltalter. 2. Aufl. Stuttgart: Cotta, 1878. (9) S. 225–235.
Gesammelte Werke in sechs Bänden. 2., verb. und verm. Aufl. Bd. 1. Stuttgart: Cotta, 1884. (10) S. 269–277.

Übersetzungen

Emanuel Geibel / Adolf Friedrich von Schack: Romanzero der Spanier und Portugiesen. Stuttgart: Cotta, 1860. S. 312 f.

Friedrich Bodenstedt: Russische Dichter. Bd. 3: Michail Lermontow. Berlin: Decker, 1866. S. 25–27.

Emanuel Geibel / Heinrich Leuthold: Fünf Bücher französischer Lyrik vom Zeitalter der Revolution bis auf unsere Tage. Stuttgart: Cotta, 1862. S. 43.

Ebd. S. 44–46.

Ebd. S. 53 f.

Ebd. S. 55.

Ebd. S. 64 f.

Emanuel Geibel / Paul Heyse: Spanisches Liederbuch. Berlin: Hertz, 1852. S. 162–165.

Paul Heyse: Italienisches Liederbuch. Berlin: Hertz, 1860. S. 189 f.

Literaturhinweise

Spezielle Literaturhinweise zu den in dieser Anthologie versammelten Dichtern finden sich im jeweiligen Abschnitt des Kapitels »Zu den Autoren«.

Geibel, Emanuel (Hrsg.): Ein Münchner Dichterbuch. Stuttgart 1862.
Heyse, Paul (Hrsg.): Neues Münchner Dichterbuch. Stuttgart 1882.
Stemplinger, Eduard (Hrsg.): Der Münchner Kreis. Platen, Curtius, Geibel, Strachwitz. Leipzig 1933.
– Nachromantiker. Kinkel, Redwitz, Roquette, Carrière, Bodenstedt, Schack. Leipzig 1938.
– Kulturhistorische Dichtung. Scheffel, Julius Braun, Lingg. Leipzig 1939.

Braun-Artaria, Rosalie: Von berühmten Zeitgenossen. Lebenserinnerungen einer Siebzigerin. München 1920.
Burwick, Fritz: Die Kunsttheorie des Münchner Dichterkreises. Diss. Greifswald 1932.
Carrière, Moritz: Lebensbilder. Leipzig 1890.
Dahn, Felix: Erinnerungen. 3. Buch: Die letzten Münchener Jahre. 1854–1863. Leipzig 1892.
Dingelstedt, Franz: Münchener Bilderbogen. Berlin 1879.
Dirrigl, Michael: Maximilian II. König von Bayern 1848–1864. München 1984.
Döllinger, Ignaz von: König Maximilian II. und die Wissenschaft. München 1864.
Dove, Alfred: Ranke und Sybel in ihrem Verhältnis zu König Max. München 1895.
Dreyer, Alois: Der Münchner Dichterbund der »Krokodile«. In: Bayerland 23 (1911/12) S. 189–192, 210–214, 258–261, 279–281, 295–298, 322–325, 340–344, 364–366, 382–384, 403–405.
Egan, Rose Frances: The genesis of the theory of ›art for art's sake‹ in Germany and in England. 2 Bde. Northampton, Mass. 1921–24.
Franz, Eugen: München als deutsche Kulturstadt im 19. Jahrhundert. Berlin/Leipzig 1936.
– Wilhelm von Doenniges (1814–1872). In: Pommersche Lebensbilder. Bd. 2: Pommern des 19. und 20. Jahrhunderts. Stettin 1936. S. 103–121.

Fügen, Hans Norbert: Dichtung in der bürgerlichen Gesellschaft. Bonn 1972.
Giroday, Véronique de la: Die Übersetzertätigkeit des Münchner Dichterkreises. Wiesbaden 1978.
Gragger, Robert: Lilla von Bulyovszky und der Münchener Dichterkreis. In: Ungarische Rundschau 3 (1914) S. 468–487, 727–739.
Grosse, Julius Waldemar: Ursachen und Wirkungen. Lebenserinnerungen. Braunschweig 1896.
– Literarische Ursachen und Wirkungen. Streiflichter und fragmentarische Denkblätter. In: Nord und Süd 51 (1889) S. 32–49 und 55 (1890) S. 340–365.
Haushofer, Max: Die literarische Blüte Münchens unter König Max II. In: Allgemeine Zeitung. Beilage. 15. und 16.2.1898.
– Der Krokodile Glanz und Ende. In: Velhagen und Klasings Monatshefte 16 (1901/02) S. 672–676. (H. 6. Februar 1902.)
Hornstein, Robert von: Memoiren. München 1908.
Hornung, Alois: König Maximilian II. von Bayern im Lichte der zeitgenössischen wissenschaftlichen und schönen Literatur. Diss. München 1922.
Kluckhohn, Paul: Dichterberuf und bürgerliche Existenz. Stuttgart [1949].
Kobell, Luise von: Münchner Porträts. München 1897.
– Unter den vier ersten Königen Bayerns. 2 Bde. München 1894.
Koch, Max: Aus dem älteren Münchener Dichterkreise. In: Der Türmer 26 (1923/24) S. 259–269.
Kurz, Isolde: Aus meinem Jugendland. Stuttgart 1918.
– Die Pilgerfahrt nach dem Unerreichlichen. Lebensrückschau. Tübingen 1938.
Markwardt, Bruno: Geschichte der deutschen Poetik. Bd. 4: Das neunzehnte Jahrhundert. Berlin 1959. S. 113–145.
Meyer, Richard M.: Die Deutsche Literatur des neunzehnten Jahrhunderts. Berlin 1900.
Muncker, Franz: München und die Dichter [bis zum Naturalismus]. In: Münchner Neueste Nachrichten. 1927. Nr. 208, 212, 223.
Nadler, Josef: Literaturgeschichte der deutschen Stämme und Landschaften. Bd. 4. Regensburg 1928. S. 447–464.
Pecht, Friedrich: Aus meiner Zeit. Lebenserinnerungen. 2 Bde. München 1894.
Petzet, Erich: Münchener Dichtergruppe. In: Reallexikon der deutschen Literaturgeschichte. Bd. 2. Berlin 1926–27. S. 415–423. 2. Aufl. Berlin 1965. S. 432–439.

Pleister, Werner (Hrsg.): Theodor Fontane und München. Briefe und Berichte. München 1962.

Prutz, Robert: Ein Münchner Dichterbuch. In: Deutsches Museum 12 (1862) S. 289–299 und 331–337.

Riehl, Wilhelm Heinrich: König Maximilian II. von Baiern. In: Historisches Taschenbuch. F. 5. Jg. 2. Leipzig 1872. S. 1–50.

Schaden, Adolph von: Topographisch-statistisches Taschenbuch oder: Beschreibung der Haupt- und Residenzstadt München. München 1825.

– Gelehrtes München im Jahre 1834; oder: Verzeichnis mehrerer zur Zeit in Bayerns Hauptstadt lebenden Schriftsteller und ihrer Werke. München 1834.

Sieber, Walter: Der Münchner Dichterkreis und die Romantik. Mulhouse 1937. [Diss. Bern 1933.]

Windfuhr, Manfred: Der Epigone. Begriff, Phänomen und Bewußtsein. In: Archiv für Begriffsgeschichte 4 (1959) S. 183 bis 209.

Wolf, Georg Jacob: Ein Jahrhundert München. 1800–1900. München 1919. 3., erw. Aufl. Leipzig 1935.

Personenverzeichnis zur Münchner Kultur im 19. Jahrhundert

Das folgende Verzeichnis soll wichtige, in dieser Ausgabe erscheinende Personen, die auf das Geistesleben Münchens im 19. Jahrhundert direkt oder indirekt einwirkten, kurz vorstellen.

Altenhöfer, August Joseph (1804–76), Journalist. Redakteur der *Allgemeinen Zeitung*. Seine satirischen Gedichte kursierten meist ungedruckt und in Abschriften verbreitet unter seinen Freunden.

Andersen, Hans Christian (1805–75), dänischer Märchenerzähler. A. war mehrmals in München, letztmals 1854 bei der Rückkehr aus Italien. Er stand in persönlichem Kontakt mit Maximilian II., der ihn auch zu sich nach Hohenschwangau einlud.

Baumbach, Rudolf (1840–1905), Schriftsteller. Gilt neben Julius Wolff als wichtigster Autor jener ›Butzenscheibenlyrik‹, die im naturalistischen Jahrzehnt so entschiedener Verachtung verfiel; gemeint sind melodisch gefällige, rhythmisch glatte Gedichte, die immer wieder die gleichen Gegenstände ohne jede gedankliche Vertiefung neu aufpolieren. *Lieder eines fahrenden Gesellen* (1878); *Wanderlieder aus den Alpen* (1883).

Becker, August (1828–91), Schriftsteller. Studierte und arbeitete als Journalist in München. Ein Gegenstück zu Heyses *Der Jungbrunnen. Märchen eines fahrenden Schülers* (1850) stellt sein *Jung-Friedel, der Spielmann* (1854) dar, mit Sänger-, Wander- und Kriegsszenen aus dem 16. Jh. 1859–64 Redakteur der *Isar-Zeitung*, dem Organ der großdeutschen Partei. Erbitterter Gegner der ›Berufenen‹. Wichtigstes Werk: *Des Rabbi Vermächtnis*, 6 Bde. (1866–67). In seinem Roman *Vervehmt*, 4 Bde. (1868), glaubte man Personen des bayerischen Hofes satirisch dargestellt; B. wich den Angriffen aus und ging nach Erfurt. Fruchtbarer Unterhaltungsschriftsteller.

Beilhack, Georg (1802–64), Gymnasialrektor in München; publizierte in verschiedenen Almanachen; Mitverfasser von Schulbüchern für den Deutschunterricht. Vater von Max B.

Beilhack, Max (1835–85), wird noch als Lehramtskandidat eines der frühesten Mitglieder der Krokodilrunde; verfaßt vom 19. November 1859 bis 30. April 1863 die Sitzungsberichte. Seit 1863 Realschulprofessor in Aschaffenburg. *Gedichte* (1857 und 1874), *Constantin Dragoses. Tragödie* (1857).

Bischoff, Theodor Ludwig Wilhelm (1807–82), Anatom und Physiologe. Zunächst Professor in Gießen und mit Justus von Liebig befreundet; übernahm 1854 den Lehrstuhl für Anatomie und Physiologie in München. Anlehnung an den Darwinismus und die Haeckelschen Theorien. Entschiedener Gegner der Zulassung von Frauen zum Medizinstudium.

Blum, Robert (1807–48), Führer der radikalliberalen Fraktion in der Frankfurter Nationalversammlung. Nach dem Sieg der Reaktion unter Windischgrätz in Wien standrechtlich erschossen.

Bluntschli, Johann Caspar von (1808–81), Jurist. Zuerst Professor in Zürich; wirbt als Politiker für die liberal-konservative Partei. 1848 Ordinarius für Privat- und Staatsrecht in München. Geht nach größeren Auseinandersetzungen 1861 nach Heidelberg. Gilt als einer der hervorragendsten Staatsrechtler des 19. Jh.s. *Allgemeines Staatsrecht*, 2 Bde., 1851–52.

Bodenstedt, Friedrich (1819–92), s. S. 490.

Bonn, Franz (Pseudonym: von Miris) (1830–94), Jurist und Literat. Zuerst in München, 1865–72 in Ansbach und Bayreuth, dann wieder in München, 1880 in Regensburg. Als Lyriker vor allem von Redwitz beeinflußt; zahlreiche humoristische Schriften; auch Jugendbücher.

Braun, Julius (1825–69), Kunst- und Kulturhistoriker. Studium von Theologie und Philosophie, Kunst- und Kulturgeschichte. Studienreisen nach Südeuropa und Kleinasien. Wichtigste Theorie: Alle religiösen und mythischen Vorstellungen und Riten gehen auf Ägypten zurück, die antike Kunst ist von der ägyptischen abzuleiten.

Braun, Kaspar (1807–77), Graphiker und Verleger. Gründet in Verbindung mit dem Münchner Buchhändler F. Schneider den Verlag Braun und Schneider; Hrsg. des *Münchner Bilderbogen* und der *Fliegenden Blätter*, an denen er selbst mitarbeitet.

Bulyovsky, Lilla von (1834–?) Schauspielerin. Seit 1861 durch ihre Gastspielreisen berühmt. Geibel fuhr ihr nach Köln nach; sein Interesse an der Dame scheint ernster gewesen zu sein, als Bodenstedt in seinem Tagebuch vermutet.

BYRON, GEORGE GORDON NOËL LORD (1788–1824), englischer Dichter. Nach bewegtem Wanderleben gestorben während des griechischen Freiheitskampfes. Byrons Verbindung von Melancholie, Satire und klassischen Formen machte ihn zu einem der einflußreichsten Dichter des 19. Jh.s.

CARL ALEXANDER, Großherzog von Weimar (1818–1901), ab 1853 regierend, versucht in ähnlicher Weise wie König Maximilian in Bayern durch eine entschiedene Förderung der Künste und Wissenschaften an die große Zeit Weimars anzuknüpfen; Beginn des sog. ›Silbernen Zeitalters‹ von Weimar.

CARRIÈRE, MORITZ (1817–95), Philosoph. Nach Studien in Gießen, Göttingen und Berlin 1849 Professor der Philosophie in Gießen. Schwiegersohn von Justus von Liebig, dem er 1853 nach München folgt. Zunächst Honorarprofessor, 1887 Universitätsprofessor für Ästhetik. Generalsekretär der Akademie der bildenden Künste. Bosl: »Seine Werke vermitteln christliche Religiosität und einen ästhetischen Realidealismus auf der Basis der Fortschrittsgläubigkeit des damaligen Liberalismus« [sic!]. *Das Wesen und die Formen der Poesie* (1854); *Die sittliche Weltordnung* (1877).

DAHN, FELIX (1834–1912), Jurist und Schriftsteller. Professor der Rechtsgeschichte, zuletzt in Breslau. Verkehrt in seiner Münchner Zeit im Kreis der Krokodile. Verfasser historischer Romane.

DAXENBERGER, SEBASTIAN (Pseudonym: Karl Fernau) (1809–78), Jurist. Studium in München, Berlin und Göttingen (zusammen mit Maximilian II.); 1835 Sekretär des Kronprinzen, dann im bayerischen Staatsdienst. Neben selbständigen poetischen Arbeiten Hrsg. des von Eduard von Schenk gegründeten Taschenbuchs *Charitas*.

DEFREGGER, FRANZ VON (1835–1921), Maler. Studierte seit 1860 in München, 1878 Professor, 1883 geadelt; großer Erfolg mit Genrebildern aus dem Tiroler Bauernleben.

DIETZ, FEODOR (1813–70), Maler. Zuerst Schüler von Cornelius, nach einem Parisaufenthalt seit 1837 in München; wandelt sich zum veristischen Historienmaler.

DINGELSTEDT, FRANZ VON (1814–81), nach kritisch-satirischen Anfängen in den *Liedern eines kosmopolitischen Nachtwächters* (1840) wird er Redakteur der *Augsburger Allgemeinen* und macht eine politische Wendung nach rechts. 1851 als Hoftheaterintendant nach München berufen; 1857 entlassen; geht in gleicher Eigenschaft nach Weimar; 1867 nach Wien.

Dönniges, Wilhelm von (1814–72), Historiker und Politiker. Promoviert bei Leopold von Ranke, 1841 außerordentlicher Professor in Berlin; geht 1842 auf Vorschlag Rankes als persönlicher Lehrer Maximilians nach München. Ludwig I. entfernt ihn 1845 aus der Umgebung des Kronprinzen; schon zwei Jahre später Rückkehr als Maximilians Bibliothekar; als Maximilian König wird, ist D. ohne Regierungsamt dessen entscheidender Berater, vor allem in der Kulturpolitik; außenpolitisch drängt er zu einer preußenfreundlichen Haltung, erreicht 1853 eine Berlinreise des Königs. 1855 erzwingt der Minister Ludwig von der Pforten seine Entlassung; verschiedene Missionen im Ausland. Auch literarisch tätig.

Dollmann, Georg Carl Heinrich von (1830–95), Architekt. Beginnt als künstlerischer Gehilfe von Klenze, mit dessen Nichte er verheiratet ist. Seit 1868 Architekt Ludwigs II. Baut u. a. Schloß Linderhof, Herrenchiemsee, Neuschwanstein; gleich sicher in griechisch-römischen, neugotischen und französisch-absolutistischen Stilformen.

Elsholtz, Franz von (1791–1872), Offizier und Literat. Nach den Befreiungskriegen als Rittmeister entlassen; lebt in Köln, Weimar, Gotha, seit 1837 in München. Regt die literarische Gesellschaft »Die Zwanglosen« an; Mitherausgeber der Zeitschrift *Deutsche Theeblätter*. Seine Werke werden nicht nur in München gedruckt, wie die Bemerkung S. 38 vermuten läßt.

Fernau, Karl (1809–78), s. Daxenberger, Sebastian.

Floerke, Gustav (1846–98), Kunsthistoriker. Nach längeren Studienaufenthalten in Italien Professor für Kunstwissenschaften an der Kunstschule Weimar; lebt seit 1886 als freier Schriftsteller in München. Publiziert vor allem erzählende Werke aus Italien, z. B. *Die Insel der Sirenen. Capresische Dorfgeschichten* (1879); *Italisches Leben. Geschichten und Abenteuer aus alten Skizzenbüchern* (1890).

Fresenius, August (1834–1911), gibt den Beruf des Kaufmanns auf, lebt als Dramaturg, später als freier Schriftsteller in München. Zahlreiche Lustspiele und »Schwänke«.

FREYTAG, GUSTAV (1816–95), nationalliberaler Schriftsteller, Redakteur des Grenzboten; auch politisch aktiv. Mit seinem verklärenden Lob des wohlhabenden, gebildeten bürgerlichen Mittelstandes einer der erfolgreichsten deutschen Autoren der zweiten Hälfte des 19. Jh.s. *Soll und Haben*, 3 Bde. (1855); *Die Ahnen*, 6 Bde. (1873–81).

GEIBEL, EMANUEL (1815–1884), s. S. 469.

GIESEBRECHT, WILHELM VON (1814–89), Historiker, Schüler Rankes; 1857 Professor in Königsberg; 1858 Mitglied der von Heinrich von Sybel organisierten »Historischen Kommission bei der Bayerischen Akademie der Wissenschaften«. 1862 Nachfolger Sybels an der Universität München. Für die Zeit wichtig ist seine Verklärung des deutschen Mittelalters in der *Geschichte der deutschen Kaiserzeit*. 6 Bde. (1855–95), die zugleich entschieden den deutschen Nationalgedanken betont.

GOTTSCHALL, RUDOLF VON (1823–1909), beginnt mit revolutionärer Lyrik, *Lieder der Gegenwart* (1842); schreibt dann national-konservativ geprägte historische Dramen und Gesellschafts- und Zeitromane.

GRABBE, CHRISTIAN DIETRICH (1801–36), bereitet zusammen mit Georg Büchner (1813–37) das realistische deutsche Drama des 19. Jh.s vor.

GRANDAUR, FRANZ (1822–96), Regisseur der Münchner Hofoper 1869–87; bearbeitet und übersetzt verschiedene Operntexte. *Chronik des königlichen Hof- und Nationaltheaters in München* (1878).

GROSSE, JULIUS WALDEMAR (1828–1902), kommt 1852 zum Studium der Malerei nach München; seit 1855 Redakteur und Kunstkritiker an verschiedenen Zeitungen. Verfaßt selbst Lyrik und große Jambentragödien. *Gesammelte dramatische Werke*, 7 Bde. (1870). Am erfolgreichsten in Versepen, Novellen, Romanen, z. B. *Der Wasunger Not. Ein tragikomisches Heldenlied* (1872); *Der getreue Ekkart. Roman*, 2 Bde. (1885). Wichtig für die Geschichte des Krokodils ist seine Autobiographie *Ursachen und Wirkungen* (1896).

HALM, FRIEDRICH (1806–71), österreichischer Beamter und erfolgreicher Dramatiker. Mit seinen fatalistischen Problemdramen, die ohne wirkliche Charakterdarstellung auskommen, stellt er Grillparzer in den Schatten; der Streit um seine Tragödie *Der Fechter von Ravenna* (1854) führt zu einem Theaterskandal und zur Entlassung Dingelstedts als Münchner Intendant.

Hamm, Leonhard (?), Heyse nennt ihn in den *Jugenderinnerungen und Bekenntnissen* »einen confusen, grüblerischen Kölner« (vgl. Dirrigl, S. 1394 f.).

Haushofer, Max (1840–1907), Nationalökonom. Sohn des »Malers des Chiemsees« Maximilian H. Seit 1868 Professor für Nationalökonomie und Statistik an der Technischen Hochschule. *Grundzüge der Nationalökonomie* (1879). Zahlreiche literarische Veröffentlichungen, u. a. *Gedichte* (1864). (Sein Sohn ist der Geograph und Vertreter der Geopolitik Karl Ernst H., 1869–1946, sein Enkel der Verfasser der *Moabiter Sonette* Albrecht H., 1903–1945.)

Hebbel, Friedrich (1813–63), bedeutendster deutscher Dramatiker des 19. Jh.s zwischen Idealismus und Realismus. Zur Uraufführung der *Agnes Bernauer* im Februar/März 1852 war H. in München und wurde mehrfach vom König und der Königin in Privataudienz empfangen.

Heigel, Karl August von (1835–1905), ›Königsdichter‹ Ludwigs II. Studiert in München Philosophie, wird dann auf Vermittlung Geibels Bibliothekar in Carolath-Beuthen; 1863–75 Redakteur in Berlin. Verfaßt bzw. bearbeitet seit 1876 die Stücke für die privaten Schauspielaufführungen Ludwigs II.; bei 154 Aufführungen zwischen 1872 und 1885 erscheint er vierzigmal als Autor. Muß nach der Abdankung des Königs München verlassen. Verfasser zahlreicher Romane.

Heine, Heinrich (1797–1856), nach seiner Promotion zum Dr. jur. und dem Übertritt zum protestantischen Christentum versuchte Heine zwischen Herbst 1827 und Juli 1828 vergeblich, an der neugegründeten Universität München eine Professur zu bekommen. H. hat sich für die Zurückweisung an König Ludwig I. wie an der Stadt München ausführlich gerächt. »Daß man die ganze Stadt ein neues Athen nennt, ist, unter uns gesagt, etwas ridikül.« (H. H., *Sämtliche Schriften*, hrsg. von Klaus Briegleb, Bd. 2, München [2]1976, S. 320.)

Hermann, Friedrich Benedikt Wilhelm (1795–1868), Nationalökonom und Statistiker.

Hertz, Wilhelm (1835–1902), s. S. 498.

Heyse, Paul (1830–1914), s. S. 478.

Hopfen, Hans Ritter von (1835–1904), zunächst Jurist, von Geibel für die Literatur entdeckt; mit Liedern und Balladen im *Münchner Dichterbuch* (1862) vertreten. 1864 Promotion »in absentia« zum Dr. phil. durch die Universität Tübingen. 1865–66 Generalsekretär der Deutschen Schillerstiftung. Lebt dann in Berlin. Erfolgreich mit Dorfgeschichten, Novellen, Romanen. *Bayerische Dorfgeschichten* (1878).

Horn, Oskar (1841–1908), Schriftführer, Bücherwart, auch Kassenführer der Krokodile. Versucht sich als Lyriker, Dramatiker, Erzähler. Als Journalist wie als Autor wenig erfolgreich.

Hornstein, Robert Freiherr von (1833–90), Komponist. Freund Schopenhauers und Wagners. Seit 1861 Ehrenmitglied der Krokodile. Seine *Memoiren* (1908) sind auch für deren Geschichte wichtig.

Huber, Johannes (1830–79), Professor der Philosophie in München.

Huber, Viktor Aimé (1800–69), Literarhistoriker und Reiseschriftsteller. Seine *Skizzen aus Irland* (1850) werden zum Vorbild von Heyses *Die Pfälzer in Irland* (1854).

Ille, Eduard (1823–1900), Illustrator und Schriftsteller. Studium an der Münchner Akademie bei Moritz von Schwind. Mitarbeit an zahlreichen Zeitschriften wie *Punsch*, *Illustrierte Zeitung*, *Fliegende Blätter*, *Münchner Bilderbogen*. 1870 Wandmalereien im Ankleidezimmer von Neuschwanstein.

Jensen, Wilhelm (1837–1911), Holsteiner, der ein literarisches Wanderleben führt. 1863–65 auf Einladung Geibels in München, wohin er immer wieder zurückkehrt. Vielgelesene Romane aus Holstein und aus dem Mittelalter.

Johann, Erzherzog von Habsburg (1782–1859), jüngerer Sohn Kaiser Leopolds II. Am 29.6.1848 von der Frankfurter Nationalversammlung zum deutschen Reichsverweser gewählt; konnte sich gegen die Erbkaiserlichen um Gagern nicht durchsetzen; sichert die deutsche Einheit durch die Wiederherstellung des Deutschen Bundes. Legt am 20.12.1849 sein Amt nieder.

Jolly, Philipp von (1809–84), Physiker. Seit 1834 Professor in Heidelberg. 1854 nach München berufen. Arbeiten zur Osmose und zum Luftthermometer. Bedeutendstes Werk: *Über die Physik der Molekularkräfte* (1857).

JORDAN, WILHELM (1819–1904), als Weltanschauungsdichter Sprachrohr des optimistisch-selbstbewußten Bürgertums der Bismarckzeit; sucht Verbindung von antiker und germanischer Tradition, von Materialismus und Darwinismus zu einem neuen zeitgemäßen Mythos. Stabreimdichtung *Nibelunge* (1867–74).

KAULBACH, WILHELM VON (1804–74), Maler. Kommt 1826 mit Peter Cornelius von der Düsseldorfer Akademie nach München. Hofmaler Ludwigs I., 1849 Direktor der Akademie. Seine Berühmtheit sichert ihm ehrenvolle Aufträge und ein riesiges Einkommen. 1850 Entwurf der von der Öffentlichkeit wegen ihrer karikierenden Züge kritisierten Außenfresken der Neuen Pinakothek.

KLENZE, LEO VON (1748–1864), Architekt. 1815 als Hofbaumeister nach München berufen. Neben Friedrich von Gärtner bevorzugter Architekt Ludwigs I. Wichtige Bauten: Glyptothek (1816), Wiederaufbau des Nationaltheaters (1823–25), Königsbau der Residenz (1826–35), Allerheiligen-Hofkirche (1826–37), Propyläen (1846–60), Walhalla (1830–42), Erweiterungsbau der Eremitage in Petersburg (1839–51), Befreiungshalle (1849–63); Klenze war es auch, der den Bestand der Akropolis in Athen sicherte.

KOBELL, FRANZ RITTER VON (1803–82), seit 1834 Professor für Mineralogie, Erfinder der Galvanographie. Mitglied der Bayerischen Akademie der Wissenschaften. Jagdbegleiter Maximilians II. Dialektlyriker in oberbayerischer und Pfälzer Mundart; gekennzeichnet von Lebensfreude, Naturgenuß, Heimatliebe, Humor. Daneben hochdeutsche Gedichte; ein Epos *Die Urzeit der Erde* (1856); am erfolgreichsten bis heute *Die G'schicht von' Brandner Kasper* (1871).

KRELING, AUGUST VON (1818–76), Maler und Bildhauer. Aus Osnabrück stammend, seit 1838 Lehre bei Ludwig Schwanthaler und Peter Cornelius; lange in Italien; 1853 Direktor der Kunstschule Nürnberg; Ehrenmitglied der Münchner Kunstakademie.

LACHNER, FRANZ (1803–90), Komponist und Generalmusikdirektor. Als Kapellmeister in Wien mit Schubert befreundet. 1836 Hofkapellmeister, 1852 erster Generalmusikdirektor in München. Komponierte Orchestersuiten, Messen, Lieder, Symphonien, Opern und Oratorien, die großen Erfolg hatten; galt als ›Fürst der

Musik‹ – nach dem Auftreten Richard Wagners sank sein Stern schnell.

Laistner, Ludwig (1845–96), Tübinger Stiftler, dann Hauslehrer. Seit 1881 freier Schriftsteller. Literarische Neugestaltung von Geschichten aus germanischer und mittelalterlicher Zeit. Gab mit Heyse zusammen den *Neuen deutschen Novellenschatz* (1884–88) heraus.

Lenbach, Franz von (1836–1904), Maler. Schüler von Piloty, machte eine glänzende Karriere als Portraitmaler und errang großes gesellschaftliches Ansehen. In der Lenbach-Villa (1883–1889) residiert er als ›Malerfürst‹.

Leuthold, Heinrich (1827–79), s. S. 503.

Liebig, Justus von (1803–73), Chemiker. Nach Apothekerlehre und Studium in Bonn, Erlangen, Paris 1824 Professor in Gießen. Folgt 1852 einem Ruf nach München; seit 1860 Präsident der Akademie der Wissenschaften. Grundlegende Forschungen im Bereich der Lebensmittelchemie; Entwicklung der Mineraldüngung. Einer der wenigen Berufenen, die in München heimisch wurden; Ehrenbürger.

Lingg, Hermann (1820–1905), s. S. 508.

Löher, Franz von (1818–92), Jurist. Aus Paderborn stammend; wegen diverser Betätigungen als Abgeordneter 1851 aus dem preußischen Justizdienst entlassen; 1853–55 Privatdozent in Göttingen; 1855 Sekretär Maximilians II., 1859 Professor für allgemeine Literaturgeschichte und Länder- und Völkerkunde. 1864 Vorstand des Allgemeinen Reichsarchivs. Zahlreiche Europareisen, die er in erfolgreichen Reiseberichten auswertete.

Lützow, Karl von (1832–97), Kunsthistoriker. Stammt aus Schwerin; Promotion bei Friedrich Thiersch; nach Studienaufenthalt in Berlin und Italien 1859 Habilitation in München; geht 1863 als Professor für Architekturgeschichte nach Wien.

Max, Gabriel von (1840–1915), Maler. Studiert in Prag und bei Piloty in München. 1879–83 Akademieprofessor. Bevorzugt eine mystisch-spiritistische Malerei; gilt als Maler des Totenkults, der Schauer- und der Grabromantik; typisch für ihn wachsbleiche, weibliche Gestalten.

May, Andreas (1817–99), Jurist. Seit 1848 am Appellationsgericht in München; 1875 am obersten Gerichtshof. Zahlreiche Dramen, z. B. *Cinqmars* (1848); *Die Gäste von Belle-Esperence* (1855), besonders erfolgreich *Die Amnestie* (1865), auf fast allen deutschen Bühnen aufgeführt.

Meyr, Melchior (1810–71), Schriftsteller. Lebt zeitlebens in einer Hinterstube in der Ottostraße in kümmerlichen Verhältnissen, da Geibel Maximilian II. erklärte, Meyr sei »kein Dichter«. Am erfolgreichsten seine *Erzählungen aus dem Ries* (1856), die als Vorläufer der Heimatkunst gelten; daneben Romane, Dramen, religionsphilosophische Schriften.

Mörike, Eduard (1804–75), Maximilian, der M. schätzte, hätte diesen gern in München gehabt. Geibel reiste im Sommer 1856 deshalb eigens nach Stuttgart, doch sah sich M. zu einem Leben in der großen Gesellschaft nicht imstande. 1862 erhielt er den Maximiliansorden.

Montez, Lola (1818–61), Tochter eines schottischen Offiziers und einer Tänzerin. Geliebte Ludwigs I., der sie 1847 zur Gräfin von Landsfeld erhob. Februar 1848, nach Unruhen im Vorfeld der Revolution, aus Bayern ausgewiesen.

Moy, Karl Freiherr von (1827–94), Adjutant Maximilians II. Nach Erziehung bei den Jesuiten Leutnant bei der Artillerie, königlicher Flügeladjutant, später Oberstzeremonienmeister, 1887 Gesandter in Italien. Auch literarisch tätig; sein Schauspiel *Der Standesherr* im Residenztheater »mit Erfolg« aufgeführt.

Neumann, K. Woldemar (1830–88), stößt als Oberleutnant 1859 zu den Krokodilen, später Hauptmann in Regensburg. Zusammen mit Heinrich von Reder Verfasser der *Soldatenlieder von zwei deutschen Offizieren* (1854) und von *Soldatenlieder von drei deutschen Offizieren* (1893, zusammen mit H. v. Reder und G. Betzel).

Nohl, Ludwig (1831–85), Musikschriftsteller. Widmet sich nach Jurastudium ganz der Musik. 1861–71 in München, zeitweise Schriftführer, Bibliothekar und Kassenwart der Krokodile. Später Privatdozent und Professor in Heidelberg. Sammlungen der Briefe Mozarts (1865) und Beethovens (1865). Biographien von Beethoven (4 Bde., 1864–77) und Richard Wagner (1870).

Ohlenschläger, Friedrich (gest. 1916), Oberstudienrat in München, Prähistoriker.

Pettenkofer, Max von (1818–1901), Hygieniker. 1847 Ordinarius für medizinische Chemie. 1865 erster Ordinarius für Hygiene. Begründer der experimentellen Hygiene in Mitteleuropa. Trägt entscheidend zur Sanierung Münchens bei durch Erneuerung der Kanalisation und der Trinkwasserzufuhr.

Pfeufer, Karl von (1806–69), Mediziner. Studium und Dr. med. in Erlangen; Professor in Zürich, Heidelberg, seit 1852 in München. Große Verdienste bei der Choleraepidemie von 1854.

Piloty, Karl von (1826–86), Maler. Studiert in München, Antwerpen und Paris. Begründet die realistische Richtung der Münchner Malerei; Professor an der Akademie, später deren Direktor. Berühmt wurden vor allem seine Geschichtsdarstellungen mit ihrer naturgetreuen Wiedergabe stofflicher Details und ihren pathetischen Gesten.

Pixis, Theodor (1831–1907), Illustrator und Maler. Nach dem Studium an der Münchner Akademie bei Philipp von Foltz und Wilhelm von Kaulbach freischaffend. Kartons mit Szenen zu Wagner-Opern. Sein Gruppenbild der Krokodile in der Gartenlaube (vgl. S. 31) wurde von vielen der Dargestellten heftig abgelehnt.

Platen-Hallermünde, August Graf von (1796–1835), aus verarmter Adelsfamilie; konfliktreiche Jahre im bayerischen Militärdienst; seit 1826 in einer Art freiwilliger Verbannung in Italien. Zwischen Heine und P. schwankend, entschloß sich Ludwig I., P. eine kleine lebenslange Pension zukommen zu lassen. P.s meisterhafte Beherrschung der lyrischen Formen und seine entschiedene Suche nach ästhetischer Verfeinerung des Lebens und der Kunst wird zum Vorbild der Münchner Dichter. Geibel: »Das wollen wir Platen nicht vergessen / Daß wir in seiner Schule gesessen«.

Pocci, Franz Graf von (1807–76), Schriftsteller, Zeichner, Musiker. Eine der farbigsten Figuren im Münchner Kunstleben des 19. Jh.s, Zeremonienmeister am Königshof, begleitet Ludwig I. und Maximilian II. auf Italienreisen. Schreibt Lieder, Märchen, Marionetten- und Schattenspiele, Puppenkomödien für das Kasperltheater und kurze Kindergeschichten. Schriftführer der Zwanglosen Gesellschaft.

Pückler-Muskau, Hermann Fürst von (1785–1871), erfolgreicher Reiseschriftsteller; einer der wenigen Gäste, die auf der Durchreise durch München zu einem königlichen Symposium eingeladen wurden. Daß er in eher allgemeiner Form darüber öffentlich berichtete (*Allgemeine Zeitung*, Beilage zum 16. April 1855), betrachtete Maximilian II. als unverzeihliche Indiskretion.

Ranke, Leopold von (1795–1886), Historiker. Maximilian II. hat bei ihm studiert, beide verband eine »lebenslange Freundschaft«, obwohl es dem König nicht gelang, R. nach München zu holen.

Rechberg und Rothlöwen, Alois Graf von (1766–1849), Bevollmächtigter Bayerns beim Wiener Kongreß; 1817–25 Staatsminister des Königlichen Hauses und des Äußeren.

Reder, Heinrich von (1824–1909), Offizier, Schriftsteller und Maler. Nach dem Studium an der Forstakademie in Aschaffenburg militärische Laufbahn, Generalmajor. Erfolgreicher Lyriker und Landschaftsschilderer. *Soldatenlieder von zwei deutschen Offizieren* (1854, zusammen mit K. Woldemar Neumann); *Gedichte* (1859); *Der Bayerwald* (1861). Betätigt sich auch als Landschaftsmaler.

Riehl, Wilhelm Heinrich von (1823–97), Kulturhistoriker. Studium in Marburg, Tübingen, Gießen; seit 1848 als konservativer Journalist tätig; 1854 Professor für Staats- und Kameralwissenschaften in München, seit 1859 Professor für Kulturgeschichte; Begründer einer kulturhistorisch interessierten Volkskunde. *Naturgeschichte des deutschen Volkes als Grundlage einer deutschen Sozialpolitik*, 4 Bde. (1851–69).

Ringseis, Johann Nepomuk (1785–1880), Arzt. Nach Studium in Landshut Arzt in München; 1824 Professor der Medizin. Temperamentvoller Vertreter der geistigen Erneuerung des Christentums in romantischer Sicht.

Roquette, Otto (1824–96), phantasiereicher, heiter-liebenswürdiger Lyriker und Erzähler, Dramatiker; seit 1862 Professor der Literaturgeschichte in Berlin und Darmstadt: Weitverbreitet sein Erstlingswerk, das Epos *Waldmeisters Brautfahrt* (1851); Autobiographie *Siebzig Jahre*, 2 Bde. (1893).

Rubinstein, Anton Grigorjewitsch (1829–94), gefeierter russischer Klaviervirtuose, auch Komponist und Dirigent. Leiter des Petersburger Konservatoriums. Als Komponist der Romantik verpflichtet; Oper *Der Dämon* (1875); Oratorien, Symphonien, Klaviermusik.

Rugendas, Johann Moritz (1802–58), Maler und Lithograph. Nach langem Aufenthalt in Südamerika seit 1850 in München. Hauptwerke: Landschafts-, Vegetations- und Menschenstudien aus Südamerika; sein Gesamtwerk von fast 3000 Blättern gegen eine Lebensrente vom bayerischen Staat angekauft.

Schack, Adolf Friedrich von (1815–94), s. S. 513.

Scheffel, Viktor von (1826–86), mit seinen Epen, Gedichten und v. a. dem Roman *Ekkehard* (1855) einer der erfolgreichsten deutschen Autoren des 19. Jh.s; möchte sich zunächst in München niederlassen; nach dem Tod seiner Schwester während der Choleraepidemie von 1856 ist ihm die Stadt verleidet.

Scherr, Gregor von (1804–77), Benediktiner, Erzbischof. 1832 tritt er in Metten ein, 1840 von Ludwig I. zum Abt ernannt. Wiederbegründer von Scheyern, Weltenburg, St. Bonifaz/München. 1856 Erzbischof von München und Freising.

Schleich, Martin (1827–81), Journalist. Gründet 1848 die politisch-satirische Zeitschrift *Punsch* (ein Exemplar kostet wie ein Glas englischer Punsch 36 Kreuzer), die er bis 1872 leitet. Gegner Bismarcks und Richard Wagners. Volkstümliche Lustspiele; als glänzender Neulatinist übersetzt er zusammen mit Johannes Schrott die lateinischen Oden von Jakob Balde. Heyse nennt ihn »unseren unversöhnlichsten Gegner«.

Schmid, Hermann von (1815–80), Jurist und Schriftsteller. Assessor am Münchner Stadtgericht; 1850 aus politischen Gründen entlassen. Arbeitet als Anwalt; schreibt für die *Gartenlaube* zahlreiche in der Bergwelt spielende Romane; seine Bauernstücke sind in dem von ihm geleiteten Volks- und Aktientheater am Gärtnerplatz sehr erfolgreich. Gesamtwerk in 50 Bänden 1867–84.

Schmid, Matthias (1835–1919), Maler. Tiroler Bauernsohn, Schüler von Karl von Piloty; spezialisiert auf anekdotisch-rührselige Bauernszenen.

Schmidt, Oswald (?), Mediziner. (Der Name steht ohne nähere Angaben in den Listen der Krokodile.)

Schraudolph, Johann von (1808–79), Historienmaler. Gehört einer großen Malerfamilie an; Ausbildung in München; Fresken in der Allerheiligen-Hofkirche und in St. Bonifaz (zusammen mit seinem Bruder Claudius). 1846–53 malt er den Speyrer Dom aus. 1849 Professor an der Akademie in München.

Schubert, Friedrich Carl (1832–92), Offizier. Diente 20 Jahre in der bayerischen Armee; widmete sich nach seinem Abschied der Philosophie und der Literatur; schrieb zahlreiche Dramen, Romane, Novellen, Gedichte.

Schwind, Moritz von (1804–71), Maler und Graphiker. Wiener, seit 1828 in München. Malt in den Neubauten der Residenz und in Hohenschwangau; nach Italienreise und Aufenthalt in Frankfurt seit 1847 in München. Arbeiten für die *Fliegenden Blätter* und die *Münchner Bilderbogen*. 1853 Fresken auf der Wartburg.

Siebold, Karl Theodor Ernst von (1804–85), Mediziner und Zoologe. Stammt aus Würzburg, kommt über Königsberg, Danzig, Erlangen, Freiburg und Breslau 1853 als Professor nach München; erarbeitet eine vergleichende Anatomie der Wirbellosen; erkennt die Einzeller als selbständige Gruppe und entdeckt die Parthenogenesis bei Insekten.

Spruner von Merz, Karl (1803–92), Geograph und General. Militärische Laufbahn in der bayerischen Armee, gibt 1837–39 einen *Atlas zur Geschichte Bayerns* heraus; diverse Dramen, Gedichte, historische Schriften; 1853 Mitglied der Akademie der Künste; als Vertreter eines bayerischen Patriotismus und katholischer Gläubigkeit Gegner Heinrich von Sybels.

Steub, Ludwig (1812–88), Jurist. Lebte als Notar in München; 1834 Griechenlandreise. Reisebeschreibungen (Griechenland, Tirol, bayerische Berge), Novellen, Roman *Deutsche Träume* (1858).

Stieler, Karl (1842–85), Jurist. Sohn des Hofmalers Joseph Karl Stieler. Jurastudium in München, 1869 Promotion, dann am bayerischen Reichsarchiv, 1882 Assessor. Dichtungen in oberbayerischem Dialekt nach dem Vorbild Franz von Kobells. Beschreibungen seiner zahlreichen Reisen; Gedichte auch in hochdeutscher Sprache. *Bergbleameln* (1875); *Hochlandslieder* (1879–81); *Winter-Idyll* (1885).

Sybel, Heinrich von (1817–95), Historiker. Von seinem Lehrer Ranke an Maximilian II. empfohlen; 1856 Berufung nach München; 1859 Begründung der *Historischen Zeitschrift*; Sekretär der

Historischen Kommission. Hauptvertreter der kleindeutschen Geschichtsschreibung. Entschiedener Parteigänger Preußens, geht deshalb nach politischen Auseinandersetzungen 1861 nach Bonn.

Tann-Rathsamhausen, Ludwig Freiherr von der (1815–81), 1833 Junker in der bayerischen Armee; seit 1846 am Hof des Kronprinzen; 1848 Major und königlicher Flügeladjutant; 1855 Generalmajor; 1866 Generalstabschef; 1871 an der Schlacht bei Sedan beteiligt.

Teichlein, Anton (1820–79), Maler und Kunstschriftsteller. Schüler von Wilhelm von Kaulbach. Werke im Stil der ›Schule von Fontainebleau‹. 1871 Konservator der Schleißheimer Galerie.

Thiersch, Friedrich Wilhelm (1784–1860), klassischer Philologe. Aus Sachsen stammend, seit 1809 in München. 1826 Ordinarius für Philologie an der Universität. 1831 mit König Otto in Griechenland; 1848 Präsident der Akademie der Wissenschaften. Umfangreiches philologisches, pädagogisches und universitätspolitisches Werk.

Trautmann, Franz (1813–1887), Jurist. Nach kurzer Zeit am Münchner Stadtgericht lebt er als Privatmann seinen literarischen Neigungen. Zahlreiche Reisen; versucht sich mit geringem Erfolg auch als Maler. Neben Dramen (*Jugurtha*, 1837) und kunsthistorischen Schriften (*Kunst und Kunstgewerbe vom frühesten Mittelalter bis Ende des 18. Jahrhunderts*, 1869) erfolgreicher Erzähler altmünchner Geschichten; *Alte Münchner Wahr- und Denkzeichen* (1864); *Münchner Stadtbüchlein* (1857).

Uhde, Fritz von (1848–1911), Maler, seit 1877 in München.

Vischer, Robert (1847–1933), Kunsthistoriker, zuletzt Professor in Göttingen. Mitglied der Krokodile seit 3. März 1879.

Voltz, Johann Friedrich (1817–86), Maler. Studierte bei seinem Vater in Nördlingen und an der Akademie in München; große Europareisen; lebte in München. Galt als führender deutscher Tiermaler, spezialisiert auf Viehweide-Szenen.

Wagner, Richard (1813–83), als W. 1858 sein Zürcher Exil verlassen hat, verbringt er einige unruhige Jahre, ehe ihn 1864 Ludwig II. nach München einlädt und seine Arbeit und die Inszenierung seiner Opern finanziert. Vor allem diese Berufung zeigt die Umkehr der königlichen Interessen und damit der Kulturpolitik. Auch als W.

1865 auf Druck des Kabinetts München wieder verlassen muß, wird er vom König weiter unterstützt.

Weltrich, Richard (1844–1913), Lehrer an der Kadettenschule in München; 1875–90 Professor an der Kriegsakademie; diverse literaturgeschichtliche Arbeiten; Geschäftsführer des Münchner Zweigs der Schiller-Stiftung.

Wendland, August Freiherr von (1806–84), Jugendfreund von König Maximilian II., später im diplomatischen Dienst.

Windscheid, Bernhard (1817–92), Jurist. Professor in Bonn und Greifswald; 1857–71 in München, dann Heidelberg und Leipzig. Mit seinem *Lehrbuch des Pandektenrechts*, 3 Bde. (1862–70) wurde er zum führenden Vertreter der Pandektistik; maßgeblicher Einfluß bei der Schaffung des bürgerlichen Gesetzbuchs.

Wolff, Julius (1834–1910), Tuchfabrikant, Zeitungsverleger, Offizier; seit 1871 Privatier und freier Schriftsteller; 1904 Professor. Sehr beliebter und sehr erfolgreicher Erzähler, Dramatiker, Versepiker und »Butzenscheiben«-Lyriker. *Sämtliche Werke*, hrsg. von Josef Lauff, 18 Bde., Leipzig 1912–13.

Zeising, Adolf (1810–76), Gymnasiallehrer, dann Journalist. 1848 schreibt er für die Freiheit und die Einheit Deutschlands; seit 1853 in Leipzig, seit 1856 in München. Lyriker, Erzähler, philosophischer Schriftsteller und Übersetzer.

Zoller, Ludwig Freiherr von (1817–58), Oberstleutnant und Hofmarschall.

Abbildungsnachweis

Inhalt

Dokumente

Texte